삶의 정치, 대화의 정치

정문길 교수(1941~2016)를 기리며

사이.너머 총서 5

삶의 정치, 대화의 정치

펴낸날	2017년 9월 15일 1판 1쇄 발행
지은이	정문길 외 15인
펴낸이	박종화
멋지음	표지 박하얀 / 본문 김현숙
펴낸곳	대화문화아카데미 대화출판사
	출판등록 1976년 6월 24일(제2-347호)
	주소 우03003 서울 종로구 평창6길 35
	전화 02 395 0781
	팩스 02 395 1093
	홈페이지 www.daemuna.or.kr
	이메일 tagung@daemuna.or.kr
ISBN	978-89-85155-46-5 04200
ISBN	978-89-85155-38-0 (세트)
값	28,000원

이 도서의 국립중앙도서관 출판시도서목록(CIP)은 서지정보유통지원시스템 홈페이지(http://seoji.nl.go.kr)와 국가자료공동목록시스템(http://www.nl.go.kr/kolisnet)에서 이용하실 수 있습니다.(CIP제어번호: CIP2017022965)

삶의 정치, 대화의 정치

정문길·김홍우·박영신·박승관
윤선구·최봉영·강영진·박현모
이신행·이지문·오문환·차흥봉
이기우·하승수·문순홍·정성헌

사이.너머
총서
5

대화문화아카데미

책을 펴내며

삶의 정치, 대화의 정치를 위해 약 25년간 이어온 대화를 갈무리하여 이 책을 펴낸다.

*

옛 크리스챤아카데미는 1990년대를 한국 사회의 '전환기'라고 보았다. 권위주의적 통치로 오랫동안 폐지되었던 지방자치제가 부활하여 풀뿌리 민주주의가 정착될 수 있느냐 없느냐의 관건이 달려 있었기 때문이다.

참여와 자치의 필요성을 절감하던 크리스챤아카데미는 90년대 초부터 '전환기의 민(民) 대응'을 모색하는 대화를 이어갔고, 그 흐름 속에서 1996년 5월 수유리 아카데미하우스에서 '정치란 무엇인가: 변화의 새 물결과 한국 정치'라는 대화모임을 열었다. 이 모임에서 발제자 고(故) 정문길 교수는 삶의 정치의 문제를 정치 엘리트와의 관계를 통해 집중적으로 분석하고 정치 패러다임의 변화를 촉구하였다. 획일적 가치의 전면적 지배나 다양한 가치의 계층적 서열화와는 구별되는 이른바 개별적인 다양한 가치의 고유성을 인정하고, 나아가 가치 상호 간의 조화로운 공존의 필요성을 강조하는 '삶의 정치'를 하나의 대안으로 제시하였다. 당시 발제문을 이 책의 첫 글로 실었다.

'정치란 무엇인가' 대화모임의 참가자들은 정치의 본질을 더 깊이 살펴보자는 데에 뜻을 모았다. 이에 1997년 4월 동숭동에서 첫 번째 연구포럼이 열렸다. 여기서 발제자 김홍우 교수는 소통이 소유를 지배하는 정치와, 이와는 반대로 소유가 소통을 지배하는 정치는 질적으로 다른 정치로 구분되어야 한다고 역설했다. 소통이 소유를 지배하는 정치를 "참된 정치(true politics)"라 한다면, 소유가 소통을 지배하는 정치는 "현실 정치(real politics)"에 해당한다고 보았다. 당시 발제문을 이 책의 두 번째 글로 실었다.

이처럼 정치에 대한 근본적인 질문을 이어가면서 대화 참가자들은 점차 '삶'을 중심에 놓고 이와 유리된 정치를 비판하면서 '삶의 정치'라는 지향을 공유하기 시작했다. 그리고 제도권 정치의 영역을 넘어 모든 영역에서 삶의 정치를 실현하는 운동이 필요하다고 인식했다. 그것은 새로운 문화와 새로운 삶의 양식 그리고 새로운 정치공동체의 구성 원리를 필요로 한다. 우리 스스로가 자신의 삶과 존재를 새롭게 바라보는 눈을 만들어야 하고 기존 사회관계를 새로이 볼 수 있어야 한다. 그러기 위해서는 종래의 소유 중심, 권력 위주의 고정관념에서 벗어나 정치를 인식하는 틀을 다시 구성해야 한다. 자신의 존재와 삶의 양식을 성찰하고 주체적이고 창조적인 삶을 살려고 노력하는 시민들의 참여와 연대를 통해 삶의 정치를 실현할 수 있다.

　삶의 정치에 관한 대화가 축적되면서 대화모임 참가자들은 자연히 정치 과정과 소통의 문제에 초점을 두기 시작했다. 정치 현실이 직면한 소통의 양식이 과연 한국 정치를 긍정적으로 유도할 것이냐 그렇지 않느냐 하는 문제에 주목하였고, 이를 정당한 방향으로 유도할 소통의 양식을 찾고자 노력했다. 그리고 모임을 거치면서 삶의 정치가 진지한 소통을 통해 가능하며, 이 같은 소통은 듀 프로세스(Due Process)라는 과정을 거치면서 원숙해질 수 있다는 믿음을 갖게 되었다. 이러한 인식을 바탕으로 삶과 사회의 여러 영역에서 대화 민주주의가 이뤄지는 과정을 탐색하게 된다.

*

　이 책은 1990년대 이후 열린 '주민자치 대화모임', '정치란 무엇인가 연구포럼', '삶의 정치 콜로키움', '대화의 방법과 실제'와 같은 모임의 결실로 대화문화아카데미에서 출간한 네 권의 책 『주민자치, 삶의 정치』(1995), 『삶의 정치: 통치에서 자치로』(1998), 『삶의 정치, 소통의 정치』(2003), 『소통문화의 지형과 지향』(2010)에서 일부를 싣고, 시의성을 높이기 위해 삶의 정치에 관한 현실과 전망을 담은 글을 몇 편 보태어 내놓는 것이다.

　책은 총 4부로 구성되었다. '1부 삶의 정치란 무엇인가'에는 삶의 정치의 의미와 본질을 탐색하는 글을 실었다. '2부 삶의 정치와 대화'에는 삶의 정치의 핵심인 '소통'을 원활하게 하기 위한 이론적·실용적 지혜를 얻을 수 있는 글을 모았다. '3부 삶의 정치와 시민 참여'에는 삶의 정치를 실현하는 과정, 즉 시민 참여의 방법에 대해 생각해볼 수 있는 글을 모았으며, 끝으로 '4부 삶의 정치와 일상'에는 일상에서 삶의 정치를 실현해온 사례를 제시하며 이와 같은 실천을 이어가는 데에 도움이 되는 글을 실었다.

모처럼 정치가 밀실의 엔지니어링(engineering)에서 벗어나 다중의 참여 속에 대화의 광장으로 움직이는 오늘, 삶의 정치가 인간적인 삶이 가능한 문명된 사회를 향한 길을 열어주기를 기대한다. 삶의 정치는 일상에서부터 제도권 정치에 이르기까지 대화민주주의를 더 높은 수준에서 공고화·제도화하는 길이며 정치 실종이나 정치 공동(空洞)화에서 벗어나 정치를 정치답게 바로 세우는, 즉 '정치의 정치화'로 가는 길이기도 하다.

이 자리를 빌려 삶의 정치, 대화의 정치를 근본에서부터 성찰하고 실천해오신 분들을 기억하며 경의를 표한다. 고(故) 정문길, 고(故) 문순홍, 김홍우, 박은정, 윤선구, 박승관 선생님들이 함께해주시었기에 높고 깊은 담론의 장을 이어올 수 있었다. 또한 이 책을 엮기까지 성실하게 실무를 담당해준 이성민 연구원의 노고에 감사를 표한다.

앞으로 한국 정치의 의미 있는 변화를 위해 대화를 이어갈 분들에게 이 책이 작은 도움이 되기를 바란다.

2017. 8. 31.
필자들을 대신하여
대화문화아카데미 원장 강대인

차례

책을 펴내며   4

1부 삶의 정치란 무엇인가

정문길   삶의 정치: '정치' 개념의 새로운 규정을 위한 일 시론   12

김홍우   정치란 무엇인가: '소유'에서 '소통'으로   38

박영신   도덕 이상과 정치의 의미   52

2부 삶의 정치와 대화

김홍우   듀 프로세스와 한국 정치의 재조명   96

박승관   숙의 민주주의와 시민성   126

윤선구   대화의 정치와 합리적 의사소통   156

최봉영   존비어 체계와 소통의 어려움   194

강영진   갈등 해결을 위한 대화의 과정과 진행자의 역할   216

박현모   세종대왕의 회의 운영 방식   264

3부 삶의 정치와 시민 참여

이신행	시민·사회운동, 사회적 정당성 형성 그리고 민회	300
이지문	시민 참여의 새로운 모색, 추첨시민의회	322
오문환	접포제를 통해서 본 동학의 자치관	362
차흥봉	의약분업의 정책 결정 과정과 대화의 과제	384

4부 삶의 정치와 일상

이기우	지방자치와 지방분권의 현주소와 진로	416
하승수	모든 변화의 첫 단추, 선거제도 개혁	446
문순홍	에코 페미니즘과 여성정치세력화	478
정성헌	생명 가치에 기반한 지역운동	502

'삶의 정치, 대화의 정치' 관련 모임 목록 522

1부

삶의 정치란 무엇인가

삶의 정치
: '정치' 개념의 새로운 규정을 위한 일 시론[1]

정문길

고려대 행정학과 명예교수. 저서로 『소외론 연구』(문학과지성사, 1978), 『에피고넨의 시대』(문학과지성사, 1987), 『마르크스의 사상 형성과 초기 저작』(문학과지성사, 1994), 『한국 마르크스학의 지평: 마르크스-엥겔스 텍스트의 편찬과 연구』(문학과지성사, 2004), 『니벨룽의 보물: 마르크스-엥겔스의 문서로 된 유산과 그 출판』(문학과지성사, 2008), 『독일 이데올로기의 문헌학적 연구: 초고의 해석과 편찬』(문학과지성사, 2011) 등이 있다.

압제는 순리(順理)를 무시하고 모든 것을 지배하려는 데서 생긴다.

강한 사람, 아름다운 사람, 현명한 사람, 믿음이 두터운 사람은 제각기 다른 분야를 갖고 있어 각자가 제 자신의 분야에서만 주인 행세를 하고, 그 밖의 다른 분야에서는 그렇지 못하다. 그런데 그들은 때때로 충돌하여 강한 자와 잘생긴 자가 서로 지배자가 되기 위해 싸운다. 그러나 두 사람의 지배권은 종류가 다르기 때문에 그들이 서로 싸우는 것은 바보짓이다. 그들은 서로 이해하지 못하며, 그들의 잘못은 남의 분야까지 장악하려는 데 있다. 그런 일은 그 무엇으로도, 아니 권력으로서도 할 수 없다. 권력은 지식인의 세계에서는 아무런 영향력도 없다. 그것은 다만 외적인 행위를 지배할 뿐이다.

압제. …… 따라서 다음과 같이 말하는 것은 그릇되고 폭군적인 것이다.

"나는 아름답다. 따라서 나를 두려워해야 한다. 나는 강하다. 따라서 나를 사랑해야 한다. 나는……"

압제란 다른 방법에 의해서만 얻을 수 있는 것을 어떤 특정한 방법에 의해 얻으려고 하는 것이다. 우리는 다른 가치에 다른 의무를 부여한다. 즉 즐거움에는 사랑의 의무를, 힘에는 두려움의 의무를, 지식에는 신뢰의 의무를.

우리는 마땅히 이와 같은 의무를 지녀야 하며, 이를 거부하거나 다른 사람에게 그것을 요구하는 것은 옳지 않다. 따라서 다음과 같

---

1 이 글은 『삶의 정치: 통치에서 자치로』(정문길 외 15인 지음, 대화출판사, 1998, 123~142쪽)에 실린 글을 재수록한 것이다.(편집자주)

이 말하는 것도 그릇되고 폭군적인 것이다. "그는 강하지 않다. 따라서 나는 그를 존경하지 않는다. 그는 현명하지 못하다. 따라서 나는 그를 두려워하지 않는다." —파스칼, 『팡세』 [2]

현대사회와 정치의 보편화

우리는 민주사회에서 진행되고 있는 각종 선거를 통해 우리 사회에 팽배해 있는 '정치' 우위, 아니 정치 만능의 흐름을 다시 한번 확인하게 된다. 지난 1996년의 15대 국회의원 선거만 하더라도 국회의원 정수의 5배가 넘는 입후보자들이 출마했다.[3] 그중에는 기왕에 의원이었던 사람은 물론이요, 국무총리와 장차관, 고위 관료였던 자, 방대한 부와 경영 능력을 뽐내는 경제인, 판사·검사·변호사, 학자와 교원, 언론인, 문인, 심지어 '직업적' 정치가와 무직자까지 포함되어 있었다. 이들 후보자의 광범위한 직업 계층과 다양한 전문성은 가히 우리 사회 전체의 만화경을 일목요연하게 보여주는 하나의 축도라고 하겠다. 사실 우리는 이러한 현상을 통해 우리 사회의 다양한 전문 직종이나

---

[2] Pascal, *Pensées* [Texte de l'édition Brunschvicg] (Paris 1964: Éditions Garnier Frères), pp.161~162, 우리말 번역은 *Pascal's Pensées*, Everyman's Library 874 (London: J. M. Dent & Sons Ltd., 1932), pp.93~94. 『팡세』, 이환 옮김, 서울대학교 출판부, 1985, 112쪽 및 『팡세』, 정봉구 옮김, 육문사, 1990, 186쪽 참조함.

[3] 지역구 국회의원 정수 253명(전국구 포함 299명)을 뽑는 이번 총선에서의 후보자 수는 모두 1,389명이었다.

국민와 광범위한 정치 참여를 확인하기보다 이처럼 많은 사람을 동원하는 정치의 엄청난 자력(磁力), 아니 그것의 마력(魔力)이 무엇인가에 대해 새삼 자문하게 된다.

정치가 국민 일반의 광범위한 참여를 불러온 것은 근대국가의 출현과 민주주의의 신장이었다. 산업자본주의의 발전은 근대의 국민국가를 배경으로 하여 가능했으나 그것의 위세는 국가를 능가하는 것이었다. 마르크스가 국가는 자본가 계급을 주축으로 하는 지배 계급의 '집행위원회'라고 표현한 것은 잘 알려진 일이다.[4] 이는 그것이 갖는 선언적 의미에도 불구하고 자본주의사회에서의 경제적 세력의 우세, 다시 말하면 경제적 부가 정치적 힘을 압도함을 단적으로 보여준다. 그러나 일반 대중의 정치 참여는 19세기 이래의 노동운동, 사회주의 운동의 신장과 더불어 점차 확대되어왔으며(이는 종국적으로 20세기에 와서 보통선거의 정착을 통해 제도화되었다), 경제적 부를 압도하는 정치적 세력의 우위(優位)는 20세기의 새로운 중앙집권적 국가의 출현과 더불어 가능했던 것이다.

특히 자본가 계급의 경제적 힘을 압도하는 중앙집권적 국가는 20세기에 들어와 '계급 없는 사회'를 캐치프레이즈로 내세운 볼셰비키 러시아를 비롯하여, 1930~40년대의 추축국은 물론이요 경제공황 이래의 미국을 비롯한 서방 여러 국가에서도 보편적으로 나타난다. 다시 말하면 경제적 가치와 정치적 가치 간

---

[4] Sidney Hook, *Marx and the Marxists*(Princeton, N.J.: D. van Nostrand, 1955), pp. 26~28.

의 힘의 역전은 러시아에서는 공산주의의 이념적 당위에 의해서, 추축국의 경우에는 경제적 후진성의 탈피를 위한 정치적 이니셔티브의 장악을 위해, 그리고 공황에서 탈출하려는 미국의 경우에는 국가적 규모의 대형 사업을 수행하기 위한 필요에서 생겨난 것이었다. 그리고 금세기 전반에 전개된 양차 대전은 국가에 의한 일정 영토 내의 모든 인적·물적 자원의 동원이란 측면에서 국민국가의 중앙집권적 면모를 가장 뚜렷이 보여준다.

한편 이 같은 역사적 전환기에 생겨난 정치적 힘과 경제적 힘 간의 우위의 역전은 정치권의 새로운 엘리트 충원 과정을 통해 고착된다. 즉, 정치권은 그들의 국가 사업을 수행하기 위해 신진기예의 전문가를 충원해야 하며, 이 과정에서 그들은 전통적 혈연이나 재부(財富)에 근거한 신분층으로서가 아닌, 전적으로 능력과 지식에만 근거한 새로운 엘리트를 충원하게 될 것이다. 다시 말하면 국가가 필요로 하는 능력과 지식을 가진 모든 사람에게 국가 관료제나 정치적 하이어라키(hierarchy)에 편입될 수 있는 기회를 허용함으로써 국가는 유능한 인재를 충원할 수 있었고, 국민은 신분의 높고 낮음에 상관없이 사회적 지위 상승(social mobility)의 가능성을 보장받게 된 것이다.[5] 그리하여 능

---

[5] 능력과 지식에 근거한 엘리트 충원 방법, 즉 오늘날의 머리토크라시(meritocracy)는 당초 재산, 직업, 교육의 세습에 따른 폐해를 배제하고 오직 재능 있는 자가 통치해야 한다는 근대 유럽의 사회주의자들—생 시몽이나 웰스(H. G. Wells)와 같은 패비안주의자 등—에 의해 주창되었던 것이다. 따라서 영(Michael Young)은 재능 있는 자의 귀족주의, 즉 머리토크라시는 '사회주의'라는 산파(産婆)를 통해 출산되었다고 주장하고 있다. 특히 그는 이 같은 머리토크라시의 근간이 된 1944년의 영국 교육법(Education Act of 1944)이 연립정부의 보수당 각료에 의해 제안되

력과 지식에 근거한 현대 민주사회의 정치적 엘리트의 충원 방법은 세습적 기득권이나 축적된 부를 근거로 해서만 가능한 기존의 지배 계층이나 자본가 계급의 엘리트 충원과는 판연히 구별됨으로써 전체 사회 구성원으로부터 광범위한 지지를 획득할 수 있었다. 따라서 정치는 이제 경제를 포함한 사회의 그 어느 영역과도 구별되는 결정적 우위를 점하게 된 것이다.

일찍이 정치에 대한 연구를 영향력(influence)과 유력한 자(the influential)에 대한 연구라고 천명한 랏스웰(Harold D. Lasswell)은 "유력한 자란 존경(deference), 수입(income), 안전(safety)으로 분류될 수 있는 가능한 가치들을 가장 많이 획득한 자들"이라고 규정하고, 이들 최상의 것을 획득한 자를 '엘리트'로, 그 나머지를 '대중'으로 분류한 바 있다.[6] 이러한 관점에서 볼 때 정치적 지위의 상승이 사회적 존경과 높은 수입, 그리고 안전을 확보하는 왕도라는 사실에는 이론이 있을 수 없다. 따라서 능력과 지식의 우열에 따라 고위 관료의 길로 나아가거나, 선거를 통해 선량(選良)이란 이름으로 불리는 국회의원이 되는 길은 우리나라의 경우 지배적 가치에 도전하는 가장 빠른 길이라 하겠다. 특히 이 같은 복합적 가치의 획득이 분화된 영역을 초월한 특정 영역의 계층제에 의해 철저히 서열화할 때 다양한 사회적 경쟁

었으나 실제로는 노동당의 주장에 따른 것이었음을 지적한다. Michael Young, *The Rise of Meritocracy, 1870~2033: An Essay on Education and Equality*(1958 Baltimore: Penguin Books, 1961), pp. 36~39.

6 Harold D. Lasswell, *Politics: Who Gets What, When, How*(New York: Peter Smith, 1950), p. 3

은 일원화되면서 극도로 심화된다고 하겠다. 우리나라의 경우 '기회의 균등'이란 측면에서 광범위하게 권장·수용되고 있는 각 분야의 경쟁 체제가 종국에는 정치권력의 획득에 수렴되는 현실은 바로 이 같은 사실을 웅변해주는 것이다.

사회적 지위 상승과 교육

앞에서도 밝힌 바와 같이 현대사회에서의 민주주의 신장은 혈연에 고착된 전통적 신분제도와 경제적 부에 의존하는 자본가 계급의 기득권을 타파하고 지식과 능력에 근거한 사회적 지위의 상승을 당연한 명제로 수용하게 되었다. 그리고 평등한 민주사회의 꿈은 개인들이 자신의 능력에 따라 바로 이 같은 사회적 지위 상승의 기회를 균등히 부여받는 사회라고 우리는 믿고 있다. 따라서 한 사회가 그 구성원들에게 평등한 지위 상승의 기회를 부여하는 것은 개인들에게는 그들의 꿈을 실현시키는 통로의 보장을 의미하며, 계층제적으로 철저히 서열화된 사회는 그들 자신의 새로운 활력을 충전받을 수 있는 '구원의 은총(saving grace)'으로 평가된다.[7]

---

[7] W. Lloyd Warner, *American Life: Dream and Reality* (1953/revised edition, Chicago: Chicago University Press, 1962) pp. 127~135. Christopher Lasch, "Opportunity in the Promised Land: Social Mobility or the Democratization of Competence?", *The Revolt of the Elites and the Betrayal of Democracy* (New York: W. W. Norton & Company, 1995) pp. 50~79도 참조. 한편 와너가 '구원의 은총'이라 지칭한 말은 파레토(Vilfredo Pareto)의 엘리트 순환론과도 비슷한 개념으로 보인다.

민주사회에서 '기회의 평등'은 경제적 부의 균등이 아니라 지적 능력을 제고시키는 교육 기회의 평등과 동일시되고 있다. 당초 승려에 의해서, 다음으로는 부자에 의해 독점되었던 교육은 근대 시민사회의 성숙과 더불어 시민의 포괄적인 교양 교육을 위해 보편화되었다. 1940년대에 하버드 대학 총장을 지낸 코난트(James Bryant Conant)는 민주사회에서의 기회를 지위 상승과 동일시하면서 학교 제도를 이제는 더 이상 남아 있지 않는 미국의 상실된 프론티어(frontier)의 대용물로, 기회의 재분배를 위한 '거대한 엔진(vast engine)'으로 규정하고 학교 제도가 젊은이들로 하여금 그들의 능력에 적합한 생애직을 갖게 하는 수단이 되어야 한다고 주장한 바 있다. 그리고 고등교육기관, 특히 훌륭한 대학은 경제적 수준에 상관없이 유능한 인재를 발탁하여 훈련시킴으로써 국가의 엘리트를 충원하는, 즉 '교육을 통한 사회적 지위 상승(social mobility through education)'을 그 중요한 목표로 설정해야 한다고 말한 바 있다.[8]

그리하여 그는 "교양 교육의 공통적 핵심(common core)은 미래의 목수나 공장 노동자, 목사, 변호사, 의사, 판매관리자, 교수, 그리고 기계 정비공에 이르는 시민을 하나의 문화 유형에 통합할 수 있는 것이어야 한다"고 주장했다. 그러나 공통적 문화에 대한 이 같은 주장은 현대사회에서 조직의 거대화와 직업 구조의 다양성·전문화로 말미암아 애초부터 불가능한 것을 요구

---

[8] James Bryant Conant, "Education for a Classless Society: The Jeffersonian Tradition", *Atlantic* 165 (May 1940), pp. 593~602.

하는 지극히 소박한 주장으로 간주되었다.9 현대사회의 시민은 이미 옛날과 같은 소박한 지식으로는 다양한 직업에 자유롭게 취업할 수 있는 기회를 더 이상 누릴 수 없게 되었다. 따라서 개인은 교육, 특히 고등교육을 통해야만 희망하는 직업을 가질 수 있고, 또 지위 상승의 가능성을 확보할 수 있게 되었으니 교육은 이제 "성공을 위한 왕도(王道)일 뿐만 아니라 아마 유일한 통로가 되어버렸다." 이렇게 보면 교육은 사회적 지위 상승을 위한 컨베이어 벨트(conveyor belt)가 되었으며, 이 같은 교육을 배타적으로 독점한 학교 제도는 결과적으로 출생에 의한 귀족주의가 아닌 '재능을 가진 자들의 귀족주의(aristocracy of talent)'를 확립하는 데 결정적으로 기여하게 되었던 것이다.10

재능에 근거한 이 같은 귀족주의, 즉 머리토크라시(meritocracy)는 오늘날 민주사회에서 보편적 진리로 수용되고, 또 고등교육기관의 존재 이유는 이들 재능 있는 자들의 능력을 극대화시켜 그들의 성공, 즉 사회적 지위 상승을 도와주는 것이 가장 중

---

9 Michael Young, 앞의 책, 49~50쪽(인용은 같은 책, 50쪽).

10 W. Lloyd Warner, "Individual Opportunity and Social Mobility in America", 앞의 책, 126~152쪽을 보라(인용은 같은 책, 152쪽). 교육이 사회적 지위 상승과 밀접히 연결되어 있다는 사실은 1950년대 영국 중산층의 경우가 그 예로 지적될 수 있다. 즉 종전 직후의 영국 중산층은 경제적으로 더욱 궁핍해졌으므로 높은 세금과 교육비를 부담하기 어려울 것으로 예상되었다. 그러나 그들은 지금으로 보면 딱할 정도인 연간 1,000파운드의 수입으로 20명 중 19명이 세금도 내고 아이들을 사립학교에 보낸 것으로 보고되고 있다. 그리고 1956년의 또 다른 보고는 "노동당원의 경우에도, 그들의 형편이 닿는다면 그들의 자식을 퍼블릭 스쿨(미국의 사립학교에 해당)에 보내지 않은 자는 한 사람도 없었다"고 기록하고 있다.(Michael Young, 앞의 책, 63~64쪽, 109쪽.)

요한 덕목으로 지지되고 있다. 따라서 오늘날의 교육에서는 공통적인 문화적 유형에의 통합을 위한 포괄적 인간 교육이라는 당초의 이상은 퇴색되고 사회적 지위 상승의 수단으로서의 기능만 약여(躍如)하게 남아 있다고 하겠다.

한편 이 같은 사회적 지위 상승의 가장 구체적인 형태는 그들을 각 분야의 엘리트로 부상시키는 것이지만 정치적 가치가 한 사회의 계층적 질서에서 가장 지배적일 경우 이는 종국적으로 정치가로서의 출세나 성공에 수렴되는 것이다. 우리는 이러한 추세를 각종 영역에서 다양한 전문직이나 생애직을 통해 성공한 이들이 최고의 존경과 수입, 안전을 확보하기 위해 명운을 건 정치적 쟁패에 뛰어드는 사례를 통해서도 확인할 수 있다.[11] 동서양을 막론하고 정치권에서의 오랜 수련을 거쳐 성공한 정치가, 고위 관료와 성공한 법조인들, 거만의 부를 축적한 재벌가, 일가를 이룰 수도 있었을 학자, 예술가, 언론인들이 이유야 어떠하든 그들 자신의 고유한 전문 영역을 벗어나 정치의 장에 부나비처럼 모여드는 오늘날의 정치 현실은 현대사회에서의 정

---

11 이러한 고등교육기관의 존재 이유는 미국의 아이비리그(ivy league), 영국의 옥스브릿지(Oxbridge), 프랑스의 그랑제콜(grands écoles), 그리고 일본이나 우리나라의 명문 대학 등이 보여주듯 그들 학생들의 사회적 지위 상승, 특히 정치적 엘리트 육성이 최대 관심사라는 점에서 잘 나타나고 있다. 특히 프랑스의 그랑제콜인 국립행정대학원(Ecole Nationale d'Administration), 공과대학(Ecole Polytechnique), 그리고 고등상과대학(Ecole des Hautes Etudes Commerciales)은 프랑스의 관료제를 지배하고 있을 뿐만 아니라 주요 기관장(CEO)의 60%를 점유하고 있다는 사실—자체 승진은 4%에 불과—은 이런 관점에서 주목된다 하겠다.〔*Le Monde*, June 1, 1995, p.15. Stanley Hoffmann, "The New France?", *New York Review of Books* XLII/12 (July 13, 1995), p.55에서 인용〕

치의 전면적인 부상, 독점적 지위에로의 상승을 확인하게 한다. 그리고 이는 결과적으로 필자가 이 글의 앞머리에서 인용한 바 있는 파스칼의 '압제(tyrannie)'가 정치에 의해서 전면적으로 자행되고 있음을 보여주는 것이다.[12]

엘리트의 반역

우리는 앞에서 현대사회에 만연하고 있는 정치의 마력을 정치가가 추구하는 존경, 수입, 안전의 가치가 갖는 보편성과 연관하여 살펴보고, 이 같은 복합적 가치는 그 소유의 많고 적음에 따라 사회적으로 철저히 계층제화됨으로써 엘리트와 대중의 구분이 생겨남을 보았다. 그리고 이 같은 엘리트에로의 길은 오늘날의 민주사회에서는 혈연이나 재부가 아닌 능력에 의해서만 획득될 수 있고, 이러한 능력은 교육을 통해서만 가능하므로 교육은 이제 사회적 신분 상승의 유일한 통로가 됨을 지적한 바 있다. 따라서 우리는 이 같은 정치적 엘리트의 충원 과정이 한

---

[12] 이러한 사실은 현대사회의 각종 전문 영역이 스스로의 위신을 고양시키기 위해 정치적 영향력을 빌려 자세(藉勢)하려는 데서 가장 구체적으로 나타나고 있다. 그리고 우리는 이러한 작태를 통해 정치의 전면적 '압제'하에 시달리며 생을 부지하는 나머지 영역의 비굴하고도 구차한 삶의 모습을 확인할 수 있다. 최근 한국 과학기술 연구의 총본산인 한국과학기술연구원(KIST)이 장래의 활성화를 위해 대통령의 연구원 방문을 간절히 요망하고 있는 현실을 풍자적으로 다룬 일간 신문의 칼럼은 바로 이러한 현상의 단적인 표현이라 하겠다.(김충식, 「정치 중독(中毒)과 과학」, 『동아일보』, 1996년 3월 26일, 5면 칼럼 '오늘과 내일')

사회나 국가를 위해 긍정적으로 작용하는가, 그리고 이들 엘리트의 속성이 우리의 신뢰를 받을 수 있는가의 문제를 좀 더 구체적으로 검토할 필요가 있다고 하겠다.

우선 우리는 현대사회가 엘리트 충원에서 가장 우선하는 자질을 지적 능력에 한정한다는 점에 주목할 필요가 있다. 이는 정신적 노동과 균형을 이루어야 할 육체노동을 배제, 이원화시키는 데에 그치지 않고 육체노동을 천박한 것, 다시 말하면 후자를 획일화된 사회적 계층제의 하위에 속하는 자들의 몫으로 배정함으로써 결과적으로 육체노동자의 자기 비하(自己卑下)를 초래하는 것이다.[13] 이는 오늘날의 고등교육기관이 교육을 통한 사회적 지위 상승을 내세우면서 초래한 가장 결정적인 본래적 인간상의 왜곡이 아닐 수 없다. 그리고 이러한 사실은 현재의 교육제도가 기회의 균등이란 대전제하에서 현존 사회의 다양한 경제적 계층으로부터 유능한 엘리트를 충원한다는 주장에도 불구하고, 실제로는 사회적으로 취약한 계층의 방대한 희생 위에서 하층 계급의 재능 있고 똑똑한 소수가 계층의 장벽을 뛰어넘어 엘리트로 충원될 수 있도록 지원하는 기능을 한다는 점이 지

---

[13] 서구 사회에서 이러한 현상의 보편화는 한때 일부의 급진적 지식인들이 그 실패에도 불구하고 1960년대 중국의 인민공사나 문화혁명을 사회 변혁의 이상적인 모델로 간주하는 이유가 되기도 했다. 특히 관료와 지식인의 하방(下放)은 고등교육과 연구, 문화, 예술 분야를 황폐케 함으로써 결과적으로 과학자, 지식인, 예술가들의 괴멸을 가져왔으나 정신노동 자체가 특정 계급에 독점될 수 없다는 사실을 인식케 하는 계기가 되었다는 점도 언급되어야 할 것이다.〔(Mark Selden, "China's Uninterrupted Revolution," *Monthly Reveiw* Vol. 31, No. 5(October 1979), pp. 24~36 참조.〕

적되어야 할 것이다. 따라서 경쟁에서 탈락한 대부분의 하층 계급 구성원들에게는 기회가 균등했다는 미명하에 애초부터 턱없는 희망이 봉쇄되고 있으며, 사회적으로나 경제적으로 취약한 이들 계층은 그들의 자생력을 키워줄 능력 있는 리더를 지배 계층에 차출·박탈당한 것이다. 그리하여 그들은 스스로가 경쟁 사회의 낙오자·탈락자로 치부함으로써 최소한의 인간적 존엄(self-regard)도 추스르기 어려운 상황에 빠지고 만 것이다.[14] 사실 반대파의 리더를 지배자가 중용하는 이 같은 방법이 정치적 맥락에서 볼 때 피지배자를 괴멸시키는 최선의 방법이기도 하다는 것은 잘 알려진 일이다.[15]

한편 능력과 지능에 의해 선택된 엘리트는 한 사회의 유능한 통치자가 될 것으로 기대되어왔다. 실제로 능력과 경륜을 가진 자가 사회나 국가를 통치해야 한다는 철인왕이나 현인 정치의 이론은 동서양을 막론하고 이미 많은 사상가들이 주장한 바 있다. 그러나 이들 엘리트가 과연 그가 소속된 공동체나 국가·사회를 위해 그들의 선량으로서의 의무를 성실히 수행하고 있느

---

[14] Christopher Lasch, 앞의 책, 43~44쪽. 오늘날의 하층민, 혹은 노동자들은 자수성가한 인간의 신화를 내재화함으로써 개인적 지위 상승의 환상을 곧잘 희생하고, 나아가서는 그 자신의 야심이나 지능의 결핍을 도덕적으로 판단함으로써 그 자신의 지위 상승의 실패를 이의 없이 받아들인다. 따라서 이러한 현상은 노동자들이 체제를 비판하기보다 그 자신의 잘못을 책망함으로써 결과적으로 노동계급의 급진주의를 퇴조시키고 있다고 평가된다.(같은 책, 53쪽)

[15] 이러한 맥락에서 성적주의, 혹은 능력주의 사회의 출현은 사회적으로는 엘리트의 부상을 가져오지만 또 다른 측면에서는 노동자와 빈곤층의 몰락을 가져온다고 영은 주장하고 있다.(Michael Young, 앞의 책, 48쪽 및 "Part II: Decline of the Lower Classes", 앞의 책, 103~190쪽을 보라.)

냐의 문제는 전혀 별개의 것이라고 하겠다.

재능 있는 자에게 개방된 머리토크라시는 앞에서도 언급한 바와 같이 교육제도에 의해 독점되고 있다. 그리고 사회적 가치가 획일적 계층제에 의해 철저히 서열지어질 때 머리토크라시는 사회적 지위 상승의 수단으로 전락하고 마는 것이다. 우리는 기회 균등의 원칙이 객관적으로 준용될 경우, 계층제의 상층부로 부상한 엘리트가 한 사회가 요구하는 특정한 능력과 지식이라는 면에서는 대중과 달리 우수하다는 사실에 이의를 제기하기 어렵다. 그러나 그들이 반드시 인간적 능력이나 삶의 지혜에서 엘리트의 대열에서 탈락한 대중보다 우월하고, 또 이들보다 더 현명하고 착하다는 가설은 성립되지 않는다. 특히 이들 엘리트가 추구하는 가치가 존경과 수입, 안전이라는 복합적 가치일 때 지위 상승을 위한 그들의 노력이나 엘리트로서의 지속적 잔존이 이러한 가치의 획득과 상실이라는 엄밀한 계산 위에서만 가능하다는 점을 상기한다면 이 같은 가정은 더욱 성립되기 어렵다고 하겠다.

한때 이들 엘리트 중 일부는 전술한 복합적 가치 가운데 어떤 특정한 가치에 무게를 둠으로써 그들이 소속된 공동체나 국가·사회에 긍정적으로 기여한 바가 적지 않았다고 하겠다. 그러나 최근 개별 국가나 사회에서의 정치적 개념의 협애화(狹隘化)는 이들을 전통적으로 '고귀한 의무(noblesse oblige)'라고 불리는 정치적 책임으로부터 해방시킴으로써 코스모폴리탄으로 변모시키고 있는 것이다. 더욱이 전문 직종의 세분화와 국제화는 이들 엘리트의 국제적 교류와 집중화를 가능하게 함으로써 지역적, 국가적 충성은 지역주의로 치부되고, 이에 대한 어떠한 희생이나 책임도 지려 하지 않는 이른바 '엘리트의 코스모폴리탄화'가 가속화되고 있음을 주목할 필요가 있다고 하겠다. 그리하여 라쉬(Christopher Lasch)는 바로 이러한 현상을 오르테가(José Ortega y Gasset)의 '대중의 반역(the revolt of the masses)'에 대칭되는 '엘리트의 반역(the revolt of the elites)'으로 지칭한다.[16]

다시 말하면 오늘날의 엘리트는 특정 공동체나 국가·사회에 대한 충성은 물론 관심조차 표명하지 않은 채 전통적인 공동체와는 분리된 그들 자신의 고립된 영토(enclave)를 축성하고, 그 안에서 독자적 생활을 영위하는 것이다. 더욱이 그들은 엘리트 코스로부터의 탈락자들이 생계나 수입 면에서 지속적으로 후퇴·하강하는 데 반해, 그 자신의 수입은 더욱 상승하고 있으며, 이 같은 상황은 유사하거나 동일한 직업에 종사하는 남녀 간의 결혼을 통해 배가됨으로써 그들은 대중과는 전적으로 구별되는 공간에서 호사스런 생활을 즐기게 되는 것이다.[17] 우리는 바로 여기에서 자신의 생물학적인 연계 고리까지도 끊어버린 엘리트, 그들이 특정 공동체나 국가·사회에 대해 관심을 갖는다면 그것은 그 어떠한 사회적 책임과도 무관한 이해관계에 연관된 것일 뿐인 코스모폴리탄화한 엘리트를 통해 '엘리트의 반역'

---

16 Christopher Lasch, "The Revolt of the Elites", 앞의 책, 25~49쪽 참조. 한편 오르테가의 대중의 반역에 대해서는 정문길, 「오르테가의 사회 이론과 '대중인(大衆人)'의 개념」(『소외론 연구』, 문학과지성사, 1978, 251~292쪽)을 보라.

17 Christopher Lasch, 앞의 책, 32쪽.

이 갖는 가공할 만한 결과에 직면하는 것이다.

이들은 종래 국가 중심의 정치사회가 갖던 존경과 수입, 안전이라는 가치를 범세계적인 차원에서 재정의하고 있으나 지역적, 국가적, 지방적 연계를 상실한 '세속적' 가치관—이는 예술, 문화, 종교 등과 관련되는 정신적 가치관과 대립한다—은 결국 어떠한 공동체에도 뿌리를 내리지 못한 화려한 부평초와 다를 바 없다고 하겠다.

삶의 정치: 하나의 대안

근대국가는 19세기에 들어와서 민주주의를 신장함으로써 국민의 정치에 대한 참여 폭을 확대시키는 한편 능력에 근거한 정치적 엘리트를 충원하기 위한 길을 열게 되었다. 당초 부패와 비능률을 최소화하려는 데서 부분적으로 시도된 관료제 내의 머리토크라시의 도입은 산업자본주의의 합리성을 따라가기에는 부적합했다. 그러나 20세기에 들어오면서 국민국가들은 새로운 형태의 중앙집권화를 피할 수 없었고, 이를 위해 대규모의 엘리트 충원이 불가피했다. 그리고 이 같은 엘리트 충원은 기회의 균등이란 이름하에 전체 국민을 대상으로 이루어졌다.

당초 지배 계층의 일부인 관료 계층의 충원을 위해 능력과 지식을 기준으로 선발되던 정치적 엘리트는—중세 기독교 국가에서는 신학을 공부한 사제가 충원되었다—시대의 변화에 따라 그 수요가 점차 확대되고, 요구되는 능력이나 지식도 다양하고 세밀하게 되었다. 그리고 이 같은 사회적 요구를 충족하기 위해, 종래 소수의 기득권층에게만 부여되던 교육 기회가 수요의 증가에 따라 확대되었다. 즉, 교육기관은 사회적 지위 상승을 위한 관문이 되었고, 정치적 엘리트가 됨으로써 사회적 신분의 격상을 추구하는 많은 지망생들이 여기에 집중되는 것은 당연한 일이라고 하겠다. 따라서 일정한 능력을 가졌다고 평가되는 엘리트 지망생들이 운집하는 고등교육기관은, 교육 담당자들이 국가의 동량지재(棟梁之材)를 길러낸다는 주장에도 불구하고, 결과적으로는 피교육자의 요구에 순응하는 방향으로 그 교육 방향을 수정하지 않을 수 없었다고 하겠다.

그러기에 오늘날의 교육기관은 이들 엘리트 지망생에게 "그들의 사회적 책임을 강조하기보다는 개인적 성공을 위한 교육에 전념하고 있다. 따라서 이들 학생은 전문성이나 사회적 문제를 진지하게 이해하려는 욕구, 그리고 사회적으로 저급한 위치에 있는 자들의 불평에 귀를 기울이기보다는 그들 자신의 출세에 더욱 급급하고 있는 것이다."[18] 바로 이 같은 과정을 거쳐 사회적 계층제의 상층부로 부상한 현대사회의 엘리트는 이제 더 이상 그가 소속한 공동체나 국가·사회에 대한 책임이나 충성에 연연하지 않고 철저한 코스모폴리탄이 되어가고 있다. 그리고 이러한 현상은 세계적인 교통, 통신, 정보의 일원화를 통해

---

[18] Michel Crozier avec Bruno Tilliette, *La crise de l'intelligence* (Paris: Interédition, 1995). Stanley Hoffmann, "The New France?", *New York Review of Books* XLII/12 (July 13, 1995), p. 55에서 재인용.

더욱 가속화되고 있으니, 앞에서 언급한 바 있는 라쉬의 '엘리트의 반역'은 바로 이 같은 상황에서는 피할 수 없는 현상의 하나라고 하겠다.

우리는 곧잘 우리 사회의 모든 현상을 정치적으로 규정하고, 또 정치적 맥락에서 이들을 철저히 서열화함에도 불구하고 정치체(polity)를 구성하는 국민 일반의 탈정치화 현상이 더욱 가속화되고 있음을 어떻게 설명할 수 있을까?(라쉬의 '엘리트의 반역'도 이의 한 변형이라고 하겠다) 우리는 자주 탈정치화가 정치에 대한 혐오, 즉 정치권에 무성한 권력과 금전의 뒷거래, 이전투구(泥田鬪狗)와 조금도 다르지 않은 정치적 작태, 그리고 기득권을 지키기 위한 후안무치(厚顔無恥) 등을 열거하고 있다. 그러나 우리가 철저히 정치에 매몰되어 살면서도 정치에서 벗어나려고 발버둥치는 것은 저급한 정치 수준의 문제에 한정되는 것이 아니다. 미국 사회에 팽배한 국민들의 정치 혐오 현상을 분석한 디온(E. J. Dionne, Jr.)은 오늘날의 정치적 엘리트가 정치체의 구성원들이 현실적으로 느끼는 그 어떤 문제도 이를 실질적인 문제로 부각시켜 해결하려는 의도가 없다는 점을 지적한 바 있다. 특정한 정치적·사회적 문제에 대해 정당은 일반적으로 보수와 자유를 표방하지만 이 문제에 대한 그들의 접근은 그 본질을 따지기보다 사실을 양극화하여 이를 흑백논리로 대립시키고, 실질적이고 현실적인 문제도 이를 상징적인 문제로 쟁점화하고 있다. 그러면서 그들은 공통의 합의에 이를 수 있는 관심사를 철저히 무시하곤 하는 것이다. 다시 말하면 오늘날 우리가 직면하는 탈정치화 현상은 정치가 갖는 이 같은 이데올로기적 경직성(ideological rigidity)에서 유래하는 것으로 보인다.[19] 우리가 종래의 정치 개념을 좀 더 확대하여 이를 '삶의 정치'로 재규정해보려는 시도는 바로 이처럼 이데올로기적 경직성에 함몰된 정치 개념의 유연화(柔軟化), 혹은 영역의 확장을 검토해보려는 것이다.

필자는 정치 개념의 유연화나 영역의 확장을 이 글의 머리에서 인용한 파스칼의 생각을 출발점으로 하여 간략히 정리해보고자 한다. 우선 기존의 정치 개념을 '삶의 정치'로 재규정하기 위해서 우리는 우리 사회에 팽배해 있는 획일적인 정치 우위의 사고에서 벗어나야 한다. 즉, 우리는 우리의 현실적 생활이 다양하게 관여, 또는 참여하는 각종 영역과 정치를 수직적인 계층제의 형태로 파악할 것이 아니라 수평적인 공존, 병존의 상태에서 평가·인식할 것이 요구된다. 합리적 인간의 일반적 사고는 인간이 살아가는 다양한 영역의 각이한 중요성을 단 하나의 표준에 의해 획일적으로 평가하려는 경향이 강하다. 산업자본주의 시대의 다양한 인간의 삶을 화폐라는 단일의 척도로 재단하려는 경향이나, 민주주의 시대의 모든 시민적 활동 영역을 단지 정치적 영향력의 강약이란 측면에서 서열화하려는 경향은 바로 이 같은 근대적 합리주의의 표현이라 하겠다.[20]

---

[19] 1960년대 이래 30년간의 미국의 정치적 흐름을 해석하고 있는 저자는 자유주의와 보수주의의 이데올로기적 경직성이 미국민을 정치적 생활로부터 얼마나 많이 소외시켰는가를 밝히면서 민주적 시민문화가 가져올 수 있는 타협의 여지, 공적 생활의 부활 가능성을 제기하고 있다. E. J. Dionne, Jr., *Why Americans Hate Politics*, New York: Simon & Schuster, 1991.

[20] 우리는 이처럼 획일적 척도로 모든 가치를 일사불란하게 재단하는 사례를 자본

여기에서 우리는 획일적 가치의 전면적 지배나 다양한 가치의 계층적 서열화와는 구별되는, 이른바 개별적 가치의 고유성을 인정하고, 나아가 가치 상호 간의 조화로운 공존의 필요성을 강조하는 '삶의 정치'를 하나의 대안으로 제시하고자 한다. '삶의 정치'는 기본적으로 다양한 영역의 공존과 각이한 주장의 정당성을 인정하는 데서 그 타당성을 획득하게 될 것이다. 우리는 지금까지 지극히 한정적인 의미로 사용되던 정치의 개념—이는 파스칼의 표현을 빌리면 바로 인간적 삶에 대한 전면적 '압제'를 의미한다—을 다양한 영역과 가치가 병존하는 '삶의 정치'로 재규정하면서 이를 우리들 삶의 전 영역으로 확대할 필요가 있다고 생각한다.

프롬(Erich Fromm)은 일찍이 자본주의사회에서 인간의 삶이 얼마나 탐욕적인 소유욕에 찌들어 있는가를 낱낱이 고발하면서 새로운 사회에서의 새로운 인간은 긍정적인 삶, 즉 자발적이고

주의사회에서의 화폐의 경우를 통해 확인할 수 있다. 마르크스는 자본주의사회에서 화폐가 갖는 가공할 위력을 괴테(J. W. von Goethe)의 『파우스트』와 셰익스피어(William Shakespear)의 『아테네의 타이몬(Timon of Athene)』에 나타난 탁월한 표현을 인용한 뒤 다음과 같이 서술하고 있다. "화폐를 매개로 하여 나에게 존재하는 것, 내가 대가를 지불할 수 있는 것, 즉 화폐가 구매할 수 있는 것은 '나 자신', 즉 화폐의 소유자이다. 화폐의 힘이 크면 클수록 나의 힘도 커진다. 화폐의 속성은 나의—화폐소유자의—속성이요 본질적인 힘이다. 따라서 내가 '무엇이고', 내가 무엇을 '할 수 있는가'는 결코 나의 개인성에 의해서 규정되지 않는다." 따라서 그는 화폐의 무한한 가능성과 전능한 본질을, 추남이 미녀를 살 수 있고, 절름발이가 24개의 다리를 가질 수 있으며, 악한 인간이 착하게 되고, 불성실한 인간이 정직한 인간이 되며, 우둔한 인간이 재능 있는 인간을 고용함으로써 더욱 재능 있는 인간으로 나타나는 현실을 투시함으로써 고발한다. 칼 맑스, 『1844년의 경제학 철학 초고』, 최인호 옮김, 박종철출판사, 1991, 212~216쪽 참조(인용은 같은 책, 213쪽). 정문길, 『소외론 연구』, 78~83쪽도 보라.

생명력이 넘치는 사랑과 이를 공유하려는 본질적 삶을 영위해야 한다고 권고한 바 있다.[21] 사실 오늘날의 인간은 인류가 일찍이 경험하지 못했던 엄청난 부와 편익을 누리면서도 이에 만족하지 못하고 더 많은 부를 추구하느라 영일(寧日)이 없다고 하겠다. 그러기에 우리는 현대사회에서의 인간의 상황을 자주 물 속에 잠겨 있으면서도 더욱 목말라하는 탄타루스(Tantalus)에 비유하기도 한다. 그러나 우리는 바로 이러한 시점에서 스스로의 욕망을 절제하면서 인간의 본질적 삶이 무엇인가를 심각히 성찰해야 할 단계에 이르렀다고 하겠다.

우리는 최근 우리 주변에 나타나고 있는 직업 구조의 변화에 주목할 필요가 있다. 우리는 이 지구 상의 일부 국가에서는 1960년대에 이미 3차 산업이 주도적 직업으로 등장했음을 알고 있다. 그리고 최근에는 정보와 정보산업이 한 사회를 총체적으로 장악하는 시대에 우리는 살고 있다. 이제 이러한 현상은 세계 곳곳에서 보편화되고 있다. 사실 1, 2차 산업의 기계화와 첨단산업의 발전은 장기적으로 볼 때 취업 기회와 노동 시간을 감축시키면서 새로운 삶의 형식을 요구하고 있다. 비록 예언적이긴 하나 최근 리프킨(Jeremy Rifkin)이 제시하는 '노동의 종말'은 우리에게 기존의 삶의 양식을 재구성할 것을 요구하고 있다.[22] 따라서 우리는 이제 더 많은 수입에의 욕망을 자제하면서 더 많은 여가를 어떻게 보낼 것인가의 문제를 심각히 고려하

---

21 Erich Fromm, *To Have or To Be?*, New York: Harper & Row, 1976.

22 제레미 리프킨, 『노동의 종말』, 이영호 옮김, 민음사, 1996.

지 않으면 안 된다. 여기에서 우리는 새로운 시대에 적응할 새로운 삶, 이 같은 새로운 삶을 주도하고 윤택하게 할 삶의 정치를 구상하게 된다.

새로운 시대의 삶의 정치는 우선 우리가 종래 일사불란한 것으로 생각하던 기본적 가치 체계의 수정을 통해 이루어져야 한다고 생각된다. 우리는 지금까지 당연한 것으로 수용하던 소비 패턴에서 해방되어야 한다. 자본주의사회에서 우리의 생활은 기본적으로 무엇이건 더 많은 것을 획득·소유하고, 다시 이를 마음껏 소모하는 것을 지상의 미덕으로 생각해왔다. 그리고 자본주의사회의 정치는 이 같은 소유와 소비를 철저히 서열화하여 영향력을 행사하도록 만들었다. 그러나 인간의 소유욕을 만족시켜주는 원천인 자원은 점차 고갈되고, 이 자원을 재생산하는 회로인 환경은 인간의 탐욕에 의해 왜곡되고, 또 차단당하니 오늘날의 현실에 있어서 우리가 해야 하고, 또 할 수 있는 일은 절제된 소비와 자연에 대한 외경(畏敬)과 겸허이다. 따라서 새로운 시대의 삶의 정치는 풍요 속의 자기 절제와 자연에 대한 겸손을 가장 중요한 인간적 가치의 하나로 인식하지 않으면 안 된다고 하겠다.

한편 우리는 자의건 타의건 우리에게 주어진 여가를 어떻게 이용할 것이냐라는 새로운 문제에 봉착하게 된다. 지금까지 여가란 경제적 부의 부수물이라고 우리는 생각해왔다. 그러나 앞으로 우리가 누릴 여가는 반드시 자의적이고 적극적인 것만이 아니다.[23] 미래 사회에서 산업의 기계화와 자동화의 전면적 확

---

23 우리는 최근 독일의 유명한 자동차 회사인 폴크스바겐(Volkswagen)사의 노동

대는 우리에게 더 많은 여가를 부여하고, 우리는 이처럼 주어진 여가를 어떻게 활용할 것인가의 문제를 신중하게 검토하지 않으면 안 된다. 여기에서 우리는 놀이를 위한 여가와 자기 고양을 위한 여가가 한 사회의 공적 연대를 위해 어떻게 이용될 수 있을까를 심각히 생각하지 않으면 안 된다고 하겠다. 다시 말하면 삶의 정치는 한 사회 구성원 개개인이 갖는 여가의 활용을 어떻게 하면 공적 생활과 연결시킴으로써 공동체적 지향을 갖게 하느냐 하는 것이 최대의 관건이라 하겠다.

이러한 관점에 볼 때, 교육은 이제 더 이상 사회적 지위 상승이나 정치적 엘리트의 충원을 위한 수단이 되어서는 안 된다. 교육은 획일적인 통제의 대상이 아니라 국가나 공동체, 또는 지역사회 구성원의 다양한 재능을 계발하고 그 개별적 가치가 존중되는 제도로 바뀌어야 한다. 그러한 의미에서 현재 실험적으로 시도되고 있는 우리 주변의 풀무학교나 간디학교는 중요한 의미를 갖는 사회운동의 하나라고 하겠다.

한편 사회의 구성원들은 각자가 그들의 재능에 근거하여 성취한 전문성이나 지적·기술적 숙련을 최대한으로 세련시킴으로써 스스로 특정 분야의 달인(達人)이 되는 것이 중요하며, 이러한 개인의 성취는 다른 분야의 달인에 의해서 그 가치가 충분히 인정되어야 할 것이다. 그리고 각 개인의 이 같은 성취는 그

자들이 회사 측이 제시한 노동 시간의 감축과 임금의 하향 조정을 노동의 융통성과 취업 기회의 공유를 위해 수용하지 않을 수 없었던 객관적 상황에 각별한 관심을 기울일 필요가 있다고 생각한다. Jonathan Steele, "The Beetle's punctured pride", *The Guardian Weekly*, October 1, 1995, p. 13.

들이 갖는 여가에 의해 더욱 보강된다고 하겠다. 나아가 이러한 경지에 이른 달인이 스스로의 인간적 존엄을 손상시키면서 다른 영역이나 분야에로 일탈하거나 용훼(容喙)하는 일은 우리로서는 쉽사리 상상하기 어려운 일이다. 따라서 최근 우리의 정치풍토에 광범위하게 나타나는 다양한 전문가들의 정치권으로의 유입, 또는 편입은 자기의 전문 분야나 영역에 대한 자기 비하가 아니라면 스스로의 전문성이나 숙련도에 대한 자신감의 상실이라고 치부하지 않을 수 없는 일이다.

우리는 지금 하나의 가치가 유일한 가치로서 다른 가치를 능가하고 지배하려는 시대에 살고 있다. 셰익스피어나 괴테가 지적한 것처럼 화폐 가치가 사랑과 지혜를 통제하고, 권력이 우리들 삶의 모든 영역에 편재하는 시대, 다시 말하면 우리는 화폐가 사랑을 독점하고, 권력이 지혜를 종복으로 부리는 등의 '압제'의 시대에 살고 있다. 그러나 우리들이 희구하는 세계는 힘이 권력을, 아름다움이 사랑을, 신뢰가 지식을 관장하지만, 이들 서로는 그 어느 것도 자기의 영역을 넘어서서 다른 분야나 영역의 지배권을 주장하지 않는 조화의 세계이다. 이들은 자기 분야의 중요성만큼 다른 영역의 중요성을 인정하고, 그것을 이해하기 위해 그 자신의 능력을 키워가는 상호 존경의 세계이다.

어린 딸의 생일에 가슴 뿌듯한 행복을 느낄 사람은 예쁜 케이크를 만들 수 있는 제과공(製菓工)이 아닐까. 케이크에 촛불을 댕기면서 딸의 손을 잡고 노래를 부르는.

이처럼 한 개인의 정성이 그 능력과 더불어 그가 나눔을 같이하는 공동체에 전달된다는 의미에서의 '삶의 정치'란, 자기의 재능에 따라 스스로가 선택한 영역이나 분야에서 장인(匠人)의 경지에 이른 한 사회의 다양한 구성원들이 모여 이루는 하나의 오케스트라와 방불하다 하겠다. 하나하나의 연주자는 개개 악기의 연주에 있어서 최고의 명인이나, 그들의 연주는 다른 악기의 연주를 방해함 없이, 아니 그것과의 조화를 통해 하나의 거대한 화음을 만들어내는 오케스트라. 그 어떠한 분야도 빠짐없이 필요하고, 또 넘치거나 모자람이 없는 조화, 그것이 바로 우리가 추구하는 삶의 정치이기도 하다.

정치란 무엇인가
: '소유'에서 '소통'으로[1]

김홍우

대한민국 학술원 회원, 서울대 정치학과 명예교수. 저서로 『현상학과 정치철학』(문학과지성사, 1999), 『한국 정치의 현상학적 이해』(인간사랑, 2007), 『법과 정치: 보통법의 길』(인간사랑, 2012) 등이 있다.

개의 종류를 나누어보면 힘이 센 매스티프 종, 빨리 달리는 그레이하운드 종, 지혜로운 스패니얼 종, 성격이 유순한 셰퍼드 종 등이 있다. 그러나 매스티프 종의 강한 힘이 빨리 달리는 그레이하운드에게 어떤 도움을 주거나, 스패니얼 종의 지혜나 셰퍼드 종의 유순함으로부터 어떤 도움을 받거나 하지 못한다. 이 개들이 갖고 있는 각각의 능력과 재능은 '교환 능력 또는 교환하려는 성향의 결여 때문에(for want of the power of disposition to barter and exchange)' 하나의 공동 자원(a common stock)으로 결합될 수 없으며, 때문에 '이들 전체 종의 개선과 편리를 위해(to the better accommodation and conveniency of the spieces)' 도움을 주지 못한다. 이 개들은 각각의 종이 갖고 있는 여러 재능에도 불구하고 죽을 때까지 자기 하나 유지하는 데 급급할 뿐이다. 그러나 사람은 이와 다르다. 사람은 서로 교류하고 교환하는 성향을 갖고 있기 때문에 각자의 재능에 따라 생산한 것들을 교환함으로써 '하나의 공동적 가용자원(a common stock)'을 만들어낼 수 있고, 이것을 필요에 따라 취득할 수 있다.
　―아담 스미스(Adam Smith), 『국부론』 제2장 중에서

　'정치란 무엇인가?'라는 질문은 정치학을 성립시킨 기본적 질문 중 하나이다. 여기서 '정치'의 의미를 다시 한번 묻는 것은 정치학의 출발점으로 되돌아감을 뜻한다. '정치(政治)'라고 말할 때의 '정(政)' 자는 한자어의 '정(正)'과 '문(文)'의 복합어

1　이 글은 『삶의 정치: 통치에서 자치로』(정문길 외 15인 지음, 대화출판사, 1998, 113~122쪽)에 실린 글을 재수록한 것이다.(편집자주)

로서 '바른 글' 내지는 '바른 문자'로 풀이된다. 그러나 식자층이 지극히 희소했던 시기의 문자에 대한 이미지는 일반인에게는 접근 불가능한 일종의 암호화된 '상형문자(hieroglyphic)'였다. 그리고 이와 같은 '암호 문자의 바른 해독'에 함축된 의미는 다름 아닌 '바른 소통'에 있다고 볼 수 있다.

소유 지향성의 정치

정치의 핵심을 '바른 소통'에서 찾는다는 것은 다른 한편 모든 소통이 항상 왜곡될 위험성에 노출되어 있는 정치적 장(場)의 특성을 단적으로 표현하는 말이기도 하다. 현실 정치의 장은 진공 상태로 존재하지 않는다. 그것은 다양한 세력들이 집결하고 있는 '힘의 프레나(Plena, 욕망 등이 가득 차 있다는 것을 의미한다)'이다. 정치적 장 내의 여러 세력은 끊임없이 힘겨루기를 하며—헤겔은 이것을 주인과 노예의 투쟁이라고도 말한다—이 과정에서 힘의 결탁과 분열이 이루어진다. 이런 점에서 정치적 장은 '프레나'일 뿐만 아니라, '아레나(Arena, 격투장을 의미한다)'이기도 하다. 이와 같은 아레나에서 표현되는 의견은 굴절될 수밖에 없다. 그것은 때로는 과장되기도 하고, 축소되기도 하며, 날조되기도 하고, 은폐되기도 한다. 어떤 점에서 정치적 아레나에서의 성패는 이와 같이 굴절된 메시지를 올바르게 독해해내는 능력과 기지(機知)에 의존한다고 보아 지나침이 없다.

이와 관련하여 제노폰(Xenophon)의 『히에로(*Hiero*)』(Yurita

Press, 2015)를 다시 읽어볼 필요를 느낀다. 과거 평민 시절의 히에로에게는 상대방의 호의가 '자발적인 것(willingness)'인지 아닌지를 아는 것이 특별히 문제되지 않았다. 그러나 군주가 된 이후부터, 그는 사람들의 '자발성'을 식별하는 것이 불가능함을 알게 되었다. 마침내 그는 자발적 사랑을 원하면서도, 그 자발성이 참인지 거짓인지를 분간할 수 없게 되었다고 시모니데스(Simonides)에게 실토한다. 여기서 히에로는 정치적 장에서의 올바른 소통의 어려움을 고백하는 한편, 다른 한편으로는 바로 이와 같은 어려움 때문에 정치적 장은 바른 소통의 요구가 가장 강렬하게 분출되는 역설적 장임을 암시한다.

오늘날 푸코(Foucault)와 사이드(Said)는 히에로의 입장을 보다 정교하게 발전시킨 좋은 예라고 생각한다. 사이드에 의하면, "동양을 연구 대상으로 삼는 유럽인이나 미국인"은 "하나의 개인으로서 동양과 만나"는 것이 아니라, "유럽인이나 미국인으로", 다시 말하면 "강대국의 국민"으로서 "동양과 직면하게 되며, 따라서 이러한 연구는 동양의 "진실(truth)"을 밝혀준 것이기보다는 동양에 대한 "표상(representation)"만을 양산했다는 것이다.(에드워드 W. 사이드,『오리엔탈리즘』, 박홍규 옮김, 교보문고, 2015. 34쪽, 52쪽)

그러나 필자는 이들의 주장에 일단 동의하면서도, 부분적으로는 의견을 달리함을 먼저 밝혀둔다. 필자가 여기서 주장하려는 것은 한마디로 "바른 소통에 대한 가장 근본적인 장애는 정치 그 자체에 있기보다는 정치를 가장한 이른바 소유 지향성에 있다"는 것이다.

첫째, 필자는 물건의 교환과 의견의 교환 간에는 근본적 차이점이 있다고 본다. 예컨대 물건 A와 물건 B를 교환할 경우, 교환되는 물건 A를 양도하지 않고서는 교환하려는 물건 B를 얻을 수 없다. 이런 점에서 물건의 교환은 원칙적으로 제로섬 게임(zero-sum game)이다. 반면 의견 교환의 경우는 이와는 전혀 다르다. 의견 A를 말했다고 해서 A의 소유권이 말한 사람으로부터 완전히 박탈되는 것은 아니며, 의견 B를 들었다고 해서 들은 사람에게만 B의 소유권이 전유되거나 독점되는 것도 아니다. 의견을 말할 경우, 그 의견은 때로는 더욱 분명한 방식으로 때로는 보다 불투명한 방식으로 재생산되어 결국 말한 사람이나 듣는 사람이 모두 공유하게 된다. 어떤 점에서 의견은 그 의견을 소유하면서, 동시에 남과 더불어 공유할 수 있는 유일한 존재라고 생각한다.

의사소통의 과정은 계속적인 재생산을 통한 공유화의 과정이라 할 수 있다. 이런 점에서 의사소통이야말로 사적 영역은 존재하지 않고 오직 공적 영역만 존재하며, 또 이것이 계속 확장되어나가는 세계라 할 수 있다. 의사 교환은 한마디로 물건 교환과는 판이한 게임이라고 생각한다. 이것은 말하자면, 넌 제로섬 게임(non-zero-sum game)에 속한다.

사사화(私事化)된 커뮤니케이션

둘째, 그럼에도 불구하고 많은 사람들이 물건 교환과 의견 교환 간의 근본적 차이점을 간과하고, 사실상 의견 교환을 일종의 물건 교환과 같은 것으로 동일시한다. 박승관 교수는 우리 사회의 '커뮤니케이션 체제'를 네 가지 특징으로 설명한다. 1) "공식적 커뮤니케이션 부문과 비공식적 커뮤니케이션 부문" 간에 "이원화"된 체제, 2) "핵심적 의사 결정 과정이 공식적 부문보다는 비공식적 부문에 의하여 주도"되는 체제, 3) "공식적 커뮤니케이션 부문이 비공식적 커뮤니케이션 부문에 의하여 식민화"된 체제, 4) "공식적 부문이 비공식적 부문의 겉치레 장치"에 불과한 체제.

이어서 박 교수는 우리 사회의 커뮤니케이션 세계(체제)에서 발견되는 가장 두드러진 현상은 "사사화(私事化, privatization)"라고 지적한다. 그에 의하면, '사사화'는 "커뮤니케이션 양식의 개인화 · 분절화 · 대립화"를 뜻한다. 이러한 '사사화'는 '공동체 지향성'을 쇠퇴시켜 결과적으로 "막힌 사회, 구조적 유연성을 상실한 비탄력적 자기중심주의 사회"를 가져온다는 것이다. 이런 경우, "비록 사회의 커뮤니케이션 역량이 급속히 증가"한다 하더라도 이러한 "확장된 커뮤니케이션 역량"은 오히려 일종의 음모 문화의 형성만 더욱 가속화시킬 뿐이라는 극히 비관적 견해를 피력한다.(박승관, 『드러난 얼굴과 보이지 않는 손』, 전예원, 1994)

필자는 박 교수가 말한 '사사화'를 '소유'의 지배하에 있는 '소통'으로 이해하며, 또 이에 수반되는 '홍보화'를 '소통'을 가장한 '소유'로 보고자 한다. 소유 지향성은 마치 마이더스(Mydas)의 손처럼 가는 곳마다 모든 것을 '사적인' 세계로 바꾸어놓는 강력한 힘을 갖고 있다. 일찍이 마키아벨리도 "사람들이 흔히 유산의 상실보다도 아버지의 죽음을 더 빨리 잊어버리는" 경향이 있다고 지적한 바 있다. 그러나 인간의 집요한 소유 지향성에 대해서는 구약 성서의 「출애굽기(Exodus)」 이상으로 적나라하게 보여주는 예도 없을 듯하다. 에집트의 '바로(Paraho)'는 이스라엘인에 대한 그의 기존의 소유권을 일거에 모두 포기하라는 모세—가진 것이라고는 지팡이밖에 없는 모세—의 일견 어처구니없는 요구에 대해, 처음에는 냉담하게, 다음에는 동의와 번의를 반복하는 기만으로, 그리고 마지막에는 절망적 포기 상태에서도 결코 자신의 소유물을 포기하지 못하는, 처절하리만큼 집요한 소유 지향성의 근성을 유감없이 보여준다.

그러면 인간의 집요한 소유 지향성을 극복할 수 있는 길은 무엇일까? 필자는 '소유'가 '소통'의 지배하에 들어가도록 길들이는 것만이 유일한 길이 되지 않을까 생각한다. 그러나 과연 소유가 소통에 복종하도록 길들여질 수 있는 것일까? 필자는 이것이 바로 정치철학의 근본 문제라고 본다. 플라톤의 표현을 빌려 말한다면 "대단히 불확실한, 그러나 불가능하지 않은(very improbable, but not impossible)" 게임, 즉 '모험'이라는 점도 아울러 강조하고 싶다.

전리품 획득을 위한 '현실 정치'

셋째, 소통이 소유를 지배하는 정치와 이와는 반대로 소유가 소통을 지배하는 정치는 질적으로 다른 두 개의 정치로 구분되어야 한다. 소통이 소유를 지배하는 정치를 '참된 정치(true politics)'라 한다면, 소유가 소통을 지배하는 정치는 '현실 정치(real politics)'에 해당한다. 또 이 두 정치에 대응하는 인간형으로서 '정치가(statesman)'와 '정치인(politician)'을 각각 구분해 볼 수 있을 것이다.

'현실 정치'에서는 정치를 '전리품' 획득을 위한 하나의 소유 활동으로 파악한다. 이것을 이론적으로 정당화시키는 것이 실력설(實力設)과 가산제(家産制) 국가론이다. 가산제 국가론은 국가를 일종의 세금 징수 기관으로, 다시 말하면 하나의 거대한 수취(收取) 체계로 본다. 그리고 여기서 획득된 '수취물'들이 어떠한 방식으로 배분되느냐에 따라, 다시 말하면 세습적인 방식이냐 아니면 자유로운 계약 방식이냐에 따라 봉건적 가산제 국가론과 부르주아적 가산제 국가론으로 양분된다. 로버트 필머(Robert Filmer)는 전자를, 존 로크(John Locke)는 후자를 각각 대변한다.

한 가지 놀라운 사실은 필머의 대표작인 『패트리아카(*Patriacha*)』(Robert Filmer, CreateSpace Independent Publishing Platform, 2016)와 이를 비판한 로크의 『제1논문(*The First Treatise of Government*)』(John Locke, CreateSpace Independent Publishing Platform, 2016)은 정치사상사에서 가장 안 읽힌 저작이라는 것이다. 부르주아적 가산제 국가론은 로크의 『제2논문(*The Second Treatise of Civil Government*)』(John Locke, World Library Classics, 2009)에 잘 집약되어 있으며, 흔히 계약적 국가론으로 불린다. 그러나 가산제 국가는 어디까지나 사적 소유물로서, 공적 영역

이란 처음부터 존재할 수 없는 국가이다. 국가는 말하자면 하나의 확대된 '가계(家計, household)'에 불과하다. 한나 아렌트(Hanna Arendt)도 이 점을 다음과 같이 지적하고 있다.

> 인간이 '정치적 동물'이기에 앞서 '사회적'이기 때문에 필수적인 것으로 간주된 전정치적 힘은 혼돈의 '자연 상태'와는 아무런 공통점도 갖지 않는다. 17세기 정치사상에 의하면, 이러한 자연 상태의 폭력으로부터 벗어날 수 있는 길은 권력과 강제의 독점권을 가진 정부의 확립을 통하여 '모두를 공포 속에 있게 하는' 만인의 만인에 대한 전쟁 상태를 철폐하는 것이었다. 반대로 우리가 이해하는 지배와 피지배, 정부와 권력의 모든 개념들과 이것들이 지시하는 규정된 질서는 전정치적 개념으로 그리고 공론 영역보다 사적 영역에 속하는 것으로 여겨졌다. ―한나 아렌트, 『인간의 조건(*The Human Condition*)』, 이진우 · 태정호 옮김, 한길사, 1996, 84쪽

오늘날 상당수의 정치 평론가 가운데서도 정치를 또 다른 형태의 소유로 보는 입장들이 엿보인다. 이들은 다윈과 프로이드를 결합시킨 '신다윈주의자'들로서, 여기서는 정치적 게임을 일종의 암놈 쟁탈전으로, 그리고 정치인을 치열한 경쟁에서 살아남아 'A급 수놈(Alpha male)'의 타이틀을 획득하려는 침팬지에 비유한다. 다른 한편, 최근에 출간된 찰스 머레이(Charles Murray)와 리처드 헌슈타인(Richard J. Herrnstein)의 공저, 『벨커브(*The Bell Curves*)』(Free Press, 1996)는 인간의 지능이 환경적 요인보다는 '유전성(heritability)'에 크게 좌우된다고 주장함

으로써, 인종 문제의 해결에 있어 일종의 필머적인 '세습주의'로의 회귀를 나타낸다.

소통의 활성화와 공공성의 창출

그러나 필자는 정치의 진정한 모습을 '소유'보다는 '소통'에서 찾고자 한다. 소통—보다 정확하게 말해서, 소유 지향성으로부터 자유로운 소통²은 공적 영역을 창출하며, 이런 의미에서 공적 영역의 존립은 소통 그리고 이것의 활성화와 명맥을 같이한다고 본다. 정치에 있어 '소통'을 강조한 대표적인 인물로 윈스턴 처칠(Winston S. Churchill)을 들 수 있다. 케인즈(J. M. Keynes)는 처칠의 저서, 『The World Crisis 1911~1918』(Free Press, 2005)에서 처칠의 이와 같은 점을 아주 명쾌하게 지적하고 있다.

처칠 경의 기본적 주장은 넓게 말하면 각 나라에서 중요한 군사

---

2 플라톤이 구분하는 "Dialectic"(진리를 목적으로 하는 토론)과 "Eristic"(승리를 목적으로 하는 토론)의 구분이나, Chantal Mouffe의 "agornism between adversary(이질적 요소 간의 진통)"과 "antagonism between enemies(적대적 요소 간의 대결)"의 구분이나(Magazine Dissent, 1995 Fall, pp.498~502. https://www.dissentmagazine.org/article/the-end-of-politics-and-the-rise-of-the-radical-right) 또는 황현(黃玹)이 구분하는 "순의(詢議)"와 "횡의(橫議)" 간의 차이(『매천야록』, 이장희 옮김, 대양서적, 1973, 314쪽)는 모두가 동일한 특성을 보여준다. 즉, 전자가 소유 지향성으로부터 자유로운 소통인 반면, 후자는 소유 지향성에 포로가 된 소통이라는 점이다.

정책에 있어서 직업적인 군인, 즉 '철모자를 쓴 고급 장교'들의 생각은 일반적으로 잘못된 반면에 직업적인 정치가, 즉 '연미복의 민간인'들이 일반적으로 옳다는 주장으로 집약된다.

군사 참모들의 대체적인 성향은 의견에 복종하는 데 길들여져 있다. 이것은 주위에서 솔직하게 말하는 친구들과 날카롭게 지켜보는 반대자에 의해 둘러싸인 정치가의 경박한 마음이 올바른 결론에 이르는 데 더 필수불가결함을 의미한다. 독일의 최종적인 패배는 사실 독일 제국의 위대한 장군들이 너무나 강력한 힘을 행사한 데 기인한다. 만약 독일의 정치가들이 영국, 혹은 프랑스나 미국의 정치가들과 같은 영향력을 행사했다면 독일은 그와 같은 패배를 결코 겪지 않을 수 있었을 것이다. —*The Collected Works of John Maynard Keynes*, Vol. X[3]

또한 한국 정치의 맥락에서 '소통'의 중요성을 밝혀준 문헌으로는 『독립신문』을 들 수 있다. 1896년 4월 16일 자의 사설에서 『독립신문』은 이렇게 말한다.

관찰사와 원이라 하는 것은 임금이 백성에게 보내신 사신이라. (…) 사신의 직무는 무엇인고 하니 사신 보낸 이와 사신 받는 이 사이에 교제를 친밀히 하자는 것이요, 양편 사정을 통기하여 서로 알게 하자는 것이다. (…) 군민 간에 서로 알게 하는 직무는 관찰사와

---

[3] John Maynard Keynes, *The General Theory of Employment, Interest and Money* (Collected Works of Keynes), Palgrave Macmillan, 1791, pp. 46~52.

원에게 달려 있는데, 근일 관찰사와 원들이 자기 직무들을 잘 못하는 연고로 경향 간에 통정이 되지 못하여 의심이 난 후인즉 사랑하는 마음이 없어지는지라. 서로 사랑하는 마음이 없은즉 한편에서 하는 일을 실상은 어찌하였든지 저편에서 좋아 아니하는 법이나, 지금 조선 형세가 이렇게 된 것은 백성이 정부를 모름이요 정부가 백성을 모르는 연고니, 그 허물은 관찰사와 원이 받을 것이다.

결론적으로 '공공성(publicity)'은 말문을 열고, 그리고 한 걸음 더 나아가, 마음의 문을 '여는 데(opening)'서부터 시작된다. 이런 점에서, 우리나라에는 '밀실'만 있고, '광장'이 없다고 절규했던 최인훈 씨가 장편소설『화두』(최인훈, 문학과지성사, 2008)를 출간한 것도 단순한 우연으로 볼 수 없는 뜻깊은 사건이다. 베이컨(Francis Bacon)이 자신의 이상국가인『뉴 아틀란티스(*New Atlantis*)』(CreateSpace Independent Publishing Platform, 2012)를 "저녁부터 아침 사이"에만 볼 수 있다고 말한 것도 같은 맥락에서 이해될 수 있다. 다시 말하면, 하루의 모든 일이 끝난 후 자유롭게 말을 나누며, 이야기의 꽃을 피우는 저녁부터 아침까지의 시간이야말로 이상국가의 모습이 우리들의 목전에 '실체화(embody)'되는 순간이라는 말이다.

베이컨의 메타포에는 또 다른 의미가 감추어져 있다고 생각한다. 그것은 하루의 모든 일을 마치고 돌아가는 우리들의 진정한 삶의 세계에서는 '소통 지향성'이 '소유 지향성'에 우선한다는 것이다. 그러나 문제는 소통의 '우선성'이 소유의 '우월성'에 의해 항상 위협받고 있다는 점이다. 따라서 뉴 아틀란티스에서 이상국가의 모습이 매일 우리의 목전에서 실체화될 수 있었던 것은 '소통의 우선성'을 '소유의 우월성'으로부터 지켜주는 섬세한 보살핌(caring)[4]이 존재했음을 뜻한다. 따라서 필자는 정치를 '소유의 우월성'으로부터 '소통의 우선성'을 지키려는 인간적 노력에 다름 아니라고 본다.

---

[4] 섬세한 '보살핌'의 반대편에 서 있는 것이 기하학적 '엔지니어링'이다. 엔지니어링은 오늘날 한국 정치·사회 개혁의 기본 모델로 채택되고 있다. 그러나 그 결과는 아주 비관적이다. 이것은 다음과 같은 우화에 의해 잘 집약되고 있다고 보인다.
 "옛날에 큰 홍수가 있었는데 이 홍수에 두 개의 생명체가 휩쓸렸다. 원숭이 한 마리와 물고기 한 마리였다. 재빠르고 경험이 있는 원숭이는 다행스럽게도 나무에 기어올라 격렬한 물결을 피했다. 그 안전한 나무 위 높은 자리에서 내려다보니 가련한 물고기는 세차게 흐르는 물결에 휩쓸려 허우적거리고 있었다. 극진한 선심을 써서 원숭이는 손을 내밀어 물고기를 물결에서 건져 올렸다. (…) 그 결과는 불문가지였다."

도덕 이상과 정치의 의미[1]

박영신

연세대 사회학과 명예교수. 저서로 『변동의 사회학』(학문과 사상사, 1981), 『역사와 사회변동』(대영사, 1987), 『우리 사회의 성찰적 인식: 전통, 구조, 과정』(현상과 인식, 1995), 『실천 도덕으로서의 정치: 바츨라프 하벨의 역사 참여』(연세대학교출판부, 2000) 등이 있다.

도덕 성찰의 요구

그렇게 견고하게 보이던 공산 체제가 그렇게도 쉽게 허물어진 역사의 역설 상황에서, 바로 두 달 전만 해도 구속되어 부자유한 몸이었던 하벨[2]이 대통령으로 당선되었다. 이제 그가 생각하는 정치가 체코슬로바키아 인민들에게 공식으로 알려지게

---

1 이 글은 『실천도덕으로서의 정치』(박영신, 연세대학교 출판부, 2000)의 4장 '도덕과 정치의 만남' 중에서 1부 '도덕 이상과 정치의 의미'라는 글을 재수록한 것이다.(편집자주)

2 『실천도덕으로서의 정치』 1~3장에는 바츨라프 하벨(Václav Havel)에 관한 다채로운 소개와 평가가 실렸으나, 지면상 여기에는 간단한 약력과 함께, 저자가 쓴 소개를 발췌하여 싣는다.(편집자주)
　하벨은 극작가, 사상가, 저항운동가, 정치인이다. 1936년 10월 체코 프라하에서 출생하여 2011년 12월 사망했다. 1989~1992년 체코슬로바키아 제10대이자 마지막 대통령이었으며, 체코와 슬로바키아 분리 이후 1993~2003년 제1대 체코공화국 대통령을 지냈다. 단행본에 실린 저자의 소개 중 일부를 옮긴다.
　"이 글은 한 지성인에 대한 이야기이다. 정확히 말하면 지성인으로 저항 운동을 이끌다가 정치의 세계 한가운데 들어가 활동하고 있는 한 인물에 대한 것이다. (…) 바츨라프 하벨은 체코의 대통령이 되기 이전, 극작가로서 오랫동안 공산 체제에 항거해온 지성인의 정형을 갖추었던 사람이다. 1938년 9월, '뮌니히 최후통첩'의 결과로 제2차 세계 대전이 끝날 때까지 6년 동안 민주주의의 나라 체코슬로바키아가 유럽 지도에서 사라져버린 것이다. 하벨은 이러한 고난의 시대에 어린 시절을 보냈다. 체코슬로바키아가 이렇듯 공산화의 과정을 밟고 있을 때가 하벨이 교육을 받을 나이였다. 의무 교육 과정을 무난히 마치고 12세 되던 해, 나라가 완전 공산화되었기 때문에 예전 같았으면 곧장 진학하여 고등 교육을 받았겠지만 이제는 그럴 수 없었다. 그의 출신 배경과 정치 성향이 문제가 되었다. 그래서 그는 14세의 나이에 실험실 견습공으로 일하게 된다. 그가 처음으로 문학과 연극 관련 잡지에 글을 쓰기 시작한 것이 1955년이다. 1960년 그의 처녀작 「가든파티(The Garden Party)」가 공연되고, 1966년 이 작품이 체코어로 출간된 다음 곧 영어, 독어, 프랑스어로 옮겨져 나왔다. 다음 해(1965년)에는 논쟁 지향의 월간지 『트바르(Tvář)』의 편집진에 참여하였으며, 체코슬로바키아 작가동맹에 속한 젊은 작가들이 만든 모임의 대표가 되었다. 하벨은 이때 벌써 비판의 소리를 내기 시작했다."

되었다. 물론 극작가가 나라의 대통령이 된 데 체코슬로바키아 인민 누구도 가소롭다는 듯이 눈을 끔뻑이지는 않았다. 정치 경력이나 행정 경험이 없다고 작가 출신 대통령을 허술히 여기지도 않았다. 독재 정권이나 전체주의사회에서 정치 경력이 있다면 그 경력이란 도대체 무엇이며 행정 경험이 있다면 그것은 또 무엇을 뜻하는가고 반문할 수 있는 인민이었다. 그 경력과 경험은 오히려 없어야 될 치욕과 불명예이기 때문이다. 철학자인 마사릭이 건국 대통령으로 봉사하였던 역사를 기억하는 이들 인민에게 정치가 하벨은 조금도 이상할 것이 없었다.

합스부르크 제국의 지배 밑에 있던 이 나라는 거추장스러운 역사의 유산으로 남게 될 귀족 계급을 갖지 않았다. 그 어떤 계층도 정치와 교육과 문화의 독점 세력으로 인민 위에 군림하지도 않았다. 독일어 문화권에 함몰되고 반종교개혁의 억압 세력에 억눌려 있는 동안, 이 바깥 세력에 맞서 민족의식을 지키고 키워온 힘은 체코 언어와 문화를 갱생시킨 작가들과 학자들이었다. 이들이 피압박 민족을 이끌어온 '정신의 지도자'이며 정치의식을 깨우쳐온 정치 지도자였다. 이 점에서 체코는 이미 "문화 정치(cultural politics)"를 잉태하고 있었으며, 처음부터 "문화와 정치 사이의 관계"가 "유기체의 바탕" 위에 서 있었다. 17세기로부터 18세기에 이르는 이 문화 정치의 역사 전통이 19세기를 거쳐 20세기에 이르러 마사릭을 통해 구현되고 나치의 침탈과 공산당의 지배 체제 밑에서도 쉼 없이 뿜어져 나왔던 것이다.[3] 특

---

3 Antonín Liehm, "Author's Foreword: On Culture, Politics, Recent History, the

히 '프라하의 봄'과 그 이후 줄곧 표피의 정치에 맞서 정신세계에 줄을 대어 깊은 정치의식을 표상해온 세력 또한 작가들이었다. 하벨이 대통령의 자리로 들어선 것은 바로 이러한 역사 전통, 그 테두리 밖이 아닌 그 안에서 일어난 사건이었다.

바로 이 전통의 연장선에 서서, 하벨은 지난날 공산당이 지배하던 시대의 정치를 규정하고 그것과 대비되는 자신의 정치관을 밝혔다. 1990년 새해 첫날 체코와 슬로바키아의 라디오와 텔레비전을 통해 전국으로 방송한 그의 신년사가[4] 통로였다. 연설의 머리를 그는 이렇게 열었다.

친애하는 시민 여러분, 이날 나의 전임자들로부터 지난 40년 동안 여러분이 들어온 것은 같은 주제를 여러 가지로 변주한 것이었습니다. 곧, 우리나라가 얼마나 번영하고, 수백만 톤이나 되는 철강을 생산하고, 얼마나 우리가 행복하고, 얼마나 우리가 정부를 신뢰하고, 그리고 얼마나 밝은 전망이 우리 앞에 펼쳐지고 있는지에 대해서 들었습니다.

여러분이 나에게 이 직책을 맡긴 것은 나 또한 여러분에게 거짓말을 하라고 한 것은 아니리라고 생각합니다.[5]

Generations-and also on Conversations", *The Politics of Culture*. New York, Grove Press, 1973[1967/1968], pp. 41~42를 볼 것.

4 Václav Havel, "New Year's Address", *Open Letters : Selected Prose 1965~1990*, Paul Wilson 뽑아 엮음, London : Farber & Farber, 1991, pp. 390~396을 볼 것.

5 Václav Havel, *Open Letters: Selected Prose 1965~1990*, Paul Wilson 뽑아 엮음, London : Farber & Farber, 1991, p. 390.

두말할 것도 없이 나라의 형편은 당국이 발표해온 내용과는 달리, 결코 번영하고 있지 않았다. 산업체는 인민의 필요와 상관없는 것들을 생산하고 있었으며 경제는 낙후되어 있었다. '노동자의 국가'라고 떠벌리는 것과는 전혀 맞지 않게 당국은 오히려 노동자를 얕보며 '착취'하였다. 오랫동안 긍지를 가져왔던 교육조차 관심을 두지 않고 내버려두어 통계로 보면 세계 순위에서 72등으로 떨어져 있는 상태였다. 인민이 가지고 있는 정신 유산과 창의력을 무시하고 그 가능성을 짓밟아왔던 것이다. 자연의 파괴와 강과 들과 숲의 오염은 유럽에서 가장 심각하였으며 성인 사망률은 유럽에서 최고였다.[6] 슬로바키아의 브라티슬라바로 가는 비행기의 창밖으로 그가 내려다본 오염된 공장 지대와 더러운 주택 단지는 수십 년 동안 정치 지도자들이 방치해왔음을 분명하게 보여주는 것이었다. 하벨은 이러한 실책을 덮어두고 번영을 떠벌려온 공산 정권의 거짓을 성토하였다.[7]

거짓된 정치에 대한 비판은 지난 체제에 대한 비판을 뜻한다. 피폐한 오늘의 상황에 대하여 공산 정권은 마땅히 책임져야 한다. 이 체제에 맞서 싸워온 저항가로서 하벨 역시 이 점을 분명히 하였다. 그러나 그는 이러한 질책을 신년사 주제로 삼지 않았

---

[6] 자본주의와 환경오염을 등식으로 이해하고 있는 것과는 전혀 다르게, 사회주의 체제 밑에서 환경오염이 어느 정도인지 그 실태를 분석하고 있는 Christine Zrosec, "Environmental Deterioration in Eastern Europe"(*Survey*, 28권 4호, 1984, 117~142쪽), 그리고 John M. Kramer, "The Environmental Crisis in Eastern Europe: The Price of Progress"(*Slavic Review*, 42권, 1983년 여름, 206~207쪽)를 볼 것.

[7] Václav Havel, *Open Letters: Selected Prose 1965-1990*, Paul Wilson 뽑아 엮음, London: Farber & Farber, 1991, p.390.

다. 깊은 수준에서 보아 모든 책임을 체제에만 돌릴 것은 아니었다. 가당찮게 들리겠지만 하벨은 체제의 희생자임에 틀림없는 시민들을 향해 결연히 발언한다. 전체주의 체제 밑에서 살아온 시민이라면, 거기서 죽지 않고 살아남은 사람이라면 그 체제가 감염시켜 온 오염에 물들어 불의한 삶과 허위의 이야기에 면역되어 있었음이 분명하다고 했다. 노동자의 국가라고 선전하면서 노동자를 착취하는 나라에서 노동자가 당하는 굴욕에 익숙해지고, 인민 민주주의라고 하면서 인민을 짓누르는 인민 공화국에서 품위를 잃어버린 채 나날을 보내는 '거짓된 삶'에 자신을 맡기고 살았기 때문이다. 그러기에 어느 누구도 이 '도덕의 오염' 상태에서 벗어나 있지 않았다. 이른바 국가 중심의 사회주의 모형에 따라 오늘에 이른 현실 그 자체를 정당화하고, 나아가 이상화하고 있는 '현실 사회주의'[8] 속에 들어앉아 옴짝하지 못하고 순복할 수밖에 없었다고 해서 모든 책임을 바깥으로 돌릴 수는 없다는 것이다. 적어도 하벨은 그렇게 해석하였다. 자신의 생각을 그는 아래와 같은 말로 표현한다.

내가 오염된 도덕 환경을 이야기할 때, 유기 채소를 먹으면서 비행기 창문 밖을 내다보지 않는 신사들만을 이야기하는 것은 아닙니다. 나는 우리 모두에 대하여 이야기하고 있습니다. 우리 모두가 전체주의 체제에 익숙해져 있었으며 그 체제를 바꿀 수 없는 사실로

---

[8] 이에 대하여 날카로운 눈으로 분석하고 있는 Miroslav Kusý, "Chartism and 'Real Socialism'", Václav Havel 외, *Power of the Powerless*, New York, M. E. Sharpe, 1985. 특히 153~157쪽을 볼 것.

받아들여 오래 지탱할 수 있도록 협력하였습니다. 다른 말로, 정도는 다르다 하더라도 당연히—전체주의의 기계가 작동하도록 한 데 대해서는 우리 모두에게 책임이 있습니다. 어느 누구도 전체주의의 희생자만은 아니었습니다. 우리 모두가 또한 그 공범자입니다.[9]

마치 구약에 나오는 선지자들처럼 하벨은 동시대인에 대하여 통렬하게 비판하였다. 모든 것을 불신하면서 자기만을 생각하는 이기심에 사로잡혀, 동정심과 겸허와 보살핌의 도덕 관심 따위를 오늘날에 와서는 전혀 쓸모없는 지난날의 유물인 듯이 여기고 있는 몰도덕성을 그는 문제시하였다. 그가 앞서 든 '식품점 관리인'의 비유에서 말하고 있듯이, 모두가 상부에서 지시하는 대로 붙이라고 내려보낸 '만국의 노동자여, 단결하라!'는 포스터를 아무 생각 없이 식품점 유리창에 내다 걸며 살았다. 남들이 다 하니까 남이 하는 방식대로 아무 말 없이 따라 해야만 평온하게 살 수 있다는 것을 스스로 잘 알아 챙겼던 것이다. 그것이 별 탈 없이 사회에서 조화를 이루며 사는 것이라고 여기면서 말이다. 어떻게 보면 사회에 별 영향을 주지 않는, 지극히 무해한 듯이 보일 수 있으나 그것이야말로 전체주의 체제를 지탱시켜주는 일이었다. 남이 하니까 자기도 따라 해온 답습과 모방의 지난 세월을 그는 비판의 도마 위에 올려놓고자 하였다. 이러한 점에서 식품점의 관리인은 전체주의 체제의 '희생자'인 동

---

[9] Václav Havel, *Open Letters: Selected Prose 1965~1990*, Paul Wilson 뽑아 엮음, London: Farber & Farber, 1991, pp.391~392.

시에 '공범자'였다. 얄타 회담의 결과로 체코슬로바키아가 자체의 권리와 이익을 주장할 수 있는 기회도 갖지 못한 채 소비에트 체제의 장막 속으로 내던져진 그때부터, 인민 모두는 틀림없는 국제 정치의 희생물이었다. 그 희생의 수치와 아픔을 더욱 뼈아프게 느끼고 있던 '벨벳 혁명' 직후에, 하벨은 이들 인민을 향하여 희생자로만 생각할 수 없는 '공범자'라고 규정했던 것이다.

그는 이러한 입장이 사리에 맞지 않는 것이 아니라고 다시 힘주어 주장한다. 그러고는 지난 40년 동안의 "슬픈 유산"을 "우리들 자신에게 저지른 〔우리의〕 죄"로 받아들여야 한다고 말한다. 어느 강대국의 잘못으로 돌려버리거나 특정 권력층 인사가 범한 과오 때문에 일어난 것으로 못 박지 않았다. 이러한 발언은 결코 쉬운 일도, 또 쉽게 설득할 수 있는 것도 아니다. 특히 체코슬로바키아와 같은 약소국이 어두운 역사를 바깥의 탓으로 돌리지 않고 자체의 문제로 연결시키기란 실로 어려운 일이 아닐 수 없다. 그러나 하벨은 감히 이렇게 발언하고 주장하였다. 후스[10]로부터 이어져 내려온 체코슬로바키아 특유의 도

---

10 후스는 15세기 종교개혁가이다. 그는 양심과 신앙의 자유를 지키기 위하여 교황의 권위와 기존 교회와 맞서야 했고 국가 권위에도 대항해야 했으며 마침내 진리 편에서 진리를 변호하다 화형에 처해 순교를 당했던 개혁가였다. 그의 삶과 가르침을 따르는 사람들이 세운 것이 체코의 민족교회인 '보헤미아 형제단(The Bohemian Brethren)'이다. 후스를 체코슬로바키아 정치 공동체의 한가운데 자리해야 할 집합 전통의 핵심으로 부각시키고 그 전통과의 대화를 강조한 사람이 바로 마사릭이다. 마사릭은 제1차 세계대전 직후 나라를 세우고자 민족주의를 표방하였다. 그에게 민족의식은 곧 도덕의식이었다. 하벨은 후스와 마사릭으로 이어지는 도덕 정치의 전통을 중시하였다.(박영신, 『실천도덕으로서의 정치』, 연세대학교 출판부, 2000, 81~82쪽 발췌)(편집자주)

덕 전통이 없었다면 이러한 줄기에서 도덕의 성찰을 외치는 것은 불가능하였을 것이며, 또한 혁명 직후의 흥분된 분위기에서 이러한 자기 성찰을 요구하는 소리에 인민이 귀 기울이기를 기대할 수 없었을 것이다. 변화를 가능케 할 수 있는 역사의 고비에서 하벨은 가까이 마사릭이 밝히 보여준 깊은 도덕성의 발자취를 따라 인민을 향하여 하나의 국가로서, 하나의 사회로서, 그리고 한 공동체의 구성원으로서 삶의 내면을 함께 깊숙이 파헤쳐보고자 했다. 그러기에, 고통스런 지난날의 유산을 다만 국제 관계의 산물로 풀이하여 사무치는 모든 쓰라린 역사의 책임을 강대국에 돌릴 수 없었던 것이다. 만일 그것이 강대국의 책임이라 한다면 체코슬로바키아의 인민 모두는 무죄이며, 따라서 어떠한 자기 성찰도 불필요하며 나아가 자기 변형의 여지는 찾을 수 없을 것이다. 지난 유산에 대한 정직한 자기 고백과 분석의 과정 없이는 엄격한 뜻에서 과거와의 단절은 불가능하고, 따라서 새로운 삶의 세계를 세우기는 어려울 것이다. 하벨은 바로 이 과정에서 후기 전체주의 체제 밑에서 살아남은 인민 각자의 죗값을 따져보고 거기에서 자기 속죄의 가능성을 찾고자 하였다.

슬픈 역사에는 예외 지대가 없다. 그것은 어느 나라에도 덮쳐 올 수 있다. 그러한 역사를 겪으면서 원숙해질 수 있는 가능성 또한 모두 갖고 있다. 이 가능성의 기회는 그러나 모두에게 주어지지 않는다. 역사를 어떻게 이해하고 어떻게 수용하느냐에 따라 원숙해질 수 있는 가능성을 손아귀에 넣을 수도 있고, 놓칠 수도 있다. 하벨은 체코슬로바키아의 아픈 역사를 새로운 가능성의 씨밭으로 만들고자 하였다. 이러한 뜻에서, 그는 지난 어두운 유산을 "우리들 스스로에 대하여 저지른 죄"로 받아들이는 것이 중요하다고 하였다. 그것을 받아들인다면, "그 유산에 대하여 무엇인가 할" 책임이 "우리 모두에게 맡겨져 있으며, 우리에게만 맡겨져 있다는 것"을 알게 될 것이기 때문이다.[11] 이것은 인민 각자의 의무를 일컫는 말이며, 당장 모두가 짊어져야 할 책임을 가리키는 것이다.

정치의 도덕 근거

20세기를 마감할 때, 하벨은 결코 원하거나 의도하지 않았지만 피할 수 없이 도덕 이상을 등에 지고 정치의 무대 한가운데로 들어섰다.[12] 이 반체제 작가는 그러나 통례의 정치를 답습하거나 거대한 정치 집단의 일원으로 '정치'를 할 수는 없었다. 그가 '철인 정치인'으로 부름 받았기 때문이다. 마사릭이 나라를 세울 때 그가 실천하고자 하였던 뜻에 따라 하벨도 정치를 도덕의 바탕 위에 세우고자 하였다. 마사릭의 영웅은 체코인이면서도 인류의 역사에 전환점을 마련해준 후스와 그의 뒤를 이은 첼

---

11 Václav Havel, *Open Letters: Selected Prose 1965~1990*, Paul Wilson 뽑아 엮음, London: Farber & Farber, 1991, p.392.

12 이 점에서 아래의 전기물이 이름 붙이고 있는 제목은 아주 적절하다. Michael Simmons, *The Reluctant President: A Political Life of Václav Havel*(London: Methuen, 1991)을 볼 것.

치츠키(Petr Chelčický)와 코메니우스이다. 그는 양심의 자유와 신앙의 자유를 지키면서 교황과 교회의 권위에 맞서 순교한 후스의 개혁주의를 치켜세우고, 일체의 폭력을 거부하며 급진 비폭력주의를 제창한 첼치츠키의 가르침을 따르고, 그리고 후스의 개혁주의 전통 위에서 교육 사상을 발전시킨 코메니우스를 값지게 여기고자 하였다. 마사릭이 찾아낸 이 지성의 역사가 체코슬로바키아의 의식 세계로 널리 퍼져 도덕 전통의 뿌리가 되었던 것이다. 그가 민족주의를 내세울 때도 이 전통 위에 서서 민족의 도덕성을 강조할 수 있었으며, 나아가 민족 이기주의를 비판하고 경제주의에 기울어진 물질주의를 공격할 수 있었던 것이다.[13] 이러한 전통을 구체화시켜주었던 초대 대통령의 사상이 하벨의 배경이었다.

하벨은 기회가 있을 때마다 마사릭의 생각에 기대고 그의 말을 따온다. 그의 신년사에서도 마찬가지다. 그는 아래와 같이 마사릭의 사상을 되새기고 있다.

우리의 초대 대통령은 "예수를 따를 뿐, 시저를 따르지 않는다(Jesus, not Ceasar)"고 말하였습니다. 여기서 그는 우리나라의 철학자 첼치츠키와 코메니우스의 뒤를 따랐습니다. 우리도 이 생각을 더 널리 펼치고 유럽의 정치와 범세계의 정치에 새로운 요소를 끌어

---

13 H. Gordon Skilling, "Masaryk: Religious Heretic", John Morison 엮음, *The Czech and Slovak Experience*(New York: St. Martin's Press, 1992), pp. 68~69. 또는 *T. G. Masaryk: Against the Current, 1882~1914*, p. 99.

넣을 수 있는 기회를 가질 수 있다고 나는 감히 말하고자 합니다.14

이어 그는 아래와 같이 마사릭의 정치가 뿌리내린 '도덕의 바탕'을 이야기하면서 새로운 정치의 지평을 열자고 한다.

> 마사릭은 자신의 정치적 바탕을 도덕성에 두었습니다. 이러한 정치 개념을 새로운 시대에 새로운 방식으로 회복시키도록 노력합시다. 정치가 공동체를 속이거나 약탈하고자 하는 욕구의 표출이기보다는 오히려 공동체의 행복에 기여하고자 하는 바람의 표출이 되도록 우리 자신과 다른 사람들에게 가르쳐줍시다. 정치는—특히 투기와 계산과 음모와 비밀 흥정과 실리상의 책략을 뜻한다면—가능의 예술(the art of the possible)이 될 수 있을 뿐만 아니라 "불가능의 예술(the art of the impossible)", 곧 우리 자신과 세계를 개선할 수 있는 예술도 될 수 있다는 것을 우리 자신과 다른 사람들에게 가르쳐줍시다.15

정치에 대한 마사릭의 생각을 이어받아 하벨은 저속한 정치를 넘어 고결한 정치의 세계를 바라보고자 하였다. 그는 결단코 19세기 후반의 독일을 상징하였던 철의 재상 오토 비스마르크의 정치 철학 속으로 빠져들어가서 그러한 정치의 지평 안에 머

---

14 Václav Havel, *Open Letters: Selected Prose 1965~1990*, Paul Wilson 뽑아 엮음, London: Farber & Farber, 1991, pp. 394~395.

15 위의 책, p. 395.

물고자 하지 않았다. 그의 관심은 당연히 이 한계를 벗어나 새로운 지평을 여는 데 있었다. 수많은 현실 정치인들이 자신의 부도덕하고 몰도덕한 정치 행각을 변호하고 정당화하기 위해 즐겨 따오곤 하는 저 유명한 비스마르크의 말, 곧 '가능의 예술'이라는[16] 글귀 밑에 굳게 쌓아온 타성의 두터운 벽을 허물고, 정치를 '불가능의 예술'로 창조하고자 하였다. 걸핏하면 입버릇처럼 현실의 벽을 나무라면서, 공동선을 향하여 아무것도 바꿀 수 없고 아무것도 개선할 수 없다고 미리 주저앉아버리는 나약한 패배주의를 현실론의 이름으로 치장한 일체의 현상 유지책의 논리를 이 '불가능의 예술'은 파기하고자 한다. 인민에게는 적당한 당근과 채찍이 가장 효과 있는 정치의 기술이라며 인민의 열망을 격하시키고 인민의 성숙 가능성을 비하시켜, 새로운 삶의 세계에 대한 어떠한 몸부림도 없이 오로지 기존의 권력 체제를 강화시키려는 데 모든 힘을 쏟아붓고 있는 '지배의 정치'를 이 '예술'은 수용치 않는다.

 '가능'의 세계를 만들고자 하는 정치의 눈으로 보면 인간 일반의 자원은 거대하다. 마치 사회주의의 이상을 이룬 듯이 설쳐댔던 것과는 달리 나라가 번영하고 있지 않았던 것은 시민 각자가 지니고 있는 "엄청난 창의력과 정신력의 가능성이 의미 있

---

[16] 비스마르크가 1867년 8월 11일 Meyer von Waldeck와 이야기하는 가운데 썼던 말이다. *The Oxford Dictionary of Political Quotations*(Antony Jay 엮음)(Oxford: Oxford University Press, 1996), p.46. *The Oxford Dictionary of Quotations*(Oxford: Oxford University Press, 1996)(고침판), p.110도 볼 것. 독일어로는 "Die Politik ist die Lehre vom Möglichen"이다.

게 활용되고 있지 않았기" 때문이다.17 마치 오늘의 영국 노동당을 이끌고 있는 토니 블레어의 전임자였던 존 스미스가, 오랫동안 영국을 지배해온 보수당이 자유 시장 경제 원리를 극단으로 끌고 나가 거칠고 사나운 좁은 자유 경쟁의 논리만을 강조한 나머지, 시민 하나하나가 가지고 있는 능력과 가능성을 살릴 수 없었다고 비판한 것을 다른 상황에서 연상해볼 수 있는 논리였다. 스미스가 영국의 평범한 시민들이 지니고 있는 자질과 능력을 살릴 수 없는 상황을 가슴 아파하면서 그들의 가능성을 살릴 수 있는 공평한 사회를 만들겠다고 했던 것처럼,18 하벨은 엄격히 규격화되어 있는 전체주의 체제 밑에서 체코슬로바키아 인민들이 각기 가지고 있는 가능성이 폐기되어온 것을 견딜 수 없는 아픔으로 여겼던 것이다. 이 지나쳐버리고 무시되어온 평범한 인간의 자원을 표출할 수 있는 기회를 시민 모두가 누리도록 하는 일이 결코 어려운 것이 아니며, 방치해두어야 할 것은 더더욱 아니었다.

그러나 하벨은 인간의 자원이 다만 지금껏 짓눌려온 개인의 능력에 한정되어 있는 것으로 생각하지 않았다. 더욱 근원이 되

---

17 Václav Havel, *Open Letters: Selected Prose 1965~1990*, Paul Wilson 뽑아 엮음, London: Farber & Farber, 1991, p. 390.

18 존 스미스의 정치 철학과 이념의 유산으로 남게 된 Commission on Social Justice, *Social Justice: Strategies for National Renewal*(The Report of the Commission on Social Justice)(London: Vintage, 1994), 맨 앞쪽 사진 위의 따온 글과 '머리글'을 볼 것. 오늘의 영국 노동당이 터하고 있는 이념의 전통에 대해서는 박영신, 「영국의 윤리 사회주의 전통과 노동당의 새로운 정치」, 『현상과 인식』, 21권 2/3호(1997년 여름/가을)를 볼 것.

는 것은 인민이 살아가고 있는 삶의 방식이었다. 곧, 자기의 좁은 이익만을 생각하는 나머지 더욱 넓고 높은 삶의 세계에 대하여 관심을 두지 않는 표피의 삶 말이다. 이러한 삶을 어찌할 수 없는 인간의 본성이라며 그러한 전제 위에서 정치를 펴야 한다는 통상의 논리를 하벨은 받아들일 수 없었다. 전체주의사회에 살면서 타성이 되어버린 삶의 방식조차 그는 극복할 수 있는 것으로 본 것이다. 그가 "오늘날 우리에게 적대하는 가장 큰 적수는 우리 자신의 나쁜 버릇, 곧 공동선에 대한 무관심이며, 허식이며, 개인의 야심이며, 이기심이며 대항심"이라 하고, 싸움을 벌여야 할 곳이 바로 "이 마당"이라고 한 것도[19] 그가 말한 정치의 뜻과 맞물려 있었다.

'불가능의 예술'은 앞서 하벨이 말한 '반정치의 정치'에 이어져 있다. 그것은 정치를 술수와 조작의 공학으로 여기거나 실리를 추구하는 기술로 생각하는 것이 아니라 "의미 있는 삶을" 추구하고 실현하며, 또한 그러한 삶을 보호하고 거기에 봉사하는 방법의 하나로 보는 것이다. 그가 바라는 정치는 특정 체제에 종속되어 있는 것도 아닐뿐더러 더욱 넓고 더욱 높은 이상을 저버린 채 어느 정파나 그 정파의 이익에 파묻혀 '권력 투쟁'을 일삼는 것이 아니다. 그는 정치를 진리에 봉사하는 일로 파악하고 이웃한 모든 인간에 대한 인간다운 보살핌을 펴는 "실천 도덕"의 행위로 규정하고 있는 것이다.[20]

---

[19] Václav Havel, *Open Letters: Selected Prose 1965~1990*, Paul Wilson 뽑아 엮음, London, Farber & Farber, 1991, p.395.

[20] 위의 책, p.269.

앞서 내세웠던 정치관을 하벨은 권력의 핵심부에 들어서서도 저버리지 않는다. 1990년 10월 19~21일 프라하에서 '헬싱키 시민의회'의 창립총회가 열렸을 때, 자신의 생각을 세계 각처에서 모여든 천여 명의 청중을 향하여 들려준 바 있다. 반체제 인사들이 대거 체코슬로바키아의 권력 한가운데로 들어선 가운데 그가 대통령의 자리에 들어서 있던 때였다.

내가 보고 겪은 바로는, 이러한 이상을 실행으로 옮기기 위한 형식과 방도는 다듬어 알맞게 맞추어야 할지 모르지만 [입지가 변화하였다고 해서] 우리의 노력과 이상의 본질을 바꿀 수는 없습니다. 나는 우리들이 원래 가지고 있던 생각을 충실히 지킬 수 있다고 믿습니다. 체코슬로바키아는 그렇게 하려고 노력하고 있습니다. 체코슬로바키아가 내놓은 여러 국제 정책 안에서 되풀이하여 새 정부는 어떠한 이데올로기와 교리를 따르지 않으며, 우리의 새 정책이 터한 유일한 이념은 인권과 자유의 이념이라고 강조해왔습니다. 우리는 민주적이고, 번영되며 사회가 정의로운 국가를 원합니다. (…) 이것은 공허한 말만이 아닙니다. (…) 그것은 매우 어려운 일이지만, 가능한 일입니다. 우리들이 아마도 불명확하게 서 있을 수 있는 '비정치의 정치(non-political politics)', 곧 양심의 명령에 터한 [정치]를 추구하는 것은 가능한 일입니다. 우리가 권력을 장악하고 있으면서도 이러한 정치는 가능합니다. 이것을 나는 굳게 믿고 지지합니다.[21]

---

21 Václav Havel, "Address to the Helsinki Citizen's Assembly Opening Session," *East European Reporter*, 4권 4호(1991년 봄/여름), p.74.

대통령이 된 다음에도 그는 이러한 생각에서 물러서지 않았다. 1991년 10월 뉴욕 대학교에서 연설하면서도 그는 실천 도덕으로서의 정치를 되풀이 강조하였다.[22] 그 자신이 실토하는 대로 전체주의 체제 밑에서 정치를 가혹하게 비판하고 정죄해온 장본인으로서 대통령이 된 다음, 자신이 그 심판대에 올라서게 된 것은 무거운 부담이 아닐 수 없었다. 더구나 장차 대통령이 될 것이라는 것은 말할 것도 없거니와 현실 정치 속에 뛰어들게 될 것이라는 것을 전혀 예상하지 않고 거칠 것 없이 기운차게 쏟아낸 말과 글이 많기 때문에 이 모든 것은 스스로 헤어날 수 없는 궁지를 판 것이나 다름없었다. 그가 아직도 정치는 권력을 쟁취하기 위한 싸움이 아니라 진리와 양심에 따라 사심 없이 책임 있게 인민을 위하여 일하는 봉사라고 생각하고 있으며, 또 그렇게 행동하고 있는가 하는 물음이 실제로 사방에서 빗발칠 수밖에 없었다. 누구보다 날카롭게 진리와 양심이라는 높은 기준에 맞춰 통상의 정치를 비판하며 글을 발표해온 반체제 작가였기에 그의 모든 언행을 다그쳐 물으며 촘촘하게 따져보고자 하는 것은 넉넉히 이해함직한 일이다.

대통령의 자리에 앉아 수많은 문제 속에 들어선 이후에도 자신이 일찍이 말하고 쓴 내용 그 어느 것도 공식으로 철회하거나 수정해야 할 것은 아무것도 없다고 단언하였다. 그가 생각하는

---

22 Václav Havel, *The Art of the Impossible: Politics as Morality in Practice*, Paul Wilson 옮김, New York: Alfred A. Knopf, 1997, pp. 82~86. 또는 Václav Havel, *Towards a Civil Society: Selected Speeches and Writings, 1990~1994*, Prague: Lidové Noving Pub. House, 1994, pp. 151~161.

정치는 본질에서 남우세스러운 일이나 불명예스러운 직업이 아니며, 정치가 더러운 것이라고 여긴 까닭은 정치하는 사람들이 더럽기 때문이라는 생각을 전과 다름없이 지키고 있었다. 권력과 맞부딪쳐야 하고 권력의 도가니 속에서 벌어지는 인간의 행동이 정치이기 때문에 다른 행동 영역에 비하여 수치스러운 일을 범할 가능성이 더 크다고는 할 수 있으나, 그렇다고 해서 정치의 본질이 부패되어 있는 것은 아니다. 그러한 가능성 때문에, 이 영역에서 활동하는 이른바 정치인에 대하여 엄격한 책임을 묻고 강도 높게 압력을 가해야 할 뿐이다. 정치 자체가 곧 음모와 술수여야 하고 정치인은 거짓과 속임의 사람이 될 필요는 없을 것이다.[23] 그는 뉴욕 대학교 연설에서 이렇게 말한다.

여러분의 마음이 올바른 데 있고 여러분에게 품위가 있다면 여러분은 정치에서 검열을 통과할 뿐만 아니라 거기에서 일할 운명입니다. 여러분이 겸허하고 권력을 갈망하지 않는다면 여러분은 정치에 어울릴 뿐만 아니라 여러분은 정말로 거기에 속해 있는 것입니다. 정치인의 필요 불가결한 자격은 거짓말을 할 수 있는 능력이 아닙니다. 정치인은 감수성을 가지고 발언할 내용을 언제, 누구에게, 어떻게 할 것인지를 알 필요가 있을 따름입니다. 원칙의 사람은 정치에 속하지 않는다는 것은 옳지 않습니다. 인내와 숙고와 균형감과 다

---

23 Václav Havel, *The Art of the Impossible*: *Politics as Morality in Practice*, Paul Wilson 옮김, New York: Alfred A. Knopf, 1997, p. 83. 또는 Václav Havel, *Towards a Civil Society*: *Selected Speeches and Writings, 1990~1994*, Prague: Lidové Noving Pub. House, 1994, pp. 152~153.

른 사람에 대한 이해를 가지고 자신이 가지고 있는 원칙들을 발효시
키면 되는 것입니다. 느낌이 없는 냉소자, 우쭐대는 자, 뻔뻔스러운
자, 야비한 자가 정치에서 성공한다는 것은 올바른 것이 아닙니다.
그러한 사람들이 실제로 정치에 끌리는 것은 사실이지만, 결국에는
단정함과 품위가 언제나 더 중요합니다.[24]

정치의 문제는 결국 인간의 문제로 돌아온다. 그가 보는 인간
은 본질에서 선하거나 악한 것이 아니다. 인간의 정신 속에는
선과 악이 함께 들어 있고 가장 선한 것으로부터 가장 악한 것
까지 저지를 수 있는 성향이 다 들어 있다. 모든 자질이 섞여 있
는 것이다. 중요한 것은 어떤 자질을 살리고 어떤 성향을 삼가
게 하는가 하는 판단과 능력의 문제이며, 우리의 삶과 세계를 어
떤 자질과 성향에 이어놓을 것인가 하는 결의의 문제라 할 수 있
다. 정치 지도자가 어떤 것을 고무하고 어떤 것에 기대고 있는가
에 따라 역사의 성격이 바뀔 수 있다. 눈앞의 이익을 위하여 좁
은 지역감정을 부추기며 편향된 기득권을 자극하는가, 아니면
이러한 성향을 삼가면서 사회 구성원의 인격 속에 담겨 있는 공
동의 선과 범세계 수준의 도덕성을 주창하고 동원하는가에 따
라 정치의 격이 결정될 수 있다. 인간의 폭력성에 기대어 그러한
성향을 고무시키면 잔인한 폭군이나 독재자가 되지만 폭력성을

---

24 Václav Havel, *The Art of the Impossible: Politics as Morality in Practice*, Paul Wilson 옮김. New York, Alfred A. Knopf, 1997, pp. 84~85. 또는 Václav Havel, *Towards a Civil Society: Selected Speeches and Writings, 1990~1994*, Prague: Lidové Noving Pub. House, 1994, p. 157.

억누르면서 비폭력성을 떠받들어 그러한 마음가짐을 품고 이를 부추기면 평화를 끌어낼 수 있는 지도자가 될 수 있는 것이다.

하벨이 든 보기는 인도의 비폭력주의자 간디이다. 그는 빗발치는 폭력 앞에서 시민의 마음속에 간직되어 있는 최상의 자질에 호소하고 그 안에 자리한 최상의 성향을 끌어내고자 한 비폭력의 모범이었다. 간디는 하벨의 말로 "〔인간의〕 선량한 자질을 일깨우고 그들 속에 있는 선이 악을 극복할 수 있게 이끌 수 있었던" 것이다.[25] 그것은 "거친 힘에 맞서 정신이 이긴 위대한 승리"로서, 이 글귀는 '프라하의 봄' 직후 소련의 탱크가 프라하에 진입했을 때 벽에 붙였던 슬로건이었으며, 벨벳 혁명 때도 시가지에 휘날렸던 구호였다.[26] 인간이 바라는 이상을 구현하기 위하여 정치 일선에 나선 사람들과 그들을 후원하는 사람들이 자기들 마음속에 도사리고 있는 자질과 성향 가운데 어떤 것을 작동시키고 어떤 것을 억제하는가 하는 책임 있는 인간의 선택과 판단에 따라 정치의 성격과 방향이 결정되는 것이다.

정치는 인간의 도덕 자질에 달려 있다. 도덕의 바탕 위에 정치를 세우고자 하는 뜻은 오늘의 세계에서 광택을 잃어가고 일상의 삶에서 움츠러들고 있는 인간의 도덕 관심과 책임을 살려 거기에 호소하고자 하는 정치 갱생의 주장이다. 하벨은 이러한

---

[25] 1994년 2월 8일 인디라 간디 상(The Indira Gandhi Prize)을 받으면서 강연한 내용을 싣고 있는 Václav Havel, *The Art of the Impossible: Politics as Morality in Practice*, Paul Wilson 옮김, New York: Alfred A. Knopf, 1997, p.160을 볼 것.

[26] Václav Havel, *The Art of the Impossible: Politics as Morality in Practice*, Paul Wilson 옮김, New York: Alfred A. Knopf, 1997, p.160.

실천 도덕의 정치를 세우고자 주창한다. 이것은 물론 자신이 만들어낸 것이 아니다. 인류가 지켜온 다양한 문화 속에 침전되어 있는 것이며, 가까이 체코의 전통 속에 꿈틀거리고 있는 문화의 자원이다. 그가 체코슬로바키아의 앞날을 꿈꾸고 있을 때 그는 메마른 들판에 자랄 우거진 초목을 그리지 않았다. 그가 말하는 참여와 책임의 뜻 위에 세워져 있는 자유와 민주주의는 체코슬로바키아 역사로부터 이어받은 상속 유산이었다. 그 전통을 되살리는 것을 자신의 과제로 삼았을 뿐이다. 서구 문화에 뿌리내린 자유와 민주주의는 후스와 코메니우스가 심어놓은 씨앗이었으며, 마사릭이 키우고자 했던 줄기며 가지였다. 역사에서 자라 온 줄기이며 전통 속에 자리한 체코슬로바키아의 정신이었다. 하벨은 바로 이 뿌리에 자기 나라의 앞날을 이어놓고자 하였다. 체제의 발굽에 짓밟혀 이 뿌리가 자랄 수 없었던 왜곡된 지난 역사를 청산하고 제대로 자랄 수 있게 인민이 다시 다짐할 것을 고무코자 했을 따름이다.

  1989년 겨울, 하벨이 이끈 인민의 혁명도 이러한 체코슬로바키아의 도덕 전통 위에 서 있었다고 할 수 있다. 흔히 이 혁명을 '벨벳 혁명'이라 부르지만 이 말로서는 그 혁명의 뜻을 정확히 전하지 못한다. 인민들은 지배 세력과 맞서 총탄을 쏘며 살상 행위를 벌이지도 않았으며, 탄압의 상징인 감옥을 습격하여 이를 부수지도 않았다. 이 점에서 공산 체제를 '부드럽게' 타도해 버린 것을 '벨벳 혁명'이라 이름 붙여볼 수 있기는 하다. 그러나 이 이름으로는 그 혁명의 겉모습만을 그려볼 수 있을 뿐, 그 깊은 본질의 성격은 채 드러내지 못한다. 이 혁명은 차라리 '실존

혁명'에 뿌리내리고 있었다 해야 옳다. 적어도 혁명을 이끈 이들은 오랫동안 인간이 지켜야 할 도덕을, 순수성을 사회의 가치로 내세우고 여기에 이어진 개인의 책임을 묻고자 하였다. 1968년 개혁 공산주의자들이 보여준 바, 먼저 정권을 장악하고 권력을 잡아야 한다는 정치 노선을 거부하고 무엇이 옳고 무엇이 그르며, 무엇이 선하고 무엇이 악한 것인지를 깊은 도덕의 수준에서 가려내어 거짓의 삶에서 진리의 삶으로 옮아가는 철저한 자기 변혁을 과녁으로 삼았던 것이다.

새로운 정치—도덕의 빛 아래로

앞서 적었듯이, '정치'를 무엇으로 이해하고 '정치'를 어떻게 보는가에 따라 정치 세계와 행위가 달라진다. 정치가 도덕 세계와는 동떨어져 있는 살벌한 동물의 싸움과 같다고 하면 정치 마당은 거친 사람들만 설쳐대는 판이 될 것이고, 이해타산으로 주고받는 시장 체제와 같다고 보면 정치계는 계산의 명수들로 짜일 것이다. 또한 정치는 다름 아니라 음모 술수의 능력일 따름이라고 이해하면 겉과 속이 다른 삶을 일상화하여 그렇게 사는 데 익숙한 사람들이 만드는 음모의 경쟁장이 되어, 거기서 승자로 올라서는 간교한 사람들이 주름잡게 되는 것은 자연스러운 일일 터이다. 또한 정치의 목표는 배불리 잘 먹여 살리는 일이라고 보면 모든 에너지를 그 방향으로 쏟아부을 것이고, 서로 보살펴주는 공평한 사회를 만드는 데 있다고 하면 정치는 그런데 관심을 두고 힘을 기울일 것이다. 민주주의는 배부른 다음의 일이라고 하면 인권과 같은 가치를 경제 가치 밑에 두는 정치를 펼칠 것이고, 민주주의를 경제의 풍요 정도와는 아무 상관 없이 추구해야 할 우선의 가치로 설정하면 기본권을 희생해가면서 경제의 부를 최우선의 목표로 내걸지는 않을 것이다. 다른 말로 정치 세계와 정치 행위, 권력과 지배, 기회와 한계를 어떻게 이해하고 해석하고 규정하느냐에 따라 정치가 형체화되고 구체화되는 것이다. 정치인의 됨됨이와 정치 행위는 정치에 대한 인지와 해석 내용의 표현이며 그 결정체이다. 이 '정치'와 정치에 대한 믿음과 인지의 '내용'은 뗄 수 없게 연결되어 있는 것이지 서로 별개의 것으로 떨어져 있는 것이 아니다.[27]

하벨은 오늘의 세계를 지배하는 정치 행위와 정치 세계를 타락된 것으로 규정하고 이를 거부한다. 그는 정치 자체를 새롭게 정의하고자 한다. 정치에 대한 자신의 해석과 입장 때문에 현존하는 정치를 적당히 얼버무려 넘겨버릴 수 없었던 것이다. 그가 전체주의 체제에 반기를 들고 이에 대해 일관되게 비판하였던 것도 그 밑바탕에는 정치에 대한 자신의 남다른 견해와 인지 내용이 있었기 때문이다. 중-동유럽의 공산 체제가 과연 어떤 요인 때문에 허물어졌다고 풀이하는 것이 타당할지는 아직도 많

---

[27] 이러한 문제 설정을 지탱시켜줄 수 있는 사회과학 쪽의 논의 가운데, 사회운동에 대한 최근 '자기 정의 형성(the identity-formation)'을 주장하는 이론가들을 들 수 있다. 이에 대해서는 사회운동 연구의 이론과 그 흐름을 검토하고 있는 Cyrus Ernesto Zirakzadeh, *Social Movements in Politics: A Comparative Study*, London: Longman, 1997, 1장, 특히 15~18쪽을 볼 것.

은 논의가 필요하다.[28] 거기에는 여러 나라가 공통으로 갖는 요인도 있을 것이고, 그렇지 않은 것도 있을 것이다. 이러한 문제는 또 다른 연구에서 면밀하게 따져봐야 할 주제이다. 여기에서 우리의 관심을 끄는 것은 하벨 스스로 체코슬로바키아의 체제 몰락을 어떻게 이해하고 있는가 하는 점이다.

앞에서도 적었듯이, 그는 잡다한 변인을 끌어내어 인과관계를 찾아보려는 사회과학의 풀이 방식을 택하지 않고 도덕 차원에서 체제 몰락의 원인을 찾고자 한다. 곧 "삶에 의하여, 생각에 의하여, 인간의 존엄성에 의하여 공산주의가 무너졌다"고 그는 생각하고 있다.[29] 반체제 운동을 폈던 자신의 경험을 이렇게 말하기도 하였다.

이상한 일이 일어난 것이다. 정신이 잔인한 힘을 이긴 것이다. 진리가 거짓을 이긴 것이다. 그것은 폭력을 쓰지 않았고, 무기를 들지 않았으며, 심지어 어느 상점의 유리창 하나도 깨지 않았다. 그리고 우리도 매우 놀랐던 이 이상한 사태의 역전이 우리들의 견해가 옳다는 것을 입증해주었다. 언제나 우리의 활동은 원칙만을 위하여 행동한 것이고, 어떤 특정 결과를 생각하지 않았으며, 다만 우리의 양심이 강요하는 바대로 싸웠다고 말해왔다. 그런데 갑작스럽게 투쟁이 결과를 가져오게 된 것이다. 상황이 바뀌어, 전체주의 체제가 무

---

[28] 이에 대한 연구의 보기로 『동유럽의 개혁 운동: 폴란드와 헝가리의 비교』(박영신, 집문당, 1993)의 여러 곳을 볼 것.

[29] Václav Havel, *Summer Meditations: On Politics, Morality and Civility in a Time of Transition*, Paul Wilson 옮김, London: Farber & Farber, 1992, p. 5.

너져버린 것이다.[30]

이러한 도덕 가치에 삶을 이어보고 여기에 정치의 의미를 두고 있다는 데서, 하벨은 초대 대통령 마사릭의 뒤를 이어 체코슬로바키아의 도덕 전통을 이어오고 있다는 것을 다시 확인해 볼 수 있다.[31] 나라를 세웠던 마사릭처럼 하벨도 공산 체제로부터 나라를 해방시켰을 때 군대를 분열시켜 특정 탱크 부대를 동원하여 상대방을 선제공격할 수 있는 자리에 있지도 않았고 그 흔한 화염병과 쇠파이프로 시가지를 휩쓴 시위 민중을 동원하여 이용할 수 있는 인물도 아니었다. 그는 마치 꿈꾸는 사람처럼 철벽과 같은 전체주의 지배 체제에 맞서 '삶'과 '생각'과 '인간의 존엄성'이 행사할 수 있는 위력을 믿고 있었을 뿐이다. 현실 세계의 잔인성을 조금이라도 알고 있는 이라면 이러한 소박한 생각을 떠올리지 못했을 것이다. 자기를 보고 얼마나 순진한가 하고 빈정거리는 소리가 만만찮다는 것을 하벨 스스로도 잘 알고 있었다. 그러나 그는 정치에 대한 '자기다운' 생각을 저버리지 않았다. 대통령이 된 직후 그는 이렇게 자신의 생각을 털

---

30 "Address to the Helsinki Citizen's Assembly Opening Session", p.74. 1992년 2월 4일 스위스에서 열린 'World Economic Forum'에서 강연할 때도 그는 비슷한 논지를 폈었다. Václav Havel, *Open Letters: Selected Prose 1965~1990*, Paul Wilson 뽑아 엮음, London: Farber & Farber, 1991, pp.87~94. 또는 Václav Havel, *Towards a Civil Society: Selected Speeches and Writings, 1990~1994*, Prague: Lidové Noving Pub. House, 1994, pp.175~182.

31 Ernest Gellner, *Encounters with Nationalism*, Oxford: Blackwell, 1994, pp.114~129.

어놓았다.

정치는 주로 권력과 여론을 교묘히 조작하는 행위이고, 도덕은 거기에 설 자리가 없다고 아직도 주장하고 있는 이들의 생각은 옳지 않다. 정치 술책은 실로 정치가 아니다. 잠시 천박한 정치를 할 수는 있으나 오랫동안 성공하지는 못한다. 술책을 써서 어떤 이가 쉽게 국무총리가 될 수 있을지는 모르나, 그것이 그 사람의 성공 모두일 것이다. 그런 방식으로 그가 더 나은 세계를 만들지는 못할 것이다.[32]

하벨이 추구하는 '진실된 정치', 그가 '정치'라고 이름 지을 만하다고 생각하여 스스로 거기에 몸 바치고자 하는 정치는 이웃한 인간에게 봉사하는 행위이다. 그러나 이러한 정치는 표를 얻기 위한 수단의 필요성이 아닌, 인간 모두가 치켜세워야 할 '도덕'에 깊이 뿌리내리고 있다. 그것은 근시안의 시야에 쉽게 와 닿는 이해타산으로 움직이기를 거부하고 멀리 온전한 전체에 대하여 책임을 느끼고 그 전체를 위하여 행동으로 표현하는 '더욱 높은' 차원의 책임(a 'higher' responsibility)을 가리키며, "어디인가 우리 위에" 존재하는 실재, "존재의 기억(the memory of Being)"—신앙인들이 부르는 '신'에 근거하고 있기 때문이다. 변덕스러운 인간의 유한성이 판단의 근거가 되는 것이 아니라 모든 것이 언제나 기록되고 평가되는 영원성에 우리 모두가 예

---

32 Václav Havel, *Summer Meditations: On Politics, Morality and Civility in a Time of Transitio*, Paul Wilson 옮김, London: Farber & Farber, 1992, pp. 5~6.

속되어야 한다는 뜻에서 책임의 대상은 더욱 높은 데 있다. "우리는 '위로부터' 관찰되고, 모든 것이 눈에 드러나며, 어떤 것도 잊히지 않아, 세속의 실패가 주는 쓰라린 실망을 이 세상의 시간이 닦아 없앨 수 있는 어떠한 힘도 갖지 못한다는 무언의 가정을 표현하고 있다고 할 때만, 결국 참다운 양심과 참다운 책임이 언제나 설명될 수 있는 것이다."[33] 스스로 "나는 신비스럽기보다는 관념의 생각이 지배하는 시대의 산물"이라고 말했던 것처럼, 하벨은 통례의 기독교인이 아니나, 신(God)에 대한 궁극의 관심에서 벗어나 있지 않고 거기에 더욱 가깝게 서 있다고 고백한다.[34] 그만큼 이러한 초월의 영역에 대한 깊은 감수성을 놓치지 않으려는 믿음 위에 자신이 서 있고자 하였다.

바로 이러한 생각 속에서 그는 지배 세력이 적어놓은 대로 체코슬로바키아의 역사를 이해하지 않고 이를 넘어 비판할 수 있었다. 1948년 2월, 폭동을 일으켜 정권을 손아귀에 넣은 공산정권은 이 사건을 두고 반동 세력을 제거하고 노동자들이 "영광된 승리"를 거둔 빛나는 사건이라고 풀이해왔다. 이 '승리'는 '성공한 폭동' 직후 프라하의 옛 도시 광장에 모인 군중을 향하여 폭동의 주도자들이 발코니에 올라서서 의기양양하게 외쳤던

---

33 Václav Havel, *Summer Meditations: On Politics, Morality and Civility in a Time of Transition*, Paul Wilson 옮김, London: Farber & Farber, 1992, p. 6.

34 Václav Havel, *Letters to Olga: June 1979–September 1982*, Paul Wilson 옮김, New York: Alfred A. Knopf, 1990, 서한 41(1980년 8월 8일 자), pp.101~102. 스티븐 룩스는 이 점을 들어 하벨이 종교의 문제에 대하여 존중하고 신중한 태도를 지니고 있었지만 "어조는 세속스럽다"고 평한 바 있다. Steven Lukes, "Václav Havel: The Meaning of Life at Ramparts", 273~274쪽을 볼 것.

구호였다. 1990년 2월 5일 벨벳 혁명 직후, 바로 그 발코니에 하벨이 올라섰다. 그가 군중을 향하여 연설한 내용은[35] '성공한 폭동'을 뒤집어엎는 것이었다. 그 폭동은 반동 세력을 물리친 노동자의 "영광된 승리"가 아니라 "노동자들 위에 군림한 반동 세력의 불명예스러운 승리"였다는 것이다. '사회 정의'가 살아 있는 세상을 만들기 위하여 민주주의를 파괴하면서 거사한 것이 불가피했다는 주도자들의 거짓된 말을 당시의 많은 사람들은 받아들였고, 어떤 이들은 직접 총을 어깨에 메고 반동 세력을 색출한다며 길에 나서기도 하였다. 정의로운 사회를 만들겠다는 인민의 열정이었을 것이다. 그러나 하벨은 "깨끗한 목적은 더러운 수단을 정당화한다"고[36] 여긴 지난날의 역사가 저지른 잘못을 다시 생각하기를 요구한다. 생각 있는 사람이라면 그 누가 주인과 노예로 나누어져 착취와 피착취가 날뛰는 사회를 바라며, 방자한 부잣집 아들이 하녀를 모욕하는 사회를 두둔하겠는가. 또한 노동자라고 해서 공장의 경영에 대하여 한마디 발언할 수 있는 기회조차 없는 사회를 당연시하며 이를 정당화할 수 있겠는가. 하벨은 이러한 물음을 던진 다음, 공산주의 체제가 누구도 거부할 수 없는 아름다운 이상을 내세우는가 하면, 이 이상을 달성하는 과정을 '필연'이라며 여기에 '과학'의 예복을

---

[35] Václav Havel, "The Legacy of the Past Regime and the Work Ahead"(1990년 2월 5일), Tim D. Whipple 엮음, *After the Velvet Revolution: Václav Havel and the New Leaders of Czechoslovakia Speak Out*, New York: Freedom House, 1991. Focus on Issues 14호, pp.81~89에 실린 강연 내용을 볼 것.

[36] 위의 책, p.81.

입혀 어떠한 수단이라도 동원할 수 있다는 그러한 정치를 비판한다.[37] 정의를 세우기 위해서는 수단이 아무리 잔인하다 하더라도 정당화된다는 이른바 '과학의 정치'야말로 무시무시할 뿐만 아니라 도덕의 잣대를 팽개친 것이기 때문이다.

목적이 순수할 뿐 아니라 수단도 고결한 행위, 그것이 하벨이 말하는 정치가 서 있어야 할 도덕의 바탕이다. 인간의 문명 세계에 준 '과학'의 기여에도 불구하고 과학 그 자체가 도덕의 기준이 될 수는 없다. 과학의 위력에 삶의 많은 영역이 우므러들어 도덕의 빛조차 흐려지고 만 오늘, 인간의 모습을 '과학'의 도포로 뒤집어씌워 모든 행위를 과학의 이름으로 정당화하는 것은 삶의 위기이며 정치의 위기이다. 도덕은 과학과 맞바꿔버릴 수 있는 것이 아니다. 하벨은 이러한 상황에 맞서, "과학은 양심을 가지고 있지 않다"고 선언한다. 아무리 과학이 준 기여가 엄청나게 크다 하더라도 인간성을 과학의 울안에 가둘 수는 없는 것이다. "인간의 마음은 지식(intellect)보다 더욱 큰 것이다." 성찰의 행위를 앗아간 과학 속에서 양심과 선택과 고결함과 식별력, 그리고 용기와 회의의 세계를 찾을 수는 없다.[38] 정치의 능력은 그러므로 다시 도덕의 빛 아래로 들어와야 한다.

'수단'으로 모든 것을 다스리고자 하는 상황에서, 정치의 수단에 익숙하고 그 수단의 정치에 오랜 세월을 보낸 것이 무슨 훈장이나 되는 양 정치 경력을 계산하는 것이 관례처럼 되어 있

---

37 위의 책, p. 82.
38 위의 책, p. 82.

다. 직업 정치인이라는 것은 이러한 경력의 소유자를 말하며, 그러한 사람들이 정치의 판을 독점하고 있다. 그러나 수단과 방법을 가리지 않고 목적을 위하여 달음박질치는 오늘의 정치에서 경력 운운하는 것은 차라리 질문해야 할 수치일지언정 예찬의 대상은 될 수 없다. 공산 정권에 빌붙어 정치의 갱생을 이루지 못하고 사사로운 부와 권력을 누려온 것이 고작 정치 경력일 뿐인데, 그것이 사회 갱생에 무슨 도움을 줄 수 있는 경력이며, 독재 정권에 눈치 보며 연명해온 더러운 정치의 앞잡이 노릇을 한 것이 어떻게 정치 역량으로 계산될 수 있는지 하벨은 묻는다. 그것도 정치라 한다면—결코 '정치'라 말할 수는 없지만—그러한 정치에 삶을 바친 이들보다 차라리 벨벳 혁명 이후 새롭게 등장한 이른바 '경력 없는' 정치 지도자들이 정치에서 "수천 배나 더 나으며 더 전문성이 있다"고 주장할 수 있는 것이다.[39] 정치는 수단의 영역에 한정되어 있는 것이 아니며, 더구나 그것으로 충분한 것은 아니다. 정치는 모름지기 고결한 이상을 추구해야 하는 동시에 거기에 이르는 수단 또한 고결해야 한다. 한마디로, 하벨은 목적과 수단이 모두 도덕의 빛에 비춰 '올바른' 정치를 그리고 있다.

이 정치는 오늘의 서구 사회에 제도화되어 있는 통상의 정치를 이상으로 삼지 않으며, 서구인들이 당연하게 여기고 기대하는 것과도 다르다. '시민 포럼' 회원으로 연방의회 의원이었던 페트로바(Jana Petrova)도 이 점을 잘 지적해주고 있다. 체코슬

---

[39] 위의 책, p. 85.

로바키아가 공산주의자들을 몰아내고 벨벳 혁명을 일으켰을 때 아주 뻐기면서 미국인들은 이들 동유럽의 반체제 인사들이 마침내 기꺼이 '미국 체제'를 채택하리라고 생각했으나, "그러나 우리는 공산주의도 원치 않고 미국의 자본주의도 원치 않고, 제3의 길을 원한다"는 것이 그들의 답변이었다. 그리고 낭당하게 그는 "사회 정의, 시장 경제, 그리고 하벨이 [표상하는] 몰정치의 정치를 지향하는 새로운 길, 이것을 보고 서구도 놀랄 것이고 아마도 우리로부터 영감을 받을 것이다"고 말을 이었다. 새로 들어선 정부의 경제 자문역을 맡았던 디바(Karel Dyba)는 미국에서 한 해를 보내어 레이건 경제 정책을 어느 만큼 알고 있는 사람답게 그러한 자유경제 정책을 거부하면서, 미국의 경제 체제는 "인간의 얼굴을 한 자본주의"가 아니라고 규정했다.[40] 이것이 실제로 얼마나 실현되어왔는가 하는 문제는 다른 데서 따져봐야 한다. 분명한 것은 적어도 체코슬로바키아 개혁 운동의 최일선에 서 있던 이들은 이처럼 반정치/몰정치의 세계를 그리면서 그 지평을 향하여 한걸음 나아가고자 하였다는 점이다. 흔히 경제의 여유를 누리고 있는 나라 사람들이—서양인이든 동양인이든—체코슬로바키아를 포함하여 탈공산화의 과정에 들어선 나라를 보고, 경제의 피폐가 공산 체제의 실패이며 그것이 바로 자본주의 체제의 승리를 뜻한다고 단답형으로 결론을 내린다. 물론, 서구의 높은 소비 수준과 소비주의에 중-동유럽

---

[40] Stephen B. Cohen, "Czeching Murdoch", *The Nation*, 1990년 3월 12일, 333쪽에서 되따옴.

의 인민이라고 해서 느낌이 없을 수 없고 또한 솔깃해하지 않을 수 없는 것이지만, 그것만으로 탈공산화 과정을 넉넉히 풀이할 수는 없다. 자기 사회가 겪어온 과정에 대하여 깊이 성찰하는 마음으로 이러한 문제를 들추어낼 수는 있으나[41] 그것이 바로 해답일 수는 없다. 이렇듯 벨벳 혁명의 횃불을 들고 철의 장막을 걷어 치운 이들은 '진리가 다스린다'는 믿음으로 살았으며, '진리 안에서 산다'는 삶의 도덕 의미를 살리고자 한, 깊은 도덕의 사람들이다.

역사의 기억과 성찰

공산 체제 밑에서 벌어지는 '정치'는 가망이란 하나도 없는 오염된 세계였다. 전체주의 체제에서는 중앙의 권력 상층부의 의지에 따라 그 지시와 명령을 충실히 수행할 행정 관료의 충복들만 필요하였다.[42] 거짓인 줄 뻔히 알면서도 "거짓과 함께 살고 거짓 안에서 살면서" 마침내 그 체제를 승인해주고 영속화하고 거기에 의미를 주어 그 체제를 만들어가면서 마침내 그 체제에 사로잡혀왔던 것이다. 진리의 빛에 틈을 주지 않고 완전

---

41 Ernest Gellner, *Encounters with Nationalism*, Oxford: Blackwell, 1994, 특히 pp.127~128.

42 Václav Havel, *Towards a Civil Society: Selected Speeches and Writings, 1990~1994*, Prague: Lidové Noving Pub. House, 1994, p.195. 1992년 4월 23일의 '아사히 홀(Asahi Hall)' 강연 내용을 볼 것.

히 밀폐되어 있는 폐쇄된 사회였기 때문에 그러하였다. 그러나 이 상황은 오늘에 와서 달라졌다. 사회의 모든 영역이 비로소 진리의 빛을 받을 수 있게 열린 것이다. 이제 스스로 짊어져야 할 과제의 성격이 바뀌어야 했다. 정치란 권력을 두고 벌이는 술수와 조작 기술의 경기장이란 이해를 거부하고 깊은 도덕의 수준에서 정치를 말하고 도덕의 바탕 위에 정치를 세워야 한다는 주장을 대통령으로서 현실 정치의 마당 한가운데서 펼쳐야만 했다. 정치 행위의 방향을 수정하여야 했다. 자신이 쓴 작품마저 공연할 수 없었던 희곡 작가였기에 어쩔 수 없이 정치 논설만을—오늘에 와서 더욱 중요하게 평가되었지만—써왔던 자신의 서재에서 벗어나, 악과 선의 갈등과 거짓과 진리가 대립하는 공공의 정치 영역에 들어가 자신의 정치 이상을 논할 수 있게 되었고, 또 그렇게 하지 않으면 안 되게 되었다. 정치의 기회 구조가 바뀐 것이다.[43]

이 점에서는 아주 다른 뜻에서 비스마르크가 말한 '가능의 예술'을 실천한 것이라 할 수도 있다.[44] 하벨이 통례의 정치 수법

---

[43] 이러한 문제에 대하여 오랫동안 관심을 가지며 다듬어오고 이를 우리 역사에 나타난 사회운동에 대한 분석에 활용해온 김중섭의 아래의 글, 「사회운동 분석의 대안적 접근 방법」, 『사회학연구』, 셋째 책(1985년), 「구속, 허용, 새 사상: 사회운동의 3중주」, 『사회학연구』, 아홉째 책(1998년), 「형평 운동 연구」(민영사/한국 사회학 연구소, 1993)를 볼 것. 그리고 '기회의 구조'에 대해 이야기하는 아래의 글도 볼 것. Herbert P. Kitschelt, "Political Opportunity Structures and Political Protest: Anti-Nuclear Movements in Four Democracies," *British Journal of Political Science*, 16권 (1986년 1월).

[44] Tony Judt, "To Live in Truth", *Times Literary Supplement*, 1991년 10월 11일 자, p.4.

을 답습하여 그 틀 속으로 들어가지 않고 도덕 이상을 실천하는 정치 영역을 갱생코자 한다는 점에서 그는 여전히 비스마르크의 생각에서 벗어나는 이른바 '불가능의 예술'을 지향하지만 말이다.

위에서 본 것처럼, 지난날 후기 전체주의 밑에서 그가 통상의 권력에 맞서 '병렬' 사회와 '병렬' 정치를 말하고 '반정치의 정치'를 지지한다고 했던 반체제 극작가로서 주장해온 것을 대통령궁으로 들어간 다음에도 저버리지 않았다. 정치를 하나의 실천도덕으로 본다고 했던 그의 정치관이 현실 정치에서는 무용지물이 되어버리지도 않았다. 적어도 이에 관한 한 그는 지금껏 주창해온 생각에서 이탈하지 않았다. 오히려 동요됨이 없이 이를 되풀이하여 강조할 뿐이다. 이 점에서 하벨은 이전에 주장해온 맑스주의에 기울어진 종속 이론을 저버리고 변신하였다고 비판 받는 브라질 대통령 카르도수(Fernando Henrique Cardoso)와 [45] 좋은 대조를 이룬다. 하벨에 대한 비판은 재야 시절에 주장해왔던 현실 정치의 마당에 들어서서도 수정하지 않고 오히

---

[45] 사회학 교수였던 카르도수는 물론 앞서 정당을 만든 적도 있고 외무장관과 재무장관을 역임한 화려한 경력을 가지고 있다. 그가 표방해온 이론의 입장에 대하여 평가하고 비판하는 종속 이론의 또 다른 창안자의 글, Theotonio dos Santos, "The Theoretical Foundations of the Cardoso Government: A New Stage of the Dependency-Theory Debate", *Latin American Perspectives*, 25권 1호(1998년 1월) (Issue 98), pp.53~70을 볼 것. 그리고 대통령으로 당선된 다음 카르도수와 면담한 James F. Hoge, Jr., "Fulfiling Brazil's Promise: A Conversation with President Cardos," Foreign Affairs, 74권 4호(1995년 7~8월), pp.62~75, 특히 pp.63~64를 볼 것. 이전의 그의 이론에 대해서는 Joseph A. Kahl, *Modernization, Exploitation and Dependency in Latin America*: *Germani, Gonsalez Casanova and Cardoso*(New Brunswick, New Jersey: Transaction Books, 1976), 특히 4장을 볼 것.

려 일관되게 지키고자 하는 완강한 그의 고집에 모아진다. 그에 대하여 호감을 표시해온 수많은 서방 인사들은 대통령의 자리에 들어섰으면서도 반체제 작가 시절의 생각을 수정하지 않고 계속 고집스레 지켜오고 있는 그의 태도를 몹시 안타깝게 느끼기도 하고, 변통성 없는 그의 생각에 대하여 드러내놓고 불만을 표시하고 비판하기도 한다. 모든 정치가 통례의 조작과 음모와 술수에 의하여 저질러지는 마당에 새삼 정치를 도덕의 바탕 위에 세우고자 하는 일이 그리 쉽지 않다는 것을 하벨이 결코 모르는 바 아니다. 과학이라는 이름으로 인간의 도덕 성찰의 과정을 빼둔 채 정치를 한낱 행정과 경영의 집행 영역으로 삼지 않는 한, 그 정치는 만만찮은 과제로 남을 수밖에 없다. 도덕 행위는 도덕의 딜레마를 수반하기 마련이며, 그것은 어려운 문제 상황을 낳기 때문이다.

1995년 '카탈로니아 국제상'을 받는 자리에서 그는 바로 이러한 도덕 딜레마의 문제를 자기 나라의 역사에서 겪은 주요한 사태를 보기로 들어 논한 바 있다.[46] 여기서 그는 제2차 세계대전이 끝난 50주년이 되는 때에 맞춰 체코슬로바키아의 현대사에 나타난 세 가지 사건을 검토하였다.

하나는 체코슬로바키아 해체 문제를 둘러싸고 영국과 프랑스가 독일과 이탈리아에게 대폭 양보하게 된 '뮌헨 협정'이라는 굴욕의 타협 정책으로 당시의 대통령 베네쉬가 봉착한 딜레마

---

[46] 1995년 5월 11일 바르셀로나에서 받은 Catalonia International Prize 수상 강연 내용에 대해서는 Václav Havel, *The Art of the Impossible: Politics as Morality in Practice*, Paul Wilson 옮김, New York: Alfred A. Knopf, 1997, pp.210~215를 볼 것.

이다.47 우방국은 그들이 추구하는 민주주의의 이상까지도 배반하면서 그 협정에 서명하였을 뿐만 아니라 히틀러의 침공을 두둔하게 되었다. 이 일로 베네쉬는 닥쳐올 불행을 내다볼 수 있었다. 한편으로 나라의 명예와 도덕의 가치를 지키기 위해서는 '뮤니히 협정'의 요구에 굴복하지 않고 나라를 지켜야 한다는 생각이 있었는가 하면, 다른 한편으로는 그렇게 될 경우 나라는 초토화되고 수많은 인명이 희생당하고 말 것이라는 생각이 들었다. 그에게 이 두 생각이 엇갈려 있었다. 뿐만 아니라, 협정을 따르지 않으면 민주 진영에서조차도 평화를 위하여 협력하기보다는 도발 행위를 부추긴다고 오해할 것이라는 점도 그는 잘 알고 있었다. 그가 내린 결정은 엄청난 희생을 치르고 결국 굴복하느니보다 싸우지 않고 항복하는 것이었다. 그것이 더욱 바람직하고 책임 있는 행동이라 여겼던 것이다.

하벨이 두 번째 사건으로 든 것은, 국권을 회복한 뒤 곧이어 1948년 2월, 소비에트를 등에 업고 공산주의자들이 일으킨 폭동 사태였다.48 베네쉬는 여기에서도 비슷한 딜레마에 빠졌다. 유혈 사태를 각오하고 공산주의 세력의 정권 탈취에 맞서 저항할 것인가, 아니면 이를 받아들여 항복하고 말 것인가 하는 갈

---

47 이 내용과 이어지는 수상 강연, "The Nürenberg International Human Rights Award for Sargei Kovalev", *Human Rights Law Journal*, 17월 3~6호(1996년 10월)(전자 자료)를 볼 것. 그리고 이 역사 배경에 대해서는 Jaroslav Krejčí, *Czechoslovakia at the Crossroads of European History*, London: I B Tauris, 1990, pp.148~155를 볼 것.

48 체코슬로바키아의 공산화 과정에 대한 간단한 역사는 Jaroslav Krejčí, *Czechoslovakia at the Crossroads of European History*, London: I B Tauris, 1990, pp.172~182 참조.

림길에 서게 되었던 것이다. 동과 서로 갈라진 마당에 결국 소비에트의 승리로 끝날 것이 분명하다고 여겨, 그는 또다시 피를 흘리지 않고 굴복하는 길을 택하였다. 그 일로 공산주의의 전체주의 지배 체제가 체코슬로바키아에 들어섰던 것이다.

세 번째 보기는 1968년 소련의 침공 이후 정치 지도자들이 굴복한 사건이다. 한 사람을 제외하고는 모두가 소련의 위협과 모욕을 받으면서 소련의 점령을 기정사실로 받아들이고 이를 합법화하는 협정에 서명하였던 것이다. 배경과 상황, 거기에 개입된 인물이 서로 다르기 때문에 이 세 사건을 간단하게 견주어 비슷하다고 결론 내리기는 어렵다. 그러나 여기에서 다음과 같은 공통점을 끌어낼 수는 있다. 적어도 하벨은 그렇게 분석하였다. 세 경우 모두 서로 엇갈리는 문제로 궁지에 빠져 있었다. "더욱 도덕스러우나" 거기에는 엄청난 생명과 고통을 수반할 위험이 있는 행동 노선과, "더욱 현실스럽고 직접 당하는 손실을 줄이는" 행동 노선 사이에서 겪어야 하는 고민이었다. "사회의 도덕 순수성"을 지키는 정치의 책임과 "인간의 생명"을 지키는 정치의 책임이라는 갈림길에서 실로 무거운 고통을 당할 수밖에 없는 딜레마였다. 아무리 신중한 사람이라 하더라도 쉽게 판단하기 어렵고 간단하게 결론에 이를 수 없는 상황이다. 어떻든 그때 내린 결정은 모두 비슷한 성격이었으며, 그것은 체코슬로바키아에 엄청난 결과를 가져왔다. 오랫동안 치유되지 않을 깊은 상처를 남기고 사회 전체를 피폐케 만든 것이다. 역설로 들릴지 모르나 하벨은 이 세 사건이 연결되어 느슨하지만 어느 만큼의 인과관계를 이루고 있다고 말한다. 뮤니히의 상처가 없었다면 전후 공산주의자들의 공격에 그토록 쉽게 굴하지도 않았을 것이며 민주 진영에서도 그렇게까지 나긋나긋하지는 않았을 것이며, 따라서 1948년의 쿠데타에서 공산 진영이 쉽게 득세할 수 없었다면 '사람의 얼굴을 가진 사회주의'를 펼치자고 한 개혁 공산주의자들이 또 그렇게 쉽게 주저앉아 포기하지는 않았을 것이라는 해석이다.[49]

정치 지도자들이 한 번도 제대로 저항하거나 투쟁하지 않고 그토록 귀히 여겨온 민주주의를 포기하였던 지난 역사를 되돌아보며, 하벨은 정치와 도덕의 균형을 맞추는 일이 실로 얼마나 어려운 것인가를 여기서 다시 확인하고 있다. '도덕에 무게를 적게 실은' 결정이 정치에도 불운한 결과를 빚고, 그러한 결정에서 비롯된 도덕의 상처가 "매우 깊고 또 오래가는 정치의 영향"을 주는 것은 아닌가고 반문한다. 그와는 달리, '도덕에 무게를 실어주는' "더욱 도덕스러운" 결정을 내렸다면 어떤 사태가 벌어졌을지—그것 역시 무척 오래갈 깊은 상처를 남기고 아주 심각한 파멸을 가져왔을지도 모른다. 이어 그는 아래와 같이 자신의 생각을 털어놓는다.

분명 인명과 재산의 손실이 더욱 심했을 것이며 눈에 보이는 고통이 더욱 컸을 것이다. 그러나 우리가 다른 손실, 잘 보이지는 않지만 더욱 깊고 오래가는 것—우리나라 공동체의 도덕에 입힌 상

---

49 하벨의 생각을 그대로 따온 위의 내용에 대해서는 Václav Havel, *The Art of the Impossible: Politics as Morality in Practice*, Paul Wilson 옮김, New York: Alfred A. Knopf, 1997, pp. 212~213을 볼 것.

처 때문에 생기는 손실은 면할 수 있지 않았겠는가? 서로 다른 손실을 비교 검토하는 것은 어렵다. 인명의 손실이 얼마면 장기간의 사회 건강과 새로운 병을 막을 수 있는 장기간의 면역을 위해 정당히 바칠 수 있는 값이 될 수 있겠는가? 그 값이 너무 많다고 하는 한계점이 있는가? 그러나 한 가지는 분명하다. 정치 결정이 직접 도덕에 관련되어 있듯이, 도덕과 부도덕성이 직접 정치의 결과를 낳는다는 것이다. 그것 때문에 나는 정치를 도덕으로부터 떼어내거나 또는 이 둘은 완전히 무관하다고 말하는 것은 터무니없는 생각이라고 여기고 있다. 그러한 생각을 실현하고자 하거나, 그렇게 말하는 것조차도―역설이지만―깊이 부도덕할 뿐만 아니라 정치로 생각해보아도 아주 틀린 것이다.

도덕은 어디에나 있으며 정치도 또한 그러하다. 그러므로 도덕과의 관계를 끊고 있는 정치는 아주 틀린 정치이다.[50]

도덕과 정치는 분리되어서는 안 될 것인데도 불구하고 이 둘을 억지로 갈라놓으려고 하는 것은 눈앞의 이해타산 때문이다. 그러나 이러한 주장을 역사 현실 속에 그대로 적용하려 할 때는 쉽게 결정할 수 없는 어려운 문제에 부딪히기 마련이다. 하벨 역

---

50 Václav Havel, *The Art of the Impossible: Politics as Morality in Practice*, Paul Wilson 옮김, New York: Alfred A. Knopf, 1997, pp.213~214의 바르셀로나 연설 내용을 볼 것. 다른 한 면담에서, 하벨은 영국인의 생명을 보호하겠다고 히틀러와 맺은 체임벌린의 협약이 반대의 결과를 가져왔다고 말한 바 있다. "어떠한 생명도 구하지 못하였다. 결국에는 더 많은 생명이 희생되었다"고 하였다. 이에 대해서는 Igor Blazevic와 면담한 내용 "Out of Unity, Discord," *New Statesman & Society*, 1994년 7월 22일 자, 특히 p.32를 볼 것.

시 이 점을 놓치지 않고 있다. 다만 지난 역사를 오늘에 와서 되돌아볼 수 있는 후대인의 특권을 누리게 된 것만이 이점이라면 이점일 뿐, '도덕에 무게를 더 실어야 하는가', 아니면 '현실에 더 무게를 실어야 하는가' 하는 도덕의 딜레마는 여전히 그대로 남아 있다. 그는 이 문제에서 마냥 피하고자 하지 않는다. 정치 세계에 들어서 있는 책임 있는 사람으로서 그 자신 자료를 모아 분석하고 결과를 재보고, 또 여러 자문을 받게 될 것이다. 그렇다 해도 문제는 어려운 채 그대로 있다. 마지막 결정은 자기의 어깨 위에 놓일 수밖에 없는 것이다. 하벨은 결국 자신의 삶을 통하여 그래도 "가장 신뢰받을 만한 원천"으로 증명된 "권위"에 돌아가는 것이라고 하였다. 그것은 양심이다. 곧 "[자신의] 양심, [자신의] 도덕 본능,―[자신이] 이해하는 대로 자기를 넘어서는 자기 일부가 되는 것"으로 돌아가, 거기에 귀를 기울이는 일이다.[51] 인간에게는 양심의 가책이라는 것이 있기 때문이다. "우리 자신 안에 있거나 우리들 위에 있는 그 어떤 것"을 저버리고 배신했을 때 자신이 칙칙한 수렁에 빠져 더러워진 자신의 모습을 보고 갖게 되는 우울한 느낌, 자기를 변호하지만 그럴수록 자신이 더욱 거북하고 더욱 부담스러워지는 그러한 느낌, 이러한 "깊은 실존의 고통(a state of deep existential distress)" 속에 빠져들게 된다. 이와는 반대로, "내게 어떤 눈에 보이는 혜택을 주지는 않으나 우리의 향심(向心)을 통하여 세계의 도덕 질서라

---

51 Václav Havel, *The Art of the Impossible: Politics as Morality in Practice*, Paul Wilson 옮김, New York: Alfred A. Knopf, 1997, p.214.

하는 것으로부터 직면해야 할 요구를 받고 있는 것들을 충족시킨다고 확신하는 그 어떤 것을 하고자 결정하였을" 때 거기에서 느끼는 상기된 마음의 세계가 있다.[52] 도덕 감정에 민감한 정치를 펴는 사람은 이 둘 사이에서 고뇌하게 될 것이다. 그 어떤 것도 대가를 치르지 않는 것은 없으며 그 어떤 것도 이점이 없는 것은 아니기 때문이다. 그러나 하벨은 지난 역사에서 전임자들이 내린 결정과는 다른 결정을 내릴 것이며, 그들이 취한 행동과는 다른 행동을 할 것이라는 강한 도덕의식을 표명한다. 그는 다음과 같이 말한다.

나는 이러한 생각이 정치인들의 갈채를 얻을 수 있을 것인지 어떤지 알지 못한다. 그러나 나는 이렇게 할 수밖에는 없다. 곧 지금껏 그 어떤 것도 우리의 마음(our hearts)이 일러주는 대로 하는 것이 최상의 정치가 아니라고 나를 확신시켜주지는 못하였다.[53]

현실이라는 이름으로 도덕의 요구를 저버리는 정치, 도덕의 요구를 따르는 것은 현실에서 불가능할 뿐만 아니라 어울리지 않는 '비현실스런' 정치라고 비난하는 논리를 하벨은 수용하지 않는다. 그는 정치와 도덕, 도덕과 정치가 불가분의 관계에 있으며, 이 두 영역에 각각 따로따로 관심을 두는 것이 아니라 마치 유기체처럼 어느 하나에 관심을 두는 것은 곧 다른 하나에

---

[52] 위의 책, pp.214~215.
[53] 위의 책, p.215.

도 관심을 두게 되는 그러한 관계로 본다. "당장 눈에 보이는 어떤 결과를 기대할 수 있는 가망이라고는 순진한 도덕 행위조차도 점차 그리고 간접으로, 시간이 지나면서 정치의 중요성을 얻게 된다"는 것이다. 그는 이 생각을 '프라하의 봄' 때도, '77헌장'을 만들 때도, 그리고 그 이후에도 끊임없이 드러내 밝히고자 하였다.[54] 도덕 관심의 중요성은 다만 정치 지도층이 행사하는 주요한 결정과 결단에만 요구되는 것이 아니다. '진리 안에서' 살고자 하는 모든 사회 구성원이 갖추어야 할 삶의 조건이다. 이 점에서 모두가 도덕 관심을 지니고 살아야 하며 그러한 한에서 정치를 관심의 대상으로 여겨야 한다. 바꾸어 말해, 정치는 모두에게 의무로서 지워진 실천 도덕의 한 부분이다. 그러므로 사회 구성원은 언제나 도덕의 딜레마에 봉착할 소지를 안고 있다. 시민의 참여를 봉쇄하고 국가가 모든 것을 '대행'해주는 전체주의 체제 밑에서도, 계산과 조작의 기술과 술수에 얽매여 있는 수단의 정치가 판치는 제도 밑에서도 도덕 성찰의 요구를 받는 것은 바로 이 때문이다.

---

[54] Václav Havel, *Disturbing the Peace: A Conversation with Karel Hvíždala*, Paul Wilson 옮김, New York: Alfred A. Knopf, 1990, pp.114~115.

2부

삶의 정치와 대화

듀 프로세스와 한국 정치의 재조명[1]

김홍우

대한민국 학술원 회원, 서울대 정치학과 명예교수. 저서로 『현상학과 정치철학』(문학과 지성사, 1999), 『한국 정치의 현상학적 이해』(인간사랑, 2007), 『법과 정치: 보통법의 길』(인간사랑, 2012) 등이 있다.

I

 본 논문은 듀 프로세스(Due Process)의 관점에서 오늘의 한국 정치를 재조명하려는 데 목적을 두고 있다. 논의의 출발을 위해 필자는 먼저 1940년대에 아서 쾨슬러(Arthur Koestler)가 제기했던 "역사에 있어서의 종합 불가능론" 테제로부터 시작하고자 한다.

 쾨슬러는 1946년에 출판된 『요기와 코미사르(The Yogi and the Commissar)』라는 논문 선집에서 인간의 유형을 두 가지로 구분한다. 하나는 "코미사르"형 인간이고, 다른 하나는 "요기"형 인간이다. 코미사르형 인간은 "밖으로부터의 변화"를 추구하는 자인 데 반하여, 요기형 인간은 "내부로부터의 변화"를 믿는 자이다. 쾨슬러에 의하면, 요기가 주장하는 "내부로부터의 변혁"은 대중적 사회운동으로 전환되는 과정에서 불가피하게 외적 수단에 의존하고, 따라서 코미사르가 주장하는 "외부로부터의 변혁"과 마찬가지로 실패에 이를 수밖에 없다. 여기서 쾨슬러는 "성인도 혁명가도 우리를 구원할 수 없다"고 본다. "다만 이들의 종합만이 구원할 수 있을 뿐"이다. 그러나 그는 "인간이 이런 종합을 이룰 수 있는지에 대해 알지 못한다"고 토로한다. 쾨슬러는 이것을 다음과 같이 부연한다. "실제 문제는 요기와 코미사르의 사이, 외부로부터의 변화와 내부로부터의 변화

---

1 이 글은 『삶의 정치, 소통의 정치』(김홍우 외 8인 지음, 대화출판사, 2003, 171~215쪽)에 실린 글을 재수록한 것이다.(편집자주)

라는 근본적 개념 사이에 놓여 있다." 여기서 그는 "절실하게 요구되는 것은 종합"이라고 강조한다. "즉, 성인과 혁명가의 종합이다. 그러나 지금까지 이러한 종합이 성취된 적은 없었다"고 그는 밝힌다. "그동안 성취되었다면 여러 가지 잡다한 형태의 타협들뿐이며, 종합은 아니었다." 결국 쾨슬러는 양자의 종합이 역사에서는 불가능하다고 본다. 명백한 것은 이 두 요소가 서로 섞이지 않는다는 점이다. 그리고 아마도 이것이 어째서 인간의 역사가 그처럼 뒤죽박죽으로 되어가는지에 대한 이유 중 하나일지도 모른다. 되풀이 말하면, 요기형과 코미사르형은 서로 대립할 뿐, "종합(synthesis)"은 불가능하다는 것이다. 지금까지의 인간 역사는 이 두 요소가 서로 밀고 밀리는 "대체(displacement)"의 과정 또는 "진자적 운동(a pendular rhythm)"의 과정이었다는 것이다.[2]

필자는 쾨슬러의 이와 같은 "종합 불가능론" 테제가 일종의 "체념주의"로서, 말하자면 "숨은 요기주의(Crypto-Yogism)"에 다름 아니라고 본다. 반면 미국 헌정사에 나타난 "듀 프로세스"와 여기서 형성된 'Sense of Due('최적의식' 또는 '적정의식')'은 쾨슬러가 그처럼 갈구한 '종합'을 위한 새로운 지평을 열어준다고 본다. 왜냐하면 'Sense of Due' 또는 '최적의식'이란 개인의 도덕적 성품이나 덕성과 구별되는, 집단적 경험과 반복적인 관행들(practices)로부터 형성된 정치 문화 또는 사회적 의식 형태로서, 말하자면 요기적인 '개인의식'과 코미사르적인 '사회

---

[2] 김홍우, 『현상학과 정치철학』, 문학과 지성사, 1999, 540~544쪽.

적 조건'이 하나로 결합된 '종합'의 형태라고 말할 수 있기 때문이다. 또한 필자는 듀 프로세스가 비록 미국의 헌정사에서 체계적인 정치적 관행으로 자리 잡았다고 하지만,[3] 이와 유사한 문제의식은 역사적 배경을 달리하는 여타의 비영미 정치 체계에서도 끊임없이 제기되었다는 점에 주목하고자 한다. 이것은 일종의 듀 프로세스의 전사(前史)에 해당되는 것으로서, 예컨대 마르크스주의 전통이나 해방 이후 한국 헌정사에서도 그러한 예들이 발견된다는 점이다.

II

마르크스주의의 경우 제일 먼저 눈에 띄는 것은 1842~43년 『라인 신문』에 마르크스가 기고한 글들이다. 이 글들을 읽는 독자는 그 후에 나온 마르크스 자신의 강한 변명, 즉 "나의 전공은 법학이었으나, 나는 그것을 단지 철학 및 역사를 연구하는 외에 부차적 학과로서 연구하였을 뿐이"[4]라는 변명에도 불구하고, 그가 우선은 '법학도'였으며, 부차적으로 '철학 및 역사 연구가'

---

[3] '듀 프로세스'는 1868년에 개정된 미국 헌법 'Amendment XIV'에서 다음과 같이 명시되고 있다. "nor shall any state deprive any person of life, liberty, or property, without due process of law." 그러나 이것이 대법원 판례로 확립된 것은 1966년 Miranda v. Arizona에서였으며, 1973년 Roe v. Wade에서 재확인되었다.

[4] 최형익, 「칼 마르크스의 권리의 정치 이론—노동과 사회적 시간기획의 동학을 중심으로」, 1999년 서울대학교 정치학 박사학위논문, 29쪽에서 재인용.

였음을 확인하게 된다. 이들 기고문에서 마르크스는 첫째 정부 당국의 "자의성(Willkuer)"에 대해 비판하고, 둘째 빈민들에게 "관습적 권리들(Gewonheitsrecht)"을 반환할 것을 청구한다. 먼저 1842년 2월 초에서 2월 10일 사이에 쓴「최근의 프로이센 검열 훈령에 대한 논평―어느 라인주 사람이」[5]에서 마르크스는 1841년 12월 24일부로 프로이센의 검열 훈령이 새로이 공포된 사실을 환기시키면서, 그 내용 가운데에는 "지금까지 언론이 지나친 제약을 받아왔는바 이제는 진정한 국민적 내용을 획득해야 할 것이라는 공식적인 공지 사항"이 담겨 있다고 집약한다. 그러나 마르크스는 언론이 "지금까지 그 법률에도 불구하고 비합법적인 제한들 밑에 놓여 있었다"고 강조한다. 이어서 그는 이 훈령의 내용에 대해 상세히 검토 비판한다. 이 법률의 "제2조"는 "검열"이 "진리에 대한 진지하고도 겸손한 연구를 방해하지 않아야 하며, 또한 저술가들에게 불법적인 강제를 부과해서는 안 되며, 서적 판매의 자유로운 거래도 방해해서는 안 된다"고 규정하고 있다. 이에 대해 마르크스는 "검열에 의해 방해받아서는 안 되는 진리의 연구는 진지하고도 겸손한 것으로 비교적 상세하게 성격 지어져 있다"고 말문을 연 다음, 그것의 '부당성'에 대해 다음과 같이 질타한다.

진지함과 겸손함! 얼마나 줏대 없고 상대적인 개념인가! 도대체

---

[5] 칼 마르크스, 『마르크스의 초기 저작: 비판과 언론』, 전태국 대표번역, 열음사, 1996, 36~179쪽.

진지함이 어디에서 끝나며, 농담은 어디에서 시작되는가? 겸손함이 어디에서 끝나며, 불손함이 어디에서 시작되는가? 우리는 검열관의 기질에 의지하고 있다. 검열관에게 기질을 명령하는 것은 저술가에게 문체를 명령하는 것과 꼭 마찬가지로 부당한 것일 것이다.

이어서 마르크스는 마치 Due Process of Law에 대한 변호를 방불케 하는 다음과 같은 놀라운 견해를 피력한다.

나의 행동이 아니고서는 나는 법률에 대해 전혀 존재하지 않으며 나는 법률의 어떠한 대상도 아니다. 나의 행동은 법률이 나를 구속할 수 있는 유일한 것이다. 왜냐하면 나의 행동은 그것 때문에 내가 존재의 법, 즉 현실의 법을 요구하는 유일한 것이며, 따라서 그것에 의해 내가 현실적인 법에도 귀속하게 되는 유일한 것이기 때문이다. 그러나 경향 단속법은 내가 행한 것만을 처벌하는 것이 아니라, 행동 이외에 내가 생각한 것도 처벌한다. 따라서 그 법률은 공민의 명예에 대한 모독이며 나의 존재를 고통스럽게 하는 법률이다.

이어서 마르크스는 검열관의 "자의성(Willkuer)"이 지배하는 무법 상황에 대해 경고한다. "훈령은 신(神) 대신에 검열관을 마음의 재판관으로 만든다. 그리하여 훈령은 개인에 대한 모욕적 표현과 명예훼손적인 판단을 금지하지만, 매일 당신들을 검열관의 명예훼손적이고 모욕적인 판단에 내맡긴다. 그리하여 훈령은 악의를 품거나 나쁘게 교육받은 개인에 기인한 험담을 억압하고자 한다. 그러면서 훈령은 판단을 객관적인 내용의 영역에서 주관적인 의견과 자의의 영역으로 끌어내림으로써, 검열관으로 하여금 그러한 험담에, 그리고 나쁘게 교육받고 악의를 품은 개인들에 의한 스파이 활동에 의거하고 전념하도록 하고 있다." "사람들은 합법적인 행동과 법률에 대한 존경을 요구하지만, 동시에 우리는 우리를 무법적으로 만들고 법을 자의로 대체하는 제도를 존경하지 않으면 안 되는 것이다."[6]

마르크스는 "자의성"의 문제를 "제6차 라인 주의회 의사록"[7]에 관한 두 번째 논설문에서 더욱 강도 높게 비판한다. 그는 이렇게 말한다.

> 언론 자유의 본질 자체에 근거한, 진정한 검열은 비판이다. 비판은 자기 자신이 스스로 행하는 재판이다. 검열은 정부의 독점으로서의 비판이다. 그러나 비판이 공개적으로가 아니라 비밀리에, 이론적으로가 아니라 실천적으로, 여러 당파들에 대해서가 아니라 어느 한 당파에 대해서만, 지성(Verstand)이라는 예리한 칼로써가 아니라 자의(Willkuer)라는 무딘 가위로써 행해지는 경우에, 또한 비판이 비판을 행하려고만 할 뿐 그 비판을 견디어내려고 하지 않는 경우에, 비판이 굴복함으로써 자신을 부정하는 경우에, 마지막으로 개인을 보편적 지혜로, 권력의 명령을 이성의 명령으로, 잉크의 얼룩을 태양의 흑점으로, 검열관의 곡선을 수학적인 작도로, 구타를 적확한 논거로 오인하리만치 비판이 무비판적인 경우에는, 그 비판은

---

6 위의 책, 78쪽, 39쪽, 41쪽, 44~45쪽, 46쪽, 47쪽, 50~51쪽, 53~54쪽.

7 위의 책, 68~141쪽.

합리적 성격을 상실하고 있는 것이 아닌가?[8]

  법은 적극적이고 명확하며 보편적인 규범이다. 자유는 이들 규범 속에서 비인격적이고 이론적인 개별자의 자의로부터 독립적인 현존재를 획득한 것이다. 법전은 민중의 자유의 경전이다.
  그러므로 언론법은 언론 자유에 대한 법률적 승인이다. 그것은 자유의 현존재이기에 법(Recht)이다. 따라서 언론법은 비록 그것이 북아메리카에서처럼 결코 적용되지 않는다 하더라도 현존하지 않으면 안 된다.[9]

이어서 마르크스는 "지금까지의 서술 과정에서 우리는 자의와 자유가 서로 다르듯이, 형식적인 법과 현실적인 법이 서로 다르듯이 검열과 언론법은 서로 다른 것임을 밝"혔다고 집약한다.[10]

이제 마르크스는 "제6차 라인주의회 의사록"에 관한 세 번째 논설문인 「도벌법에 관한 논쟁」[11]에서 "관습권리들(Gewohn-heitsrecht)을 빈민들에게 반환할 것을 요구한다. 그것도 한 지역에 국한되지 않는 관습권리, 모든 나라에서 빈민의 관습권리

---

8 위의 책, 106~107쪽.

9 위의 책, 111쪽.

10 위의 책, 115쪽.

11 위의 책, 188~243쪽.

인 그러한 관습권리들을 반환할 것을 청구한다." 그는 "더 나아가서 관습권리는 그 본성상 이러한 최하층의, 기층의 무산자 대중의 권리일 수 있을 뿐이라고"[12] 주장한다. 여기서 우리는 마르크스의 '관습법' 또는 '보통법'을 위한 장중한 아포로기와 대면하게 된다.

마르크스에 의하면 "빈민들"이란 "권리 없이 관습을 가진 사람들"로서 이들의 "관습권리들"은 "게르만의 민속법과 종족법"의 "가장 비옥한 원천으로 간주"된다. 그러나 "자유주의적 입법들은 사권적(privatrechtlich) 관점에서 특수한 관습들을 폐지했"다. 마르크스는 "수도원"을 예로서 설명한다. "사람들은 수도원을 폐지하였고 수도원의 소유를 몰수하였"다. 이때 이들은 "수도원에 배상하지 않았다." 마르크스에 의하면 "그것은 정당하게 행한 것이었다. 그러나 사람들은 빈민들이 수도원에서 받았던 우연적 원조를 결코 다른 적극적인 소유 원천으로 바꾸지 않았다. 사람들은 오히려 빈민들에게 새로운 경계를 설정하였고 그들을 옛날의 권리로부터 단절시켰다. 이러한 것은 권리 이전의 형태들(Vorrechte)이 권리들로 변화하는 모든 곳에서 발생"한다. 마르크스에 의하면 이것은 "입법의 일면성"으로 말미암은 "필연적" 결과이다. 다른 한편 마르크스는 "빈민들의 모든 관습권리들"이 "다음의 사실에 기초"한다고 본다. "즉 어떤 소유는 확실하게 사적 소유로 낙착되지도 않고 확실하게 공동체 소유로 낙착되지도 않는 동요하는 성격, 이를테면 중세의

---

12 위의 책, 196쪽.

모든 제도에서 우리가 마주치는 바의 사권과 공권의 혼합이라는 성격"—마르크스는 이것을 "소유의 자웅동체적" 성질이라고 표현한다—에 기인한다. 그러나 "개화된 입법들", 다시 말하면 "자유주의적 입법들"은 "로마법에서 그 도식을 찾아볼 수 있는 추상적인 사권(私權)의 현존 범주들을 사용함으로써 소유의 자웅동체적이고 동요하는 형성들을 지양한다."[13]

이제 마르크스는 이와 같은 관습법과 관련하여 "나뭇가지를 주워 모으"는 행위를 절도죄로 처벌할 수 있는지, 구체적인 문제를 검토한다. 주신분의회는 "나뭇가지 주워 모으기와 목재 절도(Holzfrevel) 그리고 도벌(Holzdiebstahl) 간의 차이들"을 무시하고 이들을 "절도로 처벌한다." 그러나 "나뭇가지는 살아 있는 나무와 아무런 유기적 연관 상태에 놓여 있지 않다. 깊이 뿌리 박고 있고, 즙이 많으며, 자신의 형태와 개별적인 삶을 위하여 공기·빛·물·흙에 유기적으로 동화하는 나무와 줄기에 대립하는 마르고 유기적인 삶으로부터 분리되고 쪼개진 잔가지와 큰 가지"들을 "주워 모으"는 "인간 사회의 기본 계급은 기본적인 자연력의 산물들에 대립하면서 그것들을 정돈한다." "이런 사정은 이삭줍기, 재수(再收) 그리고 그와 같은 관습적 권리들에 있어서도 비슷"하다. 마르크스에 의하면 이와 같은 관습적 권리들은 "일반적인 법률의 형식에 대항하기 때문에 일종의 "무법성의 구성물들(Formationen des Gesetzlosigkeit)"이라 할 수 있다. 마르크스는 "빈민 계급의 이러한 관습들 속에

---

13 위의 책, 199~201쪽.

는 본능적인 권리 감각이 살아 있으며, 그것들의 뿌리는 실정적(positive)이고 합법적(legitim)"임을 역설한다. 되풀이 말하면, '나뭇가지 주워 모으기'는 '목재 절도'와 '도벌'과는 본질적으로 구분된다. 그럼에도 불구하고 이들을 동일한 절도로 처벌한다는 것은 "빈자가 법률의 거짓말에 희생되는 것"을 뜻한다. 이와 관련하여 마르크스는 다음과 같은 주신분의회의 토론 내용을 공개한다. "도시 출신의 한 대의원(Johann Heinrich vom Baur)은 이러저러한 월귤나무의 과일을 주워 모으는 것 또한 절도로 취급하게끔 하는 규정에 반대한다. 그는 특히 자신들의 양친을 위해 약간의 벌이를 하려고 월귤나무의 과일을 주워 모으는 가난한 사람들의 아이들을 변호한다. 그러한 행위는 태고 이래로 소유자들에 의해 허용되었으며, 그것을 통해 영세민들을 위한 관습적 권리가 발생하였다. 그러나 이러한 사실은 다른 한 대의원(Johann von der Loe)의 다음과 같은 지적에 의해 반박된다. '나의 지방에서는 이러한 과일들이 이미 상품이며, 통 속에 넣어 네덜란드로 보내진다.'"[14]

그러나 마르크스는 전혀 범죄가 아닌 것을 범죄라고 강요할 경우, 범죄 자체가 하나의 정당한 행위로 변하게 되며, 뿐만 아니라 사람들은 범죄를 보지 않고 처벌만 보게 되고, 마찬가지로 처벌이 있는 곳에서 아무런 범죄도 보지 않게 된다고 우려한다. 여기서 마르크스는 "범죄의 오명이 법률의 오명으로 변모해서는 안 된다"고 역설하면서 "현명한 입법자"의 책임을 강

---

[14] 위의 책, 192~193쪽, 198쪽, 201~203쪽.

조한다. "그[현명한 입법자]는 권리의 영역을 저지함으로써 범죄를 저지하는 것이 아니라, 모든 권리의 충동에 긍정적인 행위 영역을 주면서 모든 권리 충동으로부터 그 부정적인 본질을 빼앗음으로써 범죄를 저지"해야 한다. "단지 정황이 하나의 위반(Vergehen)으로 만드는 것을 하나의 범죄(Verbrechen)로 바꾸지 않"도록 하는 것이야말로 모든 입법자에게 부과된 "최소한"의 "무조건"적인 "의무이다." 마르크스는 이것을 "입법의 제1규칙"이라고도 부른다. 오늘날 주신분의회는 불행히도 이러한 관용적인 "관점과는 멀리 동떨어져" 있다. 그들은 "단순한 경찰 차원의 위반(Polizeikontravention)으로" 다루어져야 할 것조차 "하나의 범죄로 처벌"한다.[15] 마르크스는 이와 같은 중벌주의가 "국가의 지반"을 "위태롭게"하는 행동이라고 지적하면서 이렇게 부연한다.

국가의 모든 시민은 수많은 생활신경을 통하여 국가와 결합되어 있지 않은가? 그리고 그 시민이 스스로 하나의 신경을 독단적으로 잘랐다고 해서 국가가 이 신경들 모두를 잘라도 좋단 말인가? (…) 국가는 한 도벌자 속에서도 한 인간을 보게 될 것이고, 국가의 심장의 피가 흐르는 살아 있는 한 지체를, 조국을 수호하는 한 병사를, 그 목소리가 법정에서 적용되는 한 증인을, 공적인 직무를 맡아야 하는 한 공동체 성원을, 그 존재가 신성시되는 한 가장을, 그리고 무엇보다도 한 공민을 보게 될 것이다. 그리고 국가는 자신의 성원 중

---

15 위의 책, 193쪽, 203~204쪽.

하나를 경솔하게 이런 규정들로부터 배제하지 않을 것이다. 왜냐하면 국가가 한 시민을 범죄자로 만들 때마다 국가는 자기 자신을 절단하는 것이기 때문이다. 그러나 무엇보다도 특히 도덕적인 입법자라면, 지금까지는 비난받지 않은 행위를 범죄적인 행위의 영역에 포함시키는 것을 가장 심각하고, 가장 고통스러우며, 가장 위험한 작업으로 간주하게 될 것이다.[16]

끝으로 마르크스는 주의회의 토론 과정에서 이의를 제기했던 한 대의원(Joseph Freiderich Brust)의 발언을 소개한다. 그의 발언에 의하면, "고발을 행하는 삼림관이 도난당한 목재의 가격 사정을 확정하도록 허용하고자 하는 제안은 매우 위험"하다는 것이다. "왜냐하면 삼림 소유자에게 봉사하고 그로부터 급료를 받는 삼림관이 아마도 도난당한 목재의 가치를 가능한 한 높게 설정할 것이 틀림없을 것이라는 게 관계의 본성상 당연하기 때문이다." 그 대의원은 계속해서 말한다. "삼림 소유자는 이와 같은 방식으로 삼중의 배상을 받는다. 즉 (목재) 가치의 4배, 6배 또는 8배의 벌금, 거기에다가 특별한 손해배상금까지 받게 된다. 그 특별한 손해배상금은 흔히 전적으로 자의적으로 조사되며, 현실의 결과이기보다는 오히려 허구의 결과일 것이다." 그러나 마르크스는 주신분의회가 이 제안을 그대로 통과시켰다고 보고한다.[17]

---

16 위의 책, 204~205쪽.
17 위의 책, pp. 206, 225~226.

III

 끝으로 해방 후의 한국 헌정사에서도 듀 프로세스와 무관하지 않은 문제들이 끊임없이 제기되었음을 부인하기 어렵다. 그것은 1948년 5월 31일에 개최된 제헌국회의 초기 활동을 잠시 살펴보기만 해도 명백히 드러난다. 제헌국회가 개최된 다음 날인 6월 1일에는 재조선 미 육군 사령관 '존·알·하지' 중장이 의원들 앞으로 서한을 발송하여 제헌국회가 "가급적 속히 고려하여야 할" 사항으로 "삼개안을" 제시하고, 헌법 제정의 방향까지도 언급함으로써 커다란 물의를 일으켰다. 하지는 그의 '서한'에서 이렇게 말하고 있다.

> 국회로서 조선 국민의 요구와 심리에 부당한 형태의 정부를 備置한 그런 유의 헌법을 경솔히 채택함을 피할 것. (…)
> 헌법은 국가의 기초라 가장 신중 주도히 고려할 것. (…)
> 본관은 조선 국민 대표로 당선된 제위에게 성공을 축복하며 주조선 미국 수석대표의 자격으로 확신하는 바는 제위에 일생을 통하여 숙원하던 통일자주독립국가 건설에 있어 본관은 계속하여 조선 국민을 각 방면으로 협조하려 합니다.[18]

 이와 같은 하지의 서한은 이승만 국회의장에 의하여 두 차례에 걸쳐 강도 높게 비판받았다. 먼저 6월 2일의 오전 발언에서

---

18 국사편찬위원회 편, 『자료대한민국사』 7, 207~208쪽.

이 의장은 '하지 중장'의 서한이 지난날의 신탁통치안을 그대로 떠올리는 "대단히 지혜롭지 못한" 행동일 뿐만 아니라 "지각 없는 일"이라고 혹평하면서, 이것은 "총선거를 반대"했던 사람들의 입지만을 강화시켜주고, 이들에게 또 한번 "민심을 선동시"킬 구실을 제공함으로써 결과적으로 "국회를 무력하게" 만들고, 심지어는 "우리 독립에"도 좋지 못한 영향을 줄 위험성만 높였다고 항변한다.[19] 같은 날 오후 발언에서도 이 의장은 "우리 주권 행사"의 "절대" 존중을 강조하면서 만약 여기에 간섭한다면 "우리는" 의원직 사퇴도 불사할 "결심"임을 밝히자, 많은 의원들이 박수로 응답, 회의장은 마치 지난날 "반탁운동"의 열기를 재연하는 듯이 보였다.[20]

또 조봉암 의원(인천시 을구·무소속)은 6월 1일 이른바 "대정당 암약설"을 제기하였다. 그에 앞서 "헌법 및 정부조직 기초위원"의 선정을 위한 토론이 진행되는 도중, 장면 의원(종로 을구·무소속)이 "토론을 종결하기로 동의"하자, 곽상훈 의원(인천시 갑구·무소속)은 "어떤 정당이나 단체가 암암리에 모략으로 그 전형위원을 전형하"려 한다는 우려를 표명하였다. 이때 조봉암 의원은 "의사진행" 발언을 통해 다음과 같이 말하였다. "이 국회 안에서 요 몇 시간 안에 대단히 불유쾌한 것을 발견했습니다. 그것은 무엇이냐 하면 우리들이 어떠한 의사를 충분히 표시할 기회가 없이 모든 문제를 이끌어 나가려고 하는 그러한

---

[19] 『제1회 국회속기록』, 28~29쪽.

[20] 위의 책, 38~39쪽.

계획이 의회 안에 있는 것이 드러납니다. 무엇이냐 하면 걸핏하면 토론을 정지하자 한 사람이 그런 동의를 하면 똑같은 사람이 있어서 두 사람이 재청하고 그러면 곧 다른 모든 문제를 그만두고 그만 거기에 대한 토론을 해야 된다, 또 반대하는 분은 반드시 의장에게 의견을 얻어서 동의를 얻어서 하지 않으면 안 된다, 왜 이렇게 구속하기를 좋아합니까? 여러분이 진정으로 그런 것을 원합니까? 절대로 옳지 않습니다. 그러므로 저는 가령 말하자면 토론을 정지하자고 하는 것이 옳을 때도 있지마는 그러나 토론을 시작하기도 전에 한 사람이 한 의견을 말하고 얼른 동의하고 재청하고 그 다음 개의 재개의 이랬는데, 그것이 다른 설명을 들을 사이도 없이 토론 중지합시다 하면 저는 토론할 기회가 없이, 의사 표시할 기회가 없이 모든 문제가 결정된다, 그러니까 어느 한 당파가 계획적으로 하는 사람에게는 그것이 좋을는지 모르나 우리 시방 전 남조선에서 선출되어 오신 절대다수인 여러분은 아모 계획이 없이 다만 민족적 양심으로서 문제를 해결하려고 하는 사람은 어느 때에도 그 무리에 끌려 나갈 위험이 있습니다. 그런 까닭에 저는 지금 토론 중지하자는 동의 절대로 옳지 않은 것을 믿고 여러분께서 그 내용을 모르시고 손을 들었다고 생각합니다. 그러니까 저는 다시 동의합니다. 이 문제를 의장께서 주장하신 바와 마찬가지로 절대로 중요한 문제요 어떠한 것보다도 우리 조선 민족이 장차 어떻게 살겠느냐 하는 것을 결정하는 까닭에 토론을 한시 열흘 가지고 계속하더라도 완전한 것을 하지 않으면 안 될 것이라고 생각하기 때문에 이 토론을 계속할 것에 동의합니다. ('옳소' 하는 이 있음)." 사회를 본 이승만 의장도 여기에 전적으로 동감을 표하면서 다음과 같이 말했다. "언론 중지를 경솔히 하지 않아야 됩니다. 동의 재청이니까 의장으로서는 물었습니다마는 아모쪼록 중요한 문제는 시간을 걸쳐야〔거쳐야〕 합니다."[21]

이와 같은 "대정당 암약설"은 6월 2일 이문원 의원(익산군 을구·무소속)과 서순영 의원(통영 을구·무소속), 그리고 김약수 의원(동래군·조선공화당) 등에 의해 다시 거론되었다. 먼저 이문원 의원은 "우리 국회의 공기"에 대해 불만을 토로하였다. 그는 "도대체 우리 국회의 공기가 어떠한 것인지 또는 어떻게 보는 것이 우리 국회 공기의 정확한 견해인지 (…) 대단히 의심"한다고 밝히고, "지금 우리가 대중의 의견을 가지고 여기에 와서 그것을 전달하기 위한 우리 국회라고 생각하는데 무소속이 절대다수인데도 불구하고 또는 이 공기를 본다고 할 것 같으면 대중이 어떠한 기성세력이나 기성 당에 대해서 그렇게 관심이 크지 않았기 때문에 국회의원 선거 결과에 있어서 결국 무소속이 절대다수를 점령한 것이라고 생각됩니다. 그러면 이 국회의 공기로 말하면 확실히 대중의 공기를 살피려고 할 것입니다. 그렇다면 우리는 완전 자주적 입장에 서가지고 이 국회가 직접 해나가야 할 것이" 아니냐고 반문한다. 또 서순영 의원은 "국회의 의견을 처리하는 방법의 내용이 불충분하고 애매하고 명백치 못한 일부 의사에 의한 처리가 도모지 불가(不可)"하다고 공격한다. 김약수 의원은 특히 "전형위원 선정"과 관련하여 문제

---

21 위의 책, 18~19쪽.

점을 지적한다. "금반에 전형위원 열 사람을 정하는 데에 도별로 하자는 의론이 나오게 된 것은, 이것은 우리 전 민족을 일치 결속시킨다든지 여러 가지 통일 문제라든가에 비추어 본다면 그것은 반드시 최선의 방책이 아니었습니다. 그런데도 불구하고 우리가 본인부터 결정적으로 도별적으로 안 하면 안 되겠다는 주장에 가담하게 된 이유는 무엇이냐 하면 이전에 인사 문제를 결정할 때에 너무도 所稱 대정당이나 단체의 암약이 너무도 심한 까닭으로 그것을 좀 제어하고 전체적으로 우리가 일치단결하는 체제를 표현시키기 위해서 도별적으로 한번 해보면 그전 所稱 대정당의 암약이 좀 중단이 될 것이라는 이런 고충에서 나온 것입니다. 그런데도 불구하고 금반 또 전형해논 것을 보면 여전히 도별이라고 하는 그 윤곽을 따라가지고 所稱 대정당의 또 대정당적 방법이 순환적으로 돌고 있어요. (…) 所稱 대정당과 무소속이라든지 지방의 순진한 신출 여러분과 조화가 잘 되었느냐 안 되었느냐 그런 점을 한번 검토할 필요가 있다. 그 말씀이에요."[22]

6월 16일에는 이진수 의원(양주군 을구·무소속)으로부터 국회의원도 모르는 "헌법초안"이 신문에 보도된 데 대한 항의가 있었고,[23] 6월 21일에는 헌법기초위원회에 대해 이승만이 불만을 표시하였다. 이승만은 동위원회가 국회 내의 주요 지도자나 정파들과 하등의 "협의"도 없이 헌법초안을 "자기들 생각"대로

---

22 위의 책, 30~31쪽, 34쪽, 52~53쪽.

23 위의 책, 197쪽.

작성한 데 대해 불쾌하게 생각하고 있었다. "그전에 기초하실 적에 〔헌법기초〕위원이 大旨만을 주장해가지고서 적어도 이 국회 안의 몇몇 인도자 되시는 이들과 당파 되시는 몇몇 분들은 이 대지에 대해서만은 합의가 있었고 의론이 되어 있었을 것 같으면 그 안의 소절목에 들어가서는 많은 이의가 없을 것이오 여간 이의가 있다고 할지라도 그렇게 중대한 문제가 아니었는데, 시방 볼 것 같으면 이 양반이 시간이 촉박한 그것만 알고 하로바삐 해오라는 데에 대해서는 저분들이 부지런히 속히 하기 위해서 충분한 재료를 얻지 못하고 자기들 생각하시는 대로 작정이 된 것입니다." 여기서 이승만은 좀 더 시간을 갖고 사전의 "협의"와 "조정"을 가능케 할 비공개 "전원위원회" 안을 제안하기에 이른다. "이 초안을 이 모양대로 내놓으면 아직도 인쇄도 못 되었고 삼독회도 못 될 염려도 있지마는 또 따라서 충분히 협의가 못 되고 국회 속에 내놓으면 다대한 시일을 요할 염려가 있을 것이니까 지금 이 초안을 가지고 이 초안에 대한 세절목은 다 절충해놓고 그중에서 제일 중대한 문제만 가지고 비공식으로 협의를 해서 이렇게 하든지 저렇게 하든지 협의를 얻어가진 뒤에 이 초안을 완성해 만들어가지고 제출하는 것이 며칠 시간을 허비하더라도 그렇게 해가지고서 협의를 얻어가지고 진행해나가는 것이 협의 못 되고 전체 여기에 내놓아서 국회 전체에서 토론을 가지고서 길게 세월 가지고 같이 혼자서 하는 것보다도 낫겠다 하는 의도를 가지고서 기초위원장과 또 이 국회의장과 협의가 대강 되어서 헌법초안을 아까 기초위원장이 설명하신 말씀 여러분이 다 들으셨을 것입니다." "국회 전원이 모이실 수 있는

데로 모여가지고 난상공의하는 것이니까 비밀이 없습니다. 다만 공개로 부치지 않는 것은 무슨 오해로 이러한 소문이 난다면 무슨 국회 안의 의견의 충돌이라고 이러한 얘기가 나면 대단히 불리한 까닭으로 해서 다만 이틀 동안을 가지고 난상공의해서 전원의 의도가 이 중대한 문제의 어떤 것을 조정해봐가지고 하자는 그러한 얘기입니다." 그러나 그의 "전원위원회"안은 재적 175명 중 가 12표, 부 130표로 부결되었다.[24]

헌법초안에 관한 대체토론이 시작된 6월 29일, 최국현 의원(고양군 을구·무소속)은 헌법초안이 바뀐 경위를 따졌다. "신문에 본다면 대통령제냐 국무원제냐 그것이 처음에는 국무원제로 했다가 역시 기안자도 그렇게 했고, 또 우리 기초위원도 그렇게들 하셨다고 해요. 그런 얘기가 있다가 하로 저녁에 그 번안 동의가 되어가지고 그것을 다시 대통령책임제로 되었다는 얘기를 듣고 대단히 놀랐습니다. 왜 그러냐 하면 학자적 양심이 있고 또 우리 기초위원으로 가신 대표는 역시 기초위원의 양심이 계신 줄로 알았어요. 했는데 불구하고 어떤 한 분이나 혹은 두 분이 그것을 말씀했다고 그날 저녁으로 번안 동의를 해서 변경되었다고 하는 것을 본다면 원래 그 초안하신 그때는 그 초안이 좋았음으로 인해서 기안자 기초자가 다 찬성했든 것을 한 분이 이것이 잘못이라고 한다고 해서 번안 동의를 한다는 것은 너무 심한, 요컨대 우리에 배치된 행동이 아니었든가 생각이 듭니

---

24 위의 책, 197쪽.

다."²⁵ 그러자 배헌 의원(이리시·무소속) 역시 헌법초안에 대해 강한 불신감을 나타내면서 내각책임제로부터 대통령책임제로 헌법초안이 바뀐 경위에 대해 물었다. "이 헌법을 초안하기 위해서 듣건대는 전문 학자가 며칠 전부터 많은 심혈을 다했고 또는 기초위원들이 16회나 모여서 많은 욕을 보아서 상당한 결론에까지 이른 것을 하로밤 사이에 전복되었다는 것은 기초위원 된 자신이 스스로 생각할 바가 있다고 저는 생각합니다. 그러면 기초위원 된 여러분 책임을 스스로 생각할 때에 일반 여기 있는 200명 가까운 의원 앞에 스스로 느끼는 바가 있어서 반드시 자기 가슴에 손을 대고 여태까지 생각하는바 그것을 우리에게 표시하지 않으면 안 될 겁니다. 그리하기 때문에 이 헌법이라는 것은 전장을 통해서 소위 대통령제니 부통령제니 하면 이것은 국무원제도 아니고 국무원제도 아니면 대통령제도 아니다. 그러한 모순된 일이 많이 있다. (…) 글로 보아서 이것을 우리가 그대로 급하다고 해서 그대로 통과한다면은 좋을까? 이것이 대단히 심중(審重)을 요하는 바이올시다."²⁶

---

25 위의 책, 306~307쪽. '의원내각제' 안이 '대통령제'로 바뀌었다는 것은 유진오 전문위원도 밝힌 바 있다. 그는 헌법초안이 국회에 상정된 1948년 6월 23일 "헌법급 정부조직법 기초위원회" 위원장인 서상일 의원의 부탁으로 헌법초안에 관한 보충 설명 가운데서 이렇게 말하였다. "헌법기초위원회에서는 저희들이 내각제로 된 면첨 초안을 가지고 그동안 여러 가지로 상당히 의견 대립이 있었습니다만 지금 건국 초기에 있어서 무엇보다도 정부의 안정성 정치의 강력성을 도모할 필요가 있다고 해서 이 초안을 보시는 바와 같은 대통령제를 채택하게 된 것입니다." 위의 책, 212쪽.

26 위의 책, 307쪽.

특히 대체토론이 계속된 6월 30일에는 이문원 의원(익산군 을구·무소속)이 발언 가운데서 "간부 진영"의 "배후조정설"을 주장함으로써 헌법심리 과정에 일대파란이 일게 되었다. 이제 그 과정을 좀 더 상세히 살펴보면 다음과 같다.

이문원 의원 (…) 그럼에도 불구하고 이것을 어떠한 간부 진영에서 의식적으로 모순된 헌법을 만들어가지고 자꾸만 이것을 통과시켜가지고서 어떠한 자기의 의도를 달성해볼려고 하는 것은 인민이 우리를 보면 본의가 아니고 극단으로 말하면 이것은 어떠한 자기의 개인주의에 흐르는 경향이 있다고 비판을 받어도 변명할 재료가 없다고 본인은 생각합니다.(…)
이정래 의원(보성군·한국민주당) 지금 이문원 의원으로부터 발언 중에 헌법을 어떤 간부가 서로 합해가지고 통과시키련다는 말씀을 했는데 그런 말씀은 대단히 실언인 줄 압니다. 왜 그러냐 하면 우리는 정당한 소속을 밟어서 그 기초위원을 내서 그 기초위원에게 초안을 해서 내라고 한 것입니다. 그러므로 어떤 간부라는 것은 무슨 말씀인지 대단히 알 수가 없으며 따라서 그 말씀은 당연히 실언이라고 봅니다. 취소해주시기 바랍니다.
서우석 의원(곡성군·한국민주당) (…) 간부는 누구를 지칭하는 것인가? 또 간부가 의식적으로 자기 개인을 위해서 이와 같은 헌법을 제출하였다는 말씀도 그 가운데 있읍니다. 이것은 확실히 우리 국회의 위신을 손상시키는 언구라고 인정하지 않으면 안 됩니다. 의장은 과연 그 언구를 정당하다고 인정하시는지? 만일 정당치 않다고 생각하실 때에는 발언을 취소하라고 말씀해주시기 바랍니다. 만일 의장이 그러한 주의를 안 하신다면 저는 반드시 그 말을 취소하기를 요구하고 만일 요구를 듣지 않을 것 같으면 징계위원회에 부칠 것을 동의하고 싶습니다. (「취소하시오」 하는 이 다수 있음.)

부의장(김동원) 이문원 의원의 그 발언에 대해서는 여러분과 같이 유감으로 생각합니다.

나용균 의원(정읍군 갑구·한국민주당) 발언에 대하야 자신보고 취소를 요구하는 것보다 그분이 그 말씀을 할 때에는 기초위원회에서 과연 간부 몇 사람의 말을 듣고 하였는가 또 적어도 한 사람의 의도를 듣고 하였는가 기초위원의 대답을 요구합니다. (「옳소」 하는 이 있음)

이윤영 의원(종로 갑구·조선민주당) 기초위원의 한 사람으로 잠간 거기에 대한 대답을 드리겠습니다. (…) 어제도 어떤 분(배헌의원)이 여기에 나와서 말씀하는 중에 어떤 분이 와서 말씀 한 번 함으로 인해서 다 되었든 것을 밤새에 번안을 해서 이와 같이 내놨다는 것을, 이런 것을 우리가 들었습니다. 기초위원은 누가 부는 나팔통이 아닙니다. 기초위원들은 최선을 다하기 위해서 이때에는 이렇게도 생각하고 저때에는 저렇게도 생각하고 마치 의복을 말르는 재단하는 사람이 잘하기 위해서 이렇게도 해보고 저렇게도 재보고 하는 것같이 설계하는 사람이 역시 그러한 것과 마찬가지로 모든 노력을 해서 여러분이 건의하시는 것을 참고로 하고 또 밖에 나가서 여론을 듣기도 하고 우리 자신들이 또 생각을 하고 이와 같이 해서 이것이 민의인가 이것이 우리 현실에 적합한 것인가 국리민복을 위해서 이렇게 해야 할 것인가 각 방면으로 40명 의원이 자기의 모든 성의를 다해서 이와 같이 맨든 것이에요. 어떤 간부의 말을 듣고 하였다고 할 것 같으면 우리 기초위원은 아무 머리도 쓰지 않고 생각도 없이 다른 사람의 나팔 부는 대로 기계에 불과한 것입니다. 그러나 기초위원들은 어떤 사람을 말하든지 자기 마음에 없는 것을 자기가 허락지 않는 것을 할 수가 없는 것이고 우리의 마음에 우리의 머리에 우리의 생각에 모든 것이 소화될 때에 비로소 그것이 옳다고 해서 우리는 여기에 내놓게 된 것이고 결코 이와 같은 일이 우리에게 있다고 할 것 같으면 기초위원을 모독하는 것이고 또한 역시 우리가 이와 같이 다른 분하고 자기가 나와서 여기 대체토론 한다는 것은 적당하지만 여기에 나와서 누구를 공격하는 것 같은 이런 것은 도저히 우리가 허용할 수 없는 일이라고 생각합니다. (「옳소」하는 이 다수 있음)

그런 고로 우리가 이것은 단순히 취소에 끄칠 것이 아니고 본인의 생각으로는 맛땅히 징계위원회에 부쳐서 이 일을 적당히 징계하지 않으면 안 될 것입니다. (…)

이문원 의원 본인이 대체토론에 있어서 금반 헌법 기초에 있어서 어떠한 간부에 의식적인 초조한 관계로 모순이 있는 초안이 나온 것은 혹 정세론에 치중해서 그럴 것이 아닌가 하는 취지를 말씀드린 데 대해서 본의원이 실언을 해서 모욕했다고 이러한 지적을 하는 의원이 있는 데 대해서 본인 자신이 오히려 유감으로 생각하는 점이올시다. 이유는 본인이 간부를 지칭한 것은 기초위원장이나 우리 국회의장 진영을 의미했든 것입니다. 그런데 의식적으로 좀 초조했다는 것을 인정하는 이유는 일전에 기초위원장으로부터 중간보고 할 때에 우리 기초위원회에서는 16차인가 17차에 걸쳐서 초안을 기초해서 결국 제3독회까지 끝이 난 모양이나 단 자구 수정 몇 군데가 못된 곳 있고 인쇄가 아직 미급해서 이틀간 휴회하게 될 것입니다 하는 그 발언으로 하여금 이틀간 휴회하고 초안 나온 것을 보니까 애초에 보고를 듣던 내용에 있어서 너무나 차이가 있었든 것입니다. (「의장 긴급이요」 하는 이 있음) (장내 소연) (…)

서상일 의원(대구시 을구·한국민주당) (…) 이문원 의원의 발언은 대단히 실언인 것입니다. (…) 거기에 재차 나와서 말씀하는 가운데에 사회하는 의장이나 또는 기초위원회의 위원장을 지적하신 데 대해서 더욱 대단히 실언이 없지 않았다고 보는 바입니다. 그것은 여러분이 신임해서 여러분으로부터 기초위원이 선거되고 기초위원으로부터 기초위원장을 선거해서 따라서 이 헌법기초위원 여러분에게 제청한 것입니다. 그래서 그 위원회에서 원안이 나온 처음에 있어서 본래가 무슨 기초위원회의 안을 가지고서 요전에 말씀드린 바와 마찬가지로 제1차로 유진오 위원을 중심으로 한 소위원회에서 월여를 두고 검토한 원안이 있고 그 원안에 의지해서 편찬위원회의 참고안이 나와서 그것을 중심으로 해서 우리들이 검토해온 것입니다. 2주일 넘어가도록 10여 차 회의에 부쳐서 검토해온 결과 말씀할 것 같으면 여러분께서 속히 제정하라는 독촉이 있었는데 토요일에 있어서 부득이 제3독회도 아직 경하지 못하고 상정하겠다고 제가 여기에 나와서 보고드린 것입니다. 그래서 가령 우리 과거의 전례를 본다고 하드라도 이 안이 3독회가 결정된 후라도 말씀할 것 같으면 잘못된 점이 있으면 그것을 번안동의해서 수정한 예가 한두 번이 아니였었읍니다. 그와 마찬가지로 우리 기초위원회에서 서른 사람이 모여서 이것을 검토하는 데 있어서 제2독회가 끝이 났다고 하드라도 말씀하면 국제 정세와 국내 정세를 연결대로 해서 고칠 수 있는 것입니다. 말씀하면 본래 초안된 원안에 대해서 다소 수정하지 못하리라고 하는 철칙은 없는 것입니다. 당연히 그때에도 보고드린 바와 마찬가지로 22 대 1로서 반대가 없었읍니다. 22인이 출석해서 전원 가결로써 번안 동의가 성립된 관계에 따라서 이것으로 말씀하면 무엇이라고 말씀하면 좋을는지 모르겠습니다마는 대통령중심제로 번안이 되어서 이 초안이 여러분 앞에 배부되어진 것 같읍니다. 그래서 첫째로 이러한 문제를 의론할 때에 여러분으로부터 말씀하면 내가 이문원 의원에게 이러한 말은 너무 실례에 가까울지 모르겠으나 적어도 헌법을 이야기할 때에는 헌법에 대한 상식을 가져야 할 것이야요. 헌법에 대한 상식이 없이 헌법을 의론을 한다는 것은 도저히 탈선이라고 나는 생각하는 바입니다. 둘째로는 기초위원회에서 정당한 수속을 밟어서 나온 것을 위원장이나 의장에 대하야 모욕적 언사를 하였다고 할 것 같으면 이문원 의원은 대단히 실언이라고 아니 할 수가 없읍니다. 가령 대통령중심제냐 내각중심제냐 하는 것을 반드시 대통령중심제가 좋은 것이고 반드시 내각중심제가 또 좋은 것은 아닙니다. 외국의 모든 헌법을 들어서 연구해보시면 잘 아실 것입니다. 무조건 하고 내각책임제가 좋다든가 무조건하고 대통령중심제가 좋다든가 해서는 안 될 것입니다. 우리의 실정으로 빛춰서 우리들은 이렇게 나가야만 되겠다는 생각에서 이렇게 초안한 것입니다. 만일에 여러분에게 이것을 초안을 해서 토의할 필요가 없으면 이것을 기초위원회의 초안대로 그냥 나갈 것입니다. 그러나 우리들은 이러한 안을 여러분에게 제안을 했으니까 본회의에서 심심한 연구를 해서 말씀하면 우리 현하의 정세에 빛춰서 국제 정세와 관련시켜서 말씀하면 대통령중심제가 좋다면 대통령중심제를 할 것이고 내각책임제가 좋을 것이면 여러분께서 내각책임제를 채용하면 그만인 것입니다. 그럼에도 불구하고 말씀하면 자기의 억칙에 의지해서 국회의장에게 또는 기초위원장에게 여러 가지 모욕적 언사를 하였다고 하는 것은 불근신(不謹愼)도 심한 것이라고 아니할 수가 없습니다. 따라서 잠간 경과를 말씀드리고 이와 같은 일이 어제도 있었는데도 불구하고 또 오늘 이문원 의원이 그와 같은 제구중(諸句中)에도 어떤 목적이 있다든지 어떻게 했다는 여러 가지 실언을 하였다는 것은 대단히 말씀할 것 같으면 우리 의원으로서 하지 못할 실언을 하였다고 저는 생각이 되는 것입니다. 따라서 우리 의회로부터 이것을 가지고 서로 공격을 하고 이렇게 하는 것보다도 아모쪼록 기초위원장 이 사람으로서 여러분에게 원하는 말씀은 될 수 있으면 본인으로 하여금 이 자리에 나와서 충분한 사과를 듣고 이 장내는 정돈으로 들어갔으면 대단히 우리 의원 여러분의 아량과 태도가 정당한 것이라고 생각합니다.[27]

그 후 이문원 의원의 "사과"와 "취소"로 그의 발언 파동은 일단락되었고, 대체토론은 계속되었다.

IV

지금까지의 논의를 정리해보면 다음과 같다.

---

27 위의 책, 316~320쪽.

1. 정치 과정이란 끊임없이 듀 프로세스의 문제가 제기되고, 또 이것이 과정 내적으로 해결되면서 지속되는 과정이라 할 수 있다. 그러나 만일 이러한 듀 프로세스의 문제가 과정 내적으로 해결되지 않을 경우, 불가피하게 사법적 개입이 이루어지게 되며, 또는 유효한 사법적 수단이 부재할 경우에 심지어는 군사 쿠데타나 사회적 혁명으로까지 확대된다고 생각한다. 그러나 모든 사법적-군사적-혁명적 개입은 궁극적으로 정치 과정이 스스로의 문제를 과정 내적으로 해결함으로써 지속 운동을 계속할 수 있도록 돕는 데 있다고 보며, 결코 정치 과정 그 자체를 대체하는 데 있지 않다고 본다.

2. 듀 프로세스는 '자의성(arbitrariness)' 또는 '부당성(unreasonableness)'으로부터 자유로운 정치 과정의 제도화를 지향하는 운동이다.

3. 그러나 '자의성'과 '부당성'에 관해 미리 정의 내림이 없이, 구체적 사안에 따라 관련된 '사실과 정황(facts and circumstances)'을 고려하여, 그때그때 심의결정하는 것이 말하자면 '보통법(common law)'과 미국 헌정의 전통이라 할 수 있다.

4. 여기서 주목할 것은 '사실과 정황'에 관한 심의의 전제 요건으로서 자유로운 공적 공간이 요구된다는 점이다. 처칠-케인스(Churchill-Keynes)는 이와 같은 공적 공간의 특징을 두 가지로 집약한다. 첫째는 '의견의 예속'이 없는 자유로운 '심적 습성(the 'habit of mind' free from 'subordination of opinion')'이고, 둘째는 '솔직한 친구와 경계하는 반대자가 공존하는 공적 공간(the public space 'surrounded by candid friends and watchful

opponents')'이다.²⁸

5. 이러한 공적 공간이 생산하는 것은 1차적으로 '공통된 최적의식(Common Sense of Due)'이고, 2차적으로 '합의(Consensus)'이다.

6. 이들 양자의 관계를 도표화하면 다음과 같다.

공통된 최적의식	합의	행동 유형	정치인의 유형	비고
○	○	타협	'정치가'형 (statesman)	정치를 어렵게 하는 사람
×	○	야합	'정치꾼'형 (mere politician)	정치를 쉽게 하는 사람
○	×	횡의(橫議) 또는 '순수토론' (Michael Walzer)	'옳다옳다'형* (唯唯大臣)	

*1876년 "흑전청륭(黑田淸隆)이 우리나라에 도착함에 백관들이 의정부(議政府)에 모여들었다. 한 사람이 마땅히 화해를 하는 것이 옳다 하니 영의정 이최응(대원군 이하응의 형-필자주)은 옳다 하였다. 또 한 사람이 마땅히 전쟁을 하는 것이 옳다 하니 또한 옳다 하였다. 또 다른 사람이 싸워서 이기지 못하면 어찌하겠느냐 하니 또 옳다 하였다. 다른 사람이 싸워서 이기지 못하면 그때 가서 화의를 하자하니 또한 옳다 하여 가부(可否)가 없었다. 날이 저물어 해산을 했는데 서울에서는 그를 가리켜 유유대신(唯唯大臣)이라 불렀다." 황현(黃鉉), 『매천야록(梅泉野錄)』, 이장희 옮김, 대양서적, 1973, 59~60쪽.

---

28 J. M. Keynes, "Mr. Chuchil on the war", in *The Collected Works of John Maynard Keynes*, vol. X, pp. 46~52.

7. 최적의식(Sense of Due)에 대립되는 것이 부정적 의식(Sense of Undue)이다. 이것은 다시 미적정 의식(Sense of Under-Due)과 과적정 의식(Sense of Over-Due)으로 구분된다. 야합은 미적정 의식에도 불구하고 추진되는 '합의'이고, 횡의는 과적정 의식 속에서 이루어지는 '미합의' 상태이다.

8. 최적의식은 명령이나 지시 또는 개념 정의에 의해 정립(posit)될 수 있는 것이 아니라, 과정(process)을 통해서 비로소 형성되는 것이다. 이런 점에서 듀 프로세스(Due Process)라는 말은 'Due must be the outgrowth of process'의 준말로 보아도 무방할 것이다. 이런 관점은 홈스(Holmes) 판사에 의해서도 확인된다. 그는 '보통법'의 관점에서 법의 본질을 다음과 같이 집약한다. "법의 생명은 논리가 아니라 경험이다. 시대가 느끼는 필요, 지배적인 도덕적 정치적 이론, 공공정책의 공인된 또는 무의식적인 직관, 심지어는 법관과 그의 동료들이 서로 공유하는 편견조차도 삼단논법보다는 더 많이 인간을 통치하는 규칙 제정에 관여한다. 법이란 수세기에 걸친 발전에 관한 이야기들을 구체화한 것이기 때문에 수학의 공리나 추리처럼 다루어질 수는 없다. 법이 무엇인지를 알기 위해서는 그것이 지금까지 발전해온 경로와 앞으로의 발전 추세를 알아야 한다."[29]

---

[29] O. W. Holmes, "The Common Law", *The Collected Works of Justice Holmes*, vol. 3, ed. by Sheldon M. Novick, p. 115.

숙의 민주주의와 시민성[1]

박승관

서울대학교 언론정보학과 교수. 저서로 『드러난 얼굴과 보이지 않는 손: 한국 사회의 커뮤니케이션 구조』(전예원, 1994), 공저로 『한국 민주주의와 언론자유 그리고 그 위기』(인간사랑, 2013), 『언론 권력과 의제 동학』(커뮤니케이션북스, 2001), 『정보의 신화, 개혁의 논리』(나남출판, 1998) 등이 있다.

서론

　숙의 민주주의(deliberative democracy)는 공공 사안에 관한 토론 과정에 시민들의 자유롭고 평등하고 열린 참여를 실현시킴으로써 민주주의의 수준을 진전시키려는 커뮤니케이션 프로젝트로 정의될 수 있다. 숙의 민주주의의 주창자들은 '숙의(deliberation)' 또는 '공적 숙의(public deliberation)'와 그것의 '민주주의'에 대한 함의에 관하여, '숙의'가 합리적이며 고품질의 여론 형성을 촉진시킴으로써 자유민주주의의 건전한 기초를 강화해줄 수 있다고 주장한다.(가령 Bohman, 1996; Dryzek, 1990; Fishkin, 1991, 1995; Gutmann & Thompson, 1996; Miller, 1993; Page, 1996)

　즉, 숙의 민주주의 이론가들은 쟁점 대상으로 떠오르는 공공 의제에 관한 토론 과정에 공중의 자유롭고 평등한 참여가 실현됨으로써 그들의 의사 결정 과정이 질적으로 보다 성숙될 수 있다고 본다. 공중은 숙의 과정을 통하여 특정 사안에 관한 광범위하고 다양한 대안적 관점을 접함으로써 그들의 합리적 추론 능력을 능동적으로 활용할 수 있으며, 그 결과 그들은 보다 정교해진 의견을 형성할 수 있다는 것이다. 결국, 숙의 민주주의 개념에서 숙의는 인간의 '공적 이성(the public reason)'을 활성화하고 현실화하는 실천적 과정이나 도구로 파악되고 있다(Bohman,

---

1　이 글은 『삶의 정치, 소통의 정치』(김홍우 외 8인 지음, 대화출판사, 2003, 59~84쪽)에 실린 글을 재수록한 것이다.(편집자주)

1996; Chambers, 1996; Habermas, 1962/1989, 1981/1984; Kingwell, 1995). 물론, 숙의가 민주주의를 활성화하고 강화시킬 수 있다는 이와 같은 낙관적인 가설에 대해서는 다양한 비판과 의심이 제기되기도 하지만(가령 Fish, 1999; Mendelberg & Oleske, 2000; Przeworski, 1988; Simon, 1999; Stokes, 1998), 숙의를 민주주의의 확장과 심화를 위한 하나의 유력한 수단으로 파악하는 견해는 오늘날 근대 민주주의 이론에서 중심적인 위치를 확보하고 있다.

공중의 의견 형성 과정이 다른 무엇보다도 대인간 토론에 의존한다는 숙의 민주주의 개념이 커뮤니케이션 연구에 반영, 도입되기 시작하였다는 것은 매우 자연스러운 일이다. 커뮤니케이션 연구자들은 최근 숙의 민주주의의 기본 개념, 즉 숙의 과정이 참여자들의 의견의 질을 향상시킬 수 있으며, 또한 기타의 결과 변인들에도 직접적인 영향을 행사할 수 있다는 인과 모형에 관하여 다양한 이론적·경험적 쟁점들을 탐구해나가고 있다(예를 들면 Gastil & Dillard, 1999; Kim, Wyatt, & Katz, 1999; Price & Neijens, 1997; Scheufele, 1999; Wyatt, Katz, & Kim, 2000; Wyatt, Kim, & Katz, 2000; Yankelovich, 1991).

그러나 경험주의적 숙의 연구는 아직 초보 단계에 놓여 있으며, 그러므로 우리는 아직 숙의 민주주의에 관하여 해답보다는 질문이 더욱 많은 상황에 있다. 멘델버그(Mendelberg)와 올레스크(Oleske)(2000)가 인정하듯이 숙의 민주주의의 구체적이며 실제적인 작동 방식은 아직까지 자세하게 밝혀지지 않고 있다. 그러므로 현시점에서 필요한 것은 숙의 민주주의의 실제적 작동 방식과 과정에 관한 보다 체계적인 숙의 그 자체이다. 바로 이러한 문제의식에 기초하여 이 글은 숙의 민주주의의 본질에 관한 이론적 성찰을 도모한다.

공적 숙의의 두 차원: '개인성'과 '시민성'

공적 숙의 개념의 핵심에는 민주주의의 꿈이 자리 잡고 있다. 아렌트(Arendt, 1958)가 해석하듯이 아테네의 고전적 민주주의 모형은 정치의 전개 과정이 '폭력(force)'에 의해서가 아니라 '말(speech)'에 의해서 조종되어야 한다는 기본 철학을 바탕으로 성립되었다. 그러므로 민주주의는 이미 그 발원 단계에서부터 공적 사안들에 대한 인간의 자유롭고 능동적인 '토론(discussions)'에 의존하는 정치 체제로 이해되었던 것으로 파악할 수 있다. 그러나 우리에게 주어진 질문은 과연 '숙의'가 현대사회에서 '어떠한 방식으로' '민주주의'를 진전시키고 성숙시킬 수 있는가 하는 문제이다. 이러한 질문에 대한 이 글의 답변은 다음과 같다. 즉, 숙의가 근대적 민주주의를 진전, 성숙시키는 방식은 인간의 '개인성(individuality)'과 '시민성(civility)'이라는 상호 관련된, 그러나 개념적으로 서로 분리되고 독립적인 두 차원을 계발시킴으로써 실현된다는 것이다.

1. 숙의와 개인성

'근대'는 '개인(individual)'의 시대를 열었다. 르네상스 시대가 '인간'을 재발견했다면, '근대'는 '개인'을 탄생시켰다고 말할 수 있다. 모스코비치(Moscovici, 1981/1985, p.13)는 바로 이러한 관점에서 만일 그 누군가 자신에게 근대가 낳은 가장 중요한 발명을 들라 한다면 자신은 주저하지 않고 '개인'이라 답할 것이라고 서술하였다. 근대 이전의 인간 정체성은 그가 소속된 '집단', 가령 가족이나 부족 또는 종교에 기초해서만 형성될 수 있었을 따름이다. 집단은 그 소속 구성원들에게 의무적 구속력을 부과했으며, 그리하여 그들은 인간 외적, 그리고 인간 상위적 권능에 복속되었다. 따라서 근대 이전의 인간 정체성은 집단에 의한 집합적 권위 부여에 의해서만 안정적으로 정립될 수 있었다. 그러나 집단은 이처럼 인간 정체성의 안정성을 보장함과 동시에, 인간의 내재적이고 개인 특수적인 욕구와 필요와 가치에 바탕을 두고 형성되는 자율성과 독립성을 박탈해버렸다. 그러므로 근대 개막 이전에는 분명 '인간'은 존재했지만, '개인'은 존재하지 않았다고 말할 수 있다.

근대는 전통적인 '집단성의 지배 체제(the regime of collectivity)'를 해체시킴으로써 '인간'을 '개인'으로 변환시키는 과정을 가속화하였다. 기든스(Giddens, 1990)에 따르면, 근대성(modernity)은 일련의 '탈접속(disembedding)' ― 사회관계를 상호작용의 국지적 맥락(local context)의 금제(禁制)로부터 "해방시킴(lifting out, p.21)" ― 메커니즘을 제도화함으로써 '집단성의 지배(the reign of collectivity)'로부터 인간을 해방시켰다. 전통 사회에서 '국지적 시공간 맥락(local time-space context)'에 강력하게 구속되고 포획되어 있었던 사회적 상호작용 방식은 근대가 마련해준 탈접속 메커니즘들의 지원에 의하여 점차 탈맥락화의 길을 걸으면서 집단적 구속성으로부터 벗어날 수 있었으며, 이러한 역사 과정은 결과적으로 개인의 탄생을 유도하였다. 그리하여 '인간'은 그 자신이 보유한 독립적이며 독특한 사고, 감정, 목적, 이익, 그리고 이성에 의하여 특징지어지는, 과거에는 찾아볼 수 없었던 전적으로 새로운 하나의 인종, 즉 '개인'으로 재탄생할 수 있게 되었다. 즉, 근대성은 인간의 '집단적 지평(group-horizon)'을 '주체적 전망(I-perspective)'으로 대체시켰다.

근대 철학자들은 근대의 선봉으로서 '개인'에게 맡겨진 역사적 사명을 명료하게 인식하고 있었다. 가령 칸트(Kant, 1784/1996)는 '개인성'을 근대적 '계몽(enlightenment)'을 추진하기 위한 핵심 원동력으로 이해하였다. 그는 근대적 인간이 타인들에 의하여 좌우되지 않고 오직 자기 자신의 이해(understanding)를 활용할 각오와 용기를 굳건히 함으로써 "스스로 초래한 왜소성"(p.17)으로부터 벗어나 자신을 '계몽'시킬 것을 촉구하였다. 칸트의 관점에서 본 계몽은, 곧 인간이 자기 자신의 이해에 의존하고 이를 활용할 수 있는 독립적 정신과 용기를 계발하고, 그럼으로써 사회적 편견과 제약의 굴레로부터 자기 자신을 보호하는 주체적 자아의 실현 프로젝트에 다름 아니었다. 따라서 칸트에게 '계몽'은, 곧 인간이 사회와 전통의 압력으로부터 벗어남으로써 자율적이고 독립적인 인격으로서의 '개인성'을 획득하는 과정으로 파악되었으며, 이러한 과정의 실현을 위하여 요청되는 요건은 오직 인간 자신의 '이성'을 활용하고 실천할 수 있는 '자유' 단 한 가지일 뿐이었다.

밀(Mill, 1859/1975) 역시 '개인성'의 계발을 개별 인간의 복지와 행복 증진을 위해서뿐만 아니라 사회 전체의 진보를 이끌어내기 위한 핵심적 전제로 인식하였다. 그는 집단적 의견에 의해 지배되는 사회는 인간의 자율 정신과 지적 자유를 억압하는 폭력적 사회에 불과하다고 간주하였다. 따라서 근대적 개인은 "인간 정신의 도덕적 용기"(p.33)로 무장함으로써 "의견의 전제(專制, the tyranny of opinion, p.63)"와 "관습의 압제(the despotism of custom, p.66)"에 대항해나가는 한편, 스스로 생각하고 자신의 의견을 자발적으로 형성할 수 있는 주체적 자유와 그 자유에 바탕을 두고 형성되는 자율적 의견에 기초하여 독립적으로 행동해야 할 의무를 지니게 되었다. 따라서 밀의 관점에서 보는 근대적 개인은 한마디로, 언제나 집단적 검열을 통해서 '틀(formula)'에 대한 순응을 강제적으로 요구하는 이른바 "여론의 정체(政體, the regime of public opinion, p.68)"에 저항할 수 있는 정신적 용기와 창조적 자발성을 갖춘 자유인에 다름 아니었던 것이다.

이와 같은 철학적 기초 위에서 이제 근대적 개인은 더 이상 타인들의 의견을 비성찰적으로 수용하면서 여기에 의존하는 수동적 객체의 상태에 머무르지 않을 수 있게 되었다. 근대적 개인은 타인의 의견에 대하여 반추하고 비교하며 비판할 수 있는 성찰적 능력을 보유·활용함으로써, 마침내 자기 자신의 주체적 의견을 형성할 수 있는 이성과 지적 능력으로 무장된 자유인으로 정의되었다.

바로 이러한 철학적 논의의 연장선상에서 20세기 커뮤니케이션 학계의 대표적 근대화론자인 러너(Lerner, 1958, pp. 50~51, 96~99)는 '근대성'의 가장 두드러진 특징을 사람들이 자신의 사적 생활과 직접적이며 즉각적인 관련을 맺고 있지 않은, 광범위한 공적 사안들에 관하여 자신들의 주체적 의견을 형성하고 이를 적극적으로 표현하게 된 데에서 찾으려 하였다. 이와 동일한 관점에서 잉켈스(Inkeles, 1973/1999) 및 잉켈스와 스미스(Smith, 1974)는 "의견의 성장(the growth of opinion)", 즉 다양한 공적 사안들에 관하여 주체적 의견을 형성하고, 이를 유지하며, 표현하고자 하는 성향을 근대적 인간이 가지는 핵심적 심리 특성 또는 자질로 꼽았다. 칸트를 위시한 이들 근대 사상가들의 견해를 요약하면, '근대성'은 곧 체계적 '의견 형성' 과정을 통한 '개인'의 탄생과 직접적이고 불가분의 관계를 맺고 있다고 파악할 수 있다.

그렇다면, 근대성의 본질로서의 '개인성'이 과연 '숙의'와 어떠한 이론적 연관 관계를 맺고 있다는 것인가? 이와 같은 질문과 관련하여 근대 철학자들은 인간이 자신이 가진 자유와 이성을 활용하고 실천함으로써 근대적 개인으로 재탄생할 수 있는 한 가지 중대한 메커니즘을 제시한 바 있다. 그 메커니즘은 바로 다름 아닌 '숙의'였다.

가령, 칸트(1781/1997, 1784/1996)는 계몽과 진보에 대한 인간 이성의 기여는 자유로운 '공적 토론', 즉 '숙의' 과정을 통해서만 실현될 수 있다고 간주했다. 그는 인간 이성의 활용과 그것을 통한 개인성의 계발 가능성이 공적 토론이 제공해주는 교육적 효과에 의해 비로소 실현될 수 있음을 인식하고, 그러한 공적 토론의 보편적 원리를 정립하기 위한 철학적 사색을 전개했다. 또한 밀(1859/1975, p.21) 역시 인간이 자기 자신의 주관적 의견을 형성함으로써 '개인성'을 계발해나가는 근대적 프로젝트의 실현 여부는 연속적인 '토론(discussion)' 과정, 즉 '숙의'에 의존한다고 설명했다. 그는 근대적 개인은 "자신의 실수를 토론과 경험을 통해 교정해나갈 수 있다. (그러나) 경험만 가지고는 부족하다. **반드시 토론이 있어야 한다**(There must be discussion)"(p.21, 강조는 연구자의 것)고 주장함으로써, 근대적 개인성의 획득을 위해서는 심층적 '숙의'가 불가결한 요소임을 철저하게 인식하고 있었다.

지금까지의 논의를 종합하건대, 근대 철학은 '숙의'를 개인과 계몽과 진보를 낳는 토대이자 자양으로 간주해왔음을 알 수 있다. 결국, 근대적 인간은 사회와 관습의 독재에 저항하면서 정신 내면에 독립적이며 자율적인 가치와 의견의 형성(opinionation)을 추구하고, 자신의 이러한 독립적 의견과 가치에 대한 자기 확신(self-assuredness)을 공고히 해나가는 한편, 나아가 이를 용기 있게 '말'로써 표명함(speaking)으로써, 자기 자신의 신념과 이익을 천명하고(voicing interests) 관철해나가는 주체적 개인성을 기본적 성격 특성으로 가진다고 조망할 수 있다.

2. 숙의와 시민성

숙의가 민주주의의 진전을 위하여 공헌할 수 있는 다른 하나의 잠재력은 바로 '시민성(civility)'의 계발을 통하여 실현될 수 있다. 쉴즈(Shils, 1997)는 '시민성'을 시민사회의 덕성으로 인식하였다. 그에 의하면 '시민성'이라 함은 근대적 인간이 자기 자신만을 위한 협애하고 이기적인 특수 이익에의 경도를 자제하고, "공동의 이익에 우선권을 부여하고자 하는"(p.345) 자발적 의지와 특유의 심리적 준비 상태를 의미하는 것이었다. 그는 경쟁적 이익을 대변하는 두 당사자가 각자 자기 자신의 이익보다는 공동의 이익이 가지는 우선성을 인정하고 이를 존중함으로써 합의에 이를 때, 이들 두 당사자는 하나의 동일한 집단성을 공유하게 된다고 보았다. 그는 사회의 어느 한 부문이 이익을 얻는 상황 속에서 그 상황이 다른 사회 부문에 끼칠 수 있는 손해를 감소시키기 위하여 취하는 행동을 '시민성에 기초한 행동(an act of civility)'으로 정의하였다.

이와 매우 유사하게 달(Dahl, 1989, p.27)은 '시민적 덕성(civic virtue)'을 "공공선에 대한 헌신" 또는 "관련 집단의 총체적 이익을 추구하는 자각적 의도"(p.142)로 정의하였다. 버트(Burtt, 1990) 역시 시민적 덕성을 "정치적 행동과 숙의 과정에서 사적 욕망에 반하여 공적 목표에 우선성을 부여하는 성향"(pp.35~36)으로 정의한 바 있다. 이러한 설명을 종합하면, '시민성'이라 함은, 곧 공동선(the common good)과 보다 포용적인 집단성의 획득을 도모하기 위하여 자기 자신의 이익을 희생하려는 자발적 태도를 의미한다고 정리할 수 있다. 그러므로 시민성은, 곧 "상이한 이익들을 말살시키는 것이 아니라 조정하기 위한 관심"(Shils, 1997, p.346)과 동일한 의미를 지닌다.

결국 시민적 덕성, 즉 '시민성'은 이웃들의 필요에 대한 공감의 능력이며 공동체적 목적의 실현을 위한 자발적 봉사의 의지로 정의될 수 있다. 그것은 한 인간의 개인적 이익을 추구하기 위한 이기적 재능이 아니라 그에게 어떤 하나의 공동체 구성원으로서의 지위를 부여하는 일종의 덕성이다. 또한 그것은 하나의 특별한 사안이나 정책을 타인들의 관점에서 검토할 수 있도록 하는 마음가짐이며 태도상의 자질이다. 요컨대 '시민성'은 하나의 도덕적 자질이며, 경쟁보다는 협동에, 그리고 개인적 합리성보다는 집단적 연대에 우선적이며 상위의 가치를 부여하는 공동체적 의식이다.

우리는 어떤 경우에도 칸트(1784/1996)의 계몽 프로그램을 전통과 사회의 전제(專制)로부터 개인을 구원해내고자 하는 단 하나의 목적을 위한 개인 중심적 기획으로 해석해서는 안 된다. 칸트의 계몽 프로그램은 이러한 개인 구원의 목적과 더불어 인간 이성의 수준을 사적인(private) 것으로부터 공적인(public) 것으로 격상시킴으로써 보편적 시민성을 실현하려는 실천적 기획을 동시에 포함하고 있었다. 그는 인간 이성의 사적 활용(the private use of reason)은 불가피하게 국지적 이익의 증진에 봉사할 수밖에 없는 편협성에서 벗어날 수 없다고 파악하고, 오직 인간 이성의 공적 활용(the public use of human reason)만이 "공동체적 일반 이익(the interest of a commonwealth, p.18)"의 구현에 기여할 수 있다고 조망하였다.

칸트는 한 걸음 더 나아가 이른바 '개인'을 낳기 위한 계몽이라는 것도 결국 인간 이성의 공적 활용에 의해서만 달성될 수 있다는 신념을 피력하였다. 즉, 칸트의 계몽 개념은 인간 이성의 공적 활용을 통하여 인간의 인지 체계가 확장되고 사고와 행동상의 착오가 시정되며, 궁극적으로는 인간 정신의 보다 진전된 자유를 획득해나가는 성숙의 과정을 지칭하고 있다. 그러므로 칸트의 계몽 개념은 인간으로 하여금 공공 문제에 대한 토론, 즉 '숙의'를 통하여 '미개 상태(barbarism)'로부터 탈출하여 보다 강화된 정신적 자유를 획득하도록 유도하는 한편, 시민적 덕성의 함양과 이를 바탕으로 인류 사회의 보편적 진보를 지향하는 실천적 프로젝트와 동일한 의미를 가지게 된다(칸트, 1781/1997, 특히 A738~69, B766~97). 따라서 칸트의 계몽 개념은, 인간 이성을 보편적 기준에 근거하여 하나의 전체로서 인간성의 진보를 위하여 작동하도록 담보해내기 위한 끊임없는 '숙의'의 과정과 동일한 의미를 지니는 것으로 해석되어야 한다.

밀(1859/1975)의 '개인성'의 청사진 역시, 단순히 단호하고 결연한 불굴의 신념으로 무장된 완고한 인간을 고안하려는 기획으로 축소 해석되어서는 안 된다. 밀이 그리는 근대적 자유인, 즉 '개인'은 결코 자신의 절대적 무류성(無謬性)을 확신하는 닫힌 신념을 가진 고집불통의 인간이 아니라, 자신의 오류 가능성을 인정하는 정신적 용기와 유연성을 가진 열린 마음의 소유자이다. 그가 서술하는 근대적 개인의 위대성은 그의 완벽성에서 연유하는 것이 아니라, 오히려 자신의 오류를 인정하고 그것을 교정 가능한 것으로 만들어낼 수 있는 "정신적 품격(the quality of human mind, p.21)", 즉 성찰성으로부터 기원하는 것이다. 그러므로 밀에 의하면 근대적 개인에게 절대적으로 요청되는 자질은 "자신의 의견과 행위에 대한 비판에 대하여 개방적 정신을 유지하는 태도"(p.21)이다. 그는 또한 근대적 '개인'이 가지고 있는 이러한 '교정 가능성(corrigibility)'은 끊임없이 전개되는 '열린 토론,' 즉 '숙의'의 존립 여부에 전적으로 달려 있다고 보았다. 밀은 한 걸음 더 나아가 이러한 '열린 토론'에서도 "한 인간이 어떤 주제 전반에 대하여 철저한 이해에 도달할 수 있는 유일한 길은 가능한 모든 다양한 의견이 주장하는 바를 '들음(hearing)'으로써만 확보될 수 있다"(p.21)고 명시하였다.

따라서 밀의 견해에서 숙의는 비단 '개인성'의 계발이라는 단 하나의 목표에 봉사하는 단순한 일원적 과정이나 방법으로 이해될 수는 없다. 숙의는 이러한 개인성의 계발과 더불어, '듣기 능력'을 함양하고 자기 자신의 의견을 조정할 수 있는 유연한 태도를 부양함으로써 열린 '시민성'의 계발을 추구하는 이원적 목표를 가진 커뮤니케이션 프로젝트로 해석되어야 한다.

공동체적 공간으로서의 '공적 영역(the public sphere)'은 '시민성'의 발현에 의해서만 성립될 수 있다. 근대성은 '개인성'의 발현 공간으로서의 '사적 영역(the private sphere)'의 진화에 공헌하였던 만큼, 이와 동일하게 '시민성'의 성립에 바탕을 둔 '공적 영역'의 태동을 촉진시켰다(Arendt, 1958; Dewey, 1927/1954; Habermas, 1962/1989, 1981/1984, 1996/1998).

아렌트(1958, pp.52~58)의 견해에 따르면, 공적 영역(the public

realm)은 상이한 관점들과 무수한 입장들이 공존하면서 다원적 시민성이 실현되는 공동의 세계이다. 아렌트의 설명에 의하면, 이와 같이 시민성에 기초하여 성립되는 공동의 세계는, 그 내부에 복합적 의미 체계의 공존을 실현시킴으로써 하나의 "전체의 회동을 위한 공동의 마당(the common meeting ground of all, p.57)"을 제공한다. 이 공동의 마당 안에서 각각의 인간은 서로 '보고(sees)', '들으며(hears)', 이와 동시에, 각자 상이한 입장을 지닌 타인들에 의하여 '보이며(being seen)' '들린다(being heard)'.

그러므로 아렌트의 공적 영역 개념은 단순하게 어떤 하나의 '공통적 본질'에 의해서 구성되는 사회적 공간을 의미한다기보다는, 차별성을 바탕으로 성립되는 다원성의 영역을 뜻한다. 그러나 아렌트의 '공적 영역'이 하나의 놀라운 '시민성'의 영역이 될 수 있는 까닭은, 그것이 일종의 '더불어 하나 되기(human togetherness)'에 의하여 매개되는 사회적 공간으로서, 그 내부에서 이와 같은 다원적이며 이질적이며 상이한 전망들 상호간에 '위하여 말하기(to speak for)' 또는 '반하여 말하기(to speak against)'가 아니라 '더불어 말하기(to speak with)'가 실현되는 영역, 즉 시민성이 충만한 공동체적 마당으로 이해되고 있기 때문이다(p.180 참조).

따라서 아렌트의 공적 영역은 사회적 행위자들이 서로 타인들에 대비한 차별화를 시도하거나, 자신의 사적 이익의 극대화를 실현하기 위해 갈등하면서 이른바 '위하여 말하기' 또는 '반하여 말하기'를 주도함으로써 성립하는 이기적 경쟁 공간으로 파악될 수는 없다. 그것은 이와 달리 인간 사이의 상호 존중과 합의의 창출, 그리고 공동 이익의 증진을 지향함으로써 성립되는 소통적 인간관계 양식인 것이다. 바로 이와 같은 이유로 '더불어 하나 되기'가 소멸하는 곳에서는 공적 영역 또한 언제나 유실되는 것이며, 이와 반대로 인간 사회의 다원적 전망들의 공존이 실현되는 곳에서는 공적 영역 또한 언제나 공고한 토대를 확보할 수 있게 되는 것이다. 이러한 시각에서 아렌트(1958, p.198)는 고대의 "폴리스(polis)를 물리적 위치로서의 도시국가와 동일시하는 것은 적절한 이해라고 볼 수 없다. 오히려 폴리스는 '더불어 행동하기(acting together)'와 '더불어 말하기(speaking together)'가 실현되는 과정에서 발생하는 인간들의 조직 방식 자체인 것이다"라고 설명하는 것이다.

그러므로 그의 공적 영역 개념은 다양하고 이질적인 가치와 전망 사이에 발생하는 자유롭고 열린 양방향적 커뮤니케이션에 의하여 매개되는 개방적이며, 친밀하며, 밀집된 '숙의'의 네트워크 체계로 해석하는 것이 적절하다. 또한 이러한 숙의의 네트워크 체계로서의 그의 공적 영역 개념은 '숙의 민주주의'의 이상과 정확하게 일치하는 것으로 간주될 수 있다. 나아가 만일 그의 관점에서 공적 영역이 '더불어 하나 되기'의 공간으로 이해된다면, 우리는 그것을 오직 '더불어 말하기'만을 위한 제한적 공간으로 한정시켜 이해해야 할 이유는 없다. 그것은 '더불어 말하기'와 함께 '더불어 듣기(listening together 또는 hearing together)'가 동시에 실현되는 확장된 커뮤니케이션 공간으로 폭넓게 이해될 필요가 있다. 왜냐하면 그 영역은 자기주장만을 앞세우는 '열린 입'과 '닫힌 귀'를 위한 공간이 아니라, 시민성에 충만한 '섬세한 입'과 '열린 귀'에 의하여 지원 받는 공적 숙의 공간과 다름없기 때문이다.

하버마스(Habermas, 1962/1989, 1981/1984, 1996/1998) 또한 '근대성'의 근본적 토대로서의 숙의를 중점적으로 분석한 바 있다. 그는 '근대성'을 성립시킨 기본 원리로서의 '합리성(rationality)'을 '비판 가능성(criticizability)'과 동일한 의미를 지닌 것으로 파악하였다(1981/1984, pp.8~10). 그는 서구 사회에서 공적 영역의 출현이 인간 이성의 공적 활용에 의하여 지도되는 "비판 합리적 공적 토론(rational-critical public debate, 1962/1989, p.28)"에 의하여 가능해졌다고 보았다. 그의 견해에 의하면, 공적 영역은 "사적 인간들이 모여 공중으로 하나 되기(private people come together as a public, p.27)"가 실현되고, 그럼으로써 그들의 비판적 이성의 힘을 사회적 공통 관심사에 관하여 적용시킬 수 있게 됨으로써 비로소 성립될 수 있었다.

그러므로 하버마스적 의미에서 공적 영역은 곧 사적 개인들을 공중으로 전환시키는 '숙의'의 공간으로 해석될 수 있다. 왜냐하면 그가 말하는바 생활 세계에서 발생하는 커뮤니케이션 행동은 개인들의 사적 이익 추구를 위한 '도구적 행위'가 아니라, 커뮤니케이션 공동체 안에서 상황에 대한 공동의 정의를 얻어내기 위한 교섭 과정에서 발생하는 '이해 지향적 행위'이기 때문이다. 바로 이러한 관점에서 그는 목적론적 인간 행동에 봉사하는 '인지 도구적 합리성(cognitive-instrumental rationality)'에 반하여 생활 세계에서의 '조정'과 '상호 이해'를 지향하는 '커뮤니케이션적 합리성(communicative rationality)'의 중요성을 강조하고 이에 대한 관심의 회복을 촉구하였던 것이다. 결국, 그의 커뮤니케이션 행동 이론은 '숙의'가 가진 '시민성'의 차원을 강조하고 있는 것으로 해석될 수 있다.

잉켈스(1973/1999) 및 잉켈스와 스미스(1974)가 그리고 있는 '근대적 인간 모형(A Model of the Modern Man)'에서도 '개인성' 차원뿐만 아니라 '시민성' 차원 역시 함께 강조되고 있다. 이들에 의하면 근대적 인간형은 앞에서 설명한 바와 같이 고도의 '의견화(opinionation)'로 특징지어지는 주체적 인간형이기도 하지만, 이와 동시에 사회적 의견 체계에 대하여 높은 수준의 민주적 정향성을 보임으로써 "주변의 태도와 의견 분포의 다양성에 대하여 예민한 지각력"(p.98)을 보유하는 개방적 인간형이기도 하다. 다시 말하면, 근대적 인간형은 적극적으로 "의견상의 차이를 인정"하고 "의견의 편차에 대하여 긍정적 가치를 부여할"(p.98) 수 있는 정신적 개방성을 보유하는 존재, 즉, 권위적인 폐쇄를 거부하고 그의 사유 과정에 유연성을 부여하는 일련의 시민적 성격 특성을 소유하는 존재로 기술된다.

숙의 민주주의의 본질에 관한 최근의 논의들도 근대적 인간이 계발할 수 있는(또한 계발해야만 할) 개방적 시민성을 강조하는 이러한 고전적 견해들을 적극적으로 수용하고 있다. 가령, 피시킨(Fishkin, 1991)은 정치 민주주의를 달성하기 위한 결정적 필수 요건 목록에 "이익의 전 영역에 대한 실효성 있는 듣기"(p.33)를 포함시킨다. 이와 마찬가지로, 바버(Barber, 1984)가 강한 민주주의(strong democracy)의 실현을 위한 '정치 담화

(political talk)'의 중요성을 거론할 때, 그가 말한 '담화(talk)'의 의미는 결코 '말하기(speech)'에만 국한되지 않는다. 그는 민주주의에서의 정치 담화는 언제나 한결같이 '말하기'뿐만 아니라 '듣기(listening)'를 포괄하는 것으로 보았다. 즉, 그는 '숙의'를 다름 아닌 "듣기라고 하는 상호 참여 예술(the mutualistic art of listening, p.175)"의 시민적 퍼포먼스(performance)로 파악하고 있다. 이와 동일한 맥락에서 보만(Bohman, 1996, p.27) 또한 숙의를 "쟁론적 논술 행위 과정이라기보다는 공동체적 협력 활동에 가깝다"고 서술하고 있다.

결국, '말하기'라 하는 '개인적' 주관의 표출 행위와 '듣기'라 하는 '시민적' 정신의 발현 행위가 결합된 이중적 상호작용을 통하여, '숙의'는 한편으로는 '개인성'을 강화하면서 다른 한편으로는 시민적 공동체의 창조와 진화에 공헌할 수 있는 것으로 파악되고 있다. 바로 이러한 뜻에서 바버(1984)는 "정치 담화(political talk)는 단지 세상에 **대한** 담화만은 아니다. 그것은 바로 세상을 만들어내고 되만들어내는 담화인 것이다."(p.177, 강조는 원저자의 것)라고 해석하였던 것이다.

지금까지의 논의를 바탕으로 우리는 '숙의'를 '개인성'을 부양하고 강화하는 계몽의 과정일 뿐만 아니라, '시민성'을 계발·고무시킴으로써 시민 민주주의적 공동체의 건설을 지향하는 협동의 과정으로 파악할 수 있게 된다. 공적 숙의에 부여된 궁극적 사명은 다원적 사회 속에서 인간의 잠재적 갈등 해결 역량을 무한대로 활성화시킴으로써 살아 있는 인간 공동체를 건설해내는 데 있는 것임을 알 수 있다.

3. 숙의에서의 개인성과 시민성의 대비

지금까지의 여러 논의를 참고할 때, '숙의'는 '개인성'과 '시민성'이라 하는 상호 관련되어 있으면서도 개념적으로 서로 상이하고 분리 가능한 두 차원으로 구성되어 있는 것으로 파악할 수 있다. 이들 두 차원, 즉 '개인성'과 '시민성'을 '숙의 민주주의'의 '조건'으로 파악하는 견해도 존재할 수 있으며, 숙의 민주주의의 '과정'으로 이해하는 입장도 제시될 수 있다. 또한 이와는 달리 이들을 숙의 민주주의의 '성과'로 설명하는 관점도 성립될 수 있다.

첫째, '개인성'과 '시민성'을 숙의 민주주의의 '원인' 또는 '전제 조건'으로 파악하는 견해가 존재할 수 있다. 이 경우 숙의 민주주의는 이론적으로 하나의 독립 변인으로서가 아니라 종속변인으로 파악된다. 다시 말하면 한 개별 인간이나 사회 전체적으로 높은 수준의 개인성과 시민성이 구현되어 있음을 전제로 해서만 그 인간이나 사회가 수준 높은 숙의 과정에 참여하여 이를 주도해나감으로써 민주주의를 실현할 수 있다고 보는 관점이 존재할 수 있다(가령 Devine, 1989; McLeod, et al., 1999; Mendelberg & Oleske, 2000).

둘째, 이들 두 차원을 숙의 민주주의의 '과정' 또는 '절차'로 파악하는 견해도 제출될 수 있다. 예를 들면, 피어론(Fearon, 1998) 및 프라이스(Price)와 네젠스(Neijens)(1997, 1998)는 한 개인이 앞으로의 행동 선택 방향에 관한 여러 가지 찬성 또는 반대 이유를 추론하는 '사적' 또는 '내면적' 숙의 과정(private or interior deliberation)과 특별한 쟁점에 대한 집단적 토론의 형태를 띠고 나타나는 '공적' 숙의 과정(public deliberation)을 구분하고 있다. 이들은 숙의의 두 차원을 각각 서로 다른 독특한 개별적 과정으로 이해한다.

셋째, 이들 두 차원은 숙의 민주주의의 '이상'이나 '목표' 또는 '결과'로 파악될 수도 있다. 이러한 이론적 입장은 숙의를 통하여 그 결과로 개별적 인간이나 사회 전체의 관점에서 수준 높은 '개인성'과 '시민성'을 계발하고 확산시킴으로써 인간의 행복과 사회적 진보를 모색할 수 있다는 숙의 민주주의의 희망과 기대를 반영한다고 말할 수 있다. 숙의 민주주의 자체를 독립변인으로 설정하는 이러한 이론적 입장은 숙의 민주주의에 관한 지금까지의 여러 논의들 중 주류적 관점에 해당한다고 볼 수 있다.(가령 Gastil & Dillard, 1999; Kim, Wyatt, & Katz, 1999; Wyatt, Katz, & Kim, 2000)

물론 숙의 민주주의 개념에서는 이러한 여러 가지 이론적 관점이 모두 공존할 수 있다고 본다. 숙의 민주주의는 사회 성원들의 개별적·집단적 관점에서 그들의 개인성과 시민성의 수준에 의존하면서, 이들 두 가지 차원 안에서 발생하는 과정이며, 그 결과로서 이들 인간성의 두 차원을 계발·고양시키는 문제에 복합적이며 긴밀하게 관련되어 있다. 이와 관련하여 알몬드(Almond)와 버바(Verba, 1963, pp.31~32) 역시 '시민적 문화(the civic culture)'는 이성에 기초한 합리적 개인성과 공동체 정신에 기초한 참여적 시민성의 결합에 의해서만 성립될 수 있다고 보았다. 결국, 숙의 민주주의가 개인성과 시민성이라는 인간

본성의 가장 중요한 두 차원과 긴밀하고 본질적이며 불가분의 관련성을 가진다는 점은 부인하기 어렵다. 숙의 민주주의의 기본적 목표는 생물학적으로 새로 탄생한 인간을 '개인'과 '시민'으로 계몽, 교육, 변형시키고 재탄생시키는 절차와 과정에 다름 아니기 때문이다. 본 논문은 이러한 여러 가지의 이론적 관점을 통합함으로써 개인성과 시민성 두 차원의 균형 있는 발전을 숙의 민주주의의 전제이며, 과정이며, 동시에 이상적 목표로 파악하는 견해를 채택하려 한다.

물론, 과연 개인성과 시민성이 고도화되어 있는 조건 속에서만 효율적인 숙의 민주주의가 성립·정착할 수 있는가, 숙의 민주주의에서 개인성과 시민성은 각각 전혀 다른 이질적 과정인가, 그리고 숙의 민주주의가 과연 개인적·집단적 수준에서 개인성과 시민성을 계발·성숙시킬 수 있는가 하는 문제는 이론적인 문제이면서, 이와 동시에 경험적인 문제이기도 하다.

지금까지의 논의를 종합하면 숙의 민주주의는 두 차원, 즉 개인성 차원과 시민성 차원으로 구분하고, 이들 각각은 다시 네 가지 하위 차원, 즉 1) 인지(cognition), 2) 태도(attitude), 3) 행동(behavior), 4) 참여(participation)로 재분류하였다(표1 참조). 여기에서 '참여'는 '행동'의 특수한 형식으로 파악하여 따로 분류하였다. 즉, 행동은 일반적으로 개별적이고 즉각적이며 비제도적인 성격이 강한 반면, 참여는 비록 행동의 일종이기는 하지만 그보다는 집단적이고 목적적이며 제도적인 성격이 강하게 나타나는 등 특수성을 띠기 때문이다. 이들 네 가지 하위 차원은 개인성과 시민성에 관련된 앞에서의 논의를 개괄적으로 반영하

표1_ 공적 숙의의 두 차원: 개인성 차원과 시민성 차원

차원	개인성	시민성
1. 인지	**의견화** 의견 범위 (range of opinion) 정교화(sophistication) 일관성(consistency) 분화(differentiation)	**이해** 이해 범위 (range of understanding) 정교화(sophistication) 고려성(consideredness) 관점 채택 (perspective taking)
2. 태도	**자기 확신** 확실성(certainty) 자기 신뢰(self-confidence) 자기 효능성(self-efficacy) 자기 신뢰(self-trust) 독립성(conviction)	**시민정신** 유연성(flexibility) 감정이입(empathy) 관용(tolerance) 타인 신뢰(trust in others) 상호성(reciprocity)
3. 행동	**위하여/반하여 말하기** 말하기(act of speaking) 주장하기(assertiveness) 논쟁하기(argumentation) 찬성반대(pro-con debate)	**더불어 말하기/듣기** 듣기(act of listening) 수용하기(receptiveness) 타협하기(compromise) 합의하기(consensus)
4. 참여	**이익 표명** 이익 옹호 (interests articulation) 정당 참여 (party membership) 투표 참여(voting) 선거운동 참여 (campaigning)	**공동체 구성** 시민적 관여 (civic engagement) 공공 활동(public activity) 공동체 헌신 (communal contribution) 사회 성금 기부 (public donation)

고 있다. 또한 이 하위 차원들은 바버(1984)의 견해, 즉 민주적 숙의는 "말하기(speaking)뿐만 아니라 듣기(hearing), 생각하기(thinking)뿐만 아니라 느끼기(feeling), 성찰하기(reflecting)뿐만 아니라 행동하기(acting)를 언제나 포함한다"(p.178)는 주장과도 대체적으로 일치한다.

그리하여 표1에서 보는 바와 같이 숙의의 '개인성(Individuality)' 차원은 위에서 설명한 네 가지 하위 차원에서 각각 1)의견화(Opinionation), 2)자기 확신(Self-Assuredness), 3)위하여/반하여 말하기(Speaking For/Against), 4)이익 표명(Voicing Interests)으로 구성되어 있는 것으로 개념화하였다. 또한 숙의의 '시민성'(Civility) 차원은 1)이해(Understanding), 2)시민정신(Civic-Mindedness), 3)더불어 말하기/듣기(Speaking/Listening With), 4)공동체 구성(Constructing Community)을 각각 앞에서 제시한 네 가지 하위 차원에 분류할 수 있다. 또한 표1에는 개인성과 시민성, 두 차원 각각의 네 가지 하위 차원들과 관련하여 보다 하위의 대표적인 경험적 변인 목록을 제시하고 있다.

결론

숙의 민주주의의 사명은 본질적으로 이중성을 띤다. 즉, 그것은 '도구적(instrumental)'이면서 동시에 '구성적(constitutive)'이다. 다시 말하면, 숙의는 한편으로는 그 과정에의 참여자들이 자신들의 의견을 심화·정교화시키며, 나아가 이를 바탕으로 그들 자신의 이익을 표명하는 경쟁적 과정이다. 이러한 도구적 상황 안에서 참여자들은 '개인성'을 계발할 수 있는 기회를 얻게 된다. 그러나 숙의는 다른 한편에서는 그 과정에의 참여자들이 공유된 이해와 공동체의 건설을 달성하기 위하여 상호 협력하는 '구성적' 과정이기도 하다. 이러한 새로운 숙의 상황 속에서 인간들은 '시민성'을 학습할 수 있다. 그러므로 공적 숙의의 진정한 의미는 유독 토론되는 내용에만 관련되어 있는 것으로 보아서는 안 된다. 그것은 한 걸음 더 나아가 인간의 커뮤니케이션적 이성의 공적 활용과 관련된 문제이며, 또한 인간의 존재 양식 및 커뮤니케이션 방식과 심원한 관련성을 맺고 있는 것으로 인식되어야 한다.

표1에서 요약된 바와 같이 '숙의'는 개인성과 시민성이라는 인간성의 기본적 두 차원의 균형 있는 계발을 촉진하고자 하는 일종의 '커뮤니케이션 프로젝트'로 이해할 수 있다. 이처럼 '숙의'가 한편으로는 개인성과 시민성을 부양하면서, 다른 한편으로는 이들 두 차원에 의존하는 커뮤니케이션 과정이라는 사실이 가지는 이론적 의미는 매우 심대한 것이다. 그 진정한 의미는 '근대'와 '민주주의'라고 하는 사회적·정치적 프로그램이 다름 아닌 '커뮤니케이션'에 기초하여 실현되어야 하고 또 실현될 수 있다는 철학적 신념을 모태로 삼아 태동하였다는 사실에 놓여 있다. 그러므로 '숙의'의 이론적 의미는 '숙의' 개념 자체가 가지고 있는 커뮤니케이션적 의미에만 국한되어 있는 것으로 보아서는 안 된다. 숙의의 보다 근본적인 의미는 '근대'니 '민주주의'니 하는 거시적·역사적 현상들을 다름 아닌 하나의 커뮤니

케이션 현상으로 이해해야만 한다는 사실에서 찾아야 한다. 이 글을 통한 이러한 문제 제기가 숙의 민주주의의 본질에 관한 보다 진지한 숙의를 촉구함으로써 민주주의에 관한 이론적 전망의 확장에 다소나마 기여할 수 있기를 희망한다.

참고 문헌

Almond, G. A., & S. Verba(1963), The civic culture: Political attitudes and democracy in five nations, Princeton, NJ: Princeton University Press.

Arendt, H.(1958), The human condition, Chicago, IL: University of Chicago Press.

Barber, B.(1984), Strong democracy: Participatory politics for a new age, Berkeley, CA: University of California Press.

Bohman, J.(1996), Public deliberation: Pluralism, complexity, and democracy, Cambridge, MA: The MIT Press.

Burtt, S.(1990), "The good citizen's psyche: On the psychology of civic virtue," Polity, 23(1), 23~38.

Chambers, S.(1996), Reasonable democracy: Jurgen Habermas and the politics of discourse, Ithaca, NY: Cornell University Press.

Dahl, R. A.(1982), Dilemmas of pluralist democracy: Autonomy vs. control, New Haven, CT: Yale University Press.

Devine, P. G.(1989), "Stereotypes and prejudice: Their automatic and controlled components," Journal of Personality and Social Psychology, 56(1), 5~18.

Dewey, J.(1954), The public and its problems. Athens, OH: Swallow Press. (Originalwork published 1927)

Dryzek, J. S.(1990), Discursive democracy: Politics, policy, and political science, New York, NY: Cambridge University Press.

Fearon, J. D.(1998), "Deliberation as discussion." In J. Elster (Ed.), Deliberative democracy(pp.44~68). New York, NY: Cambridge University Press.

Fish, S.(1999), "Mutual respect as a device of exclusion," In S. Macedo (Ed.), Deliberative politics: Essays on democracy and disagreement(pp.88~102). New York, NY: Oxford University Press.

Fishkin, J. S.(1991), Democracy and deliberation: New directions for democratic reform, New Haven, CT: Yale University Press.

Fishkin, J. S.(1995), The voice of the people: Public opinion and democracy, New Haven, CT: Yale University Press.

Gastil, J. & J. p.Dillard, (1999), "Increasing political sophistication through public deliberation," Political Communication, 16(1), 3~23.

Giddens, A.(1990), The consequences of modernity, Stanford, CA: Stanford Univ. Press.

Gutmann, A, & D. Thompson(1996), Democracy and disagreement, Cambridge, MA: Harvard University Press.

Habermas, J.(1984), The theory of communicative action Vol. 1(Trans. T. McCarthy), Boston, MA: Beacon.(Original work published 1981)

Habermas, J.(1989), The structural transformation of the public sphere: An inquiry into a category of bourgeois society(T. Burger, Trans.). Cambridge, MA: The MIT Press.(Original work published 1962)

Habermas, J.(1998), The inclusion of the other: Studies in political theory.(C. Cronin, & P.De Greiff, Ed.), Cambridge, MA: The MIT Press.(Original work published 1996)

Inkeles, A.(1999), A model of the modern man. In M. Waters (Ed.), Modernity: Critical concepts Vol. 2.(pp.94~109), New York, NY: Routledge.(Original work published 1973)

Inkeles, A. & D. H. Smith, (1974), Becoming modern: Individual change in six developing countries. Cambridge, MA: Harvard University Press.

Kant, I.(1996), An answer to the question: What is enlightenment. In I. Kant, Practical philosophy (M. J. Gregor, Trans. & Ed.), (pp.11~22), New York, NY: Cambridge University Press.(Original work published 1784)

Kant, I.(1997), Critique of pure reason(p.Guyer, Trans. & Ed.), New York, NY: Cambridge University Press.(Original work published 1781)

Kim, J., R. O. Wyatt, & E. Katz(1999), "News, talk, opinion, participation: The part played by conversation in deliberative democracy," Political Communication, 16, 361~385.

Kingwell, M.(1995), A civil tongue: Justice, dialogue, and the politics of pluralism, University Park, PA: The Pennsylvania State University Press.

Lerner, D.(1958), The passing of traditional society: Modernizing the middle east, New York, NY: The Free Press.

McLeod, J. M., D. A. Scheufele, P. Moy, E. M. Horowitz, R. L. Holbert, W. Zhang, S. Zubric, & J. Zubric(1999), "Understanding deliberation: The effects of discussion networks on participation in a public forum," Communication Research, 26, 743~774.

Mendelberg, T. & J. Oleske(2000), "Race and public deliberation," Political Communication, 17(2), 169-191.

Mill, J. S.(1975), On liberty(D. Spitz, Ed.), New York, NY: Norton.(Original work published 1859)

Miller, D.(1993), "Deliberative democracy and social choice," In D. Held (Ed.), Prospects for democracy (pp.74~92), Stanford, CA: Stanford University Press.

Moscovici, S.(1985), The age of the crowd: A historical treatise on mass psychology(J. C. Whitehouse Trans.), New York, NY: Cambridge University Press. (Original work published 1981)

Page, B. I.(1996), Who deliberates? Mass media in modern democracy, Chicago, IL: University of Chicago Press.

Price, V., & P. Neijens(1997), "Opinion quality in public opinion research," International Journal of Public Opinion Research, 9, 336~360.

Price, V., & P. Neijens(1998), "Deliberative polls: Toward improved measures of 'informed' public opinion?" International Journal of Public Opinion Research, 10, 145-176.

Przeworski, A.(1988), "Deliberation and ideological domination," In J. Elster (Ed.), Deliberative democracy (pp.140~160), New York, NY: Cambridge University Press.

Scheufele, D. A.(1999), "Deliberation or dispute? An exploratory study examining dimensions of public opinion expression," International Journal of Public Opinion Research, 11, 22~58.

Shils, E.(1997), The virtue of civility: Selected essays on liberalism, tradition, and civil society, Indianapolis, IN: Liberty Fund.

Simon, W. H.(1999), "Three limitations of deliberative democracy: Identity politics, bad faith, and indeterminacy," In S. Macedo (Ed.), Deliberative politics: Essays on democracy and disagreement (pp.49~57). New York, NY: Oxford University Press. Stokes, S. C.(1998), Pathologies of deliberation. In J. Elster (Ed.), Deliberative democracy(pp.123-139), New York, NY: Cambridge University Press

Wyatt, R. O., E. Katz, & J. Kim(2000), "Bridging the spheres: Political and personal conversation in public and private spaces," Journal of Communication, 50(1), 71~92.

Wyatt, R. O., J. Kim, & E. Katz(2000), "How feeling free to talk affects ordinary political communication, purposeful argumentation, and civic participation," Journalism & Mass Communication Quarterly, 77(1), 99~114.

Yankelovich, D.(1991), Coming to public judgment: Making democracy work in a complex world, Syracuse, NY: Syracuse University Press.

대화의 정치와 합리적 의사소통 [1]

윤선구

서울대학교 기초교육원 교수. 주요 저술로 「라이프니츠: 이성을 통하여 인간은 신과 함께 공동체를 구성한다」(『데카르트에서 들뢰즈까지: 이성과 감성의 철학사』에 수록, 세창출판사, 2015), 「포퓰리즘에 대한 대안으로서의 정론민주주의」(『다시 민주주의다: 한국 민주주의 실태의 철학적 성찰』에 수록, 씨아이알, 2015), 「라이프니츠」(『관용주의자들』에 수록, 교우미디어, 2016) 등이 있다.

서론

아리스토텔레스가 민주주의를 중우정치라고 비판한 것은 널리 알려져 있다. 플라톤은 아리스토텔레스보다 민주주의에 대하여 더 비판적이어서 민주주의에 대한 대안으로 철인통치론을 주장하기도 하였다. 그렇지만 오늘날 현실적으로는 민주주의가 최선의 정치제도이며, 따라서 대부분의 선진 국가들이 민주주의를 채택하고 있다는 데에는 이론의 여지가 없다. 그러나 한 나라가 민주주의를 채택했다고 해서 그 나라의 정치 수준이 저절로 높아지는 것은 아니다. 한 나라의 정치 수준은 민주주의를 채택하느냐 아니냐에 따라 높다 또는 낮다고 말할 수 있는 것이 아니고, 국민들의 의식과 지식수준에 따라 다양한 정도의 차이를 보인다. 즉 같은 민주주의를 채택하는데도 어떤 나라에서는 질서 있게 수준 높은 정책 결정을 하는가 하면, 어떤 나라에서는 정치적 혼란이 발생하여 수준 낮은 정책 결정은 고사하고 아무런 정책 결정도 내리지 못하는 사태가 발생하기도 하는 것이다. 이러한 차이는 국민 또는 정치인들이 삶의 각 영역에 대하여 가지고 있는 전문적 지식의 수준이 다른 데에서도 기인하지만 무엇보다 의사소통의 방식과 수준이 다른 데에서 기인한다.

민주적이란 말은 단순히 정치적 힘이 국민으로부터 나온다

---

1 이 글은 『소통문화의 지형과 지향: 소통을 낳는 대화, 대화를 낳는 문화를 위하여』 (대화문화아카데미 편, 대화출판사, 2010, 17~137쪽)에 실린 「합리적인 의사소통」을 체계와 내용 면에서 큰 폭으로 수정한 것이다.(편집자주)

는 것만을 의미하는 것이 아니라, 그 힘이 평화적이고 대화적인 방법을 통하여 행사됨을 내포하고 있다. 고대 민주주의의 발상지인 아테네에서 웅변술과 수사학의 교사를 자처한 소피스트들의 활동이 활발했던 것은 사람을 설득하는 기술인 웅변술과 수사학이 민주주의와 밀접한 관련이 있음을 의미한다. 대중은 한 사람이 아니기 때문에 민주주의가 작동하기 위해서는 필연적으로 여러 사람들의 힘을 하나로 모으는 방법이 필요한데 이 방법이 바로 대화와 설득이고, 대화와 설득이 안 될 때 사용하는 차선의 방법이 표결이기 때문이다. 소피스트들은 민주주의 체제의 아테네에서 정치를 지망하는 젊은이들에게 대화와 설득의 기술을 가르쳐주는 교사를 자처하였다. 플라톤이 그리스 민주주의를 비판한 것은 정치적 힘이 국민에게 있다는 사실을 인정하지 않았기 때문이 아니라 국민의 힘을 모으는 방법인 대화와 설득의 방법에 문제가 있다고 생각했기 때문이라고 할 수 있다. 즉 대중 각자가 자기가 좋아하는 방안을 가지고 서로를 설득하여 통합된 의사를 형성하려고 하면 결국은 진정한 설득을 통한 단일 의사에 도달하지 못하고 표결을 통하여 다수가 원하는 방안으로 결정할 수밖에 없는데 이때 진정으로 좋은 방안이 선택될 가능성이 없다고 보았기 때문이었다. 그가 소피스트를 비판한 이유도 소피스트가 진리와 선을 인식하고 이것을 대중들이 받아들이도록 이성적인 방법으로 설득하는 것이 아니라 각자가 생각하는 의견을 궤변을 통하여 설득하려 한다고 생각했기 때문이었다.

  민주주의 사회에서 의사결정을 하기 위해 다수의 구성원들의 힘을 하나로 모으는 작업은 고대 아테네처럼 사회가 동질적인 견해를 가질 수 있는 우호적인 구성원들의 집단인가, 오늘날의 복수정당제 또는 다당제 국가처럼 이질적이거나 적대적인 집단이 공존하는 사회인가에 따라 달라진다. 동질적인 집단에서의 의사결정은 한 사람이 의견이나 정책을 생각해낸 후 이를 여러 사람들에게 설득하는 방식을 취할 수도 있고, 처음부터 여러 사람들이 공동으로 의견이나 정책을 모색하는 방식을 취할 수도 있다. 전자의 경우에는 주장과 논증을 통한 설득적 연설이 필요하고, 후자의 경우에는 각자의 생각을 토대로 서로 의견을 교환하여 전체의 의견을 만드는 작업인 토의(discussion)가 필요하다. 한 사회나 국가 안에 이질적이거나 적대적인 집단들이 공존하는 경우에는 각각의 집단 내에서 위와 같은 방법으로 집단 전체 의견을 형성한 후 다시 집단과 집단 사이에 대화를 통하여 사회 전체의 의사를 만들어야 하는데 이때에는 타협이나 합의가 가능하거나 필요한 경우는 토의를 통하여 전체 의사를 모색할 수 있고, 합의가 불가능한 경우는 각자의 입장을 가지고 찬반 토론을 한 후 보다 나은 의견이나 정책을 선택하는 방법을 택하기도 한다. 이때 사용하는 대화의 방식이 좁은 의미의 토론(debate)이다.

  토론 형식의 소통은 의사결정이, 의회에서와 같이 정당 간에 정책 대결을 벌인 후 표결을 통하여 이루어지는 경우나 선거에서와 같이 유권자와 같은 제3자에 의해 이루어지는 경우 등에서 이용된다. 토의는 여러 사람들이 함께 지혜를 모아 공동으로 문제 해결 방안을 모색하거나, 이해 당사자 간에 합의를 도출해야 하는 경우에 이용될 수 있다. 따라서 토의는 같은 직장 부서의 직원회의나, 한 정권의 국무회의, 동일 정당 내의 정책 결정을 위한 회의 등에서 주로 활용되며, 적대적 집단 간이라도 표결이 아니라 합의를 통하여 의사결정을 해야 하는 노사 간의 대화, 정당 간의 의사일정 협의, 남북 대화와 같은 국제간의 협의 등에서도 토의가 이루어진다. 이와 같은 의사결정 방식의 적용은 위에서 말한 것과 같이 상위의 집단에 한정되는 것이 아니라, 동질적인 집단 내에서도 상대적으로 견해가 다른 하위의 이질적 집단이 존재할 수 있고, 이러한 레벨의 차이는 의견이 조금씩 다른 개인들 간의 대화에 이를 때까지 계속될 수 있기 때문에 거의 모든 레벨의 집단에 적용할 수 있다. 개개인이 서로 다른 의견을 가지고 누구의 의견이 옳은가를 경쟁한다면 이것은 개인 간의 토론이고, 두 사람이 모여서 공동의 문제 해결 방안을 모색한다면 개인들의 토의이다. 즉 개인과 개인 사이에서도 집단 간의 토론과 집단 내의 토의와 마찬가지로 토론 및 토의가 이루어질 수 있는 것이다.

  또한 토의와 토론은 의사소통 과정이 진행되는 동안 단계적으로 교차되어 사용되기도 한다. 즉, 집단 간에 토론을 하기 위해서는 사전에 각 집단 내의 의사를 형성해야 하는데 이때 토의가 필요하고, 또 이렇게 집단 내에서 토의를 하기 위해서는 개인 차원에서 의견을 가지고 토론을 해야 할 필요가 생기는 것이다. 토의의 경우도 마찬가지다. 노사 간에 임금 협상 토의를 하기 위해서는 먼저 각 집단 내에서 토의를 통하여 각 집단의 입장을 정한 후, 노사 간의 토론을 전개하고 합의의 과정에서 토의가 이루어지는 것이다. 따라서 토의와 토론의 차이는 대화 당사자가 합의된 공동의 입장을 산출하는 것을 목표로 하는가, 또는 어느 쪽의 입장이 더 나은지 대결을 하는 데 중점을 두는가에 있다고 할 수 있다.

고대 아테네에서 웅변술과 수사학이 유행했던 이유는 아테네가 오늘날 민주주의 국가들과는 달리 정당이 존재하지 않고, 도시국가의 규모가 작아 정치지도자들은 도시국가의 모든 시민을 대상으로 자신의 주장을 설득하고자 했기 때문이다. 이러한 방식의 소통은 오늘날 대통령 후보의 선거 연설이나 정당의 총재 선출을 위해 당원을 대상으로 한 연설뿐만 아니라 비록 연설보다는 논증 에세이 형태의 글을 통해서이기는 하지만, 학자나 전문가의 일반 대중에 대한 의견 주장에서도 널리 활용된다. 이러한 소통 방식은 일방적 소통이라는 특징을 갖는데, 이러한 소통 방식을 쌍방 소통 방식으로 응용한 것이 토론이라고 할 수 있다. 주장과 설득은 연설과 같이 연사가 자신의 주장을 제시하고 이러한 주장이 왜 옳은지, 또는 이러한 주장을 청중이 왜 수용해야 하는지를 논증을 통하여 설득하는데 논증은 다시 적극적 논증인 자신의 주장에 대한 적극적인 이유 제시와 소극적 논증인 반대론에 대한 반박으로 구성된다. 토론은 서로 반대되는 입장을 가진 대화 상대자가 이와 같은 과정을 단계별로 교대로 진행하게 되므로, 토론은 주장과 논증을 통한 설득의 응용이라고 할 수 있다. 토의는 어떠한 문제에 대한 해결 방안을 찾는 방법으로, 동일한 문제에 대하여 서로 다른 해결 방안을 가진 사람들끼리 먼저 누구의 해결 방안이 좋은지에 대한 토론을 거쳐 각자 자신의 해결 방안에 대한 장단점을 인식하고 양측의 지혜를 모아 보다 나은, 또는 양쪽이 모두 수용할 만한 새로운 해결 방안을 모색하는 방법이다. 그러나 토의를 통한 문제 해결 방법도 토론과정을 포함할 뿐만 아니라, 새로운 제3의 대안을 발견한 사람이 자신의 방안이 적대적인 양쪽 입장을 모두 만족시킬 수 있다거나 제시된 여러 시안들보다 가장 우수한 방안이라는 것을 논증해야 하므로 결국에는 토론과 마찬가지로 주장과 논증의 논리를 활용한다고 할 수 있다. 이러한 세 가지 형태의 소통은 합리적인 방법으로 이루어질 수도 있고 불합리한 방법으로 이루어질 수도 있다. 대화의 정치를 통한 민주주의가 발전하기 위해서는 세 가지 소통방식이 합리적으로 이루어져야 한다. 아래에서는 이러한 세 가지 의사소통에 있어서 합리적인 소통 방식은 무엇인지, 그리고 합리적인 소통 방식이 필요한 이유는 무엇이며, 어떻게 하면 합리적인 소통을 할 수 있는지에 대하여 살펴보고자 한다.

합리적 의사소통이란:
이성에의 호소로서의 합리적 의사소통

1. 비합리적 의사소통

1.1. 불합리한 의사소통
합리적인 의사소통이 무엇인지 설명하기 위해서는 먼저 합리적인 의사소통과 구별되는 불합리한 의사소통과 감성적 의사소통이 무엇인지를 살펴보는 것이 도움이 될 수 있을 것이다. 위에서 제시한 소통의 세 가지 형태 중에서 가장 기본적인 형태가 주장과 논증을 통한 설득이라고 하였다. 그리고 토론은 주장과 논증을 통한 소통의 응용 형태이고, 토의는 토론을 전제하고 있기 때문에 이와 같은 순서로 각각의 소통 방식에서 불합리한 의사소통이 어떻게 일어나고 있는지 살펴보기로 한다. 먼저 주장과 설득에서 불합리한 의사소통이란 주장하는 내용과 필연적인 관계가 없는 이유를 통하여 그 주장을 받아들이도록 하는 호소를 말한다. 전형적으로 불합리한 의사소통의 형태로는, 상대방에게 화자 또는 제3자에 대한 두려움을 유발시켜 자신의 주장을 관철시키는 방법인 '힘에의 호소', 상대방에게 말하는 사람 또는 제3자에 대한 동정심을 유발시켜 자신의 주장을 관철하는 방법인 '연민에의 호소', 상대방의 체면을 차리려는 성향이나 부끄러움을 피하려는 성향을 이용하여 주장을 관철하는 '체면에의 호소', 권위 있는 사람의 말은 모두 옳다고 생각하는 인간의 심리적 경향을 이용하여 주장하는 내용과 관계없이 권위 있는 사람을 끌어들여 자신의 주장을 관철하려는 방법인 '권위에의 호소', 특정인에 대한 거부감을 이용하여 그 사람의 주장이 잘못되었음을 받아들이도록 하려는 방법인 '사람에의 호소', 군중심리를 이용하여 자신의 주장을 관철하는 방법인 '대중에의 호소' 등을 들을 수 있다.

이러한 호소들은 논리학에서 보통 비형식적 오류의 일종으로 간주되고 있으나, 논증의 오류라기보다는 불합리한 의사소통의 방식이라고 보는 것이 타당할 것이다. 왜냐하면 이러한 종류의 호소들은 의도는 이성적인 논증을 하려 했으나 실수로 오류를 범하는 것이 아니라, 아예 처음부터 이성적인 논증을 시도조차 하지 않고 있기 때문이다. 힘에의 호소는 주장에 대한 논거의 타당성과는 관련이 없이 주장을 받아들이지 않으면 불이익을 당할 수 있다는 위험 때문에 주장을 받아들이도록 강요하고 있고, 연민에의 호소와 체면에의 호소도 각각 주장하려는 내용과 전혀 무관한 사람이 가진 연민의 정과 부끄러움을 피하려는 심리에 호소하는 것이므로 전형적인 불합리한 소통에 해당한다. 권위에의 호소는, 일반적으로 한 분야의 권위자가 모든 분야의 권위자는 아님에도 불구하고 모든 분야의 권위자로 간주하여 그의 주장을 옳다고 추론한다면 일종의 논리적 오류를 범하고 있다고 볼 수 있고, 이와는 반대의 경우로 특정인이 한 가지 분야에서 결점을 가지고 있다고 해서 그가 하는 다른 행위도 잘못이라고 추론할 수는 없다는 점에서 사람에의 호소도 일종의 오류 추리로 간주할 수 있고, 또 많은 사람들이 선호한다고 해서 모두가 그것을 선호해야 하는 것은 아니라는 점에서 대중에의 호소를 일종의 귀납적 오류로 간주할 수도 있으나, 사실 이들 세 가지 형태의 호소도 또한 주장하는 내용과 무관한 인간의 심리적 현상을 이용하여 자신의 주장을 관철하려는 호소의 방법이므로 앞의 세 가지 호소 방식과 마찬가지로 불합리한 의사소통의 형태라고 볼 수 있다.

주장과 설득은 물론 적대적인 상대에게 사용되지 않는 것은 아니나 통상 우호적이고 동일 목적을 가진 집단 내에서의 소통 방식이므로 위 방법들 중에서 가장 흔하게 사용되는 불합리한 방법은 힘에의 호소와 연민에의 호소이다. 힘에의 호소는 주로 상하 위계가 있는 조직 속에서 상사가 부하 직원에게 자신의 주장을 관철할 때나 폭력조직에서와 같이 물리적으로 힘이 있는 사람이 힘없는 사람에게 자신의 주장을 관철할 때 사용된다. 연민에의 호소는 언젠가 사라질 수도 있는 말하는 사람의 불쌍한 처지를 매개로 말하는 사람의 주장을 상대방에게 관철시키는 방법이다. 우리나라 정치인들이 흔히 사용하는 방법인 혈연, 지연, 학연을 통한 연고주의도 사람의 약한 정에 호소한다는 점에서 연민에의 호소의 일종이라고 할 수 있다. 말하자면 우리 사회의 정치권은 조직 내에서 하위에 있는 사람들에게는 힘에의 호소를, 자신의 운명을 결정할 수 있는 유권자들에게는 연민에의 호소를 한다는 점에서 이중적 행태를 보인다고 할 수 있다.

　이러한 호소 방식들은 진정한 설득이 아니라, 주장의 내용과 필연적인 관련이 없고 단지 우연적으로만 관련이 될 수 있는 조건들을 매개로 주장을 관철하려는 방법이다. 따라서 우연적인 조건들이 사라지면 상대방이 주장의 수용을 철회할 수 있기 때문에 영구적인 설득이 될 수 없고, 진정한 갈등의 해결이 될 수도 없다. 만일 정치인들이 이렇게 힘에의 호소나 연민에의 호소를 통하여 정치를 한다면 보다 나은 정책을 개발하려 할 필요가 없을 뿐만 아니라, 유권자들이 일시적으로는 연고가 있는 정당이나 정치인을 지지한다고 하더라도 심리적으로 영향을 미친 외적 요인이 사라지면 동의도 철회할 수 있기 때문에 영구적이고 진정한 설득이 불가능하게 되는 것이다.

토론은 주로 적대적이거나 비우호적인 개인이나 집단 간에서 일어나는데, 이렇게 경쟁적인 개인이나 집단들에 있어 가장 불합리한 현상은 서로 다른 의견을 가진 두 개인이나 집단이 아예 대화 자체를 시도하지 않고 힘의 대결을 하는 것이다. 여기서 힘이 약한 집단이 강한 집단의 의사를 강제로 수용할 수밖에 없게 된다면 이것은 힘에의 호소와 동일하다고 할 수 있다. 토론이 벌어진다고 해도 불합리한 소통, 즉 불합리한 토론이 있을 수 있다. 토론은 주장과 설득의 소통 방식을 쌍방에 적용하는 방법이므로 토론에서의 불합리한 소통은 주장과 설득에서의 불합리한 소통과 동일하다고 할 수 있다. 다만 토론은 우호적인 집단 내에서의 주장과 설득이 아니라 서로 적대적인 개인이나 집단 사이에서 일어나므로 힘에의 호소나 연민에의 호소보다는 체면에의 호소와 사람에의 호소, 권위에의 호소, 그리고 군중에의 호소가 많이 사용된다. 적대적인 집단에서는 위계를 통한 힘에의 호소가 통하지 않고, 적대적인 상대방으로부터는 연민을 기대할 수 없기 때문이다. 여기서 체면에의 호소와 사람에의 호소는 인신공격에 해당한다고 할 수 있다. 체면에의 호소가 토론 상대방의 인신공격이라면 사람에의 호소는 상대방이 자신의 주장을 옹호하기 위해 인용한 제3자에 대한 인신공격에 해당한다고 할 수 있다. 인신공격은 토론 과정에서 가장 흔히 일어날 수 있다는 점에서 토론 문화에서 가장 먼저 근절해야 할 불합리한 소통 방식이라고 할 수 있다.

마지막으로 토의에서의 불합리한 소통도 토의가 이루어지지 않는 경우의 불합리성과 토의 과정의 불합리성으로 나누어 생각해볼 수 있다. 토의가 이루어지지 않는 경우는 다시 우호적인 집단 내에서의 경우와 적대적인 집단 간의 경우로 나누어볼 수 있는데, 우호적인 집단 안에서 불합리한 소통이란 토론에서와 마찬가지로 토의 자체가 없이 위에서 일방적으로 결정한 내용을 하달만 하거나 아래에서 보고만 이루어지는 경우이다. 이와 같이 공동으로 의사결정을 해야 할 우호적인 집단 안에서 대화가 이루어지지 않는 것은 위계 서열상 위에 있는 사람이 아래에 있는 사람을 존중하지 않거나 아래에 있는 사람이 위에 있는 사람의 의사에 반하는 주장을 하게 될 경우 혹시나 있을 수 있는 불이익을 두려워하기 때문이다. 노사 간이나 여야 정당 간, 그리고 남북 간의 대화의 경우와 같이 적대적인 집단 간에 토의가 이루어지지 않는 것은 토론의 경우와 동일한 이유로 불합리하다고 할 수 있다. 즉 토의 없이 힘의 대결을 통해 힘이 강한 쪽의 주장을 관철하려 하기 때문에 불합리한 의사소통인 것이다. 대화가 이루어지는 경우라면 토의도 결국 토론과 마찬가지로 주장과 논증을 통하여 공동의 의사결정을 하는 소통 방식이므로, 토의 과정의 불합리성은 이성에 호소하지 않고 인간의 심리적인 경향에 호소하는 방법을 통하여 자신이 제안하는 정책이나 문제 해결 방안을 관철하려 하는 태도라고 할 수 있다.

1.2. 감성적 의사소통

불합리한 의사소통이라고 할 수는 없지만 합리적인 의사소통과 구별되는 것으로 감성적 의사소통이 있다. 불합리한 의사소통이 의사소통의 목적과 수단, 또는 주장의 내용과 그를 뒷받침하는 이유와 관련하여 의사소통의 수단이 합목적이지 않거나, 이유가 주장에 대한 충분한 근거가 되지 못하는 의사소통인 데 반하여, 감성적 의사소통은 수단의 목적과의 관계가 아니라 수단 자체의 성격을 특징짓는 용어라고 볼 수 있다. 이러한 의사소통법은 주장에 사용된 논리나 내용이 아니라 표현 자체의 힘을 통하여 상대방을 설득하는 것으로서 보통 감성에의 호소라고 불리기도 한다. 감성에의 호소는 과장법, 반어법, 반복법, 비유법 등 수사법과 말의 속도, 억양, 강약, 제스처와 표정 같은 웅변술이 포함되는데, 이러한 방법들은 사용하기에 따라 합리적인 의사소통에 기여할 수도 있고, 불합리한 의사소통에 기여할 수도 있다.

즉 웅변이나 수사적 기교들이 논리적인 방법들과 결합하여 보조적으로 사용된다면 합리적인 의사소통의 효과를 증진하는 매우 효과적인 의사소통이 될 수 있지만, 만일 반대로 불합리한 의사소통과 결합하면 정반대의 효과를 낳기도 하는 것이다. 뿐만 아니라, 주장의 타당성을 뒷받침하는 논리와 내용 없이 단순히 감성에의 호소만을 활용한다면 불합리한 의사소통이 될 수도 있다. 수사적 기교나 웅변술은 단지 표현 형식일 뿐이기 때문에 그것이 아무리 탁월한 것이라 하더라도 내용을 대신할 수는 없다. 따라서 훌륭한 수사적 기교나 웅변술을 동원한 의사소통에서 말하는 사람의 주장에 동의하는 경우, 보다 효과적으로 내용을 이해했기 때문에 동의했다면 듣는 사람 입장에서 합리적인 태도이지만, 내용과 관계없이 표현 방식이 멋있어서 동의했다면 합리적인 태도가 아니다. 다시 말하면 웅변술이나 수사적 기교가 표현 및 전달 수단으로 활용된다면 효과적이고 합리적인 의사소통에 기여할 수 있지만, 그것이 설득 수단으로 활용된다면 불합리한 의사소통이 되는 것이다.

2. 합리적 의사소통

주장과 설득, 찬반 토론, 문제 해결 방안 토의 등 세 가지 의사소통 형식은 근본적으로 주장과 설득의 원리에 토대를 두고 있기 때문에 합리적인 의사소통이란 무엇인지 설명하기 위해서는 먼저 합리적인 설득이란 무엇인지를 설명해야 한다. 그리고 합리적인 설득의 의미를 구체적으로 규정하기 위해서는 호소와 논증의 개념을 구별해야 한다. 상대방에게 자신의 의견이나 주장을 설득하는 것을 일반적으로 호소(appeal)라고 한다. 즉 호소는 단순히 사실이 어떠하다고 전달하는 것이 아니라, 말하는 사람이 주장하는 내용을 듣는 사람이 받아들여주기를 바라는 의사소통 행위라고 말할 수 있다. 이러한 호소는 논증을 통한 호소, 즉 이성적 호소와 그 밖의 수단을 통한 호소, 즉 비논증적 호소로 나눌 수 있다. 논리적 방법을 통하여 상대방의 이성에 호소하는 것을 논증이라고 한다면, 감언이설로 상대방을 속여서 자신의 주장을 받아들이도록 한다거나 심리적인 효과를 이용하여 주장을 받아들이도록 하는 호소는 비논증적 호소라고 할 수 있다.

논증은 다시 증명과 좁은 의미의 논증으로 구별될 수 있다. 증명은 참과 거짓이 일의적으로 구분될 수 있는 주장, 즉 참이거나 거짓이거나 둘 중의 하나인 주장에 대하여 그 주장이 참이라는 것을 보이는 논리적 작업을 의미한다. 이에 반해 참이라고 할 수도 거짓이라고 할 수도 없는 주장은 증명이 불가능하다. 예를 들어 '사람은 거짓말을 해서는 안 된다'와 같은 가치판단이나 윤리적 주장은 증명이 불가능한데 그 이유는 이 주장이 참이라고도 말할 수 없고 거짓이라고 말할 수도 없기 때문이다. 그러나 이러한 주장을 하는 사람은 자신의 주장이 옳다는 것을 이성적으로 제시해 보이고자 하는데 이러한 작업을 좁은 의미의 논증이라고 한다.

증명에도 여러 가지 유형이 있는데, 이것은 증명이 가능한 주장의 유형에 따라 다르다. 가장 엄밀한 증명은 증명하고자 하는 주장이 절대적으로 참인 주장에 논리적으로 환원됨을 보이는 것이다. 기하학의 증명은 철학자들 사이에서도 가장 확실한 증명으로 인정되고 있는데, 그것은 어떤 주장이 증명의 필요 없이 직관적으로 참임을 알 수 있는 공리에 논리적으로 환원됨을 보이는 것이다. 또 다른 증명의 유형은 이미 증명된 주장으로부터 논리적으로 도출됨을 보이는 증명이다. 예를 들어 '사람은 죽는다'라는 주장을 증명하는 방법은 '모든 생물은 죽는다'라는 이미 증명되었거나 증명되었다고 간주되는 자연법칙을 이용하는 것이다. 즉 '사람은 죽는다. 왜냐하면 모든 생물은 죽는데, 사람도 생물이기 때문이다'라고 하면 자연법칙을 통한 '사람은 죽는다'는 주장에 대한 증명이 되는 것이다. 이와 같은 증명을 연역추리라고 한다. 또 다른 유형은 삼단논법으로 매개항을 통하여 증명하는 방법이다. 예를 들어 A가 C와 같음을 증명하려면 A가

B와 동일하고 B는 C와 동일하다는 것을 보이면 된다. 이와 같은 증명들은 전제와 결론으로 이루어져 있는데, 전제를 인정하고도 결론을 부정하면 모순에 빠진다는 논리적 관계를 이용하여 증명하는 것이다. 그러나 통상적인 증명에는 이러한 논리적 증명만 있는 것은 아니다. 예를 들어 '오늘은 비가 온다'는 주장이나 '오늘 우리 집 애완견이 새끼를 낳았다'와 같은 사실에 관한 주장이다. 이러한 주장은 이미 증명된 자연법칙을 통해서나 공리를 통해서는 증명될 수 없다. 그러나 이러한 주장은 참이거나 거짓이거나 둘 중의 하나이다. 그리고 그 주장이 참인지의 여부는 직접 봄으로써 알 수 있다. 칼 포퍼는 이러한 증명은 명제를 경험으로 증명하려는 시도로서 엄밀히 말하면 증명될 수 없다고 말하고 있으나 경험과학자들은 이러한 증명을 인정하고 있다. 우리가 실증과학이라고 할 때 실증이란 사실을 통한 증명이란 뜻이다. 실증과학을 인정하는 사람들은 관찰을 통한 명제의 증명을 인정하고 있는 것이다.

　이렇게 증명이 가능한 주장에 대해서는 증명을 제시하면 사람들은 바로 설득되는 것이 합리적인 태도이고, 만일 증명이 되었는데도 그 주장을 받아들이지 않는다면 그 사람은 불합리한 사람이라고 말하게 된다. 마찬가지로 말하는 사람 입장에서도 증명된 주장과 반대되는 주장을 한다면 불합리한 태도이다. 우리는 일상생활뿐만 아니라 정치인들의 대화에서도 너무도 뻔한 사실을 받아들이지 않는 사람을 종종 볼 수 있다. 말하자면 생떼를 부리는 것인데 이것이 불합리한 태도인 것이다. 따라서 증명을 통하여 주장을 하고, 증명된 주장을 받아들이는 소통은 전형적인 합리적 소통이라고 할 수 있다.

그러나 명백히 증명된 주장을 받아들이지 않는 것은 쉽지 않고, 이러한 주장은 일상생활이나 정치 영역에서 흔하지 않기 때문에, 정치 영역에서 중요한 의미를 갖는 주장은 증명이 불가능하지만 그럼에도 불구하고 다른 사람들이 받아들여주기를 바라는 주장이다. 증명이 불가능한 주장은 논증이 가능하고 필요한 주장과 논증이 불가능하거나 불필요한 주장으로 나눌 수 있다. 논증이 불가능하거나 필요한 주장은 '장미는 아름답다'와 같이 개인적인 취향을 표현하는 주장이다. 이러한 주장은 때로 논증이 가능할 수도 있기는 하지만 구태여 논증할 필요가 없다. 개인적인 취향은 다른 사람에게 피해를 주는 것도 아니고, 자기가 좋은 대로 선택하면 되기 때문이다. 어떤 사람들은 자신의 취향이 좋다는 것을 논증하여 다른 사람도 받아들이도록 설득하려는 사람들이 있는데, 이러한 사람은 옆 사람을 아주 성가시게 하는 것이다. 물론 자신이 어떤 것을 좋아할 때. 왜 좋아하는지에 대해 이유가 있으면 남에게 그 이유를 설명할 수는 있다. 그러나 대화 상대자가 그 취향을 받아들이느냐 아니냐 하는 것은 논거의 타당성 때문이 아니라 그 사람의 취향이기 때문이라고 할 수 있다. 논증을 통하여 다른 취향을 받아들이도록 요구하는 것도 일종의 불합리한 태도라고 할 수 있다.

그러나 엄밀한 증명은 불가능하지만 논증이 가능하고 필요한 주장이 있다. 여기에 속하는 주장들로는 가치판단과 특정 목적을 위한 수단을 선택하는 판단을 들 수 있다. 가치판단은 통상 사실판단과 구별되는 것으로 사실판단은 사실이 어떠어떠함을 주장하는 판단인 데 반해, 가치판단은 무엇이 어떠어떠해야 함을 주장하는 판단이다. 가치판단은 당위판단이라고도 한다. 가치판단의 대표적인 예는 도덕법칙들이다. 예를 들어 '거짓말을 해서는 안 된다', '어려운 이웃을 도와야 한다' 등등이 전형적인 도덕법칙으로 간주되는 주장들인데, 이러한 주장은 단순히 사람들에게 어떠한 정보를 전달하는 데 목적이 있는 것이 아니라, 듣는 사람으로 하여금 그러한 주장을 받아들여 행위를 실천하도록 하는 데 목적이 있다. 뿐만 아니라, 이러한 실천의 요구가 특정 개인에게만 해당하는 것이 아니라 보편적으로, 또는 최소한 한 사회 구성원 모든 사람에게 적용되는 것이다. 논증이 필요한 두 번째 종류의 주장으로는 수단 선택에 관한 주장이다. 수단이란 어떤 목적을 달성하기 위한 수단이고, 이러한 수단은 동일한 목적에 대해서도 여러 가지가 있을 수 있다. 그러나 각각의 수단은 목적을 달성하는 효과가 모두 다르기 때문에, 어떤 수단이 목적을 달성하는 데 가장 효과적인지 선택해야 할 필요가 있다. 따라서 특히 여러 사람들이 공동으로 어떠한 일을 할 때나, 다른 사람에게 특정 수단의 선택을 권유할 때에는 논증이 필요한 것이다. 이러한 주장의 예로는 찬반 토론에서 자신의 입장에 관한 주장과 문제 해결 방안에 관한 주장이 있는데, 정책이나 정치적 결정이 필요한 주장은 거의가 후자에 속한다. 이러한 주장은 특정 목적을 위한 다양한 수단 중에서 어떠한 수단이 가장 효과적인 수단인가를 판단하는 주장이므로 가치판단의 일종으로 볼 수도 있다.

가치판단에 관한 주장이나 수단 선택에 관한 주장이 증명이 불가능한 이유는 그 주장을 반대해도 모순이 되지 않기 때문이다. 증명이 가능한 주장은 부정하면 모순이 되는데, 예를 들면 유클리드 기하학 체계에서 '삼각형 내각의 합은 180도다'라는 주장을 부정하면 모순이 된다. 또한 '오늘 비가 온다'라는 주장을 부정하면 '오늘은 비가 오지 않는다'라는 주장이 되는데 이 두 주장을 동시에 인정하면 모순이 된다. 그 이유는 동일한 대상을 A라고 하면서 A가 아니다라고 하면 모순이 된다는 것이 모순율의 의미이기 때문이다. 그러나 '거짓말해서는 안 된다'는 주장과 '거짓말해도 된다'는 주장은 동시에 인정해도 모순이 되지 않는다. 또한 '원자력 발전을 찬성한다'는 주장과 '원자력 발전을 반대한다'는 주장도 모순이 되지 않는다. 그 이유는 증명이 가능한 주장의 경우는 삼각형의 성질이나 오늘의 날씨와 같이 동일한 대상에 관한 진술 또는 주장인 데 반해 가치판단이나 정책적 주장들은 동일한 대상의 성질에 관한 주장이 아니라 말하는 사람의 가치판단 또는 입장에 관한 주장이기 때문이다. 즉 서로 다른 사람이 '나는 원전을 찬성한다', '나는 원전을 반대한다'라고 말하기 때문에 모순이 아니라는 것이다. 그렇지 않고 만일 동일한 사람이 '나는 원전을 찬성한다'라고 하고, 동시에 '나는 원전을 반대한다'라고 말한다면 이는 모순적인 태도 표명, 즉 모순이다. 증명이 가능한 주장은 증명하기 위한 근거, 즉 전제를 인정하고 결론을 부정하면 모순이 되기 때문에 동일한 전제로부터 상반되는 결론을 도출할 수가 없지만, 가치판단이나 정책적 주장들은 동일한 전제를 인정하고 결론을 부정해도 모순이 되지 않는다. 이 말은 가치판단이나 정책적 주장을 증명할 수 있는 전제, 즉 주장이 절대적으로 참이라는 것을 입증할 수 있는 논거가 존재하지 않는다는 것을 의미한다.

따라서 가치판단이나 정책적 주장은 모순율을 통하여 증명할 수 없고, 그 대신 그 주장의 타당성을 논증하여야 하는 것이다. 논증의 원리는 충족이유율이다. 즉 충분한 이유 없이는 어떤 주장도 받아들여서는 안 된다는 것이다. 그러나 이러한 논증을 통한 설득력은 증명의 설득력과 달리 절대적인 것이 아니며 정도의 차이가 있을 수 있다. 즉 논증에서 어떤 논거는 설득력이 다른 논거보다 더 크거나 작을 수 있다. 또한 동일한 주장에 대하여 그것을 받아들여야 할 근거를 제시할 수도 있고, 받아들이지 않아야 할 근거를 제시할 수도 있다. 따라서 서로 반대되는 근거가 제시될 경우 어떤 근거가 더 설득력 있는지를 판단하여 보다 설득력이 높은 쪽의 주장을 받아들이는 것이 합리적인 태도이다. 인간은 정도의 차이는 있을 수 있어도 누구나 이러한 증명이나 논증을 통한 합리적 의사소통을 할 수 있는 능력을 가지고 있다. 문제는 능력이 없는 것이 아니라 있는 능력을 사용하는 일이다.

합리적 의사소통을 위한 조건

일반적으로 의사소통이 효과적으로 이루어지기 위해서는 두 가지 서로 다른 차원의 조건이나 능력이 충족되어야 한다. 하나는 합리적인 소통을 위한 태도이고, 다른 하나는 합리적인 소통을 위한 능력이다. 합리적인 소통을 위한 태도는 다시 두 가지 태도로 구분할 수 있다. 하나는 자신의 의사를 표현하고 남의 의사 표현을 들으려 하는 태도이고, 다른 하나는 문제가 발생하거나 이해관계의 대립이 발생할 경우 힘이 아니라 대화를 통하여 문제를 해결하려는 태도이다. 합리적 소통을 위한 능력은 세 가지로 구분할 수 있다. 첫 번째 능력은 언어능력이다. 의사소통은 기본적으로 언어를 통하여 이루어지기 때문에 합리적 소통을 위해서는 소통의 수단이 되는 언어를 구사하는 능력을 갖추어야 한다. 두 번째 능력은 소통의 주제를 구성하는 내용을 이해하는 능력이다. 그리고 세 번째 능력은 논증하는 능력이다.

1. 합리적 의사소통을 위한 태도

원활한 의사소통이 이루어지기 위해서는 자신의 의사를 표현하고 남의 의사를 듣고 이해하려는 자세가 되어 있어야 한다. 자기 말은 많이 하면서 다른 사람의 말은 귀담아 들으려 하지 않거나, 반대로 다른 사람의 말은 열심히 들으려 노력하면서도 자신은 아무 말도 하지 않으려 하는 사람이 있을 수 있고, 또 남의 말도 듣지 않고 자신도 아무 말도 하지 않으려는 사람이 있을 수도 있다. 그러나 서로가 대화를 통하여 감정이나 의지 또는 의견을 교환하고자 하면서도 다른 사람의 말은 듣지 않고 혼자만 말하려고 하거나, 반대로 다른 사람의 말을 듣기만 하고 자기 말은 하지 않는다면 이것은 합리적인 태도라고 할 수 없다. 즉 목적을 원하면 그 목적을 달성하기 위한 효과적인 수단도 원해야 하는 것이 합리적인 태도인데, 목적을 원하면서도 효과적인 수단을 원하지 않는다면 불합리한 태도인 것이다.

따라서 합리적인 의사소통은 일반적으로 의사소통에 참여하는 사람들이 의사소통을 하려는 태도를 가지면서 의사소통을 할 수 있는 능력을 갖출 때에만 가능하다. 상대방이 내 말을 듣기를 원하면서 내가 남의 말을 들으려 하지 않는다면 이것은 불합리한 행동이다. 그리고 내가 무엇인가를 남에게 표현하려고 하면서 그것을 표현할 수 있는 방법을 습득하려 하지 않는다면 이것도 또한 불합리한 행동이다. 합목적인 행위에 있어서 합리성이란 목적을 위하면 수단도 원하는 것이기 때문이다. 그러나 현실에 있어서 사람들의 행동은 반드시 합리적으로 행동한다고 볼 수는 없는데, 이것은 의사소통 행위에 있어서도 마찬가지이다. 합리적인 행동에는 정도의 차이가 있으며, 인간은 합리적으로 행동할 수 있는 존재이지 합리적으로 행동하는 존재가 아니다. 완전히 합리적인 행동이란 하나의 이상일 수도 있다.

의사소통의 태도가 합리적이지 못한 데에는 두 가지 측면에서의 원인을 생각해볼 수 있는데, 하나는 대화자의 주관적 차원의 원인이고 다른 하나는 대화의 여건으로서의 객관적인 원인이다. 주관적 차원의 문제는 다시 대화자의 선천적인 심성과 후천적인 요인으로 나누어볼 수 있다. 어떤 사람들은 유전적으로 다른 사람의 말을 유의하여 들으려 하고 자신의 말도 잘 표현하려는 심성을 가지고 태어나기도 하며, 또 어떤 사람들은 반대의 심성을 가지고 태어나기도 한다. 그리고 동일한 심성을 가지고 태어난다 하더라도 성장 환경이나 교육 배경에 따라 의사소통의 태도가 달라지기도 한다. 따라서 보다 합리적인 의사소통을 할 수 있도록 하기 위해서는 어려서부터 자기의 의견을 자유롭게 표현하도록 하는 태도와 함께 남의 의견도 잘 듣도록 하는 태도를 갖도록 하는 교육이 매우 중요하다.

　객관적인 여건의 문제는 대화 상대와 같은 인적 환경과 대화의 장소나 시간과 같은 물적 환경으로 나눌 수 있다. 우리는 동일한 장소와 시간에 대화를 나누는 경우에도 대화하는 상대방에 따라서 대화가 잘 이루어지기도 하고 잘 이루어지지 않기도 한다. 예를 들어 대화 상대가 자기보다 어른이거나 자신의 상사이면 대화하기에 불편함을 느낄 수 있다. 또한 동일한 사람과 대화하는 경우에도 장소나 시간에 따라 대화의 태도가 달라지기도 한다. 별다른 적대감이 없는 사람들과 대화를 하는데 좌석 배치가 서로 마주보게 되어 있는 경우에는 공격적이 되기 쉽다든가, 오후보다는 오전이 유쾌한 기분으로 대화를 하기에 좋다든가 하는 것을 알 수 있기 때문이다. 물적인 환경은 대화의 주최자나 대화 당사자들이 어느 정도 사전에 고려함으로써 개선할 수 있으나 인적인 환경의 문제는 관습이나 문화와 관계되는 문제이기 때문에 일상생활 속에서는 쉽게 개선될 수 없다. 그러나 정치적인 대화의 경우 정적 간의 대화에서는 연령이나 사회적 지위의 차이가 별로 문제되지 않을 수 있으나 같은 정당이나 정파 내에서의 대화에는 많은 걸림돌이 되는 것이 현실이다. 정적 간의 대화는 정적을 이겨야 자신의 이익을 실현할 수 있기 때문에 상대방의 연령이나 지위 관계를 고려하지 않고 자기 주장의 타당성을 논증할 수 있지만 동일 정당이나 조직 내의 대화에서는 자신의 주장이 아무리 타당하다 하더라도 상급자나 연령상 선배의 마음에 들지 않으면 불이익을 당할 수 있으므로 합리적인 소통을 하기 어려운 경우가 많다. 이런 경우에는 연령이나 지위의 고하에 관계없이 논증을 통하여 자신의 의견을 주장하고, 상대방의 주장에 대해서도 오직 논증의 결과에 의해서만 수용이나 배척을 하도록 하려는 태도를 갖는 것이 중요하다. 그렇다고 정적 간의 대화에서 더 합리적인 소통이 잘된다는 것은 아니다. 서로 다른 정당이나 정파 간의 대화에서는 위계 서열이나 연령을 고려하지 않는 대신 무조건 자신의 주장을 밀어붙이려는 우격다짐이나 인신공격 같은 불합리한 소통이 이루어질 가능성이 높기 때문에 여기서도 합리적인 소통을 하려는 태도가 중요하다고 할 수 있다.

  토론이나 토의에서는 종종 이해관계의 대립이나 갈등을 해결하기 위한 의사소통이 필요하므로 이와는 또 다른 태도와 능력을 갖춰야 한다. 이해관계의 대립이나 갈등은 의사소통, 즉 대화가 아니라 싸움이나 폭력적인 방법으로도 해결이 가능하기 때문에, 먼저 힘으로 해결하지 않고, 대화로 해결하고자 하는 태도를 가져야 한다. 즉, 정보의 교환은 의사소통을 통하지 않고는 이루어질 수 없으므로 단순히 정보를 교환하고자 하는 경우라면 사람들은 어떠한 형태로든 의사소통을 하지 않을 수 없지만, 갈등의 해결은 대화가 아니라 힘으로 해결하는 것도 가능하므로 갈등이나 이해관계의 대립이 있는 경우에는 먼저 당사자들이 힘으로 문제를 해결하지 않고 대화로 해결하고자 하는 의지가 전제되어야 한다. 문제를 힘으로 해결하지 않고 대화로 해결하는 것은 사회적 상황이 변하여 더 이상 힘으로 문제를 해결하는 것이 각자의 이익에 도움이 되지 않게 되었을 때 가능해진다. 즉 힘으로 문제를 해결하는 것보다 대화로 해결하는 것이 분쟁 당사자에게 더 이익이 될 때에만 대화로 문제를 해결하는 것이 가능해진다는 것이다. 그런데 이렇게 대화로 문제를 해결하는 것이 더 이익이 됨에도 불구하고 여전히 대화를 외면하고 힘으로 문제를 해결하려 한다면 이러한 태도는 불합리한 태도이다. 과거 독재 시대나 봉건사회와 달리 오늘날 민주사회는 힘으로 문제를 해결하는 것보다 대화로 문제를 해결하는 것이 더 이익이 되는 사회이다. 이러한 사회에서는 구성원들이 합리적인 태도를 가져야 대화를 통한 문제 해결이 가능해진다. 그러나 현실에 있어서는 사람들이 불합리하게 행동하는 경우가 많기 때문에 여전히 대화를 통하여 문제를 해결하려 하지 않고, 힘으로 해결하려는 일이 발생한다.

2. 합리적 의사소통을 위한 능력

합리적 의사소통을 위한 또 한 가지 조건은 의사소통에 참여하는 사람들이 의사소통 능력을 갖추어야 한다는 것이다. 의사소통은 말이나 문자 또는 몸짓과 같은 언어를 통하여 이루어지기 때문에 의사소통을 하고자 하는 사람은 의사소통 수단인 언어를 사용할 수 있는 능력을 갖추어야 하며, 언어를 통하여 표현하는 사실이나 주장의 내용을 이해할 수 있는 능력을 갖추어야 하고, 자신의 주장을 논증할 수 있는 능력을 갖춰야 한다. 의사소통을 하고자 하는 의지나 태도를 가지고 있으면서도 의사소통 능력을 갖추지 않는다면 효과적인 의사소통이 이루어질 수 없다. 자국민 간의 소통이라면 일반적으로 언어능력 부족으로 인하여 소통이 되지 않는 경우는 거의 없다고 할 수 있다. 그러나 언어가 다른 외국인들과의 소통이 문제라면 필요한 언어능력을 습득하거나 통역을 두어야 한다. 구두로 의사를 표시할 때는 상대방이 알아들을 수 있도록 큰 소리로 분명하게 발음해야 하고, 상대방의 주의를 끄는 능력이 있어야 한다. 또한 각종 수사상의 기교나 도표와 같은 시청각 전달 매체를 활용하고 이해하는 능력도 필요하다. 이러한 능력도 저절로 습득되는 것이 아니라 학습이나 교육을 통하여 습득된다.

언어가 제대로 통한다 하더라도 전문적인 주제 영역에서의 소통은 대화의 내용을 제대로 이해하지 못하여 소통이 이루어지지 않는 경우가 많이 있다. 효과적인 의사소통을 위해 필요한 또 다른 능력은 대화의 주제와 관련된 내용을 이해하는 능력이다. 일상적인 주제로 대화할 때는 관련된 지식이 특별히 전문적이지 않기 때문에 의사소통을 하는 데 문제가 없다고 볼 수 있다. 그러나 우리가 항상 소박한 일상적 주제를 중심으로 의사소통을 하는 것은 아니며, 각자가 영위하고 있는 삶의 전문적인 영역 내에서의 의사소통도 필요할 뿐만 아니라 때로는 자신의 전문 영역 이외의 영역에 해당하는 주제에 관하여 대화하거나 토론할 때도 있다. 이 경우 우리는 관련 주제에 관하여 많은 지식을 가지고 있으면 있을수록 의사소통이 효과적으로 이루어짐을 알 수 있다. 그러나 반드시 전문적인 지식을 많이 알고 있다고 해서 효과적인 의사소통이 이루어지는 것은 아니다. 복잡한 지식일수록 자신이 전달하고자 하는 내용을 상대방이 이해하기 쉽도록 말하는 능력이 필요하다. 그리고 복잡한 대화 내용을 이해하기 위해서는 상대방이 말할 때 집중하고, 상대방의 말을 파악하는 능력이 필요하다. 이러한 능력도 훈련과 교육을 통하여 습득되는 것이다.

합리적인 의사소통을 위해 필요로 하는 가장 중요한 능력이 논증하는 능력이다. 논증능력은 본능적으로 타고나는 능력이 아니라, 언어능력처럼 후천적으로 습득되는 능력이다. 따라서 논증능력은 '있다' 또는 '없다'로 판정할 수 있는 능력이 아니라, 정도의 차이가 있는 능력이다. 즉, 논증능력은 개인마다 차이가 나는 능력이다. 이것은 동일한 법학 교육과 법조인 양성 교육을 받고서도 변호능력이 변호사마다 다른 것을 통해서도 알 수 있다. 합리적 의사소통은 논증을 통하여 자신의 주장을 개진하거나 논증의 분석을 통하여 상대방의 주장을 수용 또는 거부하는 의사소통이다. 그런데 이렇게 이성에 호소하여 자신의 주장을 설득하려는 태도 자체에 정도의 차이가 날 뿐만 아니라, 논증, 즉 정당화 자체도 절대적으로 옳거나 오류로 판명될 수 있는 증명과는 달리 설득력에 있어 정도의 차이가 있다. 즉 동일한 주장에 대해서도 정당화를 잘하면 보다 설득력이 높고, 정당화를 잘 못하면 설득력이 떨어지기도 하는 것이다. 따라서 합리적인 의사소통을 하려면 보다 나은 논증능력을 갖추어야 한다.

어떻게 합리적인 의사소통을 잘하도록 할 것인가

1. 논증의 원리

 부정해도 모순이 되지 않는 주장에 대해서는 증명이 불가능하다. 그러나 그러한 주장이 상대방을 설득할 수 있으려면 충분한 이유가 있어야 한다. 주장에 대해 충분한 이유를 제시하는 방법은 주장의 종류와 유형에 따라 몇 가지로 구분해볼 수 있다. 첫 번째 유형의 주장은 가치판단 또는 도덕법칙에 관한 주장인데, 이러한 주장은 매우 전문적인 분야에 속하는 문제로, 전통적으로 철학의 한 분야에 속하는 윤리학이 이러한 문제를 다루어왔다. 윤리학자들의 입장은 크게 보편적 가치의 존재와 그 기준의 인식 가능성을 인정하는 입장과 이를 부정하는 상대주의로 나누어질 수 있다. 보편적 가치의 존재와 그 인식 가능성을 주장하는 입장은 대체로 합리주의 진영인데, 이들은 이러한 가치 또는 도덕법칙의 기준을 정당화하기 위하여 플라톤과 같이 선의 이데아를 도입하거나 근대합리론자들과 같이 신의 이성을 이용하거나, 칸트와 같이 일반화 가능성의 원리를 도입한다. 이들의 입장을 전적으로 수용하는 사람들은 오늘날 거의 없다고 볼 수도 있지만, 어쨌든 이들의 철학은 보편적 가치의 기준을 정당화하려는 노력이며 설득력이 높지 않다고 말할 수는 있지만 참이 아니라고 말할 수는 없다.
 가치의 상대성을 주장하는 사람들은 극단적인 상대주의자와 온건한 상대주의자로 나눌 수 있는데, 대체로 극단적인 상대주의자들은 많지 않고, 대개는 온건한 상대주의자들이다. 이들은 절대적인 도덕법칙이나 가치의 기준은 존재하지 않지만, 특정 사회나 시대에 보편적으로 적용 가능한 의미에서의 보편적인 가치의 기준이 존재한다고 본다. 그리고 그들은 자신들이 주장하는 가치의 기준이 자신뿐만 아니라 사회 구성원 모두 또는 가장 많은 구성원들에게 함께 이익이 된다는 사실을 밝힘으로써 정당화하고자 한다. 이러한 입장이 계약론적 윤리설 또는 공리주의의 입장이다. 그러나 가치판단의 문제가 반드시 윤리학자들만이 다룰 수 있는 문제는 아니다. 우리는 일상생활에서 크고 작은 많은 가치판단을 하고 있으며 이를 정당화하고자 한다. 이때의 정당화 방법은 대개 자신의 주장이 이미 수용된 가치 체계와 일치됨을 보이거나 사회 구성원 전체 또는 최대 다수에게 이익이 됨을 보이는 것이다.

주장에 대한 논증의 두 번째 유형은, 주장이 이미 합의된 목적 또는 전제된 목적을 해결하기 위한 가장 유효한 수단이 됨을 보이는 것이다. 대부분의 문제 해결 방안에 관한 주장이나 정책적 입장에 관한 주장이 이에 속한다. 문제를 해결하는 것이 목적이므로 이 문제를 해결하는 방안에 대한 주장은 목적에 대한 수단의 선택 문제가 되는 것이다. 이러한 문제에서 자신의 주장을 정당화하기 위해서는 자기가 주장하는 방법이나 수단이 목적의 달성 또는 문제의 해결에 유효한 수단이라는 것을 밝히고, 이미 제시되었거나 앞으로 제시될 수 있는 다른 수단들보다 더 나은 수단이라는 것을 밝혀야 한다. 특정 문제를 해결하기 위한 수단은 하나가 아니라 다수일 수도 있는데, 여러 수단들이 목적 달성에 유효한 수단일 수 있다. 따라서 이러한 경우에는 주장하는 수단이 목적 달성에 효과가 있다는 사실만 밝혀서는 안 되고 주장하는 수단이 여러 가능한 수단들 중에서 가장 효율성이 높다는 것을 보여야 한다. 즉 주장의 효과성과 함께 효율성을 제시해야 합리적인 설득을 할 수 있다. 효율성 분석의 가장 흔한 방법 중의 하나는 경제성 분석이다. 경제성을 분석하여 자신이 제시한 수단이 동일한 비용을 들여 최대의 효과를 낼 수 있거나, 동일한 문제를 해결하는 데 최소의 비용이 드는 수단임을 보이면 논증이 완성되는 것이다.

수단의 효율성은 목적에 의해 결정되므로 수단의 정당화는 가치의 정당화에 비해 비교적 수월한 문제에 속한다. 물론 수단도 일종의 가치에 속하므로 가치판단의 문제와 수단 선택의 문제가 근본적으로는 동일한 문제라고 볼 수도 있지만, 가치 또는 도덕의 문제가 인간의 삶에 있어서 가장 보편적인 목적의 정당화에 관한 문제라면, 여기서 말하는 수단 선택의 문제는 그보다는 더 특수하고 일상생활에서 부딪히는 구체적인 문제에 대한 해결 수단의 선택 문제라고 말할 수 있다. 예를 들어 '환경을 보전하면서 지속적인 발전을 가능하게 하려면 어떻게 해야 하나', 또는 '세계적인 경제 위기에 효과적으로 대처하려면 어떻게 해야 하나' 하는 문제 등과 같은 것들이다. 여기에는 무수히 많은 대안들이 제시될 수 있다. 그리고 그 대안들은 나름대로 장단점이 있을 수 있다. 그러나 모든 대안이 문제 해결을 위해 선택될 수는 없으므로 자신이 제시하는 대안이 다른 대안보다 더 나은 대안이라는 것을 정당화해야 할 필요가 있다.

논증의 세 번째 유형은 주장이 하나의 목적이 아니라 다수의 목적을 위한 수단이 되는 경우이다. 예를 들어 '공교육을 정상화하자'라는 주장은 수단에 관한 주장인데, 공교육을 정상화함으로써 달성할 수 있는 목적이 하나가 아니라 다수이다. 즉 공교육을 정상화하면 교육비를 절감할 수도 있고, 교육의 평등을 실현할 수도 있고, 학생들의 고통을 경감할 수도 있다. 이렇게 다양한 목적이 주장하는 하나의 수단을 통하여 달성될 수 있음을 보임으로써 자신의 주장이 다른 사람들에 의해 받아들여질 수 있는 근거를 제시하는 것이다. 이때 주장하는 수단을 통해 달성하는 데 약간이라도 도움이 되는 목적이 다수이면 가능한 한 모든 목적을 열거하는 것이 설득하는 데 도움이 된다. 그러나 이때 주장하는 수단을 통하여 달성될 수 있는 다양한 목적만 열거해서는 안 되고, 열거된 목적들이 어떻게 주장하는 수단에 의해 달성될 수 있는지를 밝혀야 한다.

 흔히 사용되는 논증의 또 다른 유형은 삼단논법 또는 연쇄추리를 이용하여 직접 논증이 어려운 주장을 간접적으로 논증하는 방법이다. 예를 들어 '디지털 미디어 시대에도 글쓰기 교육이 필요하다'는 주장은 위에서 제시한 방법들로 논증할 수 없다. 이 경우 '디지털 미디어 시대에는 창의력이 필요하다, 글쓰기 교육은 창의력을 증진시킬 수 있다, 따라서 디지털 미디어 시대에도 글쓰기 교육이 필요하다'라고 논증할 수 있는데, 이때 논증이 설득력을 가지려면 '디지털 미디어 시대에는 창의력이 필요하다'는 주장과 '글쓰기 교육은 창의력을 증진시킬 수 있다'는 주장에 설득력이 있어야 한다. 따라서 다시금 이 두 주장을 논증해야 하는데, 첫 번째 주장은 디지털 시대를 발전시키거나 유지하기 위한 목적으로 창의력이 필요하다는 주장이므로 창의력이 목적에 대한 수단이 될 수 있음을 밝힘으로써, 두 번째 주장은 글쓰기 교육이 창의력 증진을 위한 수단이 될 수 있음을 밝힘으로써 논증될 수 있다.

이와 같이 주장에 대한 논증의 논리적 형식은 매우 다양하다. 그러나 그 근본적인 논리적 구조는 주장의 합목적성을 밝히는 것이라고 할 수 있다. 여기서 중요한 것은 주장의 합목적성만 밝혀서는 안 되고, 설득력을 높이는 방안을 강구해야 한다는 것이다. 동일한 주장에 대해서도 설득력이 낮은 논증과 더 높은 논증이 있고, 심지어는 반대되는 주장에 대한 논증도 가능하기 때문이다. 철학자들은 도덕법칙 또는 윤리적인 주장에서 설득력을 높이기 위해 끊임없이 새로운 철학을 도입했고, 하나의 목적을 달성하기 위한 수단의 주장에서는 자신의 주장이 효율성이 가장 높은 수단이라는 것을 보이는 것이 중요하고, 다수의 목적에 기여할 수 있는 하나의 주장을 하는 경우에는 가급적 중요한 목적을 되도록 많이 제시하는 것이 설득력을 높이는 방안이다. 연쇄추리나 삼단논법을 통한 간접적인 논증의 경우 설득력은 삼단논법 자체가 아니라 매개되는 주장들의 설득력에 기인하므로 이들 주장의 합목적성을 설득력 있게 제시하는 것이 중요하다.

2. 합리적 의사소통 교육

의사소통 능력이 후천적으로 습득되는 능력인 까닭에 합리적인 의사소통의 정도는 교육이나 훈련을 통하여 향상될 수 있다. 합리적인 의사소통의 정도가 합리적으로 의사소통하려는 태도의 정도와 논증을 통하여 상대방을 설득할 수 있는 능력의 정도로 나누어지므로, 교육도 두 가지 차원의 교육으로 나누어질 수 있다. 즉 합리적으로 의사소통하려는 태도의 훈련과 능력의 훈련이다. 인간에게는 갈등을 해결하는 방법이 대화뿐만 아니라 힘에 의한 방법도 존재하기 때문에 갈등이나 이해관계의 대립에 직면하여 어떤 방법으로 문제를 해결하려 하는가 하는 것은 태도의 문제이며, 이러한 태도를 기르기 위해서는 어렸을 때부터 체계적이고 철저한 훈련을 필요로 한다. 대화를 통하여 문제를 해결하려면 우선 말하는 사람은 자신의 주장을 명확히 밝혀야 하며, 주장에 대한 근거를 자신의 지식 범위 안에서 최대한 논리적이고 체계적으로 충분한 이유를 제시하려고 노력해야 한다. 듣는 사람의 입장에서는 상대방의 주장을 주의 깊게 듣고 논리적으로 이해하려 노력해야 하고, 이유가 충분하고 설득력이 있으면 이를 수용하고, 만일 이유가 부족하거나 잘못되어 있으면 이를 논리적으로 반박할 수 있도록 해야 한다. 이러한 태도의 훈련은 말이나 설교를 통한 교육보다 당사자들이 직접 체험하도록 유도하는 것이 중요하다. 예를 들면, 유치원에서 아이들이 같이 놀다가 사소한 분쟁이 생겨 싸울 경우, 당장 어른들이 개입하여 말리는 것보다, 어느 정도 싸우도록 놓아둠으로써 싸움을 통해서는 문제가 해결되지 않을 뿐만 아니라 서로에게 손해라는 것을 경험을 통해 체득하게 하는 것도 하나의 방법이다. 그러나 아이들이 조금만 싸우면 금방 유치원 교사가 달려들어 문제를 해결해주면, 당사자 간의 대화를 통하여 문제를 해결하려 하기보다는 외부 세력을 끌어들이기 위한 수단으로 싸움을 하게 됨으로써 대화를 통한 문제 해결 태도를 길러주는 데 도움이 되지 않을 수도 있다.

 대화를 통하여 문제를 해결하고자 하여도 그럴 능력이 없으면 불가능하게 된다. 따라서 자신의 주장을 이성적으로 정당화하는 능력, 즉 논증하는 능력을 향상시킬 필요가 있다. 논증을 잘하기 위해서는 논리적 지식과 관련된 분야의 전문 지식이 필요하다. 일상적인 의사소통을 위해서는 복잡한 논리적 지식이 필요하지 않으며, 기본적이고도 간단한 원리들만 터득하면 스스로 논증을 세우거나 상대방의 논증을 분석할 수 있다. 문제는 전문적인 지식이다. 주장의 설득력은 논리적인 모순이 없을 경우 관련된 분야의 지식이 얼마나 정확하고 풍부하게 망라되어 있는가에 달려 있다고 볼 수 있다. 설사 관련된 특정 분야에 대한 모든 지식을 아는 것은 불가능하다고 하더라도 정확한 지식을 많이 가지고 있으면 있을수록 더욱더 설득력 있는 논증을 할 수 있는 것이다. 따라서 보다 합리적인 의사소통을 할 수 있으려면 가급적 여러 분야에 많은 지식을 습득하는 것이 중요하다. 그러나 각자가 모든 분야에 대하여 전문적인 지식을 가질 수는 없다. 스스로가 전문적인 지식을 가지고 있지 못할 경우에는 적극적인 주장과 이에 대한 정당화는 어려울 수 있다. 그러나 이 경우에도 상대방이 어떤 주장을 하며 그에 대하여 정당화를 시도할 경우, 그러한 정당화가 설득력이 있는지를 판단하는 것은 얼마든지 가능하다. 즉 우리가 에너지 전문가가 아닐 경우 핵

에너지가 태양에너지보다 미래의 환경 에너지로서 더 유망한지의 여부에 대해서 정당화를 통해 적극적인 주장을 하기는 어렵지만, 에너지 전문가들이 서로 토론을 할 때, 누구의 주장이 더 설득력 있는지를 판단한다거나, 전문가와 대화할 때 그의 주장이 설득력 있는지를 판단하는 것은 가능하다. 물론 이때 우리가 에너지 문제에 대하여 지식을 많이 가지면 가질수록 전문가의 주장을 더 잘 이해하고 설득력이 있는지를 판단하는 데 도움이 되는 것이다. 그러나 스스로가 한 국가의 문제를 해결하는 정치적 지도자가 되려 하거나 한 집단의 지도자가 되려 한다면, 그는 우리의 모든 삶과 관련된 전문 지식을 가급적 많이 가지도록 노력해야 하고 스스로 자신의 주장을 제시하고 논증할 수 있는 능력을 갖추어야 할 것이다.

결론: 합리적 의사소통의 중요성

아리스토텔레스의 말대로 인간은 정치적 동물이다. 이 말의 참 의미는 인간은 공동체를 이루어 서로 도우며 살아가는 존재라는 말일 것이다. 그런데 인간은 둘 이상만 모이면 이해관계의 대립이 생겨난다. 이것은 인간의 본성에 기인하는 현상이다. 인간이 꿀벌이나 개미와 같은 동물처럼 본능에 의해 군집 생활을 하거나, 백치와 같은 존재라면 모여 살아도 문제가 발생하지 않을 수 있다. 그러나 인간은 본능에 의해 군집 생활을 하는 것도 아니고, 자기 이익이 무엇인지 모를 정도로 백치도 아니다. 또한 모든 인간이 사적인 이익에 연연하지 않는 성인군자라면 여러 사람들이 모여 살아도 갈등이 발생하지 않을 것이다. 그러나 인간은 백치와 성인의 중간적 존재이다. 따라서 갈등이 발생하는 것은 필연적이며 자연스런 현상이다. 문제는 갈등이 발생하는 것이 아니라, 갈등을 해결할 수 있는 능력이 있느냐 없느냐 하는 점이다. 갈등을 해결할 수 있는 능력이 있다면 갈등이 발생해도 전혀 문제가 되지 않는다. 인간은 갈등을 해결하는 능력을 가지고 있다. 이러한 능력을 갖추는 것은 한 사회가 발전하는 데 있어 매우 중요한 능력이다. 그러나 이 능력은 선천적으로 가지고 태어나는 것이 아니라 후천적으로 길러지는 것이다.

또한 갈등을 해결하는 데 있어서뿐만 아니라 한 사회가 발전할 수 있는 올바른 대안을 모색하거나 정책 개발을 통하여 사회 발전을 가능하게 하는 데 있어서도 합리적인 의사소통은 매우 중요한 전제 조건이다. 합리적인 의사소통을 하려면 올바른 대안을 갖추어야 하기 때문에 사회 구성원들 각자가 좋은 대안을 마련하기 위해 노력을 하겠지만, 합리적인 의사소통이 아니라, 불합리한 의사소통이나 힘을 통해 문제를 풀어간다면 아무리 좋은 대안을 마련해봐야 소용이 없을 것이므로 아무도 좋은 대안을 만들려고 노력하지 않을 것이기 때문이다. 그리고 무엇보다도 갈등 해결이나 대안 모색에 있어서 합리적인 의사소통의 중요성은 진정하고도 영속적인 합의를 가능하게 한다는 점이다. 힘에의 호소나 대중에의 호소와 같은 불합리한 의사소통을 통해서는 일시적으로 상대방을 설득할 수 있을지 모르지만, 외적 조건이나 상황이 변하면 언제든지 마음을 바꿀 수 있기 때문이다.

  사람들은 자신이 생각해낸 주장이 아니고 다른 사람이 제시한 주장이라 하더라도 합리적으로 설득되면 마치 자신의 생각인 것처럼 행동한다. 예를 들어 지구 온난화 현상이 발생하여 인류에게 막대한 재앙을 초래하는데, 자신의 능력으로는 이러한 현상이 왜 발생하였고 이러한 현상을 막기 위해서 어떻게 해야 할지 모르지만, 기상 전문가가 합리적인 방법으로 지구 온난화는 화석 연료의 사용 증가로 인한 온실가스 현상 때문에 발생하므로 화석 연료 사용을 줄여야 한다고 설득하면, 우리는 이러한 생각이 기상 전문가의 생각이 아니라 마치 자신의 신념인 것처럼 행동한다는 것이다. 이러한 행동은 불합리한 행동이 아니라 전형적으로 합리적인 행동이다. 또한 어떤 사람에게 다른 사람들과 동등하지 않은 몫이 분배되었을 경우, 왜 그럴 수밖에 없었는지에 대한 합당한 이유를 듣고 나면 동등하지 않은 분배에 대해서도 전혀 억울하게 생각하지 않는다. 사람들이 참을 수 없는 것은 차별성이 아니라 불합리성이다.

  그러나 합리성의 바로 이러한 특징 때문에 모든 사회적 문제들이 합리성만으로 해결되지는 않는다. 우리는 일을 하지 않은 사람에게는 아무것도 분배해주지 않는 것이 합당하다고 합리적으로 설득할 수 있다. 공정한 경쟁에서 낙오된 사람에게는 아무런 몫을 주지 않아도 합리적이라고 말할 수 있다. 일을 하지 않은 사람에게는 몫을 주지 않는 것이 정의이다. 그러나 경쟁에서 낙오된 사람들이 그로 인하여 생존의 위기에 처한다거나 인간 이하의 삶을 살게 된다면 어떻게 할 것인가? 우리는 일하지 않은 사람에게도 생존권을 보장해주어야 한다고 주장할 수 있다. 이러한 주장은 합리성이 아니라 박애 정신에서 나온 것이다. 사랑하는 사람에게는 모든 것을 대가 없이 주어도 아깝다고 생각하지 않기 때문이다. 따라서 사랑의 행위는 합리성으로 설명할 수 없다. 그러나 사랑이 합리성과 배치되거나 정의와 합리성을 대체할 수 있는 것은 아니다. 어떤 사람에게 불합리한 대우를 하면서, 또는 그가 다른 사람으로부터 불합리한 대우를 받는 것을 그대로 보면서 그 사람을 사랑한다고 할 수는 없다. 우리는 다른 사람을 사랑하지는 못할망정 불합리한 대우를 해서는 안 된다. 따라서 합리적인 의사소통은 인간적이고 발전된 민주주의 사회를 만들기 위한 충분조건은 아니지만 필요조건이라고 할 수 있다.

존비어 체계와 소통의 어려움[1]

최봉영

한국항공대학교 교양학과 교수. 저서로 『한국인의 사회적 성격 1, 2』(느티나무, 1994), 『본과 보기 문화이론』(지식산업사, 2002), 『한국 사회의 차별과 억압: 존비어 체계와 형식적 권위주의』(지식산업사, 2005), 『한국인에게 나는 누구인가』(지식산업사, 2012), 『영조와 사도세자 이야기』(한국학중앙연구원출판부, 2013) 등이 있다.

왜 존비어 체계를 문제 삼는가

한국어는 사람들의 지위에 따라 말씨를 높이거나 낮추는 존비어 체계를 갖고 있다. 이 때문에 한국인이 말을 주고받는 일은 지위의 높낮이에 따라 인격에 차이를 두는 일과 같다. 이러니 한국인은 존비어 체계에 따라서 지위의 높낮이에 알맞은 말을 가려 써야 한다. 그렇지 못하면 인격에서 벗어나는 일이 되어 갖가지 문제를 일으킨다.

한국인이 사용하는 존비어 체계는 중국어나 영어에서는 볼 수 없는 독특한 어법이다. 한국인은 존비어 체계로 말미암아 중국인이나 영국인에게서는 보기 어려운 특징들을 갖게 되었다. 예컨대 한국인이 말을 주고받기 전에 먼저 지위의 높낮이를 확인하려고 애쓰는 것이나, 말하는 내용보다 말하는 투에 더욱 많은 관심을 갖는 것 등이 바로 그것이다.

한국인이 사용하는 존비어 체계는 신분 제도와 깊은 연관을 갖고 있다. 존비어 체계는 신분의 높낮이를 드러내는 데 매우 효과적인 수단이었다. 양반과 상놈은 맨몸으로 있어도 존비어를 씀으로써 신분의 높낮이를 자연스럽게 드러낼 수 있었다. 그런데 신분사회가 민주사회로 변화하면서 존비어 체계는 여러 가지 어려움을 낳게 되었다. 존비어 체계가 소통에 도움을 주기보다는 어려움을 주는 일이 더욱 많아지게 되었다. 이 때문

---

1 이 글은 『소통문화의 지형과 지향: 소통을 낳는 대화, 대화를 낳는 문화를 위하여』(대화문화아카데미 편, 대화출판사, 2010, 99~114쪽)에 실린 글을 재수록한 것이다.(편집자주)

에 오늘날 한국인은 존비어 체계로 인해 소통에서 많은 어려움을 겪고 있다.

존비어 체계에 따른 차별과 억압

한국인은 생활하는 가운데 존비어 체계로 말미암아 차별과 억압이 쉽게 일상화되고 있음을 널리 경험한다. 예를 들어 아랫사람은 윗사람이 도무지 사람답지 못하더라도 반드시 높임말을 써야 하고, 윗사람은 아랫사람이 아무리 훌륭하더라도 반드시 낮춤말을 써야 한다. 이처럼 서열에 따른 차별과 억압이 말을 통해서 제도화하는 까닭에 권위가 제구실을 하기 어렵고, 인격이나 능력은 아예 관심 밖으로 밀려나는 일이 많다. 이에 따라 한국인은 존비어 체계를 유지함으로써 예절 바른 언어생활을 하게 되는 것이 아니라, 도리어 폭압적인 언어생활을 하게 되는 모순을 안고 살아간다. 오늘날 한국인은 오로지 나와 우리를 높이고, 너와 남을 낮추는 데에만 관심을 집중하는 까닭에 온갖 극단적인 말씨를 동원하여 예사롭게 언어폭력을 저지르고 있다.

오늘날 한국인이 존비어 체계로 말미암아 겪는 어려움은 매우 다양하다. 사람들은 존비어 체계와 밀접히 연관되어 있는 지나친 권력욕, 이기적 교육열, 완고한 형식적 권위주의 등에 정신없이 떠밀려 다니면서, 분명한 이유도 모른 채 갖가지 시달림을 당하고 있다. 이러한 어려움을 몇 가지로 구분해서 살펴보면 다음과 같다.

첫째, 한국인은 신분제도를 청산했음에도 존비어 체계로 말미암아 유사신분관계 속에서 살아가는 까닭에 신분에 따른 차별과 억압을 강하게 느끼며 살아간다.

한국인은 갑오경장으로 신분제도의 근간을 철폐한 이후, 오랜 민주화 과정을 통해서 신분제도를 완전히 청산하였다. 그러나 존비어 체계 때문에 상사와 부하, 어른과 아이, 선배와 후배 등이 전인적 상하 관계로 엮여서 유사신분관계 속에서 살아간다. 한국인은 신분적 지배와 예속 관계를 싫어함에도 불구하고 존비어 체계로 말미암아 어쩔 수 없이 계속 유사신분관계에 묶여 있는 까닭에 강한 불만을 갖고 살아간다. 한 예로 한국인은 직장에서 유대 관계가 매우 끈끈함에도 불구하고 가족을 대동하고 함께 모이는 것을 어려워한다. 왜냐하면 직장에서의 상하 관계가 가족들 사이에도 그대로 적용되기 때문이다. 특히 나이 적은 부장과 나이 많은 과장이 가족과 함께 모이는 일이 거의 없다. 동료들이 가정을 방문하는 일도 점차 사라지고 있다. 특히 아랫사람 처지에서는 직장의 서열을 가족에게 보여주고 싶지 않기 때문에 동료의 방문을 꺼린다. 이런 까닭에 한국인이 서구 문화를 매우 추종하면서도 가족이 함께하는 파티는 거의 이루어지지 않는다. 공식적으로 연회를 하는 경우에도 반드시 서열을 구분하여 연회장의 앞줄에 상석을 마련하여 음식을 드시고 말씀을 하는 분들을 따로 모신다. 따라서 연회가 모두를 위해서 열린 경우에도 상석에 앉은 분들을 대우하는 자리로 전락하고 만다. 이러니 상석에 앉지 못한 사람들은 꾸어다놓은 보릿자루 신세가 되어버리는 일이 많다. 이처럼 한국인은 유사신분관계에 예속되어 있기 때문에 높은 신분에 오르는 일에 필사적이다. 한국인은 출세를 죽고 사는 일보다 더욱 중시하기 때문에 예의와 염치, 윤리와 도덕을 돌아볼 여유가 없다.

둘째, 한국인은 존비어 체계로 말미암아 완고한 형식적 권위주의를 형성하는 까닭에 자연스럽고 자발적인 권위 체계를 수립하기 어렵다.

민주사회에서 대등과 호혜 관계에 놓여 있는 사람들 사이에 수립되는 권위는 자연스럽고 자발적인 성격을 지니고 있다. 그런데 존비어 체계로 형성되는 권위는 자발성과는 무관하게 외형적인 직위, 나이, 선후 등에 따라 강제적으로 수립된다. 그 결과 존비어 체계가 부여하는 강제적 권위와 당사자가 갖는 실제적 권위가 부합하지 않는 일이 발생하면서 권위가 권위로서 구실하지 못하는 일들이 많아진다. 한 예로 한국인은 존비어 체계로 말미암아 훌륭한 어른이나 선배는 물론이고 파렴치한 어른이나 선배에게도 똑같이 높임말을 사용함으로써 동일한 형식적 권위를 부여한다. 즉, 사람들은 파렴치한 어른을 보고도 "어르신께서 그렇게 하시면 자못 문제가 되십니다" 하고 깍듯이 높여서 말해야 한다. 이렇게 되면 매우 낮은 수준의 실제적 권위(파렴치범의 권위)와 존비어 체계로 주어진 매우 높은 수준의 형식적 권위(어른이나 선배의 권위)가 어긋나서 뒤틀림을 가져온다. 이러한 뒤틀림은 권위를 허울로 만들어 권위로서 구실할 수 없도록 만든다. 그러나 아직도 거의 모든 한국인은 권위의 수립과 존비어 체계가 불가분의 관계에 있는 것으로 오해하고 있다. 어떤 이들은 존비어 체계가 없으면 권위를 제대로 수립할 수 없기 때문에 질서가 무너져서 무법천지가 되고 말 것처럼 생각한다. 그런데 이것은 한국어와 달리 존비어 체계가 없는 중국어의 경우를 생각해보면 근거 없는 추측이라는 것을 알 수 있다. 중국어에는 존비어 체계가 없지만 호칭 체계만 갖고서도 권위를 수립하는 데 아무런 지장도 발생하지 않는다. 존비어 체계의 있고 없음과 권위를 세우지 못하는 일은 별개의 일이다.

셋째, 한국인은 존비어 체계로 말미암아 서열에 따라 서로 다른 말투를 사용하는 까닭에 대화나 토론을 하는 데 많은 어려움을 느낀다.

인간은 더욱 바람직한 결론에 이르기 위해 대화나 토론의 방식으로 서로의 의견을 주고받는다. 그런데 대화나 토론이 제대로 이루어지려면 나와 너의 지위와는 무관하게 말투에서 서로 대등해야 한다. 만약 나와 너의 지위에 따라 말투에 차이를 둔다면 대화나 토론이 제대로 이루어질 수가 없다. 그런데 한국인은 존비어 체계로 말미암아 나와 너의 지위가 달라지면 말투 또한 달라지는 까닭에 지위에 차이가 나는 경우에는 대화나 토론을 하려고 해도 제대로 할 수가 없다. 특히 한국어에는 '나'나 '너'를 대등하게 부를 수 있는 일반 호칭이 존재하지 않기 때문에 이러한 어려움을 더욱 크게 만든다. 즉, 한국어에는 영어와 중국어에 있는 'I'와 'You', '我'와 '你'에 해당하는 일반 호칭이 존재하지 않는다. 한국어에서 '나'와 '저', '당신'이나 '너'는 자신과 상대를 가리킬 수 있는 일반 호칭이 아니라, 서열에 따라 격을 높이거나 낮추어 일컫는 말이다. 특히 상대에게 '당신'이나 '너'를 사용하는 것은 나보다 낮은 지위에 있는 사람을 낮추어 일컫는 경우에 한정된다. 따라서 한국인이 나와 너를 대등한 처지에 놓고 대화나 토론을 하는 것은 불가능에 가깝다. 한 예로 한국인은 교사와 학생이 만나면 교사는 자신을 '나'라고 부르고 학생은 자신을 '저'라고 부르며, 교사는 상대를 '너'라고 부르고, 학생은 상대를 '선생님'이라고 부르는 방식으로 이야기를 주고받는다. 따라서 교사는 "나는 이렇게 생각하는데, 너는 어떻게 생각하느냐?"고 말하면 학생은 "저는 이렇게 생각하는데, 선생님께서는 어떻게 생각하십니까?"라고 말한다. 교사와 학생이 말투를 달리하기 때문에 두 사람이 대등한 처지에서 대화하고 토론하는 것이 근본적으로 불가능하다.

한국인은 존비어 체계로 말미암아 지위가 낮은 사람이 지위가 높은 사람의 의견을 긍정하기는 쉬운 반면에 부정하기는 어렵다. 지위가 높은 사람에게 높임말을 쓰는 것은 형식적 권위를 인정해주는 것을 말한다. 그런데 지위가 높은 사람의 의견을 부정하며 반박하는 것은 형식적 권위를 심각히 거부하는 행위로 인식될 수 있다. 권위가 높은 사람은 그것에 걸맞게 의견 또한 그만큼 훌륭해야 한다고 기대하기 때문이다. 이런 까닭에 한국 사회에는 윗사람의 의견에 무조건 동조하여 형식적 권위를 존중해주려는 사람들이 많다. 흔히 이러한 사람들을 '예스맨'이라고 말한다. 집단 속에 예스맨이 나타나 설쳐대기 시작하면 대화나 토론은 그것으로 끝장이다. 그렇기 때문에 한국인은 지위에 차이가 나면 아랫사람은 아예 처음부터 대화나 토론에 대한 기대를 접어버린다.

넷째, 한국인은 존비어 체계로 말미암아 지위와 서열이 달라

짐에 따라 말투를 바꾸는 과정에서 많은 어려움을 겪는다.

한국인은 부하가 승진하여 동일한 직위가 되거나 상사가 되는 경우에 서로 말투를 바꾸어야 한다. 그런데 이미 습관으로 굳어진 말투를 갑자기 바꾸는 일은 당사자 모두에게 여간 어려운 일이 아니다. 특히 부하가 승진하여 상사가 되는 경우에는 말투에서 심한 역전 현상이 일어나는 까닭에 서로 말투를 바꾸는 일이 대단히 어렵다. 그 결과 말투를 바꾸어야 하는 당사자 모두 난처한 처지에 놓여, 서로 대면하기를 피하려는 일까지 벌어진다. 만약 평소에 매우 가깝게 지내던 사람들이 갑자기 대면을 피하는 사이로 변한다면 심리적으로 엄청난 부담을 갖게 된다.

다섯째, 한국인은 존비어 체계에 내포된 다양한 선택 기준으로 말미암아 적절한 말투를 선정하는 데 많은 어려움을 겪는다.

한국인이 상대의 지위를 설정하고 말투를 결정하는 것은 나이, 직위, 항렬, 성별 등과 같은 여러 가지 기준을 동시에 적용하여 이뤄진다. 이런 까닭에 사람들은 동일한 대상을 놓고도 무엇을 기준으로 삼아야 할지 망설이는 일이 많다. 특히 자연적 나이와 형식적 지위가 엇갈리면 선택에 혼란을 가중시킨다. 즉 나이는 많은데 직위는 낮은 경우, 직위는 높은데 나이는 적은 경우, 나이는 많은데 항렬은 낮은 경우, 항렬은 높은데 나이가 적은 경우 등에서는 어떠한 말투를 사용해야 할지 망설이는 과정에서 어색한 광경들이 벌어진다.

특히 한국인은 형식적 권위와 실제적 권위가 어긋남으로써 수직적 질서를 명쾌하게 세울 수 없을 때 난처해하는 일이 많다. 예를 들어 항렬과 나이로 서열을 정할 때 항렬은 형식적 권위를, 나이는 실제적 권위를 나타낸다. 그런데 항렬과 나이가 어긋나는 경우를 당하면 한국인은 호칭과 말투의 선택과 사용에서 어려움을 많이 겪는다. 즉, 호칭과 말투를 놓고 나이가 적은 삼촌과 나이가 많은 조카, 나이가 적은 매형과 나이가 많은 매제, 나이가 적은 큰 동서와 나이가 많은 작은 동서의 사이가 어색하거나 어려워진다.

또한 한국인은 형식적 권위를 나타내는 간판과 실제적 능력을 나타내는 실력이 어긋나는 경우에도 매우 난처해한다. 특히 실력은 문제 해결을 위해서 무시할 수 없는 요소이기 때문에 실력은 있으나 간판이 빈약한 경우에는 문제가 매우 심각할 수 있다. 문제를 해결하기 위해서는 실력 좋은 사람이 필요하지만, 권위를 내세우기 위해서는 간판 좋은 사람이 필요하다. 이런 까닭에 개인이나 집단이 권위에 집착할수록 채용, 승진, 초빙, 초청 등을 해야 할 경우에 간판과 실력을 놓고 갈등하는 일이 많다.

이처럼 한국인은 존비어 체계에 내포된 차별과 억압 구조로 말미암아 다양한 갈등을 겪는다. 그 가운데서도 항렬 간 갈등, 세대 간 갈등, 직종 간 갈등, 직위 간 갈등 등을 심하게 겪는다. 이런 까닭에 한국인 가운데는 존비어 체계와 민주적 인간관계가 양립하기 어렵다는 사실을 경험하고 존비어 체계의 문제점을 지적하는 사람들이 간간이 있어왔다. 그러나 존비어 체계가 심각한 사회문제로 인식되지는 못했다.

존비어 체계와 사회 갈등

1. 존비어 체계와 가족 관계에서 발생하는 갈등

한국인은 존비어 체계를 바탕으로 가족 사이에도 항렬, 서열, 나이 등에 따라 지위를 구분하고, 지위가 높은 사람을 존대하고 낮은 사람을 하대하려고 한다. "찬물에도 순서가 있다"는 속담은 지위에 따르는 상하 관계를 강조하는 의미를 담고 있다. 그런데 이러한 형식적 권위가 강화되면 될수록 상황에 대한 고려나 배려가 어려워지기 때문에 갖가지 문제가 생긴다. 특히 문제를 더욱 어렵게 만드는 것은 항렬, 서열, 나이 등이 서로 어긋나서 얽혀 있는 경우이다. 즉, 한국인은 항렬과 나이, 서열과 나이가 어긋날 때, 항렬이나 서열을 나이보다 앞세우는 까닭에 나이가 많더라도 항렬이나 서열이 낮으면 상대에게 높임말을 붙여야 한다. 이 때문에 심한 경우에는 어른이 어린이에게 높임말을 써야 하는 매우 어색한 상황이 생긴다. 이로 인해 많은 어려움을 겪는 동시에, 이러한 어색함을 벗어나기 위해 다양한 편법을 동원하게 된다.

첫째, 조카는 자기보다 나이가 적은 삼촌이나 오촌 아저씨에게 높임말을 써야 한다. 과거에 아이가 생기는 대로 낳았던 시절에 대가족으로 어울려 살아갈 때 이런 일이 흔히 발생했다. 그런데 아저씨와 조카의 나이가 지나치게 많이 차이 나면 오로지 항렬만을 따질 수 없기 때문에 나이 적은 아저씨와 나이 많은 조카가 서로를 높여주는 양존법을 사용하는 일이 많았다. 또한 장손의 경우에는 같은 나이 또래에 견주어 항렬이 가장 낮은 경우가 많기 때문에 예외를 적용하여 항렬과 나이가 모두 어린 경우에도 서로를 높여주는 양존법을 사용하는 일이 많았다. 그런데 이처럼 존비어 때문에 서로의 관계가 어색해지는 경우에는 양존법을 사용하더라도 말을 주고받는 것 자체가 부담스럽고 어렵다. 이 때문에 될 수 있는 대로 말을 줄이거나, 아예 말을 하지 않게 된다. 어쩔 수 없이 말을 해야 하는 경우에는 상대의 호칭을 아예 생략해버리는 것은 물론이고 말끝 또한 흐리거나 얼버무리는 일이 많다.

둘째, 형제가 결혼으로 배우자를 맞아들이면 새로 들어온 사람들의 나이가 서열과 어긋나게 들쭉날쭉할 때가 많다. 형이 동생보다 나이 어린 아내를 맞아들이기도 하고, 동생이 형수보다 나이 많은 아내를 맞아들이기도 한다. 이렇게 되면 서열과 나이가 어긋나서 어려움을 겪게 된다. 학교의 동기가 형님과 아우가 될 수도 있고, 후배가 형님이 되고, 선배가 아우가 되는 일도 생긴다. 이렇게 되면 이전에 서로 부르던 것과 새롭게 불려야 하는 것 사이에 갈등이 발생한다.

셋째, 가족 가운데 재혼을 하는 경우에는 새로 들어오는 사람의 나이가 적어서 항렬과 나이의 불일치가 발생하는 일이 생긴다. 삼촌이 재혼을 한 경우에 새로 들어온 숙모가 조카보다 어린 경우가 흔히 있을 수 있다. 또한 형이 재혼을 한 경우, 새로 들어온 형의 처가 시동생이나 시누이보다 나이가 훨씬 적은 경우가 있을 수 있다. 그런데 시동생이나 시누이는 형의 처를 형수님이나 언니로 부르면서 높임말을 써야 한다. 이런 일을 당하면 서로 어색할 수밖에 없다. 그리고 심한 경우에는 아버지가 재혼을 했는데, 새로 들어온 어머니가 큰아들이나 큰딸보다 나이가 적을 수도 있다. 이렇게 되면 말투를 놓고 가족 모두 매우 난처한 상황에 빠진다.

넷째, 여자가 시집을 가는 경우에는 완고한 형식적 권위주의로 말미암아 며느리와 시부모의 갈등, 특히 며느리와 시어머니의 갈등이 확대될 수 있다. 시집을 가기 이전에 딸과 어머니는 비교적 자유스러운 말투로 편안하게 소통한다. 딸과 어머니의 관계는 아들과 아버지의 관계보다 한층 부드럽고 다정하다. 그런데 시집을 가면 며느리와 시어머니는 엄격한 형식적 권위주의 속에서 매우 완고한 말투를 사용하게 된다. 며느리 입장에서는 시어머니와의 관계를 친정어머니와 비교하기 때문에 시어머니를 더욱 어렵고 멀게 느끼게 된다. 이처럼 며느리가 시집살이의 낯섦에 말투의 낯섦까지 함께 겪어야 하는 까닭에 며느리와 시어머니의 관계는 더욱 어려워진다.

2. 존비어 체계와 업무 관계에서 발생하는 갈등

한국 사회가 산업화 과정을 거치면서, 사람들은 대부분 생업의 무대를 가정 밖에 있는 직장으로 옮기게 되었다. 이에 따라 직장에서 다른 사람들과 어울려 하는 업무가 인생의 승패를 좌우할 정도로 중요해졌다. 업무에 들이는 시간과 노력이 가정을 위해 들이는 시간과 노력보다 한층 많은 것을 볼 수 있다. 그런데 한국인은 업무를 할 때, 존비어 체계로 말미암아 말투의 선택을 놓고 갈등을 겪는 일이 많다. 말투 때문에 시비, 오해, 다툼 등이 벌어지면서 강한 스트레스를 불러오기도 한다.

한국인이 업무 관계에서 존비어 체계로 말미암아 경험하는 갈등 양상 가운데 대표적인 것들을 살펴보면 다음과 같다.

첫째, 한국인은 학교에서 맺어진 동문 관계에 기초하여 선배를 존대하고 후배를 하대하는 관행에 따라 차별과 억압을 경험하는 경우가 많다.

한국인은 중·고등학교, 대학교, 대학원에서 선후배는 존대와 하대 관계로 말을 주고받는다. 그런데 선후배가 존대와 하대 관계로 말을 주고받는 것은 학창시절에는 자연스러울 수도 있지만 나이가 들어가면서 많은 어려움을 가져온다. 한 예로 고등학교 3학년인 19세의 선배와 1학년인 17세의 후배가 서로 말투를 달리하여 낮추고 높이는 것은 스스럼이 없다. 그러나 40년이 지난 뒤에 57세의 선배와 55세의 후배가 서로 말투를 달리하는 것은 어색하기 짝이 없다. 이러니 57세의 선배와 55세의 후배가 말투에서 빚어지는 어색함을 회피하기 위해서는 아예 만나지 않는 것이 상책이다. 또한 대학은 중·고등학교와 달리 재수, 삼수 등으로 또래보다 늦게 입학한 사람들이 많기 때문에 학번이 동일해도 연령의 차이나 선후배 관계로 말미암아 서로 말투를 달리해야 하는 일이 자주 생긴다. 또한 대학에서 같은 학년에 재학하고 있어도 군에 갔다 온 사람과 그렇지 않은 사람은 나이에 차이가 있기 때문에 말투를 달리하는 일이 많다. 대학원 경우에는 한층 심하여 학번과 나이 사이에 큰 차이가 벌어질 수 있다. 그런데 대학원에서도 선배와 후배를 엄격하게 따지다 보니 말투를 선택하는 일이 보통 심각한 것이 아니다.

둘째, 한국인은 군대에서 맺어진 상하관계에 기초하여 상관을 존대하고 부하를 하대하는 관행에 따라 차별과 억압을 경험하는 경우가 많다.

한국인이 존비어 체계로 말미암아 차별과 억압을 가장 심하게 경험하는 경우는 군대에서다. 훈련소에서 신병교육을 이수하고 자대에 배치를 받으면, 병사들은 입영한 순서에 따라 엄격하게 서열이 매겨진다. 한 예로 9명으로 이루어진 분대 속에 김 병장, 박 상병, 이 일병, 최 이병 등이 함께 생활하면 계급에 따라 엄격하게 존비를 구분하는 말투를 사용한다. 최고참인 김 병장은 밑에 있는 박 상병, 이 일병, 최 이병을 모두 이름으로 부르며 하대한다. 그다음의 박 상병은 김 병장을 '김 병장님'으로 부르며 존대하고, 이 일병과 최 이병을 이름으로 부르며 하대한다. 이 일병은 김 병장과 박 상병을 '김 병장님'과 '박 상병님'으로 부르며 존대하고, 최 이병을 이름으로 부르며 하대한다. 최 이병은 김 병장, 박 상병, 이 일병을 모두 '님'으로 부르며 존대한다. 그런데 이들은 나이도 다르고, 학력도 다르다. 김 병장이 가장 나이가 어리고, 학력도 낮으며, 최 이병이 가장 나이가 많고 학력이 높을 수도 있다. 그런데 단지 입대한 순서 때문에 김 병장은 최 이병을 하인 부르듯이 이름으로 부르며 하대하고, 최 이병은 김 병장을 상전 모시듯 '님'으로 부르며 존대해야 한다. 이처럼 인격을 무시한 존비어 사용 관행에 제대로 적응하지 못하는 병사는 깊은 갈등에 빠지고, 극단적인 경우에는 자살까지 한다.

셋째, 한국인은 회사에서 맺어진 상하 관계에 기초하여 상사를 존대하고, 부하를 하대하는 관행에 따라 차별과 억압을 경험하는 경우가 많다.

한국인은 직장에서 윗사람과 아랫사람이 부모와 자녀 또는 형과 동생처럼 유사신분관계로 엮여서 살아간다. 따라서 윗사람과 아랫사람은 말투에서도 엄격하게 존비를 구분한다. 회장, 사장, 전무, 부장, 과장, 계장, 평사원으로 이어지는 직위의 위계는 말투의 위계를 형성한다. 그런데 직장에서는 가족 관계와는 달리 윗사람과 아랫사람의 관계가 변할 수 있기 때문에 갖가지 문제가 발생한다. 부하가 승진하여 동료가 되거나, 상사가 되었을 때, 서로 말투를 바꾸어야 한다. 부하가 상사가 된 경우에는 말투에서 완전한 역전 현상이 일어난다. 나에게 아양을 떨던 사람에게 내가 반대로 아양을 떨어야 하니 여간 어려운 것이 아니다. 특히 직장에서 학교의 선후배가 상사와 부하로서 형과 동생처럼 친하게 지내다가, 부하가 승진하여 동료나 상사가 된 경우에는 매우 난처한 상황에 빠진다. 직위가 낮은 선배가 직위가 높은 후배에게 높임말을 붙여야 하는 경우가 생긴다면 심리적으로 큰 부담을 안을 수 있다.

존비어 체계, 어떻게 할 것인가

오늘날 한국인에게 존비어 체계는 선택 이전에 운명으로 주어진 것이다. 그러나 어떤 것이 운명으로 주어졌다고 해서 언제나 사람이 그것을 마냥 그대로 가지고 살아야 하는 것은 아니다. 사람들은 운명조차 바꿀 수 있다고 생각하기에 어떤 이들은 한국어와 더불어 영어를 공용어로 사용해야 한다는 주장조차 서슴없이 드러낸다.

만약 한국인이 존비어 체계에 손을 댄다면 그것은 더욱 행복한 삶을 위해 모국어를 좀 더 아름답게 가꾸기 위해서일 것이다. 그러니 한국인이 존비어 체계에 손을 대는 일과 영어를 공용어로 하는 일과는 전혀 성격이 다르다. 그런데 한국인 가운데 영어를 공용어로 사용하자는 주장은 나오면서도 존비어 체계에 대해서는 별다른 주장이 나오지 않으니 매우 해괴한 일이다. 이것은 한국인은 자신들이 갖고 있는 문화를 가꾸어나가기보다는 밖에서 수입해서 쓰는 것에 더욱 관심을 기울여온 까닭이다.

한국인이 지금처럼 민주주의를 근간으로 행복한 삶을 살아가기 원한다면 차별과 억압을 강요하는 존비어 체계를 청산해야 한다. 이미 민주주의의 발전과 더불어 한국인은 존비어 체계를 사용하는 범위와 정도를 크게 축소시켜왔다. 그러나 한국인이 존비 구조의 틀 속에서 세상을 바라보고, 살아가는 기본 방식은 큰 변화 없이 유지되고 있다.

한국어의 존비어 체계는 단순히 예절 바르고 공손한 삶을 위해서 존재해온 것이 아니다. 존비어 체계는 지배적인 위치에 있는 사람들이 지배력을 더욱 확대하기 위해서 만들어놓은 언어 수단이다. 만약 존비어 체계가 단순히 예절 바르고 공손한 삶을 위한 것이라면 중국어나 영어와 같은 언어들도 당연히 존비어 체계를 갖고 있어야 한다. 그들 또한 한국인과 마찬가지로 예절 바르고 공손한 삶을 추구하기 때문이다.

한국인은 상하 서열을 엄격히 구분하는 존비어 체계를 사용하기 때문에 사물을 이해하고, 느끼고, 소통하는 방식 또한 상하 서열에 따른 수직적 방식이 중심을 이룬다. 이런 까닭에 존비어 체계는 한국인의 세계관과 가치 체계를 형성하는 데 중요한 역할을 해왔다. 오늘날 존비어 체계는 형식적 권위주의, 유사신분제, 과잉권력욕과 어울려 한국인과 한국 문화를 차별과 억압의 굴레로 몰아넣는 중요한 원인이 되고 있다.

그런데 한국인이 운명으로 주어진 존비어 체계를 수정하거나 청산하는 것은 문화의 바탕을 바꾸는 일이기 때문에 지극히 어렵다. 그러나 한국인이 민주적 인간관계를 발전시켜나가길 원한다면 다른 도리가 없다. 이미 다른 나라들에서도 민주적 인간관계의 확대를 위해서 존비를 나타내는 호칭을 의도적으로 수평적 호칭으로 바꾸어왔다.

영국이나 프랑스가 시민사회를 형성해나오는 과정에 호칭 체계에 많은 변화가 있었다. 영국에서 시민혁명이 진행되면서 상대의 지위에 따라 '당신'을 달리 부르는 두 낱말, 즉 높여서 부르는 'You'와 낮추어 부르는 'Thou'를 통합하여 모든 사람에게 동일하게 'You'만을 사용하게 되었다. 시민사회가 더욱 발전하면서 'Sir'라는 경칭조차 아주 특수한 경우에만 사용하게 되었다. 미국에서는 한걸음 더 나아가 'Sir'를 거의 사용하지 않게 되었다. 또한 프랑스도 대혁명을 거치면서 상대의 지위에 따라 '당신'을 달리 부르던 것을 수평적인 것으로 바꾸었다. 즉, 프랑스는 군에서 장교와 사병이 상대를 호칭할 때, 장교는 사병에게 'Tu(너)'로 부르고, 사병은 장교에게 'Vous(당신)'로 부르는 것을 모두 'Vous'로 부르도록 강제적으로 통일시켰다. 그 결과 장교와 사병이 모두 대등한 방식으로 호칭하게 되었다. 중국에서도 근대화를 이룩하는 과정에 전통적인 호칭 체계를 대대적으로 개혁하였다. '자(子)'처럼 특별히 상대를 높여서 호칭하는 방식을 청산해버렸다. 그 결과 오늘날 영어권, 프랑스어, 중국어에는 한국에서처럼 상대에게 '님'을 붙여 호칭하는 것은 존재하지 않는다.

한국인이 어떠한 삶을 바라는가에 따라 존비어 체계에 대한 입장이 달라질 것이다. 차등한 인간관계나 신분적 인간관계를 원하는 사람은 존비어 체계를 유지하려고 할 것이고, 대등한 인간관계나 민주적 인간관계를 원하는 사람은 존비어 체계를 없애려고 할 것이다.

만약 우리가 대등한 인간관계 내지 민주적 인간관계를 선호하여 존비어 체계를 청산하려고 한다면 어떻게 하면 가능할 수 있을까? 이때 우리는 사암 정약용이 신분제도에 대해 가졌던 생각에서 실마리를 얻을 수 있다. 사암은 「양반론」에서 지배층인 양반의 숫자가 늘어나 세상이 어지러워진다고 크게 걱정하는 것에 대해서, 사암은 모든 사람들이 양반이 되는 세상을 바란다고 했다. 왜냐하면 모든 사람이 양반이 되면 자연히 상놈이 없어지게 될 터이니, 양반과 상놈의 구분이 존재하지 않는 평등한 세상을 이루게 된다. 실제로 오늘날 우리는 신분제도를 청산한 사회에서 살아가다 보니, 모든 사람을 평등하게 '이 양반', '저 양반'으로 부를 수 있게 되었고, 그 결과 자연히 '양반'이나 '상놈'이라는 말조차 거의 사용하지 않게 되었다.

　마찬가지로 우리가 모든 사람에게 높임말을 붙이면 자연히 낮춤말이 없어져서 말이 평등해지고, 인간관계가 더욱 대등해질 것이다. 말이 평등하지 않은 상태에서 인간관계가 평등해지기를 바라는 것은 음식을 먹지 않은 상태에서 배부르기를 기다리는 것과 같다. 차별 가운데 가장 근본적인 차별이 바로 말에서의 불평등이다.

　그런데 한국인 가운데는 아직도 많은 이들이 존비어 체계를 없애면 윗사람이 권위를 세우기 어려워 예절이 무너지고 질서가 사라질 거라고 걱정한다. 이것은 조선 시대에 많은 사람들이 신분에 따라 옷을 달리 입지 않으면 권위를 세우기 어려워 세상이 망할 것으로 생각한 것과 같다. 그러나 오늘날 대통령, 장관, 말단 공무원이 동일한 형태의 옷을 입어도 세상을 망하지 않고 잘 버티고 있다. 예절을 지키고 질서를 잡기 위해서는 존비어 체계가 꼭 필요하다고 생각하는 이들은 존비어 체계를 사용하지 않는 나라의 사람들이 어떻게 살아가는지 전혀 생각해 보지 않는다. 이들은 호칭을 갖고서도 얼마든지 권위를 세울 수 있고, 규범과 법으로 예절을 지키고 질서를 잡을 수 있다는 것을 알지 못한다. 오늘날 중국인이나 영국인은 존비어 체계를 갖고 있지 않지만, 사람들이 권위를 세우고, 예절을 지키고, 질서를 잡는 데 아무런 문제도 되지 않는다.

　다음으로 한국의 지식인들이 지금까지 존비어 체계를 남의 일처럼 대해온 사실에서 잘 알 수 있듯이, 그들은 예나 지금이나 삶에서 소외된 학문에 골몰하고 있다. 지식인들은 이 땅에서 이뤄지는 우리의 삶에 기초하여 따지고 묻는 공부를 해온 것이 아니라, 외국에서 수입한 교과서의 내용을 무기로 삼아 무식한 사람들을 무시하고 압제하는 공부를 해왔다. 지식은 유식함을 뽐내는 도구이고, 출세를 쟁취하는 수단이다. 따라서 지식인으로 출세하는 것은 제대로 소화도 되지 않은 지식으로 무식한 사람들을 현혹하여 세상을 끌고 다니는 사람이 됨을 뜻한다. 그러니 지식인들이 입만 열면 '우리'를 말하지만, 정작 '우리말', '우리 문화', '우리 사회'를 진지하게 따지고 묻지는 않았다.

한국인은 오천 년 역사를 자랑하지만 학문에서는 초라하기 그지없다. 지식인들이 언제나 선진국만을 바라보는 소외된 학문 태도를 벗어나지 못하기 때문에 창의적인 학문을 바라볼 수가 없다. 조선 시대 오백 년만 하더라도 그 많은 선비, 교과서, 문집, 향교, 서원, 서당이 있었음에도 불구하고 우리의 삶을 기초로 창의적으로 학문한 학자는 열 손가락으로 꼽을 수 있을 정도이다. 그리고 이들은 당대에 위세를 떨치던 당당한 선비들이 아니라, 학문과 권력의 중심에서 벗어나 외로운 길을 가야 했던 이들, 즉 김시습, 서경덕, 허준, 유형원, 박지원, 정약용, 김정희, 최한기 등이었다.

우리는 한글을 만든 이가 왜 학문을 업으로 삼는 선비가 아니고, 정사에 바쁜 임금이었는지 깊이 새겨보아야 한다. 세종대왕은 선비들이 그런 일을 꿈에서조차 생각할 수 없다는 것을 잘 알고 있었기 때문에 직접 나서서 한글을 만들었다. 정인지, 성삼문과 같은 집현전 학자들은 세종의 뜻을 받들고 도왔을 뿐이다. 이런 까닭에 선비들은 주희와 여조겸이 편찬한 『근사록』, 즉 '생활의 가까운 것에서부터 도를 찾는다'라는 제목의 책을 줄줄이 외면서도 도무지 '생활의 가까운 곳에서 도를 찾는 일'에는 관심을 기울이지 않았다. 선비들이 관심을 집중한 것은 중국에서 수입한 교과서들을 주석조차 한 글자 고치지 않은 상태에서, 줄줄이 외워서 유식한 사람으로 멋을 내면서, 무식한 백성들을 이리 메치고 저리 메쳐서 혼을 빼놓는 일이었다. 그러니 선비들이 4백 년 동안 인의예지(仁義禮智)와 예의염치(禮義廉恥)를 밤낮으로 공부했지만 학문이 공담으로 치닫고 정치가 부패로 치달아 나라까지 잃게 된 것은 당연한 일이었다.

한국인이 존비어 체계의 문제점을 이해하고, 그것을 해결해 나가는 것은 매우 어려운 일이다. 존비어 체계에 손을 대는 것은 단순히 말을 고치는 것이 아니라, 그 속에 서열 의식, 권위주의, 차별과 억압 등으로 얽혀 있는 이해관계를 바꾸어나가는 것을 뜻하기 때문이다. 따라서 존비어 체계를 고쳐나가는 것에 대한 공감대를 형성하는 것도 어려울 뿐만 아니라, 고치려고 노력하더라도 하루아침에 될 수 있는 일도 아니다. 그러니 무엇보다 먼저 존비어 체계가 지니고 있는 사회적 의미를 분명하게 깨닫고 무엇이 문제인가를 명확히 이해하는 일에서 모든 것이 시작되어야 한다.

갈등 해결을 위한 대화의 과정과 진행자의 역할[1]

강영진

갈등해결학 박사, (사)한국갈등해결센터 공동대표. 저서로 『갈등 해결의 지혜』(일빛, 2009), 『갈등 분쟁 해결 매뉴얼』(성공회대출판부, 2000)이 있다.

'이상적 대화 상황'은 '이상'인가?

1. 하버마스의 '이상적 담화 상황'

의사소통(communication) 및 담론(discourse)과 관련해 하버마스가 '이상적 담화 상황(ideal speech situation)'의 조건으로 제시한 것은 다음 세 가지 원칙이다.

1) 말하고 행동할 수 있는 모든 주체는 대화에 참여하는 것이 허용된다.

2a) 어떤 주장에 대해서든 누구나 질문하는 것이 허용된다.

2b) 누구든 자신의 주장을 펴는 것이 허용된다.

2c) 누구든 자신의 태도와 열망과 욕구를 표현하는 것이 허용된다.

3) 누구든 내외의 강압에 의해 위와 같은 권리를 행사하는 것을 금지당하지 않는다.[2]

요컨대, 자유롭고 공평한 의견 개진 및 질문을 통해 진정한 형태의 담론이 이뤄질 수 있다는 것이다. 그의 핵심 개념인 '공론장(public sphere)'은 바로 이러한 세 가지 원칙이 통용되는,

---

1 이 글은 『소통문화의 지형과 지향: 소통을 낳는 대화, 대화를 낳는 문화를 위하여』(대화문화아카데미 편, 대화출판사, 2010, 117~152쪽)에 실린 글을 재수록한 것이다.(편집자주)

2 Juergen Habermas, *Discourse Ethics: Notes on Philosophical Justification*. In *Moral Consciousness and Communicative Action*, 86. Cambridge: MIT Press, 1990.

이상적 대화 공간이다. 근대 영국, 프랑스 등 서구에서 민주주의를 꽃피운 핵심은 바로 시민(bourgeois)사회의 공론장이었으며, 현대사회에서 쇠락한 공론장을 되살리는 길은 이러한 이상적 대화 상황을 구현하는 데 있다고 주장했다.

하버마스는 진실(truth) 그리고 합의(consensus) 역시 '담론윤리(discourse ethics)'가 관철되는 이상적 대화 상황을 통해 형성된다고 보았다. "각 주체가 자유롭게 담론에 참여하고, 쟁점이 되는 규범이 결과적으로 각자의 관심사를 충족시킬 것으로 기대될 때 합의가 이뤄질 수 있다"[3]는 것이다.

하버마스가 말하는 공론장이 실제로 존재했는지, 이상적 대화 상황이 현실적으로 어느 정도나 가능한지에 대해서는 관련 학계에서 논란이 많다. 다만, 한 가지 분명한 것이 있다. 이상적 대화 상황을 구현하는 것은 쉽지 않은 일이란 사실이다. 비단 한국 사회에서만 그런 것이 아니다.[4]

---

3 위의 책, 93쪽.

4 이 책의 주제가 한국 사회 대화문화의 현실을 진단하고 미래의 방향을 제시하는 것이기에 이 대목과 관련해 한 가지 첨언하고자 한다. 우리 사회의 대화문화를 서구와 비교하며 자조적으로 논하는 이들이 많은데, '비대칭적 비교의 오류'에 의해 오도된 결론인 경우가 대부분이다. 대화의 문화, 소통의 문화가 없다는 주장이 단적인 예다. 지면상, 그에 대한 반증만 하나 들겠다. 조선의 정치사회 체제는 숙의와 소통을 골간으로 했다는 연구 결과가 속속 나오고 있다. 공론정치가 단적인 예다(박현모, 「조선 왕조의 장기 지속성 요인 연구1: 공론정치를 중심으로」, 『한국학보』, 2004, 30~31쪽. 박홍규·이세형, 「태종과 공론정치: 유신의 교화」, 『한국정치학회보』, 2006, 40~43쪽). 조선 시대 재야 유학자들(사림) 사이엔 하버마스가 말하는 공론장과 같은 요소가 있었다는 것이 임혁백의 결론이다.(임혁백, 「한국 정치에서의 소통」, 고려대학교 소통연구회 3차 회의 발표문, 2007) 왕이 육판서 삼정승을 임명할 때도 "당대의 지식인 집단인 사림의 공론에 입각했다."(정옥자, 「역사의 눈: 왕과

'이상(ideal)'이란 말이 암시하듯, '이상적 대화'가 이뤄지기 힘든 것은 기실 어느 사회에서나 큰 차이가 없다.

특히 가까운 사람들 간의 일상적 대화(conversation)가 아니라, 다양한 이해관계와 가치관을 가진 사람들이 중요한 사안이나 심각한 주제에 대해 논의할 때, 혹은 갈등 당사자들이 대화를 통해 문제를 해결하려고 할 때는 더더욱 '이상적 담화 상황'에서 멀어질 수밖에 없다.

이 글에서 말하는 '대화'란 후자, 즉 'conversation'이 아닌 'dialogue'다. 개인적, 집단적 혹은 사회적으로 중요한 문제를 놓고 진지한 논의를 통해 상호 이해와 문제 해결을 모색하는 상황에서의 '대화'를 가리킨다. 주로 상정하는 것은 갈등 상황이다. 갈등 당사자들이 대화를 통해 서로를 깊이 이해하고 상생적 해결을 모색하는 과정에서 바람직한 대화를 이루는 길을 살펴보고자 한다.

2. '이상적 대화'를 위한 두 가지 요건

별 부담 없는 일상적 담화 상황이 아니라, 서로 간에 진지하게 논의해야 할 문제(혹은 갈등)가 있는 상황에서 이뤄지는 대화는 그만큼 장애물이 많을 수밖에 없다. 그러한 장애를 극복하고 이상적인 대화가 이뤄지기 위해 필요한 것은 크게 두 가

대통령」, 『동아일보』, 2002.4.14)는 점에서 서구의 공론장이 국가에 대해 가졌던 위상 및 기능과 크게 다르지 않다.

지다. 하버마스가 말한 '이상적 담화 상황'도 이를 통해 실제로 구현될 수 있다.

첫째는 체계적인 대화의 틀 혹은 프로세스다. 대화를 할 때는 상호 이해, 문제 해결, 합의와 화해 등 어떤 목적이 있기 마련이다. 그것이 무엇이든 간에 유의미한 결실을 맺으려면 목적과 상황에 맞게 일정한 수칙과 절차에 따라 체계적으로 대화가 이뤄지도록 할 필요가 있다. 대화의 형태나 프로세스는 다양하게 개발되어 있다. 느슨한 형태의 일반적 대화(dialogue)에서부터 전문적인 갈등 해결 프로세스(mediation, analytical problem-solving workshop 등)까지 수준과 밀도, 성격과 형식 면에서 제각각 다르다. 대화의 주제, 목적, 참석자의 규모와 상호 관계, 갈등의 수준과 상황 등에 따라 적합한 것을 택해 적용하면 된다. 이 글에서는 좀 더 밀도 있고 목적의식적인 대화(facilitated dialogue)[5], 그리고 전형적인 갈등 해결 프로세스인 중조(仲調, mediation)[6]를 중심으로 대화의 과정을 자세히 살펴본다.

---

[5] 'facilitated dialogue'는 전문적인 진행자(facilitator)에 의해 진행되는 대화를 말한다. 특정 주제 혹은 갈등 사안(쟁점)을 놓고 좀 더 밀도 있고 체계적인 대화를 하고자 할 때 쓰인다.

[6] 미디에이션(mediation)은 갈등 당사자들이 대화를 통해 서로에 대해, 그리고 갈등 사안 및 상황에 대해 깊이 이해하고 문제를 해결해 상생적으로 갈등을 해결할 수 있도록 제3자(mediator, 주로 갈등 해결 전문가가 맡는다)가 돕는 일련의 과정을 가리킨다. 미국 등 서구에서 가장 대표적인 갈등 해결 프로세스로 폭넓게 활용되고 있다. 현대적인 미디에이션에 해당하는 우리말은 없다. 흔히 '중재(仲裁)' 혹은 '조정(調停)'으로 옮겨 쓰기도 하나, 맞지 않다. 중재(arbitration)는 쟁점 사안에 대해 제3자가 결정을 내림으로써 갈등을 종결하는 방식이다. 조정(conciliation)은 전통적인 분쟁 해결 제도로서, 대체로 제3자(주로 공적 기구나 상급자)가 해결책(조정안)을 제시해 당사자들이 받아들이도록 함으로써 다툼을 그치게 하는 것을 말한다. 현대적

'이상적 대화'를 위해 또 한 가지 필요한 것은 진행자의 역할이다. 전문적인 진행 역량(facilitation skills)을 갖춘 진행자(facilitator) 혹은 중조인(mediator)이 대화의 프로세스를 주관하고 대화를 효과적으로 진행하도록 하는 것이다. 그래야만 대화가 중구난방으로 흐르지 않고 원만하게 이뤄질 수 있다.

여기서 말하는 대화 진행자는 회의의 의장(chair person)이나 사회자(moderator)와는 크게 다르다. 단순히 사회를 보는 정도가 아니라, 대화의 준비 단계에서부터 최종 마무리 단계까지 모든 과정을 기획-주관-운영하는 이를 가리킨다. 대화 진행자의 주요 역할을 예시하면 다음과 같다.

대화 기획 및 구성

대화 주제, 갈등 사안 및 상황에 맞는 대화의 구조와 프로세스를 설계하고 참석자를 선정하는 등 대화 테이블을 기획-구성하는 일(planner/convenor/table setter)이 진행자의 첫 번째 임무다.

대화의 교통정리

참석자들 간에 의사소통이 원만히 그리고 안전하게 이뤄지도록 하는 일이다. 대화의 수칙을 지키면서 절차에 따라 상호 충

분쟁 해결 제도상으로는 구속력 없는 중재(non-binding arbitration)에 해당한다. 따라서 미디에이션에 해당하는 우리말을 새로 만들 필요가 있다. 필자는 미디에이션을 '중조(仲調)'라 번역해 쓰고자 한다. 미디에이션에 가장 가까운 우리말인 '거중조정(居中調停/整)'의 줄임말이자, 가운데에서 돕는다는 뜻에서 '중조(仲助)'의 의미도 내포할 수 있기 때문이다. 이에 대한 자세한 논의는 졸저 『갈등 해결의 지혜』(도서출판 일빛, 2009) 참조.

돌 없이 순조롭게 이야기가 오고 갈 수 있도록 교통경찰의 역할을 하는 것이다.

상호 이해 및 문제 해결 촉진

참석자들 간의 대화가 평행선을 달리거나 충돌 혹은 탈선하지 않고 바람직한 방향으로 진전되도록 해야 한다. 참석자들이 서로를 진정 이해하고 문제를 규명하고 상생적인 해결책을 찾을 수 있도록 하는 촉매제, 촉진제, 혹은 예인선의 역할을 하는 것이다.

균형 잡기

대화 참석자들 간에 힘 또는 정보 지식 자원의 불균형 문제가 심각해 진정한 대화가 이뤄지기 힘든 경우가 적지 않다. 그럴 때 상대적 약자에 대한 힘주기(empowering) 등을 통해 균형을 맞추도록 하는 것 또한 진행자의 임무 중 하나다. 그래야만 대화가 온전히 이뤄지고 그 결과도 보다 정의롭게 될 수 있다.

대화의 준비 및 진행 과정에서 진행자가 해야 할 역할의 구체적인 내용과 기법은 대화의 진행 단계 및 상황에 따라 다르다. 다음 장에서 자세히 살펴보도록 한다.

대화의 진행 과정과 진행자의 역할

일반적인 대화는 물 흘러가듯이 그냥 편하고 자연스럽게 해도 된다. 하지만 중요한 주제를 논의해야 하거나 갈등이 있는 상황에서는 다르다. 풀어야 할 문제가 있고 이뤄야 할 목표가 있기 때문이다. 참석자들이 서로 대립적 혹은 적대적인 관계에 있는 경우도 많다. 서로 주장이 팽팽히 맞서고 감정까지 동반돼 상호 충돌할 가능성도 적지 않다.

갈등을 푸는 대화에는 일정한 흐름이 있다. 공적인 사안에서도 그렇고, 가까운 사람들 간에 어떤 문제를 놓고 사적으로 얘기할 때도 그렇다. 대략의 흐름을 염두에 두고 대화에 임하면 크게 도움이 된다. 갈등 해결을 위한 대화는 대략 다음의 다섯 단계로 이뤄진다.

1. 준비-시작 단계
2. 갈등 풀어놓기
3. 쟁점 논의 및 문제 규명
4. 문제 해결
5. 합의 및 화해

얘기하다 보면 앞뒤로 왔다 갔다 하기도 할 것이다. 하지만 크게 볼 때 이러한 흐름으로 대화가 이뤄지고 갈등이 해결된다. 각 단계별로 중요한 사항, 그리고 진행자의 역할과 기법을 살펴보면 다음과 같다.

1. 대화 준비 및 시작

한 해 농사는 겨울에 결판난다고 한다. 종자 보관, 파종할 작물 선정, 거름 만들기, 농지 임대 계약 등 중요한 일이 겨울에

다 이뤄진다. 대화도 마찬가지다. 대화의 성패를 좌우하는 중요한 작업은 대화 시작 전에 이뤄진다. 갈등 분석을 토대로 사안에 맞는 대화 형태와 절차를 구상하고 대화 구조를 설계하고 참석자를 선정하는 일 등이다.

한겨울 입춘 즈음부터 실제 봄 농사가 시작돼 농민들의 손길이 분주해진다. 대화 또한 사실상 준비 단계에서부터 시작된다. 진행자가 챙겨야 할 일도 많다. 관련 인사들을 만나 대화 테이블 참석자를 정하고 그들과 의논해가며 대화 구조와 수칙, 진행 방식 등을 정하는 것이다. 이 모두 진행자가 대화로 풀어갈 일들이다. 이후 진행될 대화의 기틀을 잡는 대단히 중요한 일이기도 하다. 대화 준비 및 초기 단계에서 진행자가 해야 할 주요 임무는 다음과 같다.

사안에 대한 기초 조사 및 대화 구조 설계

대화 진행 혹은 갈등 중조를 맡게 됐을 때 우선 필요한 일은 대화의 주제 또는 갈등 사안에 대한 기본적인 이해다. 사안의 성격, 갈등의 구조와 진행 과정, 주요 당사자 및 상호 관계 등에 대해 알아본다. 문헌 조사(언론 보도, 관련 연구 자료 등) 및 관련자 인터뷰 등을 통해 사안에 대해 가능한 한 깊이 파악할 필요가 있다. 유사한 갈등 사례의 진행 및 해결 과정에 대해서도 알아보면 도움이 된다. 그렇게 수집한 자료 및 정보를 토대로 갈등을 분석하고 그에 맞는 대화 형태와 구조, 진행 과정 등을 구상한다.

대화 참석자 선정

누가 대화 테이블에 참여하도록 할 것인지 정하는 일은 대단히 중요하다. 그 자체가 관련자들 사이에 쟁점이 되기도 한다. 경우에 따라 쉽게 정해지기도 하지만, 사안이 복잡하고 관련 당사자도 많을 경우 면밀한 접근이 필요하다.

주의할 것은 해당 사안에 직접 관련된 혹은 직접적인 이해관계가 있는 당사자 그룹(primary interest groups)이 빠짐없이 참여하도록 해야 한다는 점이다. 그렇지 않을 경우 나중에 다시 갈등이 벌어질 수 있다. 참석 인원은 대화의 효과적인 운영을 위해 최대 25명을 넘지 않도록 하는 것이 좋다.

당사자가 개인이 아닌 조직이나 집단일 경우 그 사안에 관해 권한과 책임이 있는 대표가 직접 참석하도록 하는 것이 원칙이다. 상황에 따라 실무자 또는 대리인이 참여할 수도 있지만, 어디까지나 보조적이고 제한적이다. 참석자들 서로 간에 격이 어울리도록 하는 것도 필요하다.

참석자 선정 문제는 갈등 사안에 대한 조사 및 분석을 기초로 진행자가 대화의 기본 구도를 짠 뒤 관련 당사자들과 협의해서 정하도록 한다. 참석자의 범위 및 인선 문제를 둘러싸고 당사자들 간에 이견이 있을 수 있다. 대화나 협상은 사실상 이때부터 시작되는 셈이다.

일정 지역의 주민이나 중소 규모 상공인들처럼 조직화가 안 된 집단이 당사자일 경우도 있다. 그런 때는 집단적 의사를 효과적으로 집약-대변할 수 있는 구조를 만들고 구성원들이 신뢰할 수 있는 대표자를 선정하도록 지원해줄 필요가 있다. 중조인 또는 진행자에게 조직자(organizer)의 역할까지 요구되는 것은 그런 경우다. 이는 상대적 약자 그룹에 대한 힘주기의 일환이기도 하다.

대화 의제, 일정, 장소 등 협의

대화 참석자가 확정되면 이후 대화 석상에서 논의할 주요 의제와 일정, 장소 등에 대해 당사자들과 협의해서 결정한다. 갈등 분석을 통해 진행자가 선별한 주요 쟁점과 의제를 제시해 당사자들의 의견을 듣고 추가 보완 등 조정을 거쳐 잠정 계획을 세운다. 이는 차후 대화 진행의 기틀을 잡는 중요한 일이다. 참석자들이 모두 모여 본격 대화를 시작할 때 할 수도 있지만, 사안이 중대하고 복잡할 경우 사전 예비 모임에서 논의해 정하는 것이 좋다.

장소 선정에도 유의해야 한다. 무엇보다 중요한 것은 여러 면에서 중립적인 곳이어야 한다는 점이다. 어느 한 당사자와 직접 관련 있는 곳은 피하도록 한다. 조용하고 편안하고 안전한 곳이어야 함은 물론이다. 무겁고 심각한 사안일수록 일상 세계에서 벗어나 휴양지 같은 곳에서 숙박을 함께하며 대화하는 것이 효과적이다.

대화 참석자에 대한 오리엔테이션

대부분의 참석자들은 중조 등 대화 형태나 진행 방식에 대해 생소할 수 있다. 따라서 사전에 대화 진행 절차 등에 대해 설명해주는 것이 필요하다. 아울러, 효과적인 대화-협상의 기본적 방법을 알려주면 참석자 자신들에게도 유익하고 이후 대화의 원만한 진행에도 크게 도움이 된다.

대화 자리의 모양새, 좌석 배치

대화 자리를 준비할 때 주의를 기울여야 할 것이 자리 배치다. 어떤 모양으로 앉아서 얘기하느냐가 대화의 흐름과 내용에 미묘한 영향을 준다. 특히 갈등이 심각하고 감정이 고조됐을 경우 그렇다. 갈등 상황 및 참석 인원, 당사자들 간 상호 관계에 맞게 효과적인 자리 배치가 되도록 한다.

노사 간 단체교섭 때 하는 것처럼 양측이 일렬로 대좌하는 식은 피하는 것이 좋다. 대치하고 있는 적군 간에 휴전회담을 하는 것도 아닌데, 대립적 분위기만 자아내기 때문이다. 가능한 한 원탁에 둥그렇게 앉도록 하는 것이 좋다. 흔히 대화 모임을 '라운드 테이블(round table)'이라 부르는 것도 그래서다. 처음엔 아무래도 그룹별로 따로 앉게 된다. 대화가 진행되면서 분위기가 풀리면 자연스럽게 섞여 앉도록 하는 것이 상호작용을 촉진하는 데 도움이 된다.

참석 인원이 많지 않을 때는 진행자를 중심으로 삼각형이 되도록 한다. 서로 감정이 고조돼 있는 경우 양측이 정면으로 마주 보지 않고, 각자 45도 정도로 진행자를 향하도록 하는 것이 좋다. 서로 얼굴을 마주 대하고 감정 섞인 얘기를 하다 보면 감정이 더 악화돼 정면충돌할 위험이 높아지기 때문이다.

서로 간에 특별한 감정 없이 함께 직면한 문제를 풀기 위한 자리라면 어떤 세팅도 무방하나 가장 좋은 것은 'ㄴ' 자 형태로 앉는 것이다. 원탁이든 사각 테이블이든 진행자를 사이에 두고 서로 60~90도 각도로 앉아서 서로의 얼굴과 탁자 위의 자료 혹은 메모를 번갈아 보며 얘기하는 식이다. 가장 우호적이고 협동적인 분위기를 자아내는 자리 배치다. 대화가 막바지에 이르면 자연스럽게 그런 모양이 되기도 한다.

우호적 분위기 조성

대화 일정이 시작돼 참석자들이 처음 모였을 때 진행자가 우선 해야 할 중요한 일은 우호적인 분위기를 조성하는 일(rapport building)이다. 갈등이 심각하거나 대화 주제가 무거울수록 분위기가 굳고 어색해진다. 날씨나 스포츠, 취미 활동 등 부담 없는 공통의 화제로 얼음장 같은 공기를 깨는 것(ice-breaking)이 좋다. 논의 주제와는 별도로 참석자들이 인간적으로 가까워질 수 있는 계기를 마련하면 이후 대화가 훨씬 원만하게 진행된다. 한 예를 들어보자. 전 소련 공산당 서기장 고르바초프는 2002년 11월 하버드 대학교에서 열린 초청 강연회에서 미소 정상회담의 막후 일화를 다음과 같이 공개했다.

제네바에서 첫 회담을 할 때였다. 나는 레이건 대통령에 대해 '진짜 공룡(a real dinosaur)'이라고 내 주변 사람들에게 이야기했다. 레이건 대통령은 나에 대해 '진짜 고집불통 공산주의자(a real diehard Communist)'라고 했다. 그런데 얼마 후 레이건이 나에게 말했다.

"먼저, 우리 이름(first name)으로 부르도록 합시다. 나는 당신을 '마이클(Michael, 고르바초프의 이름 미하일의 영어식 애칭)'이라

할 테니, 당신은 나를 '론(Ron, 레이건의 이름 로널드의 애칭)'이라고 부르세요."

그다음부터 상황이 변하고 서로의 관계가 좋아지기 시작했다. 우리는 함께 중요한 결정을 할 수 있었고, 궁극적으로 많은 쟁점을 해결할 수 있었다.[7]

냉전을 종식시키고 세계사의 흐름을 바꾼 역사적 계기는 의외로 이렇게 작은 데서 시작된 셈이다. 레이건 특유의 친화력이 발휘된 대목이기도 하다. 사실 이런 '이름 부르기'를 통한 우호적 분위기 조성법은 서구 사회에서 대화나 모임을 할 때 흔히 쓰인다. 잘 모르는 사람끼리 만나서 어느 정도 친해졌을 때 공식 직함이나 성(Mr./Ms. ○○○) 대신 이름(first name), 특히 애칭으로 불러달라고 하는 것이 친근감을 나타내고 우호적 분위기를 만드는 대표적인 방법이다. 하지만 우리의 경우 이름을 둘러싼 문화가 다르기에 그대로 쓰기는 힘들다. 우리 문화에 맞으면서 대화 상황 및 당사자들 간 관계에도 어울리는 방법으로 친근하고 우호적인 분위기를 조성하는 것이 진행자의 임무다.

대화 수칙 정하기

본격 대화에 들어가기 전에 마지막으로 해야 할 것이 있다. 대화 진행의 기본 수칙(ground rules)을 정하고 주지시키는 일이

---

[7] "Mikhail Gorbachev 'Looking Back on Perestroica'", *Harvard University Gazette*, 2002.11.14.

다. 효과적인 대화, 혹은 하버마스가 말한 '이상적 담화'가 이뤄지도록 하는 데 가장 중요한 일이기도 하다. 어떤 것인지 실례를 통해 살펴보자.

데이비드 봄(David Bohm)은 양자 이론을 정립한 미국의 이론물리학자다. 자연과학자로선 특이하게 대화의 방법에 대해 연구해 『대화론(On Dialogue)』이란 책을 쓰기도 했다. 프린스턴 대학교에서 아인슈타인과 함께 지낸 바 있는 그는 아인슈타인, 하이젠베르크, 보어 등 20세기의 위대한 물리학자 세 사람의 생애와 업적을 추적하면서 중대한 사실을 발견했다. 세 사람은 늘 서로 간에 진솔하고 열린 대화를 통해서 그때그때 놀라운 돌파구를 찾아내곤 했다는 것이다.[8]

그들은 고대 그리스에서 소크라테스와 그의 동료들이 사용했던 대화법을 따랐다고 한다. 당대의 다른 과학자들이 서로 경쟁의식 속에 자기만의 연구를 고수하거나 함께 만나 얘기하더라도 서로 겉돌기만 했던 것과는 아주 대조적이었다. 이 세 거장이 위대한 성취를 이뤄낼 수 있었던 데는 그런 대화의 힘이 크게 작용했다는 게 봄의 결론이었다.

소크라테스를 비롯한 고대 그리스의 철학자들은 진정한 대화를 통해 코이노니아(koinonia, 친교, 동료 정신, 우의)를 형성하고 철학을 발전시킬 수 있었다. 그들이 했던 대화는 서로의 생각을 교환하고 함께 진리를 찾아나가기 위한 것이었다. 그런 면

---

[8] Michael Michalko, Koinonia: Einstein's Brainstorming Secret, http://www.creativethinking.net

에서 단순한 토론(discussion)과 달랐다. 논쟁이나 언쟁은 더더욱 아니었다.

그러한 대화를 위해서 소크라테스와 동료 철학자들이 수립한 '대화의 7원칙'은 다음과 같았다.

1. 대화를 확립할 것(Establish dialogue)
2. 의견을 교환할 것(Exchange ideas)
3. 강변하지 말 것(Don't argue)
4. 말을 도중에 자르지 말 것(Don't interrupt)
5. 주의 깊게 들을 것(Listen carefully)
6. 자신의 생각을 명료하게 할 것(Clarify your thinking)
7. 솔직하게 임할 것(Be honest)[9]

대화는 서로의 생각을 나누고 함께 발전시키고 서로를 깊이 이해하고 공동의 문제를 해결하기 위한 것이다. 다른 사람을 설득하거나 생각을 바꾸도록 하려는 게 아니다. 위의 7가지 원칙은 그러한 대화를 가능하게 하는 기본 장치인 셈이다.

이러한 수칙을 지키면서 대화하면 자신의 생각을 부담 없이 얘기하게 되고 정보가 자유롭게 교환되고 창의적인 아이디어가 만들어진다. 공동의 문제를 해결하기 위한 돌파구도 그 과정에서 만들어진다. 이런 식으로 해서 아인슈타인과 그의 동료들도 연구상의 문제를 해결하고, 각각 또는 함께 위대한 업적을 이룰 수 있었던 것이다.

---

9 위의 글.

특히 갈등 상황에서는 감정이 격한 상태이기 때문에 대화가 어려울 수 있다. 그럴수록 이러한 원칙을 서로 지키면서 얘기하도록 할 필요가 있다. 그래야만 대화가 이뤄지고 갈등이 풀려나갈 수 있다. 소크라테스의 대화 7원칙 중에는 상황에 따라 어울리지 않는 것도 있다. 서로 적대적 감정이 강한 경우엔 더욱 그렇다. 구체적인 상황에 맞게 취사선택하여 적용하면 될 것이다.

일반적으로 대화나 갈등 상황에서 당사자들이 지켜야 할 최소한의 수칙으로 꼽히는 것은 두 가지다.

첫째, 서로 비난이나 인신공격은 하지 않도록 하자(no personal attack).

둘째, 상대방이 말할 때 도중에 자르지 말고 일단 끝까지 듣고 나서 자기 얘기를 하도록 하자(no interruption).

이 두 가지는 어떤 대화나 토론 자리에서도 반드시 지켜져야 할 핵심 원칙이다. 미국에서 갈등 해결 전문가가 갈등을 중조할 때도 이 두 가지를 당사자들에게 약속 받고 시작한다. 이 두 가지만 잘 지키면, 대화 도중 서로 감정이 격앙돼 사태가 악화되는 것은 막을 수 있다.

대화를 시작할 때 진행자는 기본 수칙을 참석자들에게 제시하고 동의를 얻도록 한다. 메모지를 준비했다가 나눠주는 것도 좋다. 상대방 얘기 중 사실과 다르다든지 해서 말을 자르고 바로잡고 싶을 때가 있을 텐데, 그런 때는 메모해두었다가 상대방 얘기가 끝난 뒤에 하도록 하는 것이다.

공식적인 대화나 협상에서는 진행 수칙을 좀 더 구체적으로 정해놓고 시작하는 것이 효율적이다. 상황에 따라 다르겠지만, 논의할 의제, 대화 일정과 시한, 진행 방법 등을 사전에 명확히 할 필요가 있다. 참석 인원이 많고 시간이 한정돼 있을 경우 발언 시간과 순서까지 정하기도 한다.

  1989년 베를린 장벽 붕괴 이후 독일 통일 협상이 벌어졌다. 동-서독 대표들은 수많은 난제를 단기간에 논의해 합의를 이뤄야 했다. 대화의 효율적 진행이 대단히 중요한 상황이었다. 서독 대표 볼프강 쇼이블레(내무장관)와 동독 대표 귄터 크라우제(정무장관)는 따로 만나 협상 진행 방법을 논의했다. 이념과 체제가 전혀 다른 양측 정부 대표들이 모이는 자리이므로 자칫 협상이 아닌 세미나 토론장으로 흐를 위험이 있다고 보고, 어떤 경우에도 잡담이나 장황한 이야기 식의 토론은 삼가도록 했다. 이를 위해 양쪽 테이블에 마이크를 하나씩만 설치하고, 의견을 말할 때는 이동 마이크를 통해서만 이야기하도록 했다. 대화 진행 과정에서 양측 대표만이 발언권을 행사하기로 했다. 다른 참석자가 의견을 말할 때는 협상 대표의 허락을 받고 발언하도록 했다. 성공리에 통독 협상을 마친 후 쇼이블레는 "기본 원칙이 사전에 합의되면 될수록 사람들은 도량 넓게 행동할 수 있다는 옛 경험담이 사실로 증명된 셈"이라고 회고했다.[10]

---

10 볼프강 쇼이블레, 『나는 어떻게 통일을 흥정했나』, 한우창 옮김, 동아일보사, 1992, 119쪽.

2. 갈등 풀어놓기와 상호 이해

대화가 본격 시작되는 2단계에서 할 일은 참석자들 간에 이야기를 주고받는 일(story-telling)이다. 대화 주제나 갈등 사안에 대해 참석자들이 각자 하고 싶은 중요한 이야기를 하고 듣는 과정이다. 갈등을 탁자 위에 풀어놓는 일이기도 하다.

먼저, 참석자들이 차례로 여는 말(opening statement)을 한다. 소송 절차로 친다면 모두진술에 해당한다. 사안과 관련한 자신의 기본적 생각과 그 배경, 바라는 것 또는 우려하는 것, 갈등으로 인해 힘든 점이나 현재 심정, 저간의 사정과 주변 상황 등 제한 없이 하고 싶은 말, 상대방에게 알리고 싶은 것, 강조하고 싶은 것을 충분히 이야기하도록 한다.

여는 말이 모두 끝나면 자연스럽게 후속 라운드로 이어진다. 상대방 이야기에 대해 공감이나 이해를 표하기도 하고 비판하고 바로잡으려 하게 된다. 자신의 한 말에 대해 부연, 해명, 강조하는 이야기도 하게 된다. 이렇게 참석자들 사이에서 이야기가 몇 바퀴 오고 가다 보면 서서히 초점이 생기고 이야기의 큰 가닥이 잡혀나간다. 가능한 한 충분한 시간을 확보해 부담 없이 하고 싶은 얘기를 모두 털어놓도록 하는 것이 좋다.

이 과정은 당사자들과 진행자(중조인) 모두에게 중요한 의미를 갖는다. 당사자로서는 그동안 가슴속에 담아두었던 이야기를 풀어내는 해원(解冤)의 한 마당으로서의 의미가 크다. 당사자 상호 간 및 갈등 상황에 대한 이해를 새롭게 하고, 쌓였던 오해와 감정을 해소할 수 있는 기회이기도 하다. 진행자로서도 각 당사자 및 갈등 사안에 대해 생생하고 깊숙이 알 수 있게 된다.

갈등이나 논란의 당사자들이 만났을 때 흔히 벌어지는 현상이 있다. 이런 과정을 생략한 채 곧바로 서로의 주장이나 요구사항을 놓고 논전을 벌이는 것이다. 그러다 보면 끝없는 평행선을 달리거나, 기껏해야 적당한 타협책을 찾는 데 골몰하게 되곤 한다.

오로지 이해관계를 다투는 단순 사안인 경우엔 그래도 무방할 것이다. 하지만 갈등이 깊거나 가치관 혹은 인간적 욕구(human needs)가 개입된 문제를 논의할 경우엔 다르다. 갈등을 풀어놓는 과정이 반드시 필요하다. 이 과정을 건너뛰고 바로 쟁점 논의나 해결책 찾기에 들어가면 대화가 오히려 더 꼬이기 쉽다. 적당한 합의점을 찾아 매듭지은 듯 보여도 사실 미봉책이어서 갈등이 재발하기 십상이다. 서로에 대한 깊은 이해나 갈등의 근본 원인에 대한 성찰 없이 피상적 이슈에 함몰됐기 때문이다.

이 단계를 진행할 때 진행자가 주로 할 일은 참석자들 간에 의사소통이 원활하게 효과적으로 이뤄지도록 하는 것이다. 의사소통은 두 가지 차원에서 이뤄진다. 첫째는 말(이야기)의 소통, 둘째는 의미(메시지)의 소통이다. 이를 위한 진행자의 역할 역시 크게 두 가지다.

첫째, 대화의 교통경찰 역할이다. 교통경찰이 사거리에서 자동차의 흐름이 충돌이나 막힘 없이 원활하게 이어지도록 하듯이, 진행자는 참석자들 간에 이야기가 원활하게 오갈 수 있도록 해야 한다. 대화 수칙을 지키며 상호 간 감정 충돌 없이 안전하게 이야기를 주고받을 수 있도록 하는 것이다. 갈등 당사자들 간에 이루어지는 대화의 경우, 그동안 눌러놓았던 속내와 심정을 상대방에게 직접 전면적으로 드러내는 예민한 과정이다. 그만큼 충돌 사고가 일어날 위험이 높다. 따라서 진행자의 세심한 주의와 역량이 요구된다. 특히 갈등이 심각하거나 상호 간에 부정적 감정이 강한 경우, 자칫 갈등을 더 키우고 상호 관계를 악화시킬 수 있으니 주의해야 한다.

둘째, 상호작용의 촉매 역할이다. 이야기에 담긴 의미(메시지)가 서로에게 충실히 전달되고 이를 통해 긍정적 변화가 일어나도록 하는 일이다. 이야기를 주고받는 과정에서 참석자 간에 오해와 감정이 풀리고, 서로에 대해, 그리고 갈등 사안에 대해 공감과 이해의 폭이 넓어지도록 대화를 이끌어야 한다.

진행자가 이 두 가지 역할을 수행하는 데 필요한 주요 기법과 역할은 다음과 같다.

관심사/니즈/문제 중심 화법

대화 초반에 참석자들이 말할 때 가급적 상대방에 대한 비판·비난보다는 자신의 생각, 관점, 감정, 관심사, 니즈 문제 등 자신에게 가장 중요한 것에 초점을 맞춰 이야기하도록 유도한다. 특히 갈등 당사자 사이에 감정이 격앙될 때에는 '나전달법(I-Message)'이 유용하다. 상대방이 아니라 '나'(1인칭)를 주어로 자신의 관심사와 감정을 이야기하도록 하는 것이다.

대화 전 오리엔테이션 때 또는 대화 초기 수칙을 얘기할 때 미리 참석자들에게 화법에 대해 간략히 안내를 해주면 도움이 된다. 대화 진행 과정에서는 간추려 말하기(paraphrasing), 공감

(empathy), 질문하기(questioning) 등을 통해 말하는 이의 부정적 감정이 해소되도록 하면서 이야기의 초점이 자연스럽게 관심사와 문제 쪽으로 옮겨가도록 한다.

진행자의 적극적 듣기를 통한 소통 촉진

대화에서 가장 중요한 것은 말하기가 아니라 듣기다. 특히 대화 초반에는 진행자가 적극적 듣기(active listening) 자세로 참석자의 얘기를 들음으로써 대화 석상의 경청 분위기를 유도할 필요가 있다. 진행자의 적극적 듣기는 경청을 바탕으로 간추려 말하기, 공감, 인정, 질문 등을 함께 하면서 듣는 것을 말한다. 이를 통해 참석자들 간의 의사소통, 감정 해소, 대화의 원만한 진행이 이뤄질 수 있다.

간추려 말하기(summarizing/paraphrasing) 등을 통해, 말하고자 하는 메시지가 진행자를 통해 다른 참석자들에게도 제대로 전달되고 있음을 확인시켜준다. 간추려 말할 때 중요한 것은 말하는 이의 본뜻을 살려주는 일이다. 화자의 감정 상태도 최대한 반영하도록 해야 한다.

간추려 말할 때, 비난성 표현이나 비아냥 등 말 속에 박힌 가시는 빼고 중화시킴(reframing/neutralizing language)으로써, 듣는 이에게 거부감 없이 전달되도록 할 필요가 있다.

공감, 알아주기(acknowledging), 정당화(validating) 등을 통해, 말하는 이의 부정적 감정이 안전하게 배출·해소되도록 한다.

적절한 질문으로, 말하고자 하는 바가 충실히 표현·이해되도록 하고 이야기의 초점을 관심사/니즈/문제에 맞추도록 한다.

갈등의 전모 파악

초기 대화의 원만한 진행과 함께 이 단계에서 진행자가 해야 할 중요한 일은 대화 주제 및 갈등 상황 전반에 대해 총체적으로 파악하는 일이다. 참석자들의 이야기를 들으면서 진행자의 머릿속에는 대화 주제 혹은 갈등 사안의 전모가 그려지게 된다. 물론 참석자들의 이야기 내용이 기본 자료가 되지만, 그 못지않게 혹은 그 이상으로 중요한 것이 있다. 대화의 분위기, 참석자들의 태도, 말투와 표현을 주의 깊게 살피면서 그 속에 깔린 깊은 관심사, 니즈, 중요한 문제 등을 읽어내는 일이다.

대화 준비 단계에서 파악된 것도 있겠지만, 정작 중요한 점들은 당사자들이 직접 대면해 서로 간에 갈등을 풀어놓는 과정에서 드러난다. 이 과정에서 진행자가 파악해야 할 주요 사항은 다음과 같다.

갈등의 내용, 진행 과정, 현재 상황
- 왜, 무엇을 다투나?
- 언제 어떻게 시작됐고 그 사이 어떤 일이 있었나?
- 현재 어떤 상태인가? 갈등의 수준은?

주요 쟁점의 내용과 현황
- 대화 주제 혹은 갈등 사안에 대한 각 당사자의 주요 주장과 인식은?
- 주장이나 요구 사항의 근거나 기준은?
- 각 당사자의 주장 간 공통점과 차이점은?

- 당사자들의 주장이나 문제 인식이 어떤 점에서 왜 차이가 나게 됐나?
- 당사자 상호 간에 오해나 편견은 없는가? 있다면, 무엇인가?
- 각 당사자에게 가장 중요한 것 혹은 진정 원하는 것은? 어떻게 해결되길 바라나?

당사자들의 상황과 상호 관계
- 각 당사자 및 이들이 대표하는 집단/조직의 성격, 상황은?
- 당사자들은 원래 어떤 관계인가? 지금은?
- 서로 간의 관계에서 가장 중요한 것 혹은 문제되는 것은 무엇인가?
- 앞으로 어떤 관계를 원하나?

갈등 주변 상황
- 각 당사자들의 의사 결정에 영향을 미치는 요소/여건/사람은?
- 사회적인 관심도나 여론의 향배는?
- 언론 보도 등 갈등 및 대화 진행에 영향을 미치는 환경적 요소는?

대화의 초점 형성 및 진전

참석자들 간에 이야기가 오가는 과정에서 대체로 대화의 초점이 자연스럽게 형성된다. 하지만 중구난방 혹은 논점 이탈의 상태가 필요 이상으로 지속될 때도 적지 않다. 또, 참석자들 간에 대화의 초점이 형성되더라도 어느 한쪽으로 쏠리거나 너무 지엽적인 쪽으로 치우치는 경우도 있다.

이런 때에는 대화 촉진자로서의 역할이 중요하다. 앞서 소개한 대로 진행자는 먼저 대화 주제 혹은 갈등 사안에 대해 총체적으로 이해한 뒤 이를 토대로 중요하다고 판단되는 지점에서 대화의 초점이 형성되도록 이끌어야 한다. 아울러, 그 초점이 우왕좌왕하며 크게 흔들리거나 뒤로 역주행하지 않고 자연스럽게 전진하도록 유도하는 일도 필요하다. 논의의 가닥을 잡고, 중간중간 매듭을 지어주면서 다음 단계로 나가도록 해주는 것이다.

3. 쟁점 논의 및 문제 규명

2단계에서 대화 주제 혹은 갈등 사안 및 상황의 전반적 내용이 파악되면 3단계로 넘어간다. 쟁점을 논의하고 문제를 구체적으로 탐색해나가는 단계다. 대화 주제나 갈등 사안과 관련하여, 서로 간의 충돌 지점을 확인하고 왜 그런 차이점이나 상충점이 생겼는지, 갈등의 근본 원인이 어디에 있는지, 어떤 문제에 초점을 맞춰야 이견을 해소하고 갈등을 해결할 수 있을 것인지 함께 모색하는 것이다.

대화 주제 혹은 갈등 사안에 대한 이야기를 하고 듣는 과정에서 서로 간에 부딪치는 지점이 드러난다. 그것이 쟁점(issue)이다. 서로의 주장, 요구 사항, 관심사, 니즈가 상충되는 지점이다. 그런 쟁점을 추려 하나하나 차례로 논의한다. 서로의 주장이나 관심사에서 같은 점은 뭐고 다른 점은 뭔지, 왜 그런 차이나 상충점이 생기게 된 것인지 이야기하는 것이다. 그러다 보면 해소되는 것도 있고, 끝까지 상충되는 상태로 남는 것도 있게 된다.

쟁점이 되는 사안을 양파 껍질 벗기듯 파고들어갔을 때 끝에 알맹이 같은 것이 남는다. 서로가 원하는 것을 함께 이루는 데 결정적으로 걸림돌이 되는 것, 그것이 바로 갈등 당사자들이 함께 풀어야 할 문제(problem)다. 서로 간에 궁극적으로 부딪치는 지점이자 갈등의 핵심이다. 갈등의 원천(source of conflict)이기도 하다.

서로가 알고 있는 사실 관계나 근거 기준이 달라서일 수도 있고, 원천적인 불신 또는 구조적인 문제 때문일 수도 있다. 이러한 문제를 구체적으로 정확히 파악해야만 그에 맞는 해결책을 찾아 갈등을 근본적으로, 그리고 서로 만족스럽게 해결할 수 있다.

서양 속담에 "악마는 디테일에 있다(The devil is in the details)"는 말이 있다. 문제는 거창한 데 있기보다는 디테일, 즉 세밀하고 구체적인 곳에 있는 법이다. 특히 공공 영역의 갈등 사안에는 관련 이해 당사자도 많고 쟁점과 문제도 그만큼 복잡하게 얽혀 있는 경우가 많다. 따라서 쟁점을 분명하게 정리하고, 각 쟁점 사안을 하나씩 집중 논의하면서 풀어나가야 문제가 무엇인지 구체화할 수 있다.

쟁점을 논의하고 문제를 규명하는 과정에서 중요한 점, 참고

할 사항은 다음과 같다. 특히 진행자는 이러한 점들을 염두에 두고 쟁점 논의 및 문제 규명 작업이 효과적으로 이뤄지도록 이끌어야 한다.

표면상 주장보다는 깊은 관심사에 초점

대화 참석자 혹은 갈등 당사자들은 대체로 자신들의 주장 혹은 요구 사항을 내세우고 어떻게든 관철하는 데 몰두한다. 서로 간에 그러한 주장이나 요구 사항이 양립 불가능하기 때문에 상호 대립하고 충돌이 벌어지는 것이다. 여기에만 초점을 맞추면 대화는 끝없는 평행선을 달리게 된다. 그런 주장이나 요구 사항 밑에 깔려 있는 궁극적인 관심사를 알아내고 주로 거기에 초점을 맞춰야만 진정한 문제가 드러나고 해결 과정으로 나아갈 수 있다.

주장/입장(position)은 갈등 사안과 관련해 각 당사자가 갖고 있는 결론이나 해결책, 그리고 그 근거들로 구성된다. 각 당사자/참석자 나름대로 수집-정리한 일련의 논리, 사실 관계, 자료, 감정 등으로 꽉 채워진다. 배타적인 속성을 갖고 있으며 서로 간에 소통 불가능(incommensurability)한 경우가 많다. 상대방을 공격하기 위한 창, 자신을 방어하기 위한 방패로 완전무장돼 있다. 서로 여기에만 몰두하면 충돌만 벌어질 뿐, 삼투작용은 일어나기 힘들다.

관심사(interest/concern/needs)는 각 당사자가 그런 주장이나 요구 사항을 통해 진정 얻고자 하는 것, 이루려고 하는 것, 혹은 우려하는 것, 꼭 필요한 것, 심리적-사회적으로 꼭 충족돼야 하는 것(needs) 등을 말한다. 상대방에게 쉽게 이해되고 받아들여질 수 있게 된다. 대부분의 경우 배타적이지 않다. 현재로선 양립 불가능하더라도 문제 해결 과정을 거쳐 상호 충족시키는 길을 찾을 수 있다.

날 선 주장이 아니라 깊은 관심사에 초점을 맞춰 이야기하면 다음 네 가지 변화가 일어난다.

첫째, 상대방에 대해 이해하게 된다. 상대방이 왜 그런 주장을 하는지, 그 문제가 상대방한테 왜 그렇게 중요한지, 상대방이 얼마나 진정 그것을 원하는지, 자신의 주장이 왜 상대방에게 받아들여질 수 없는지 등을 알게 된다. 상대방의 심정과 상황도 보다 정확히 알 수 있다.

둘째, 당사자 자신을 보다 잘 알게 된다. 사람들은 때로 자신이 진정 원하는 것이 무엇인지 잘 모르는 경우가 적지 않다. 특히 갈등 상황에서 당사자들은 종종 무의식중에 반사적으로 자기의 입장을 세우고 고수하게 된다. 진행자 그리고 갈등 상대방과 함께 이야기하다 보면, 자신의 표면적 주장 속에 가려졌던 것, 즉 진정 자신이 원하는 것, 자신에게 정말 중요한 것, 필요한 것, 숨겨진 자신의 감정 등을 비로소 깨닫곤 한다.

셋째, 서로 마음의 문을 열게 된다. 서로 간에 핏발 선 주장이 아니라 그것에 덮여서 안 보이던 진정 어린 마음에 맞닥뜨리게 되면 '아, 그래서 그랬구나' 하며 이해하고 그러면서 마음이 움직인다. 상대방의 진심을 이해하고 자신의 내면도 돌이켜 보게 되면, 마음의 문이 열리고 서로를 위해 무엇을 어떻게 하는 것이 좋을지 모색하는 단계로 넘어간다.

넷째, 쟁점을 재구성하게 된다. 궁극적으로 무엇 때문에 서로 간에 의견 충돌 혹은 갈등 분쟁이 벌어졌는지를 알게 되고, 이를 해결하기 위해 어떤 문제를 논의하고 풀어가야 하는지 쟁점을 명확히 정리하고 문제를 규명할 수 있게 된다.

이 단계에서 진행자 또는 중조인이 해야 할 가장 중요한 일은 논의의 초점이 주장에서 관심사로 옮겨가도록 하는 일이다. 갈등 당사자들이 자신의 기존 입장을 고수하며 강변을 계속할 경우 적절한 질문을 통해 그 밑에 깔린 진정한 관심사(underlying interests/needs)가 무엇인지 드러나도록 해야 한다.

관심사 탐색의 열쇠는 '왜?(Why?/For what?)'라는 질문이다. 이를테면 "왜 ○○○을 요구하시는 거죠?", "그런 주장을 하시는 특별한 이유가 있을 것 같은데……?" "그 문제가 ○○○님께 왜 그렇게 중요한지 말씀해주시겠습니까?" "○○○님께서 그 말씀을 거듭 강조하시는 데는 특별히 우려하는 점이 있기 때문인 것 같은데, 우려하시는 것이 무엇인지요?"라고 묻는 것이다.

이때 참석자가 여러 가지 이유로 자신의 속내를 드러내길 꺼릴 수도 있다. 그 경우 중조인은 개별 모임(caucus)을 갖고 비공개를 전제로 그 당사자와 따로 만나 얘기를 들은 뒤 이후 진행에 참고하도록 한다.

관심사/목표에 따른 문제 유형

갈등 당사자들의 관심사 혹은 추구하는 목표는 그 대상의 성격에 따라 크게 세 가지 유형으로 나뉜다. 이해관계(interests),

가치관(values), 니즈(human needs)가 그것이다. 유형에 따라 논의 과정 및 해결 접근법이 달라진다. 진행자는 쟁점 밑에 깔린 당사자들의 관심사/목표가 다음 중 어떤 성격의 것인지 파악하고 그에 맞는 접근법을 찾아가도록 해야 한다.

이해관계 갈등 당사자들이 궁극적으로 다투는 것이 물질적·정신적 자원(resources) 혹은 그런 자원을 사용·통제·배분하는 권한(power) 등인 경우다. 이해관계 충돌에 따른 문제를 풀 때는 통합·분해·분배적 해법이 적용된다. 대부분의 경우 타협·절충도 가능하다.

가치관 갈등 신념·성향·사상·종교 등 정신적 가치·기준이 서로 다르거나 충돌하는 점이 근본 원인으로 작용하는 경우다. 이해관계와는 달리 타협이 불가능한 속성을 지니고 있다. 상호 이해를 토대로 존이구동(尊異求同, search for common ground)을 모색하는 것이 바람직하다.

니즈 갈등 개인 혹은 집단(국가 포함)이 정상적으로 존재를 유지-영위하려면 반드시 충족되어야 할 인간적 욕구(human needs)가 있다. 그러한 욕구가 억압·좌절·침해됨으로 인해 벌어지는 갈등을 니즈 갈등이라 한다. 니즈는 인간에게 가장 중요한 것이기에 다른 어떤 갈등 유형보다도 심각한 형태를 띠는 것이 특징이다. 분노 등 감정적 문제도 대부분 니즈의 문제와 연결돼 있다.

의식주 및 생식, 휴식 등 생물학적 욕구 외에 사회적 존재로서의 인간에게 가장 중요하고 필수적인 욕구를 '인간의 기본적 욕구(basic human needs)'라 한다. 학자들마다 견해가 다르나 갈등해결학계에서 공통적으로 인정하는 인간의 기본적 욕구는 네 가지, 즉 안전(security), 정체성(identity), 자기결정(self-determination), 인정(recognition)이다.

'인간의 기본적 욕구' 이론을 정립한 존 버튼(John W. Burton)에 의하면, 이러한 기본적 욕구가 억압·침해되면 갈등은 불가피하게 일어나며, 그 욕구가 충족될 때까지 갈등이 지속된다.[11] 다른 어떤 갈등보다 심각한 양상으로 전개되는 것이 특징이다. 민족, 종교 등 정체성에 기반한 갈등(identity-based conflict)이 대표적인 예다. 이해관계와는 달리, 이러한 기본적 욕구는 타협이 불가능하다. 이러한 갈등을 해결하려면 침해·억압 상태를 해소하고 욕구를 충족시킬 수 있는 길을 찾아야 한다.

문제의 성격과 소재 파악

갈등 당사자 혹은 대화 참석자들이 추구하는 이해관계/가치관/니즈를 구체적으로 파악한 뒤, 이를 상생적으로 혹은 상호 공정하게 충족-구현하는 데에 궁극적으로 걸림돌이 되는 요인을 찾아내야 한다. 그것이 바로 풀어야 할 핵심 문제다. 쟁점을 논의하는 과정에서 끝내 해소되지 않고 궁극적인 상충점들이 남는데, 이들 역시 해결해야 할 문제들이다. 그러한 문제는 그 소재(所在)에 따라 다음 세 가지로 대별된다.

사실관계 문제 쟁점이 되는 사안의 실상이 객관적으로 명확하

---

11 John W. Burton, *Conflict: Resolution and Provention*, New York: St. Martins Press, 1990a. John W. Burton, *Conflict Human Needs Theory*, New York: St. Martins Press, 1990b.

지 않거나, 그 구체적인 내용에 대해 당사자들이 서로 다른 입장을 취해 다툼이 생기고 쟁점이 해소되지 않는 경우다. 상호 간의 오해, 객관적인 정보나 자료의 부족, 같은 사실에 대한 해석의 차이 등에서 기인한다.

상호 관계 문제 애초에 당사자들 간의 관계에 문제가 있어 이 때문에 갈등이 야기되거나 문제 해결이 어려운 경우다. 풀리지 않은 채 남아 있는 과거의 갈등, 원한, 분노, 피해 의식, 서운함 등으로 당사자 간의 관계에 균열이 생긴 것이 주요인이다. 오해나 편견 등으로 상대방에 대해 부정적인 태도를 취하거나, 그 외 여러 가지 이유로 당사자 간에 의사소통이 잘 안 되거나 대화 자체를 거부하는 경우도 해당된다.

구조적 문제 갈등 분쟁의 맨 밑바닥에는 이미 구조화된 문제가 도사리고 있는 경우가 많다. 특히 특정 당사자들 사이에 유사한 분쟁이 거듭되면 그들 사이의 관계 또는 그 주변 상황에 어떤 근본적인 문제가 있기 때문일 가능성이 많다. 구조적 폭력(structural violence)이나 모순 구조 등 사회 전반의 구조적인 문제에 기인하는 경우도 있다. 이러한 내재적인 갈등 구조 때문에 당사자 간의 관계가 늘 긴장되거나 균열이 생기기도 한다. 쟁점을 탐색하고 문제를 규명할 때 이러한 구조적 문제가 갈등의 기저에 깔려 있지 않은지 확인할 필요가 있다. 구조적 문제 때문에 갈등이 발생했을 경우 어떤 식으로든 그 문제를 다루지 않고서는 진정한 해결이 불가능하기 때문이다.

4. 문제 해결

앞의 3단계에서 쟁점이 구체화되고 문제가 무엇인지 명확해지면 이제 문제 해결 단계로 들어간다. 문제가 규명됐다는 것은 갈등 당사자 혹은 대화 참석자들 간에 문제가 공유됨(shared problems)으로써 그 문제를 함께 풀어갈(joint problem-solving) 기반이 만들어졌음을 의미한다. 문제 해결 방법은 쟁점의 성격 및 문제의 유형에 따라 다르다.

진행자/중조자로서 문제 해결 과정을 이끌 때는 다음 두 가지 사항을 염두에 두고 진행하는 것이 좋다.

첫째, 먼저 문제 해결의 기본적인 방향과 원칙부터 합의해놓고, 그에 준해 구체적인 방안을 정해나가는 식으로 하면 효과적이다. 어떤 문제에 대해 서로 받아들일 만한 해결책을 곧바로 찾을 수도 있지만, 잘 안 될 때도 많다. 특히 이해관계가 크게 걸려 있거나 심각한 사안일 경우 웬만해서는 선뜻 합의하기가 힘들다. 문제 해결의 대원칙을 먼저 세우고 그에 준해 점차 세부 사항을 정해나가는 식으로 하면 보다 원만하게 문제 해결이 이뤄질 수 있다.

둘째, 해결책 창출을 위해 고안된 특별한 형태의 모임을 활용한다. 브레인스토밍, 분석적 문제 해결 워크숍, 소그룹(caucus)/실무 그룹(working group)/하위 그룹 모임(subgroup meeting) 등 다양하다.

분석적 문제 해결 워크숍(APSW, Analytical Problem-Solving Workshop)은 갈등 당사자 측의 고문이나 측근 참모들이 모여 갈등 해결 전문가/학자의 진행(facilitation)하에 먼저 갈등을 체계적으로 분석한 뒤 그에 맞는 해법을 함께 만드는 것이다. 원래 국가 간 전쟁이나 민족 간 내전 등 심각하고 뿌리 깊은 갈등의 해법을 모색하는 과정에서 개발돼 현장검증을 거치며 발전해왔다. 세계적으로 극심한 분쟁에 적용돼 많은 효과를 거둬왔다. 국내의 심각하고 복잡한 갈등 사안에도 적용할 수 있다.

하위 그룹 모임은 갈등 당사자 대표(대화/협상 참석자)가 아니라 각 대표를 보좌하는 전문적 실무 그룹이 모여 각 쟁점 사안 및 문제 유형별로 다양한 해결 방안을 탐색한 뒤 대화/협상 대표에게 제시하는 것이다. 각 당사자 그룹의 내부 회의(caucus)와 병행해서 이뤄지도록 하는 것도 효과적이다.

문제 유형별 해법

사실관계 문제 사실관계상의 문제를 해결하는 과정은 3단계로 이뤄진다. 우선 1단계에서는 문제 해결의 방법과 절차를 논의하고 확정한다. 사실관계를 둘러싼 이견을 해소하기 위해서는 어떤 데이터가 필요한지, 그 데이터를 어떤 절차와 방법으로 수집할 것인지, 수집된 데이터를 어떻게 해석-적용할 것인지 등 사실 조사의 대강을 사전에 논의하고 합의하는 것이다. 이에 따라 만들어진 결과에 따르기로 한다는 원칙도 확인한다.

2단계에서는 앞서 합의된 틀에 따라 조사 작업을 진행한다. 사실관계 조사-확인 방법은 크게 두 가지다. **첫째**, 공동 조사(joint fact-finding)다. 갈등 당사자들이 공동으로 조사단을 구성해 함께 실태를 조사하고 사실을 확인하는 것이다. 당사자 대표들이 직접 조사에 참여할 수도 있고 당사자들이 각자 혹은 공동으로 추천한 전문가 등 대리인이 조사를 수행할 수도 있다. 이때 중요한 것은 조사단 진행자(조사위원회 및 각 분과위 위원장/의장)이다. 위원장 혹은 의장만큼은 중립적인 인사가 맡도록 해야 한다. **둘째**는 중립적 사실 조사(neutral fact-finding)다. 당사자들이 동의할 수 있는 외부의 중립적인 전문가나 기관에 사실 조사를 의뢰하는 것이다.

마지막으로 3단계는 갈등 당사자들이 조사 결과를 검토-확인하고, 해석-적용하는 일이다. 사전에 협의된 가이드라인에 따라 조사 결과를 놓고 관련 사안을 협의해 최종 협상/결정을 하는 것이다.

상호 관계 문제 대부분의 갈등에는 밑바닥에 상호 관계상의 문제가 깔려 있다. 표면상의 쟁점을 해소하는 것 이상으로 중요한 것은 갈등 당사자 간의 정상적인 관계를 회복하고 진정한 화해를 이룰 수 있도록 하는 것이다. 특히 관계 중시형 문화가 강한 우리 사회에서는 이 부분이 대단히 중요하다.

상호 관계상의 문제는 크게 두 가지 유형이 있다. **첫째**, 오해, 편견, 고정관념(stereotyping), 불신, 적대감 등 갈등 당사자들이 서로에 대해 갖고 있는 부정적 태도와 감정이다. 이러한 문제는 앞의 2, 3단계에서 깊은 대화를 통한 상호 이해, 그리고 원인이 된 다른 문제의 해결을 통해 해소되도록 한다. 대체로 이전에 당사자들 사이에 발생한 갈등이 풀리지 않은 채 남아 있어 그 때문에 감정의 앙금이 쌓여 있는 경우가 많다. 그런 경우 그 갈등을 함께 풀도록 해야 한다. 서로 간에 상충하는 가치관 때문에 적대적 관계가 형성되는 경우도 있다. 이 경우, 깊은 대화를 통한 존이구동 등 가치관 갈등 접근법을 적용해 적대적 관계를 해소하도록 한다. 이에 대해서는 뒤에 별도로 상술한다.

둘째, 상호 관계상에 존재하는 구조적 문제다. 서로 간의 의사소통 방식이나 구조에 문제가 있을 수도 있고, 상호 불공정한 관계가 근본 원인으로 작용할 수도 있다. 서로 간에 역할-권한-책임 관계가 불분명하게 설정돼 있거나 어긋남으로 인해 충돌이 자주 빚어지고 적대감이 형성된 경우도 있다. 의사소통 방식이나 구조를 개선하고, 상호 관계상의 불공정성을 바로잡고, 상시적인 갈등 해결 시스템을 마련하는 등 문제의 소재와 성격에 맞는 접근법으로 해결하도록 한다.

구조적 문제 갈등 당사자를 둘러싼 상황, 시스템, 제도, 정치-경제-사회-문화 체제 등 당사자 외부의 요인에 의해 갈등이 벌어지는 경우가 적지 않다. 왜곡된 제도나 관행, 차별·배제·억압 등 모순적인 사회 구조, 어느 한쪽에 일방적인 피해나 희생을 강요하는 구조 등이 여기에 해당한다. 가장 심각한 예 중 하나가 요한 갈퉁이 말하는 '구조적 폭력(structural violence)'이다.

조직 내에 존재하는 구조적 문제의 경우, 구조/업무 과정 혁신(restructuring/re-engineering) 또는 효과적인 문제 해결 시스템의 도입(dispute systems design) 등을 통해 해소하도록 한다. 한 조직/집단의 범위를 넘어 사회 전반에 고착된 구조적 문제의 경우 문제 해결이 대단히 어렵고 시간도 많이 걸린다. 지속적이고 집단적이고 장기적인 문제 해결 노력이 필요하다.

상황에 따라 아래로부터의 사회운동 또는 위로부터의 개혁을 통해 이뤄질 수도 있다. 하지만 그 일방적 성격 때문에 또 다른 갈등이 벌어지고 시간이 오래 걸린다. 가장 바람직한 것은 수평적 차원의 참여와 공동 노력이다. 관련 당사자들이 직접 참여해 협의 혹은 협상을 통해 모두 함께 구조적 문제의 해결 방향과 원칙, 추진 절차 등을 정하고 공동으로 추진하는 것이다. 이를 위해서는 정책 다이얼로그(policy dialogue), 협상에 의한 개혁/법규 제정(negotiated feform/rulemaking) 등의 프로세스를 활용하면 효과적이다. 그 진행 역시 전문적인 진행자가 맡도록 하는 것이 좋다.

가치관 문제의 접근법

대화가 진행되는 동안 내내 걸림돌로 작용하는 것은 대화 참석자 또는 갈등 당사자 사이에 이념, 세계관, 신념 체계, 종교, 문화 등 가치관(value system)이 다르거나 충돌하는 데 따른 문제다. 특히 가치관의 차이 혹은 상충이 갈등의 주요 원인이 되는 경우 문제 해결은커녕 대화 진행 자체가 어려운 것이 대부분이다. 패러다임이 다른 데 따른 소통 불가능성(incommensurability) 때문이다. 종교 등 핵심 가치관은 당사자들의 개인적/집단적 정체성을 구성하는 요소이기도 하므로 대단히 예민한 문제다. 따라서 성격과 상황에 맞는 방법으로 주의 깊게 접근해야 한다.

가치관 갈등의 접근법은 다양하다. 그중 몇 가지만 예시하면 다음과 같다.

첫째, 문제의 재구성(reframing)이다. 가치관 차이/상충이 갈등의 근본 원인으로 깔려 있더라도 그 문제는 차치하고, 당사자들이 추구하는 것(goals: interests/needs)에 초점을 맞춰 논의함으로써 상생적 결과를 도모하는 것이다.

둘째, 화이부동(和而不同), 즉 관용(tolerance)에 기반한 평화적 공존을 추구하는 것이다. 서로 다른 가치관의 존재를 인정하고 평화롭게 공존할 수 있는 길을 모색한다. 진행자는 당사자들 간의 합의를 추구하되, 모두가 동의할 수 없는 부분이 있음을 인정하고 '불일치의 영역'으로 남겨두도록 할 필요가 있다.

셋째, 존이구동, 즉 서로 간의 차이를 존중하되 서로의 밑바닥에 깔려 있는 공통 분모(common ground) 혹은 보다 상위의 가치나 목표(higher ground: superordinate values/goals)를 찾아 상호 협력-공조할 수 있는 길을 찾는 것이다. 깊은 대화를 통해 이러한 공통의 기반 혹은 공유하는 상위의 가치를 확인하고 이를 토대로 상호 존중하며 공동선을 이루는 길을 모색한다. 폭력 사태까지 빚던 미국의 낙태 찬반 진영 대표 및 활동가들이 깊은 대화를 통해 서로를 깊이 이해하고, 낙태의 요인을 저감 혹은 제거하기 위해 공동 노력을 펼치게 된 것이 대표적인 예다.[12]

넷째, 패러다임의 전환(paradigm shift)이다. 상충하는 가치관이 한 사회에 병존함으로써 벌어지는 갈등은 궁극적으로 패러다임의 전환을 통해 해소된다.[13]

이는 당사자 간의 직접적인 대화보다 사회적 차원의 대립과

---

12 자세한 진행 과정과 내용은 강영진, 『갈등 해결의 지혜』, 일빛, 2009, 57~65쪽 참조.

13 이에 대한 자세한 논의는 토마스 쿤, 『과학혁명의 구조』, 홍성욱 옮김, 까치글방, 2013 참조.

투쟁, 소통과 조정 등의 과정을 통해 장기간에 걸쳐 이뤄진다.

5. 합의 및 화해

지금까지의 대화를 통해 상호 이해와 문제 해결이 이뤄지면 마지막으로 할 것은 그동안의 대화를 마무리하고 최종 합의와 화해를 이루는 일이다.

합의에는 다양한 유형이 있다. 포괄적이고 영구적인 성격의 완벽한 합의를 통해 갈등을 온전히 해결하는 것이 바람직하지만 현실적으로는 어려운 경우가 많다. 그런 때에는 부분적, 임시적, 절차적 합의 등 보완적 형태의 합의를 통해 단계적으로 갈등을 해결해나가도록 하는 것이 도움이 된다. 합의의 대상 및 내용으로는, 갈등 본안에 대한 합의뿐 아니라 합의 사항을 어떻게 이행할 것인지, 이행을 어떻게 확인 또는 강제할 것인지, 이행하지 않을 경우 어떻게 할 것인지 등에 대한 것도 포함되도록 한다.

이 과정에서 진행자는 갈등 사안, 즉 의제 및 쟁점이 모두 논의되고 정리(해결 및 합의 혹은 미합의)됐는지 당사자와 함께 확인할 필요가 있다. 합의 사항 중 애매한 점은 없는지, 나중에 이견이나 분란의 소지가 될 만한 것은 없는지 확인한다. 합의된 내용이 실제로 이행될 수 있는지의 여부도 점검할 필요가 있다. 그런 다음, 논의된 사항을 구체적이고 정확한 문장(합의문)으로 작성해 당사자와 함께 확인한다.

합의 내용은 최대한 정확하고 구체적인 표현으로 문서화하는 것이 좋다. 사적인 갈등일 경우 꼭 문서화하지 않더라도 합의된 내용을 서로가 분명하게 정리하는 일만큼은 반드시 필요하다. 중요한 내용은 문장 형태로 다듬어 그 구체적인 의미를 서로 간에 재차 확인해 이후 또 다른 갈등의 소지가 남지 않도록 한다.

이렇게 해서 갈등이 해결되고 대화가 모두 마무리되면 마지막 할 일은 화해와 축하의 의식이다. 상황에 따라 악수와 포옹으로 충분할 수도 있고 성대한 축하 행사를 치를 수도 있지만, 중요한 것은 그런 의식 자체다. 합의와 화해의 의미를 다지고 이후 합의 사항을 실천하며 좋은 관계를 쌓아가는 데 초석이 되기 때문이다.

합의가 도저히 안 되거나 대화를 중단해야 할 때

대화를 하다 보면 최종 합의가 불가능한 경우도 적지 않다. 당사자의 여건상 완전한 문제 해결이 힘들 수도 있고, 전략적 판단에 의해 기피 혹은 보류하는 경우도 있다. 당사자의 내부 역학 관계상의 문제(강경파의 반발, 합의안 파기, 대표 교체 등)로 인해 대화가 일시 중단되거나 유산되기도 한다.

그런 때일수록 진행자의 역할이 중요해진다. 대화 또는 중조가 중단될 경우 당사자 사이에 초래될 수 있는 결과를 점검하고, 필요하면 대비책을 마련하도록 해야 한다. 당사자들에게도 대화 중단으로 인해 그들에게 빚어질 수 있는 결과를 생각해보도록 하고 대책을 마련하도록 한다. 아울러, 대화가 종료 혹은 중단된 이후 상호 간에 비난과 책임 공방이 오가는 등 갈등이 악화되거나 격돌 사태가 벌어지는 일 없이 최소한 평화적 공존

상태를 유지할 수 있도록 하는 문제를 함께 논의해 대책을 마련하도록 할 필요가 있다.

그런 다음, 진행자는 지금까지 논의된 것, 상호 이해가 이뤄진 것, 부분적이나마 합의된 것 등을 당사자와 함께 요약-점검-확인하고 의미를 부여한다. 대화 중단 이후의 문제와 관련, 각 당사자들이 지켜야 할 점 등에 대한 합의를 재확인하고 추후 여건이 되면 대화를 속개할 것을 다짐하며 종료한다.

진행자의 윤리와 대화에서의 힘의 문제

1. 진행자의 윤리: 중립성

대화 진행자 또는 갈등 중조인에게 요구되는 필수 조건은 중립성이다. 갈등의 어느 한쪽 당사자 또는 쟁점 사항과 관련해 특정 이해관계를 가진 사람은 그 사안에 대한 진행자나 중조인이 될 수 없다. 애초 중립성이 의심되는 사람에게는 당사자들이 중조를 요청하지 않을 것이다. 설사 요청이 있다고 해도, 중조인 스스로 그런 입장이 아니라고 판단할 경우 사양해야 한다.

대화를 진행할 때도 진행자는 어느 한쪽에 치우침 없이 불편부당한 자세를 견지해야 한다. 그래야만 당사자 모두가 만족할 만한 해결책을 찾도록 도와줄 수 있다. 진행자 혹은 중조인이 편파적인 태도를 취하면 중조의 효과가 상실된다. 도중에 당사자가 더 이상의 중조 참석을 거부할 수 있다. 자칫 사태를 악화시켜 오히려 해를 끼칠 수도 있다.

여기서 말하는 중립성은 '기계적 중립' 혹은 '소극적 중립'이 아니라, 보다 넓은 의미의 '적극적 중립'을 가리킨다. 그래서 영어로도 'neutrality'가 아닌, 'impartiality(공평, 불편부당)'로 쓴다. 엄밀한 의미의 중립은 현실적으로 불가능하다고 보기 때문이다.

대화 진행 혹은 중조 과정에서 공정한 중립을 지키는 것은 사실 쉽지 않다. 줄타기하듯 아슬아슬하게 선을 넘나들기도 한다. 중조인이 중립을 유지하는 가장 기본적이고 확실한 방법이 있다. 갈등 사안의 본질(substance)에는 관여하지 않고, 갈등을 풀어가는 절차(process)에만 집중하는 것이다.

사안의 내용에 관여하는 전형적인 예가 중조인 나름의 해결방안을 제시하는 경우다. 속히 갈등을 매듭짓는 데 도움이 될 수도 있다. 하지만 부작용이 있을 수 있다. 우선, 당사자들 입장에선 중조인이 어느 한쪽 편을 든다는 인상을 받을 수 있다. 때문에, 아주 특별한 경우가 아닌 한 중조인은 갈등 사안 자체를 건드리거나 해결책을 제시하는 것이 금기시된다.

갈등 사안 자체나 해결책은 일체 당사자들에게 맡기는 것이 좋다. 그 대신 진행자나 중조인이 능력을 발휘해야 할 것은 그 사안을 어떻게 상생적으로 풀어갈 것인지 하는 절차적인 문제다. 물론 절차상의 문제도 결과에 영향을 미칠 수 있다. 따라서 시시때때로 당사자들의 의견을 묻고 동의를 얻어가며 대화 절차를 진행해야 한다. 그런 식으로 진행하면 기본적 공정성을 유지할 수 있다.

2. 대화에서 힘의 문제와 진행자의 역할

미셸 푸코는 『지식의 고고학(*The Archaeology of Knowledge*)』에서 '담론(discourse)' 개념을 처음 제시했다. 담론을 논하면서 그가 가장 주목한 것은 힘, 권력의 문제였다. 담론 형성에 가장 결정적 작용을 하는 것은 권력이라고 보았기 때문이다. 푸코에 의하면, 권력은 담론을 규정하고 담론을 통해 행사된다.

한나 아렌트는 권력을 폭력(violence), 권위(authority), 물리력(force) 등과 구분해서 설명한다. 진정한 권력은 의사소통에 기초한다며 '소통적 권력(communicative power)'을 개념화했다.[14]

권력과 담론-의사소통을 매개하는 중심축은 지식이다. 지식은 권력의 핵심 요소다. 권력은 지식 혹은 진실을 형성하고 지식은 권력을 생산한다. 그래서 푸코는 '권력-지식(power-knowledge)'이란 신조어를 제시했다. 권력과 지식 두 단어를 하이픈으로 이어 내적 일체화의 모습을 드러낸 것이다.

이러한 점은 대화 상황에도 그대로 적용된다. 대화 상황에서 작용하는 권력은 지식 외에도 중요한 요소가 많다. 발언권, 정보 및 자원 동원력, 협상력, BATNA[15] 등이 총체적으로 작용한다. 낮은 자존감이나 불안, 두려움 등 심리적 요인도 무시 못

---

14 Hannah Arendt, Communicative Power, in *On Violence*, Florida: Harcourt Brace, 1969.

15 Best Alternative to Negotiated Agreement의 첫 글자를 딴 협상 용어다. 대화-협상을 통한 합의 대신에 자신이 택할 수 있는 최선의 대안을 뜻한다. BATNA가 좋을수록 협상력이 높아진다.

할 요소다.

 현실 세계에서 그렇듯이 대화 상황에서도 참여자 간 힘의 관계가 불균형할 때가 많다. 당사자들이 기본적으로 상하 관계에 있을 수 있다. 조직의 리더와 구성원, 정책 결정권자와 그 영향을 받는 측 등이다. 외견상 대등한 관계라 하더라도, 힘의 여러 요소에서 한쪽은 우월하고 다른 쪽은 취약한 경우 역시 자주 있다. 특히 수직적 인간관계가 많은 한국 사회에서는 일반적인 현상이다. 이러한 불균형한 역학관계가 대화에 그대로 관철되면 대화 과정 및 결과가 불공정하게 된다. 이를 방지하는 것이 대화 진행자 혹은 중조인의 중요한 임무다.

 대화 혹은 중조의 기본 원칙 중 하나는 당사자 간 동등성이다. 현실 세계에서의 상호 관계가 어떻든 간에, 대화 석상에서만큼은 모든 참석자가 동등한 자격으로 참가해야 한다. 부모와 자녀, 교사와 학생 간의 대화라 하더라도 대화 자리에서는 동등한 참석자란 것이다. 그래야만 진정한 대화와 공정한 문제 해결, 지속 가능한 합의가 가능하다.

 이러한 동등성의 원칙을 구현하는 것이 진행자다. 좌석을 배치할 때, 이름을 부를 때, 이야기를 할 때 등 모든 상황에서 참석자들을 동등하게 대우해야 한다. 특히 발언 기회를 공정하게 주는 것이 중요하다. 아울러, 참석자들에게도 각자 독립된 인격체로서 대화에 참여하는 것임을 주지시키고, 서로의 인격을 존중하는 자세로 대화에 임하도록 유도해야 한다.

 대화 참석자 간 힘의 불균형이 심할 경우 약자 측에 대한 '힘 주기'를 통해 적극적으로 균형추 역할을 해야 하는 것도 진행자의 중요 임무 중 하나다. 갈등 중조에서는 과정 및 결과의 공정성을 확보하는 관건이 되기도 한다. 월(James A. Wall)은 중조자의 기본적 과제는 당사자 간 역학 관계를 조절 관리하는 것이라며, 당사자 간 힘의 균형을 맞추기 위해 약자 측에게 필요한 힘의 받침대(power underpinnings)를 제공해주는 것이 중조자의 임무라고 강조했다.[16]

힘주기 혹은 균형 잡기는 크게 두 가지 차원으로 이뤄진다.

첫째, 대화 진행 절차를 통해서다. 불균형한 역학 관계가 대화 과정 및 결과에 영향을 미치지 않도록 의제, 논의 흐름, 어투, 분위기 등을 조절하는 것이다. 힘의 핵심 요소는 정보다. 대화 참석자들 간에 정보가 자유롭게 교환되고 공유되도록 함으로써 힘의 불균형을 해소시키는 것도 중요하다.

갈등 중조의 담화적 접근법(narrative approach)을 연구한 콥은 갈등 당사자들 각자의 이야기가 중조 과정에서 하나의 이야기로 뭉쳐지는 담화적 과정을 눈여겨본 결과, 대화 석상에서 누가 먼저 얘기하느냐 하는 점이 중요하게 작용한다는 것을 발견했다. 먼저 얘기하는 사람의 프레임이 이후 대화 과정에서 이야기가 짜이는 틀로 작용하기 때문이다.[17]

이는 대화 진행자가 유념해야 할 대목이다. 프레임 선점으로 인한 불균형의 문제를 방지하기 위해 콥은 중조 모임 전에 중조

---

16 James A. Wall, Jr. Mediation: An Analysis, Review and Proposed Research, *Jouranal of Conflict Resolution*, vol. 25, no. 1, 1981, pp. 157~180.

17 Sara Cobb, Empowerment and Mediation: A Narrative Perspective, *Negotiation Journal* vol. 9, no. 3, 1993, pp. 245~255.

인이 각 당사자들을 따로 만나 먼저 각자의 이야기를 같은 차원에서 듣는 등 공평한 프레임이 형성되도록 할 필요가 있다고 강조한다.[18]

이는 대등한 관계의 참석자들 사이에서 중립적인 진행을 중시할 경우다. 그와 달리 상호 간 힘이 불균형한 경우, 특히 약자 쪽 입장에서는 부정의의 문제가 심각한 경우, 약자 측이 우선 이야기하도록 하는 것이 힘의 불균형과 부정의를 바로잡는 데 도움이 된다. 성희롱이나 상해 사건으로 인한 피해자와 가해자 간의 화해를 중조하는 경우, 피해자가 먼저 이야기하도록 하는 것이 철칙처럼 돼 있는 것도 그 때문이다.

둘째, 약자 측에 대한 직접적인 지원을 통해서다. 상대측과 대등하게 대화 및 문제 해결에 임하는 데 필요한 정보나 자원 등을 확보할 수 있도록 돕는 것이다. '힘주기'의 전형적 방법 중 하나다. 그 구체적인 기법으로 무어가 제시하는 것은 △필요한 자료를 수집·분석·활용할 수 있도록 지원 △자신의 영향력을 파악하고 활용할 수 있도록 지원 △효과적으로 대화-협상할 수 있도록 교육 및 지원 △대화-협상에 계속 참여하는 데 필요한 재정을 확보할 수 있도록 지원하는 것 등이다.[19]

엄밀히 볼 때 이 세상에 절대적 약자란 없다. 현실적으로 약자의 위치에 놓이는 것은 자신들에게 잠재된 역량을 충분히 발

---

18 위의 글.

19 Christopher W. Moore, *The Mediation Process*: *Practical Strategies for Resolving Conflict* 2nd Ed, San Francisco: Jossey-Bass Publishers, 1996.

휘하지 못하기 때문인 경우가 대부분이다. 따라서 그들의 잠재력(협상력, 문제 해결 능력, 대안, BATNA 등)을 계발하고 발휘할 수 있도록 돕는 것이 진행자의 몫이 된다. 자신들에게 필요한 것을 정확히 파악해 상대측에 분명하게 전달할 수 있도록 하는 것도 중요하다.

지역 주민이나 영세 상공인 집단 등 수적으로 다수이나 조직화되지 않아서 불리한 위치일 경우도 종종 있다. 이런 때 진행자나 중조자는 조직가(organizer) 역할을 수행할 필요가 있다. 약자 측이 자신들의 힘을 규합하고 공동의 관심사를 대변할 수 있도록 조직화하고 효과적인 대표 체제를 구성하도록 지원하는 것이다. 가족·노동·지역사회·환경 등 여러 분야의 갈등 해결 과정을 조사한 결과, 상대방 측에서도 이를 환영하는 경우가 많다는 것이 월의 결론이다.[20] 대표성 있는 상대측과 대화함으로써 효과적으로 갈등을 매듭지을 수 있고, 유사한 사안이 다시 벌어지는 것을 막을 수 있기 때문이다.

힘의 우열은 기실 인간의 숙명적 조건이기도 하다. 최선의 방법으로 약자 쪽에 힘을 불어넣어준다고 해도 힘의 차등을 완전히 극복하고 균형을 이루는 데는 한계가 있을 수밖에 없다. 그런 점에서 대화 진행자에게 마지막으로 중요한 것이 있다. 바로, '정의(Justice)'의 규준점이다. 대화를 통한 문제 해결의 과정 및 결과가 보편적 정의에 부합하도록 해야 하는 것이다. 힘의 우열과는 관계없이 객관적으로 인정할 수 있는 원칙이나 기

---

20 위의 글.

준이 있다. 어떤 상황에서든 절대적으로 존중돼야 할 인권, 기본적 니즈 등 보편적 가치도 있다. 이러한 객관적 원칙이나 기준, 보편적 가치에 바탕을 둔 문제 해결이 이뤄지도록 주의를 기울여야 한다. 역학 관계상의 불가피한 한계를 넘어서는 데 가장 중요한 관건이 되는 것도 그것이다.

세종대왕의 회의 운영 방식[1]

박현모

여주대 세종리더십연구소 소장, 사회복지학과 교수. 저서로 『정치가 정조』(푸른역사, 2001), 『세종의 수성 리더십』(삼성경제연구소, 2006), 『세종처럼: 소통과 헌신의 리더십』(미다스북스, 2008), 『정조 사후 63년』(창비, 2011), 『세종이라면: 오래된 미래의 리더십』(미다스북스, 2014), 『세종의 적솔력: 위기를 기회로 바꾼 리더십』(흐름출판, 2016) 등이 있다.

세종 치세의 비밀?

우리 역사에서 세종의 치세는 각별하다. 세종은 언어, 즉 훈민정음을 창제해 우리의 말과 글을 정립했고 영토, 즉 압록강과 두만강까지 북방 경계를 넓혔다. 그리고 음악, 즉 정간보를 만들어 우리의 노래를 기록하게 했으며, 중국도 부러워할 정도로 높은 수준의 아악을 정비해서 우리나라를 15세기 동아시아 최고의 문명·문화국으로 격상시켰다.

한마디로 우리가 자랑할 만한 민족문화는 거의 모두 세종 때 만들어졌다고 해도 과언이 아니다. 이 때문에 율곡 이이는 "우리나라 만년의 운이 세종에게서 처음 기틀이 잡혔다"라고 말했다.(「동호문답」)

그런데 도대체 그것이 어떻게 가능했을까? 여러 왕들의 업적을 다 합쳐도 모자랄 만큼의 큰 공적을 어떻게 세종 한 시대에 이룰 수 있었을까?

여기서 나는 그 비결의 하나인 '세종의 회의하는 방법'에 대해 살펴보려고 한다. 우리 주위에서 회의만큼 흔한 일도 없다. 가족회의에서 직장 회의, 그리고 국가적 회의에 이르기까지 도처에서 회의를 하고 있다. 세종 시대도 예외가 아니어서 다양한 국가 회의가 있었다. 윤대(輪對)라고 하여 신하들이 왕에게 업무를 보고하고 지시받는 정기적인 국정 회의, 국왕과 신료들

---

1 이 글은 『소통문화의 지형과 지향: 소통을 낳는 대화, 대화를 낳는 문화를 위하여』(대화문화아카데미 편, 대화출판사, 2010, 213~239쪽)에 실린 글을 재수록한 것이다.(편집자주)

이 경전을 놓고 함께 공부하는 경연(經筵)이라는 학습 회의, 왕에게 올릴 승진 대상 후보를 정하기 위해 신하들끼리 의논하는 인사 회의 등 『경국대전』에 규정된 회의만 해도 손으로 꼽을 수 없을 정도였다. 세종도 그러한 회의를 열었는데, 다만 약간 다른 방식으로 개최했다.

1. 경연에서 '말'과 '일'을 엮다

세종의 회의 분위기는 어땠을까? 이를 알기 위해서는 경연이라는 회의 방식을 살펴볼 필요가 있다. 경연이란 알려져 있듯이, 언관과 재상들이 왕 앞에 앉아서 고전(經)을 놓고 공부하면서 당면 과제를 함께 풀어가는 독특한 회의(筵) 방식이다.

흥미로운 것은 경연에 참석하는 신하들의 구성인데, 『세종실록』을 보면 고전 강독을 맡는 언관들과 정책의 실무자인 재상들, 그리고 국왕 바로 앞에 앉아서 토론 내용을 빠짐없이 기록하는 사관들이 참여하고 있다. 처음에 언관들이 책 내용을 가지고 회의를 이끌어가다가, 어느 시점이 되면 재상들이 나서서 그와 관련된 국정 현안을 토론하곤 했다.

회의의 궁극 목적이 좋은 아이디어를 모으는 것과 함께, 구성원들이 그 회의에서 내려진 결정에 대해 책임감을 가지고 일하도록 하는 데 있다고 볼 때, 경연은 매우 효과적인 회의였다. 처음부터 줄곧 일만 가지고 의논하는 회의에서는 창의적인 아이디어가 나오기 어렵고, 이와 반대로 현실의 일과 무관한 책 속의 말만 가지고 하는 학교 수업 같은 회의는 현실 문제와 동떨어진 결론으로 치달을 수 있다.

 그런데 경연처럼 관련되는 책을 함께 읽는 것으로 시작하는 회의는 잠시 고전을 함께 읽어가면서 사태를 객관적으로 볼 수 있게 하고 일의 경향을 파악할 수 있게 하는 장점이 있다. 그러다가 어느 대목에서 '일'이 연결되면 놀라운 창의적 해법이 나오는 것을 종종 본다. 최근에 서울시나 여주시 등의 지자체장들과 기업의 최고경영자(CEO)들이 세종의 혁신적인 회의 방법에 관심을 갖는 것은 바로 이 때문이라 생각한다.

 세종은 이처럼 고전에 나와 있는 '말'과 당면한 '일'을 엮는 경연을 즉위한 직후부터 재위 후반에 이르기까지 월평균 5회꼴로 개최했다. 태조 때 23회(월평균 0.2회), 태종 때 80회(월평균 1.3회)에 불과했던 경연을 무려 1,898회(월평균 5회)까지 개최해 국정 토론의 중심지로 만든 것이다.

조선 시대 왕들의 경연 횟수

왕	태조	태종	세종	성종	영조
총 횟수	23회	80회	1,898회	9,006회	3,458회
월평균	0.2회	0.4회	5회	29회	5회

 세종은 특히 경연에 언관이나 재상만이 아니라 당시 신진 엘리트들이었던 집현전 학사들도 참여하게 했다. 또 사관을 들어오게 하여 모든 토론 내용을 기록하게 했다. 오늘날 우리가 『세종실록』 속의 풍부한 국정 토론 내용을 볼 수 있는 것은 그러한 조치 덕분이다.

본격적으로 경연 내용에 들어가기 전에 세종 시대의 분위기를 이해할 수 있는 사례를 하나 살펴볼까 한다. 왕위에 오른 지 5개월 만에 세종은 창덕궁 편전에서 정사(政事)를 마친 후 술상을 마련해 여섯 순배를 나누게 했는데, 의정부 참찬(정2품) 김점과 예조판서(정2품) 허조가 논쟁을 벌였다.

김점 전하께서 하시는 정사는 마땅히 금상황제(今上皇帝, 명 영락제)의 법도를 따라야 될 줄로 아옵니다.
허조 중국의 법은 본받을 것도 있고 본받지 못할 것도 있습니다.
김점 신은 황제가 친히 죄수를 끌어내어 자상히 심문하는 것을 보았습니다. 전하께서도 본받아주시기를 바라옵니다.
허조 그렇지 않습니다. 관을 두어 직무를 분담시킴으로써 각기 맡은 바가 있사온데, 만약 임금이 친히 죄수를 결제하고 일의 크고 작음을 가리지 않는다면, 관을 두어서 무엇하오리까.
김점 온갖 정사를 전하께서 친히 통찰하시는 것이 당연하옵고(宜自摠覽) 신하에게 맡기시는 것은 부당하옵니다.
허조 그렇지 않습니다. 어진 이를 구하기 위하여 노력하고, 인재를 얻으면 편안해야 하며, 맡겼으면 의심을 말고, 의심이 있으면 맡기지 말아야 합니다(勞於求賢, 逸於得人, 任則勿疑, 疑則勿任). 전하께서 대신을 선택하여 육조의 장을 삼으신 이상, 책임을 지워 성취토록 하실 것이 마땅하며(委任責成), 몸소 자잘한 일에 관여하여 신하가 할 일까지 하려고 해서는 아니 됩니다.
김점 신은 뵈오니, 황제는 위엄과 용단이 측량할 수 없이 놀라워, 육부의 장관이 정사를 아뢰다 착오가 생기면, 즉시 금의(錦衣)의 위관

(衛官)을 시켜 모자를 벗기고 끌어내립니다.

허조 대신을 우대하고 작은 허물을 포용하는 것은 임금의 넓으신 도량이거늘, 이제 말 한마디의 착오로 대신을 욕보이며 조금도 두남두지 않는다면(略不假借), 너무도 부당한 줄 아옵니다.(세종실록 01/01/11)²

여기서 김점은 새로 즉위한 청년 국왕 세종에게 중국 황제를 본받으라고 조언하고 있다. 명나라의 영락제처럼 친히 죄수도 심문하고 잘못한 신하들에게 벌도 주고 하라는 것이었다. 한마디로 부왕 태종처럼 국왕 중심의 강력한 통치력을 발휘하라는 게 그의 주장이었다. 이에 반해 허조는 국왕의 친정(親政)이 아닌 직무의 분담〔委任〕을, 모방이 아니라 독자적 운영을 주장하고 있다. 신하를 믿고 맡겨서 책임감을 갖고 성취하도록 해야 한다는 말이었다.

이에 대해서 세종은 "허조를 옳게 여기고 김점을 그르게" 여겼다. 어전회의를 조선 독자의 방식대로 최대한 자유로운 분위기 속에서 이끌어야 한다고 보았기 때문이다.

특별히 주목되는 것은 중국 황제와 조선 국왕의 정치 운영 방식의 차이이다. 김점이 직접 목도한 것처럼 중국 황제는 강력한 힘을 가지고 대부분의 결정을 내렸다. 이방원이 명나라 주원장의 정치 방식을 보고, 국왕 중심의 명령 전달 체계인 육조직계제를 도입한 것도 그러한 영향이었다. 반면 허조는 그러한 정치

---

2 『세종실록』 1년 1월 11일 기사. 이하, '세종실록 01/01/11'로 약기(略記)함.

운영 방식을 따라서는 안 된다고 말하고 있다. 직무를 분담시키고, 신하들에게 맡겨야 한다는 것이었다. 이것은 세종이 정승의 재량권을 넓히는 의정부서사제를 도입한 배경이 되기도 했다.

2. 세종의 제왕학 교과서 『대학연의』

세종은 왕위에 오른 지 두 달째인 1418년 10월 7일에 처음으로 경연을 열었다. 이날의 실록을 보면 이렇게 되어 있다.

> 처음으로 경연을 열고 경연관들이 『대학연의(大學衍義)』를 강론하다. 연경연사 박은과 이원, 지경연사 유관과 변계량 등과 『대학연의』를 강론하였다.(세종실록 00/10/7)

물론 경연의 앞부분에서 시독관이 『대학연의』의 한 대목을 읽었을 것이고, 이어서 검토관이 그에 대한 의견을 말했을 것이다. 그러던 중에 세종은 다음과 같이 말한다. "과거를 설치하여 선비를 뽑는 것은 참다운 인재를 얻으려 함인데, 어떻게 하면 선비로 하여금 들뜨고 화려한 것만 좋아하는[浮華] 버릇을 버리게 할 수 있을까."

짐작컨대 『대학연의』의 한 대목에 선비들의 들뜬 풍토에 대한 비판이나, 인재 육성의 중요성에 관한 내용이 있었던 모양이다. 세종은 "요즘 과거 시험이 원래의 취지에서 어긋나 있고, 선비들도 화려한 문체만을 좋아하고 진지하게 실용에 맞는 참다운 인재를 배출 못하고 있다"고 말하기도 했다. 우리도 종종

교육제도나 고시제도를 개탄하곤 하는데, 그런 분위기와 비슷해 보인다.

이 자리에는 좌의정이었던 박은과 우의정이었던 이원 등 총 14명의 경연관이 참석했다. 특히 당대 최고의 학자로 평가되던 예조판서 변계량과 예문관 대제학 유관이 지사로 참석했고, 도승지 하연과 세종의 사부인 동부승지 이수는 참찬관으로, 그리고 과학과 농서 분야의 권위자인 정초 등이 시강관으로 자리하고 있었다. 한마디로 당대 최고의 지식인들이 전공을 불문하고 이 회의에 참석한 것이다.(아래 그림 참조)

```
                    왕
                  (세종)

    사관〔翰林〕

   지사(知事) 유관, 변계량        영사(領事) 박은, 이원
   동지사(同知事) 이지강

         부    검    시    시    참
         검    토    강    독    찬
         토    관    관    관    관
         관
         권도  김자  정초  성개  하연
                    유영        김익정
                                이수
                                윤회
```

이어서 세종과 신하들은 구체적인 시험제도 변경에 대해서 의논한다. 변계량이 "초장에서는 의(疑)와 의(義)로 경학에 대

한 깊고 옅음을 보고, 종장에서는 대책(對策)으로 그 사람의 포부를 본다"라면서 종장의 '대책'을 강화해야 한다고 주장한다. 종래의 암기식 시험이 아니라 논술식으로 바꿔야 한다는 것이었다. 여기서 용어가 좀 생소한데, 앞의 의(疑)는 어떤 문장에서 의문 나는 대목을 풀이하는 것이고, 뒤의 의(義)는 고전의 의미를 얼마나 깊이 알고 조금 아는지를 살피는 과거 시험의 문체이다. 그리고 종장의 대책은 주어진 시무에 대해서 자신의 생각 내지 현실 문제에 대한 방책을 쓰는 논술 시험인데, 변계량은 논술 시험을 강화해야 한다고 말한 것이다.

이상에서 논의된 첫 번째 경연의 내용을 정리해보면 다음과 같다. 세종은 경연의 교재로 『대학연의』를 가지고 논의를 시작하다가 점차 과거제도, 인재 선발 등의 주제로 옮겨 가고 있다. 말과 일이 섞이게 하는 방식으로 회의를 진행한 것이다.

세종 원년 3월 27일자 실록을 보면, "『대학연의』를 종강했다"라는 기록이 보인다. 읽기 시작한 지 5개월 만에 드디어 책을 한 권 다 읽은 것이다. 그런데 세종은 "읽기는 다 읽었으나 또 읽고 싶다"고 말한다. "다시 상세히 읽겠다"는 것이다. 실제로 세종은 사흘 후에 2차 강독에 들어간다. 그리고 100여 일 만에 강독을 마친다. 그런데 세종은 그로부터 7년이 지난 세종 8년 7월에 3차 강독에 들어가고 있다. 남달리 총명했던 세종이 그처럼 『대학연의』를 연속적으로 강독한 이유가 무엇이었을까?

그것은 첫째, 『대학연의』가 단순한 강독 교재의 하나가 아니라, 세종 자신의 정치철학을 담고 있는 책이기 때문이다. 세종은 신하들과 함께 이 책을 읽으면서 자신의 통치철학을 알리고, 또 내려진 결정을 권위 있는 것으로 받아들이도록 하곤 했다.

예컨대 『대학연의』에는 세종 정치의 목표인 '여민동락(與民同樂)'이라는 정치 이념이 담겨 있었다. 세종의 취임사에서 언급된 "시인발정(施仁發政)", 즉 '어짊으로 정치를 펴겠다'는 것 역시 『대학연의』에 있는 맹자와 제선왕의 대화와 상통한다. 왕이 큰 정원을 만들어서 기이한 새와 동물을 기르던 차에 하루는 제선왕이 맹자에게 물었다. "왕이 이런 것을 길러도 됩니까?" 그러자 맹자는 "그 기쁨과 즐거움을 백성과 더불어 할 것인데 어느 백성이 싫어하겠습니까"라고 말했다. 아무리 화려한 궁궐이라 하더라도 그 집이 자기들을 먹여 살리고 잘살게 하는 임금의 집이라면 백성들이 스스로 나서서 벽돌을 쌓고 나무와 꽃을 심는다는 것이다. 여민동락의 정치적 효과란 바로 이런 것이다. 이것은 마치 세종이 "백성들에게 어짊을 베풀면 여러 가지 예의와 제도가 저절로 잘 만들어질 것이다"라고 말한 것과 같은 맥락에서 이해된다. 왕의 즐거움이 곧 백성들에게도 기쁨으로 받아들여지는 상태, 그러기 위해서 환과고독(鰥寡孤獨)으로 표현되는 사회적 약자의 고통을 최소화하기 위해 혼신을 다한 노력을 하는 것이 곧 세종 정치의 최종 목표였던 것이다.

둘째, 세종은 『대학연의』를 통해 자신의 생각을 간접적으로 표현하곤 했다. 세종은 좀처럼 속마음을 드러내지 않는 군주였다. 그는 즉위 초 상왕 태종에 의해 자신의 처가가 풍비박산되고 자칫 왕비까지 쫓겨날 지경이었는데도 시종 침묵을 지켰다. 윤음(綸音), 즉 "왕의 말이 처음 나올 때는 실(絲)과 같으나 그 말이 외부에 나가면 거문고 줄〔縇〕과 같아서 끊을 수도, 돌이킬 수도 없다"고 보았기 때문이다.〔『예기』치의(緇衣)〕 예민한 상황에서 자신의 의견을 꼭 전달해야 할 경우 세종은 고전의 사례를 언급하는 식으로 표현하곤 했다.

예를 들면, 경연을 시작한 지 두 달째인 즉위년 11월 29일에 세종은 『대학연의』의 내용 중 "당나라의 대장군 우문사급이 당 태종에게 궁중의 수목이 아름답다며 탄복했다"는 대목에 이르러 "예로부터 간사하고 아첨하는 신하가 임금에게 아양으로 기쁘게 하는 모양이 이와 같다"고 말했다. 이어서 그는 "그러나 그 끝을 잘 보전하는 자가 없었다"며, 주위의 아부꾼들을 경계하고 있다. 그 시기는 좌의정 박은 등이 태종에게 잘 보이려고 세종의 장인인 심온의 처단을 요구하는 등 충성 경쟁을 하던 때였다. 특정인을 지목하지는 않았지만, 아는 사람들은 모두 그 말이 박은을 겨냥하고 있다는 것을 알 수 있었다. 이와 같은 세종의 언중유골(言中有骨) 식의 의사 표현 덕분인지, 태종은 왕비를 내쫓지 않고 심온만을 처형하는 수준에서 사태를 마무리 지었다.

이처럼 『대학연의』는 세종에게 있어 국가 경영의 최종 목표와 여러 아이디어를 얻는 정치 교과서였을 뿐만 아니라, 국왕 자신의 주장을 정당화하는 데 활용되는 '이론적 무기'이기도 했다.

그 외에 재미있는 것은 즉위년 12월 17일자 실록 기사를 보면 동지경연[3] 탁신이 "근래 경연관이 번을 나누어 나와서 강

---

[3] 고려·조선 시대 국왕에게 고전 강독과 논평의 임무를 맡은 경연(經筵)의 정2품 관직.

을 하는데, 다른 일로 강의 준비가 미흡해 글의 깊은 뜻을 상세히 강하지 못하니, 앞으로는 모두 한꺼번에 나와서 강론한 다음에 경연청에 물러가서 종일토록 토론하게 하소서"(세종실록 00/12/17)라고 말하고 있다. 벌써 경연관들의 실력이 바닥나버린 것이다.

원래 경연은 신하들이 왕을 가르쳐야 하는데, 왕의 학문 수준이 경지에 올라 있기에, 신하들이 왕을 가르칠 수 없는 상황이 된 것이다. 따라서 지금부터는 한꺼번에 모여서 다 같이 경연에 참여하게 해달라고 요청한다. 세종은 그 요구를 수용하면서 이렇게 말한다.

경연을 한 다음에 경연청에 나와서 종일토록 토론[終日討論]하게 하라.(세종실록 00/12/17)

여기서 경연청이란 경연을 전담해 준비하는 관청인데, 세종은 어전회의가 끝난 후 다시 경연청에 모여 사후토론을 하게 했다. 여기의 '종일토론(終日討論)'은 요즘 기업 회의에서 가끔 이용되는 '끝장토론'을 말하는데, 세종은 이 회의 방법을 종종 이용하곤 했다. 여진족 토벌 방안을 논의할 때나, 훈민정음 창제 마무리 단계에서 최만리 등에게 정음의 필요성을 역설할 때가 그 예다.

세종의 화법과 토론 기법들

세종 시대 어전회의 분위기는 어땠을까? 미리 말하자면 세종 초년의 분위기는 '침묵하거나, 아니면 대세 따라가기'였다. 사실 말 한마디 잘못해 자칫 온 집안이 풍비박산되는 엄혹한 태종 시대를 산 관료들에게 거리낌 없는 직언을 기대하는 것 자체가 무리였다. 세종이 1425년(재위 7년) 12월에 여러 신하들에게 한 다음 말은 그러한 분위기를 잘 반영하고 있다.

> 지금으로 말하면 (…) 아직 과감한 말로 면전에서 쟁간(爭諫)하는 자는 보지 못하였으며, 또 말하는 것이 매우 절실 강직하지 않다. 어째서 지금 사람은 옛사람 같지 못한가. (…) 의논하라고 내린 일로 보아도, 그것을 논의할 적에 한 사람이 옳다고 하면 다 옳다고 말하고, 한 사람이 그르다고 말하면 다 그르다고 말한다. (…) 한 사람도 중론을 반대하여 논란(論難)하는 자가 없다. 이것을 가지고 내가 지금이 옛날만 못하다고 말하는 것이다.(세종실록 7/12/8)

한마디로, 대세 추종의 풍토와 말하는 태도를 바꾸지 않는 한 좋은 정치는 불가능하다는 게 세종의 진단이었다. 이 중에서 세종은 특히 말하는 방법을 중시했다. 그에 따르면 당시 신하들은 말하는 내용이 절실하긴 한데 강직하지 않아서 반대에 부딪히면 입을 닫아버리거나, 반대로 절실하지 않은 내용을 무조건 밀어붙이곤 했다.

1. 침묵과 대세 추종의 회의 분위기 바꾸기

그러면 이러한 풍토와 태도를 바꾸기 위해서 세종은 무엇을 어떻게 했을까?

첫째, 신하들을 자주 불러서 묻고 토론하는 자리를 마련했다. 그는 즉위한 직후 "의논하자"는 말로 국정을 시작했으며(세종실록 00/08/12) 말끝마다 "어떻게 하면 좋겠는가" 또는 "잘 의논하여 아뢰라"라고 하여 신하들을 적극적으로 토론의 장으로 끌어들이곤 했다.(세종실록 05/04/12, 06/06/15, 06/10/30, 15/02/28) 의논의 대상은 가까이에 있는 승지 내지 의정부와 육조의 재상으로 한정되기도 하고, 국방·재정·교육 등 해당 부처의 당상관까지 확대되기도 했다. 세제 개혁처럼 민생에 직접적인 영향을 주는 사안일 경우 각 지방의 수령과 아전들까지 토론의 대상이 되었다.(세종실록 12/03/05)

흥미로운 것은 세종이 과거 시험 제도를 자주 이용하고 있다는 점이다. 그는 중장기적인 새로운 발전 전략이 필요할 경우 과거 시험에서 관련 문제를 출제해 젊은 선비들의 아이디어를 듣곤 했다.(흉년 극복 방안: 세종실록 05/03/28, 세제 개혁안: 세종실록 09/03/16) 이처럼 의논의 대상과 방식을 다양화하여 말을 구하는 노력 덕분에 수많은 정책 제안들이 쏟아져 나왔으며, 세종은 그중에 좋은 것을 채택하곤 했다.

둘째, 세종은 회의 시간에 신하들의 말을 일단 수긍하되 곧이어 자신의 주장을 펼치는 화법을 구사하곤 했다. 제아무리 왕 자신을 비판하고 반대하는 신하라 할지라도 세종은 일단 "그 뜻이 좋다"거나 "네 말이 아름답다"는 식으로 수긍했다.(세종실록 01/12/21, 07/07/18, 10/06/14, 14/04/25) 예컨대 형조참판 고약해가 왕의 정기적인 군사훈련인 강무(講武) 날짜를 줄이라고 아뢰자 세종은 "경의 말이 매우 좋도다(卿言甚嘉)"라고 대답했다.(세종실록 14/01/24) 칭찬으로 첫 반응을 보임으로써 쟁간하는 신하가 무안하지 않게 한 것이다. 그리고 그의 말을 끝까지 경청해서 마음속에 있는 말을 다 쏟아내게 했다. 그런데 그는 신하들의 말을 다 들었지만 그들의 말에 끌려가지는 않았다. "그러나"로 이어지는 세종의 화법이 그것이다. 고약해의 강무 비판에 대해서도 세종은 "경의 말이 매우 좋도다. 그러나 강무는 유희가 아니다"라며 왕 자신의 주장을 펼쳤다. 세종은 신하들의 말을 끝까지 들음으로써 다른 사람의 입장을 이해하는 한편, 경청하는 그 자체만으로도 반대자들의 마음을 얻는 경우가 많았다.(수령고소금지법 논쟁에서 허조의 경우, 세종실록 15/10/24)

2. 좋은 결론 도출을 위한 세종의 회의 기법들

셋째, 세종은 좀처럼 화를 내지 않았으며 평정심을 유지했다. 『세종실록』에서 세종이 화를 내는 경우는(上怒, 上大怒) 총 21회로 월평균 0.06회였다. 이것은 뒤의 성종이나 정조의 경우보다 높지만(각각 0.04회, 0.01회) 태종이나 영조보다 훨씬 낮은 빈도로 화를 냈음을 말해준다.(도표 참조) 화를 내는 내용을 살펴보더라도 태종이 언관의 불손한 말이나 세자 양녕의 불순종 등 주로 개인적 관계에서 성을 내는 데 비해, 세종은 사신

구분	태종	세종	성종	영조
월평균 화냄 횟수*	0.46회	0.06회	0.04회	0.24회

*이 수치는 『조선왕조실록』에서 '왕이 화를 (크게) 내다'라는 뜻의 "上怒"와 "上大怒"라는 원문을 기계적으로 검색하여 재위월수로 나눈 것이다. 따라서 해당 국왕들이 화내는 상황을 모두 반영했다고 볼 수는 없고, 다만 전체적인 경향을 이해하는 데 일정한 지침을 줄 수 있다.

의 접대 문제나(세종실록 12/10/03) 여진족의 변경 침입(세종실록 14/12/09), 그리고 환관 등에 의한 의사소통 구조의 왜곡(세종실록 22/06/08) 등 공적인 사안에 대해 화를 냈다(물론 세종도 태종처럼 양녕대군 등 종친 문제와 관련해 성을 내는 경우가 있었다).

넷째, 회의가 토론을 위한 토론에 그치지 않고 좋은 결론을 맺도록 여러 가지 기법을 사용했다. 그는 경연에서 신하들의 고전에 대한 무지가 드러나자 "무릇 배우는 자들이 스스로 모른다고 말하는 것이 옳다. 그대들은 그 알지 못하는 것을 혐의쩍게 여기지 마라"(세종실록 14/12/22)라고 하여, 회의가 현학(衒學) 경쟁의 차원에 머물지 않도록 이끌었다.

그 외에도 양녕대군 문제나 불교 비판처럼 민생과 거리가 먼 '정치 공세'나 이념 논쟁의 사안은 아예 어전회의에 올라오지 못하도록 의제를 차단하기도 했다. 특히 세종은 이런 문제로 군신 간의 대결 정국이 너무 오래갈 경우 "신하가 왕에게 세 번 간해서 듣지 아니하면 벼슬을 버리고 떠난다(三諫不聽則去)"는 『논어』의 구절을 들어 국면 전환을 꾀하곤 했다.(양녕대군 처벌

문제: 세종실록 06/02/16, 불교 문제: 세종실록 23/11/29) 이런 방법으로 그는 일단 대결 국면을 해소시킨 다음 신하들을 어전회의에 다시 불러서 다른 의제를 검토할 수 있게 했다.

회의 사례: 파저강 토벌 대논쟁

그러면 구체적으로 세종은 어떻게 회의를 진행했는가? 1433년(세종 15) 4월에 있었던 '파저강 토벌'을 위한 조정의 준비 회의를 그 사례로 살펴보자.

먼저 파저강 토벌 사건의 배경이 되는 당시의 북방 사정을 간략히 알아볼 필요가 있다. "우리나라의 외환(外患)은 주로 북방에 있다"는 세종의 말처럼, 압록강과 두만강 지역은 늘 위태위태했다. 명태조 주원장이 1393년에 중원 대륙을 통일했다고 하지만, 만주 지역은 여전히 여러 정치 세력의 각축장으로 남아 있었다. 만주 지역의 여진족인 오랑캐〔兀良哈〕와 우디캐〔兀狄哈〕, 몽골 지방의 몽골족인 타타르부〔朝部, 동쪽〕와 오이라트부〔瓦剌部, 서쪽〕 등이 그 세력들이다.

1. 세종 시대 북방 사정

이 가운데 오랑캐의 추장 이만주(李滿住)는 다시 강성해진 타타르부의 압력에 밀려 파저강 근처까지 내려와 살게 되었는데, 이 때문에 여연(閭延) 지역 주민과의 충돌이 잦아졌다. 마침내

1432년 12월 초, 오랑캐 추장 이만주는 400여 기(騎)병을 이끌고 여연 지역에 침입해 쑥대밭을 만들고는, 53명을 죽이고 100여 명을 납치해 갔다. 강계절제사 박초가 뒤늦게 소식을 듣고 추격해 붙들려 가던 사람 26명과 마소 80여 마리를 도로 빼앗아 왔다. 하지만 워낙 예상치 못한 대규모 기습이라 피해가 막심했다. 이 도전을 접한 세종이 어떻게 문제를 해결해가느냐가 바로 우리의 관심 사항이다.

평안도 감사의 긴급 보고[馳報]를 받은 세종의 맨 처음 반응은 분노였다. 실록의 기록은 이렇게 되어 있다.

> 임금이 심히 노하여 황희, 조말생 등을 불러 의논했다.(세종실록 14/12/09)

여기서 보듯이, 세종은 침략한 이만주 일당이 그동안 조선의 울타리 구실을 한다는 명목으로 생필품을 공급받아 갔던 집단이라는 점에서 심한 배신감을 느낀 듯하다. 하지만 세종은 곧 이 사건을 계기로 여진족을 제압하고 북방 영토를 개척하는 기회로 삼기로 마음먹었다. 신하들의 줄기찬 반대에도 불구하고 1, 2, 3차의 토론을 거쳐 최윤덕 등을 설득해 '북정'을 감행한 것이 그것이다.

그 후 '파저강 토벌을 위한 대논쟁'은 크게 다음과 같은 3단계를 거친다.

제1단계 논쟁: '토벌'을 중국에 보고할 것인가
　　　　　　〔1432년(재위 14년) 12월 9~21일〕
제2단계 논쟁: '토벌'을 실제로 감행할 것인가
　　　　　　(1433년 1월 11~19일)
제3단계 논쟁: '토벌'의 시기와 방법(전략과 전술)을 어떻게
　　　　　　할 것인가(1433년 2월 15~28일)

2. 1432년 여진족 침입 소식과 세종의 대책 마련 과정

　세종의 첫 번째 대응 조치는 중국(명)과 관련되는 것, 즉 중국 황제에게 보고해서 명나라의 지원을 얻어내는 문제였다. 중국과의 관계에 따라서 여진족 토벌의 성과가 다르게 나타날 것이라 보았기 때문이다.

　첫 번째 회의(논쟁)의 주제인 '이 사건을 중국 황제께 글을 올려 보고〔奏文〕해야 할 것인가'에 대해서 황희는 반대했다. 여진족이 내침했을 때 그들을 공격하는 것은 방어를 위한 것이기 때문에 굳이 황제에게 보고할 필요가 없다는 것이었다. 국가의 정당한 자기 보호 조치라는 게 황희의 주장이었다. 그러나 맹사성과 권진은 "주상의 말씀에 따라 보고하는 것이 좋겠다"고 말했다. 한마디로 좌의정 맹사성과 우의정 권진은 주문을 찬성했고 영의정 황희는 반대했다.(세종실록 14/12/09) 의논이 길어지자 세종은 회의를 다음 날로 연기했다.

　다음 날 아침 경복궁 사정전(思政殿)에서 열린 회의에서 세종

은 "어제의 미진했던 일을 의논해보라"며 다시 안건을 내놓았다. 맹사성과 권진은 전날처럼 명나라 황제에게 보고해야 한다고 주장했다. 그런데 이 자리에서 허조와 최윤덕 등은 아예 보고하는 일이나 거병(擧兵) 그 자체를 하지 말아야 한다고 주장했다. "중국에 보고해보았자 금수와 다름없는 오랑캐들이 그 일을 두려워하지도 않을뿐더러, 국경을 넘어서는 거병을 황제가 인준할는지의 여부도 불확실"하며(허조), "설사 황제의 인준을 얻는다 하더라도 그곳은 행병(行兵)하기가 매우 어려운 지역"이기 때문에 이번 거사는 그치는 것이 좋겠다(최윤덕)는 게 대다수 생각이었다.

이조판서 허조는 특히 '조용한 외교론'을 주장했다. "잠자코 말하지 마옵시고 국경이나 스스로 견고히 하는 것이 좋겠다"는 것이다. 그런데 이 자리에서 황희는 "치욕을 당하고 잠자코 있는 것은 불가"하다면서, 일단 현지 조사를 위해 파견한 홍사석이 돌아온 다음 사람을 보내 저들의 잘못을 문책(詰問)해야 한다고 주장했다. 적들의 잘못을 따지고 꾸짖는 것(致問)까지 그만둘 수야 없지 않느냐는 말이었다.(세종실록 14/12/10) 결국 '주문'과 '치문'에 대한 논의는 21일까지 계속되다가, "빨리 주문하는 것이 상책"이라는 세종의 뜻에 따라 새벽녘에야 보고문(奏本)에 옥쇄를 찍을 수 있었다. 요컨대 중국 황제가 어떻게 나올 것인가(불확실성)가 첫 번째 장애 요인이었다.

둘째, 토벌 여부를 둘러싼 논쟁이다. 야인 정벌을 위한 제2차 논의는 그로부터 한 달 후인 1월 11에 재개되었다. 2차 논쟁의 핵심은 이만주 일당이 거주하고 있는 파저강 일대에 "무위(武威)를 보이는 것", 즉 토벌 여부였다.

토벌 추진론은 그사이에 드러난 몇 가지의 새로운 사실에 힘입어 제기되었는데, 그 하나는 여연 침입의 주범이 이만주 일당이라는 사실이 밝혀진 것이다. 포로들의 증언이나, 마침 그 지역을 지나던 중국 사신의 말에 비추어 이만주의 소행이라는 것을 분명히 알게 된 다음에 세종은 허조 등 '조용한 외교론자'들을 설득하기 시작했다.

세종 비록 경들의 논의가 안정을 지키는 도리에는 합당할지 모르나 멀리 내다본다면 군사를 정돈하고 베풀어서 무위를 보이는 것이 좋겠다. 야인들이 우리 지경에 가까이 살면서 이유 없이 변경을 침범하여 인민을 죽이고 사로잡아 가는데도, 나라에서 가만히 있는다면 후일에 자주 침범하는 근심이 만들어질 것이다.
허조 하오나 야인들의 종류가 많아서 지금 비록 토벌할지라도 반드시 뒤에 우리나라 누대의 근심이 될 것입니다. 따라서 아직 그대로 두고 논하지 말며, 스스로 경계를 굳게 지키다가 침범하거든 그때 가서 방어하는 것이 편할 것으로 생각되옵니다.
황희 이제는 군대를 훈련하여 마땅히 무위를 보여야 할 때라고 생각하옵니다.(세종실록 15/01/11)

결국 이 문제를 결정하는 데는 최윤덕의 태도가 중요해졌다. '북정(北征)'을 담당하게 될 최고 지휘관이 끝까지 반대한다면 아무리 국왕의 뜻이 강하더라도 추진할 수 없는 일이었기 때문이다. 세종은 8일 후인 1월 19일에 평안도 도절제사 최윤덕과 도진무 김효성 등을 불러서 "만약 정토(征討)하지 아니한다면 뒤에 뉘우치고 깨달음이 없어, 해마다 반드시 이와 같은 일이 있을 것이다"(세종실록 15/1/19)라고 설득했다.

세종은 이어서 대마도 토벌에 대해서도 언급했다. "대마도 토벌 당시 정벌해서는 안 된다는 주장이 있었고, 나 역시 그 일이 비록 마음에 만족스럽지 못했다. 하지만 상왕(태종)께서 대의로써 결단하고 토벌한 결과, 적들이 마침내 두려워하는 마음을 갖게 되지 않았느냐!"는 말이었다. 이에 대해 최윤덕은 "대마도의 일은 백 년 동안의 준비였고, 오늘날의 일은 겨우 10년 동안의 준비인데 좀 더 신중을 기해야 하지 않겠사옵니까?"라고 여전히 반대 의견을 내세웠다. 그러자 세종은 "경의 말이 옳다. 그러나 내침한 도적의 실상을 살펴서 알 수만 있다면야 군마를 정리해 밤낮으로 행군하여 한두 마을을 쳐부수어도 족하지 않겠느냐"(세종실록 15/01/19)라고 재차 설득했다. 그러자 그동안 반대해오던 최윤덕이 비로소 마음을 바꾸었다. 그동안의 현지 조사와 준비를 통해 여진족의 거주지와 지리 조건, 그리고 무엇보다 명나라가 우리의 입장을 지지하는 외교 문서를 보내왔기 때문이다.

『세종실록』에는 가끔 특별한 현상이 발견되는데, 그것은 바로 토론 과정에서 자신의 애초 생각을 바꾸는 사람들이 자주 등장한다는 사실이다. 예를 들면, 재위 중반기의 세제 개혁 과정에서 황희가 태도를 바꾸어 새 개혁안을 인정하고 추진하는 주체가 되었고, 중·후반기에 세자의 국정 대리 운영을 보좌하는 첨사원 제도에 대해서 가장 강력하게 반대하던 이사철이 왕에게 설득당해 그 기구의 책임자로 일했다.

지금 이 경우에도 최윤덕은 그동안의 반대 입장을 바꾸어 결국 "지금은 땅이 얼고 물이 흘러넘치니 4, 5월 봄에 물이 마르기를 기다려서 행군하는 것이 가능하겠사옵니다"라고 말했다. 말하자면 토론 과정에서 자신이 애초에 반대하던 정책의 성격과 내용을 알게 되고, 또 그것이 공동체의 이익을 위해 필요하다는 자각을 하면서 자기 생각을 바꾸어 실행력을 더욱 높이는 사람들이 많이 생겨난다는 사실이다.

세종은 최윤덕의 입장 변화를 반기면서 다음과 같이 말했다.

> 경의 말한 바를 내가 어찌 듣지 않겠는가. 군사의 진퇴에 이르러서는 모두 경의 처분대로 따르겠다.(세종실록 15/01/19)

여기서도 드러나듯이, 세종은 이 문제를 '충분한 토론[熟議]'과 '전적인 일임[專掌]'이라는 방식으로 결정하고 있다. 충분한 찬반 토론을 거쳐 발생할 수 있는 소지를 미리 짚어본 다음, 그 일을 주관할 사람에게 "전적으로 담당[專掌]"하게 하는 방식이 그것이다.

셋째, 파저강 토벌의 마지막 논쟁은 토벌의 방법과 시기, 다시 말해 토벌의 전략과 전술을 짜는 문제였다. 2월 15일에 열린 이 회의는 여전히 허조의 반대를 염두에 둔 상태에서 열렸다. 허조는 계속해서 토론자들이 '집단적 사고(group thinking)'

에 빠져들지 않도록 만드는 '쇠파리(gadfly)'와 같은 역할을 하고 있었다.

　토벌 전략과 관련해 대체로 먼저 성토를 한 다음에 토벌하자는 얘기가 많았다. 즉, 저들의 "죄를 성토하고, 납치된 사람과 가축을 다 돌려보내게 하되, 만약 따르지 않으면 토벌해야 한다"(황희)는 주장이나, 성토를 하되 "1, 2년을 기다려서 저들의 무장 상태[武備]가 느슨해질 때 토벌하자"(이맹균)는 주장이 그것이다. 반면 "화친하기를 허락지 말고, 삼가고 굳게 지켜서 저들로 하여금 스스로 자복하게 하되, 만약 횡포하게 굴거든 급히 공격하자"(맹사성)는 기습론도 있었다.(세종실록 15/02/15)

　이날 회의는 '비밀리'에 열렸는데, 의정부와 육조는 물론이고 삼군도진무 소속의 모든 담당자가 모두 소견을 말할 기회를 가진 것이 특징이었다. 즉, 영의정 황희를 비롯하여 좌의정 맹사성, 우의정 권진, 이조판서 허조 등 23명의 모든 참석자가 순서대로 "계책을 각각 진술"했다. 이 때문에 회의 시간은 다소 길어졌지만, 토벌 시 발생할 수 있는 문제점들은 거의 대부분 드러났다. 그에 대한 대책을 마련하도록 지시한 것은 물론이다. '토론의 예방적 효과'를 최대한 활용한 것이라 하겠다.

　토벌 시기에 대해서 먼저 황희와 허조는 "얼음이 얼기를 기다렸다"가 공격하자는 '겨울 공격설'을 내놓았다. 4월에는 큰비가 와서 압록강을 건너기 힘들기 때문이라는 것이었다. 이에 대해 최윤덕은 큰비는 통상 6~7월에 내리며, 공격하려면 마땅히 4월에 해야 한다고 주장했다. 결국 세종은 "4월에 풀이 무성할 때 군사를 내어 치는 것이 마땅하겠다"(세종실록 15/2/26)라고 하여 최윤덕의 의견을 채택했다. 이 문제의 전문가이자 담당자인 최윤덕의 판단이 옳다고 보았기 때문이다. 그 외에도 세종은 병력 규모, 강을 건너는 방법, 진법의 문제, 그리고 지휘자의 선발 등 제반 사항을 아울러 "숙의하여 아뢰라(熟議以啓)"(세종실록 15/2/26)고 지시했고, 의논을 거쳐 채택했다.

결과적으로 이 토벌은 대성공이었다. 『세종실록』 15년 5월 5일 자의 "야인평정을 하례하는 글[箋]"에 기록된 것처럼, 최윤덕이 지휘하는 총 14,962명의 토벌군은 1433년(세종 15년) 4월 19일 새벽에 일곱 방향으로 나누어 기습 공격했다. 전투는 거의 일방적인 승리로 끝났는데, 동가강과 파저강, 즉 혼하(渾河) 일대를 소탕하는 9일간의 전투 끝에 183명의 여진족을 참살하고, 248명을 생포했다. 아군이 4명 사망했지만, 전과에 비해 미미하다고 할 수 있겠다.

3. 활발한 회의로 성공적인 결정을 이끌어내다

그러면 세종은 어떤 방식으로 토론의 효과를 살렸나?

첫째, 군신 간의 수직적·수평적 의사소통 구조의 활성화다. 표1에서 보듯이, 세종은 6개월 동안 무려 41회의 대책회의를 열어 발생할 수 있는 문제점을 점검하게 했다(63%). 앞에서 살펴본 것처럼, 세종은 '토벌을 중국에 보고할 것인가'부터, '토벌을 실제로 감행할 것인가', 그리고 '토벌의 시기와 방법(전략과 전술)' 등에 이르기까지 다양한 내용을 신하들과 대토론을 거치며 점검하고 대책을 세웠다. 뿐만 아니라 그는 신하들의 '보고'

를 듣고(34%), 적절한 시점에서 '지시'를 내려서(29%) 토론 내용이 작전 수행에 도움이 되도록 했다.

표1_ 제1차 토벌 때 나타난 군신 간의 의사소통 내용

구분		횟수	비율
왕 (총 65회)	회의	41회	63%
	지시 (전지, 명령 등)	19회 (4회, 15회)	29%
	단순 반응	5회	8%
신료 (총 59회)	보고 (啓, 馳報)	20회 (14회, 6회)	34%
	토론	33회	56%
	대응 (단순 반응, 謝禮)	6회(4회, 2회)	10%

둘째, 의사소통 채널을 다양하게 활용했다. 세종은 토벌을 위한 의견과 대책을 수렴하되, 다양한 방식의 회의를 진행시켰다. 파저강 토벌 과정을 보면 세종은 세 가지 유형의 어전회의를 개최했는데, 그 하나는 왕이 직접 회의를 주재하는 어전회의이다. 세종은 1432년 12월 9일에 여연 침공 소식을 듣자마자 영의정 황희, 좌의정 맹사성, 우의정 권진과 입번도진무(入番都鎭撫) 조말생, 병조판서 최사강 등을 불러들여서 그 대책을 의논했다.(세종실록 14/12/9) 또한 그다음 해 1월 13일에도 영의정 황희를 비롯한 삼정승 및 이조판서 허조, 호조판서 안순 등

을 불러서 약탈당한 여연·강계 인민들의 구휼 방법을 의논했다.(세종실록 15/1/13)

다른 하나는 왕이 회의를 주재하되 참석자 모든 사람에게 다 의견을 개진하게 하는 방식의 어전회의이다. 2월 15일에 세종은 의정부·육조·삼군 도진무 등에게 토벌할 계책을 "각각 진술하게(各陳)" 했는데, 이날 영의정 황희에서 시작해 공조 우참판 이긍에 이르기까지 무려 23명이 각자의 의견을 말했다. 이날의 '각각 말하게 하는' 회의에서 여진족 토벌과 관련한 예상되는 문제가 거의 다 나왔는데, 다만 세종은 이 내용을 발표하지 말고 밀봉해서 깊이 생각할 수 있도록 하라고 지시했다.(세종실록 15/2/15)

마지막으로 세종이 자주 활용한 회의 방식은 도승지와 승지를 삼정승 등에게 보내 여러 가지 사안에 대한 의견을 듣고 보고하도록 하는 것이다. 예를 들면 세종은 여연 침공 소식을 들은 그다음 날 안숭선과 김종서를 사정전에 불러 여러 가지 토의 사항을 일러준 다음 황희, 최윤덕, 허조 등에게 각각의 의견을 청취해 오도록 했다.(세종실록 14/12/10) 사흘 뒤인 12월 13일에도 도승지 안숭선으로 하여금 의정부에 가서 황희 등과 강계, 여연 등지에 성을 쌓는 일 등을 의논하고 의견을 청취해오라고 지시했다.(세종실록 14/12/13) 이처럼 국왕의 신뢰를 받는 승지가 사정전 등에 가서 여러 대신과 담당자들의 의견을 비밀히 또는 공개적으로 청취해 오는 방식이 잦았다.(세종실록 14/12/21, 15/1/19, 15/2/17, 15/2/21) 승지를 보내 의견을 청취하게 하는 곳은 때로 정승들의 집이 될 수도 있지만,(세종실록 15/5/4) 경복궁 사정전은 세종이 가장 많이 활용한 어전회의 장소였다. 세종은 자신이 직접 이곳에서 회의를 주재하기도 하고, 승지들로 하여금 대리 주재하게 하여 왕이 있는 듯한 효과를 거두기도 했다.

셋째, 세종은 회의를 하되, 주요 의제와 목표만 제시하고 세부적인 토론 과정은 신하들에게 위임했다. 그는 '중국에 보고할 것인가' '누구를 총사령관으로 삼을 것인가' 등을 회의 초반에 제시했으나, 회의 진행 과정은 영의정 황희로 하여금 이끌어 가도록 했다. 특히 황희는 정벌 논의 중반부에 여진족을 토벌해야 한다는 의견을 개진한 후(세종실록 15/01/11) 허조 등이 제기하는 토벌 시 발생할 수 있는 문제점의 대안을 제시하는 데 주력했다. 그는 최윤덕을 총사령관으로 임명하는 일이나(세종실록 15/1/11), 행군할 때의 진법 및 삼군으로 나누어 공격하는 일(세종실록 15/2/21), 함길도 감사 선발 방법(세종실록 15/2/26), 토벌 직전 여진족의 이동 억제 방안(세종실록 15/3/23) 등 다양한 계책을 내서 채택받곤 했다. 『세종실록』에 빈번히 나오는 "황희 말대로 하라"는 회의 내용을 정리하면서도 다양한 해법을 제시해서 문제를 풀어가는 황희의 역할을 잘 보여준다.

그리고 파저강 토벌의 기본 구상이 결정된 다음 왕이 현지 작전 전개에 거의 개입하지 않았다는 점도 중요하다. 세종은 1433년(세종 15년) 2월 말에 토벌의 시기와 방법까지 정해진 다음부터는 현지 사령관인 최윤덕에게 맡겼다. 멀리서 전장의 변화하는 양상에 대처할 수 없다는 점을 고려해 야전 장수의 재량권을 최대한 높여준 것이다. 앞에서 지적한바 "경의 말한 바를 내가 어찌 듣지 않겠는가. 군사의 진퇴에 이르러서는 모두 경의 처분대로 따르겠다"(세종실록 15/01/19)는 말이 그것이다. 세종은 아예 온양온천으로 남행을 감행해서 일체의 작전 진행에 간여하지 않을 뿐만 아니라,[4] 여진족으로 하여금 안심하고 내려와 농사를 짓도록 만드는 기만책을 구사하기도 했다.[5]

맺는말

이상에서 살펴본 바와 같이, 세종은 어전회의에서, 그전부터 있어왔고, 계속해서 열게 되어 있는 회의라는 기본적인 제도를 잘 이용함으로써 중요한 정보와 고전 속의 지식을 정책 결정에

---

4 박현모, 『세종의 수성 리더십』, 삼성경제연구소, 2006, 65~69쪽 참조.

5 세종의 보기 드문 정책 결정 실패 사례인 제2차 파저강 토벌[1437년(세종 19) 9월]은 정책 결정 과정에서 회의의 중요성을 여실히 보여준다. 즉, 2차 토벌은 1차 토벌 때 '회의'(63%)와 '토론'(56%)이라는 수평적 의견 교환이 많았던 것과 달리, '지시'와 '보고'라는 수직적 의사소통이 중심을 이루었다. 제2차 토벌 기간(1437.5~10) 중 군신 간의 의사소통 과정을 분석해보면, 세종은 주로 현지의 지휘관들에게 "전지(傳旨)" 또는 "명령"의 형태로 37회의 '지시'를 하고 있다(63%). 이것은 1차 때(1432.12~1433.5)의 '지시'가 전체 의사 결정 방식의 29%였던 것의 두 배 이상을 차지하고 있다. 또한 신료들의 의견 표출 방식 역시 다르게 나타나는데, 아룀(啓), 치보(馳報), 첩서(捷書), 밀계(密啓), 상언(上言) 등의 '보고'가 총 22회로 나타난다(67%). 이것 역시 1차 때의 '보고'가 34%였던 것의 두 배가량에 해당한다. 무엇보다 이 과정에서 황희나 허조 등 대신들은 회의에서 배제되어 있다. 세종대왕의 경우라도 회의를 잘 이끌지 못하면 정책 결정을 잘못할 수 있음을 보여주는 사례라 하겠다. 이에 대한 자세한 연구는 박현모, 「세종 정부의 의사 결정 구조와 과정 연구: 제1, 2차 여진족 토벌 사례를 중심으로」, 『동양정치사상사』 제8권 1호, 한국·동양정치사상사학회, 163~183쪽.

활용할 수 있었다. 한마디로 '지식 경영'을 잘한 것이다. 최고 지도자에게 가장 중요한 것이 지도자 자신의 최상의 판단과 조직원들의 적극적인 동참이라고 볼 때, 세종은 경연 등 어전회의에서 중요한 정보와 지식을 획득해 신중한 결정을 내리곤 했다. 집현전이라는 국책연구기관을 만들어 인재를 기르고, 서적 수집과 보관·편찬 등 고급 정보를 바로바로 이용할 수 있게 한 것도 도움이 되었다. 뿐만 아니라 세종은 어떤 정책과 관련된 전문가들의 숙의를 거친 후, 적임자에게 전적으로 위임하는 방식을 취했다. 이로써 신료들이 높은 참여 의식을 가지고 결정된 사안에 적극 참여했다. '의심스러우면 맡기지 말고, 맡겼으면 의심하지 말라(疑之勿任 任之勿疑)'라는 원칙에 입각해 최윤덕에게 여진족 토벌을 맡긴 것이 그 대표적인 예다.

그러면 세종이 어전회의를 이끌어가는 데 어려움은 없었는가? 그리고 그것은 어떻게 극복되었는가?

첫 번째 난관은 역시 회의를 형식적인 절차로만 간주하는 신료들의 태도였다. 세종은 재위 초년에 왕의 "면전에서 쟁간하는 자"가 없고 "중론을 반대하여 논란하는 자가 없다"(세종실록 7/12/8)고 지적했다. 건국 후 태종 시대까지의 정치적 격변을 거치며 관료들은 보신(保身)을 위해 회의 시간에 침묵하기 일쑤였다. 기껏해야 주어진 업무를 마지못해 보고하는 정도가 고작이었다. 마음속의 말을 꺼내지 않고 일만 보고하는 것은 회의를 위한 제일의 장애물이었다.

세종이 신하들의 의견을 두루 듣되 끊임없이 '직언(直言)'을 요구한 것은 이런 장애물을 극복하기 위해서였다. 재위 5년에 그는 "내 들으니, '임금이 덕이 없고 정치를 잘못하면 하늘이 재앙을 보여 경계시킨다' 하는데, 지금 가뭄이 극심하다. 대소 신료들은 제각기 위로 나의 잘못과 정치[政令]의 그릇된 것과, 아래로 백성들의 좋고 나쁨을 거리낌 없이 마음껏 직언하여, 하늘을 두려워하고 백성을 걱정하는 나의 지극한 생각에 부응되게 하라"(세종실록 5/4/25)고 말했다. 세종은 신하들의 말을 듣고 좋은 아이디어를 채택하는 데 매우 적극적이었는데, 특히 말끝마다 "경들의 의견을 말해보라"고 하여 신료들을 토론에 초청하곤 했다. 이 때문에 그 당시 신하들은 세종을 "토론을 즐겨 하는[樂於討論]" 군주라고 부르기도 했다. 세종은 이렇게 해서 들어온 건의와 직언을 육조의 주관 부처로 하여금 의논하여 시행할 만한 조건을 뽑아 올리게 했다. 그리고 최종적으로 왕 자신이 친히 결재하여 시행하곤 했다. 어느 해에는 세종이 며칠 밤 꼬박 건의 사항을 읽고 검토하느라 극도로 건강이 쇠약해져서 다음 날 사신을 맞이할 때 비틀거리기까지 할 정도였다.

두 번째 장애물은 일과 무관한 말을 현학적으로 늘어놓는 사람이다. 너무 장황하게 말만 많은 신하들 때문에 회의 참석자들은 괴로워했다. 예조판서 신상(申商)이란 사람이 그 예다. 『세종실록』에는, 신상이 "말재주[口辯]가 있어 매양 아침 회의 때마다 절실하지 않은 일을 끌어다가 거듭 되풀이 아뢰므로, 어떤 때는 해가 저물도록 끝내지 아니하였다. 그래서 그가 회의에 나가면 사람들이 말하기를 '말이 긴 사람이 온다. 오늘 회의는 틀림없이 오래가야 파할 것이다'라고 말하곤 했다"고 기록되어 있다.(세종실록 16/06/24) 또 어떤 사람은 회의 시간에 사사로운 애기를 옆 사람과 수군거리다 세종에게 혼이 나기도 했다.(세종실록 22/3/18. 고약해의 경우) 말하자면 세종 시대에도 '토론의 적들'이 있었던 셈이다.

적실성이 없는 장광설의 주장을 하는 사람들에 대해 세종의 대처법은 간단했다. 말 사이사이에 왕이 개입하여 "구변 좋은 사람의 말이 바다로 흘러가지 않도록" 하는 한편, 해당 업무의 실무자를 배석케 해서 당면 문제를 제기하도록 했다. "말이 긴 사람"의 인격을 모독하지 않으면서도, 토론을 위한 토론으로 그치지 않도록 세심히 배려하곤 했다.

세 번째 함정은 국왕의 의견에 무조건 동조하려는 태도이다. 태종 시대 위로부터 내려오는 지시를 수행하는 데 익숙해져 있던 신료들에게 "어떻게 생각하는가", "의논해서 아뢰라"는 등의 세종의 회의 방식은 낯선 것이었다. 매번 좋은 의견을 내기도 쉽지 않은 일이지만, 왕의 뜻을 거스르는 주장을 했을 경우 당하게 될 문책이 두렵기도 했다. 따라서 제일 안전한 방법은 국왕의 눈치를 보아서 그 뜻을 추종하는 일이었다.

이에 대한 세종의 해결책은 회의 참석자 중에 반대 의견을 가진 사람이 자유롭게 말할 수 있게 하는 것이었다. 앞에서 살펴본 '파저강 토벌 논쟁'에서 허조는 토론 기간 내내 이 토벌에서 발생할 수 있는 문제점들과 최악의 경우를 집요하게 지적했다. 행병할 때 발생되는 이 지역 주민들의 민폐와 군량 문제, 큰비가 내려 압록강을 건너지 못할 경우 어찌할 것인지를 꼬치꼬치 따져 물었다. 그런데 허조의 이런 반대는 회의 참석자들의 집단착각을 방지하는 데 기여한 것으로 보인다. 그런 허조를 배제하지 않고 계속 회의에 참여해서 말하게 한 세종의 자세도 놀랍다. 세종은 "허조는 고집불통이야"라고 불만을 표시하기도 했다. 하지만 늘 끝까지 그의 의견을 경청했고, 제기된 문제점을 해결한 뒤에야 그 정책을 시행하곤 했다. 토론을 통해 사전에 문제점을 발견하고 예방한 것이다(비판과 대책 마련으로 토론의 예방적 효과 거두기).

네 번째 어려움은 회의 참석자들끼리의 의견 차이 및 감정 대립이다. 조말생이나 안숭선 등은 대체로 일을 자꾸 벌이려는 입장인 반면, 허조는 그 정책이 잘못될 수 있는 소지를 지적하면서 신중한 태도를 취했다. 또한 세종이 안숭선을 지신사로 발탁해 중용하자 그의 동료들은 "모든 인사 행정을 안숭선이 좌우한다"(세종실록 16/08/07)면서 질시했다. 안숭선 역시 "사람됨이 모질고 팩하며 급하고 빨라서, 쉽게 노하고 쉽게 기뻐하여, 동료들이 혹 그 뜻을 어기면 문득 욕했다. 이 때문에 동료들이 모두 그를 원망하고 미워했다."(세종실록 16/08/07)

이와 관련해 황희의 역할이 컸다. 집안에서 일어난 두 여종의 싸움을 중재한 일화나, '검은소 누렁소 이야기'에서 보듯이, 황희는 어느 편을 들지 않고 듣는 쪽의 입장에서 말하는 장점을 가지고 있었다. 게다가 회의 시간에 논의된 내용을 정리하는 데 뛰어났다. 그래서 세종은 논의의 맨 마지막에 황희 정승이 토론 내용을 정리한 다음, 짤막하게 생각을 덧붙이면, "황희 말대로 하라"고 그 의견에 힘을 실어주곤 했다. 재위 15년에 노비 출신 장영실을 정5품의 관직으로 승진시키려 하자, 여러 신하들이 반대했는데, 황희는 "과거에 용맹이 출중한 관노 김인을 무관으로 발탁했던 것처럼 이번에도 그렇게 하자"고 제안했다. 그러자 세종은 역시 "황희 말대로 하라"고 지시했다. 함께 정사를 의논하다가 좋은 의견이 나오면 그 의견에 힘을 실어주는 일(최상의 판단), 그것은 바로 세종의 회의 운영의 중요한 원칙이었다. 뿐만 아니라, 세종은 토론 과정에서 반대자들까지도 납득할 정도의 조건 조성과 설득을 통해 자신의 비전을 향해 모든 신민들이 "국가의 일을 내 자신의 임무로 느끼며" 최선을 다할 수 있게 했다(폭넓은 참여와 주인의식). 세종 시대의 수많은 국가적 업적은 바로 이러한 지식 경영과 회의하는 방법에 힘입은 것이었다.

참고 문헌

1차 문헌

『세종실록』,『경국대전』,『연려실기술』

2차 문헌

권연웅,「세종조의 경연과 유학」, 한국정신문화연구원 편,『세종조문화연구1』, 박영사, 1982.
김홍우,『한국 정치의 현상학적 이해』, 인간사랑, 2007.
남지대,「조선초기의 경연제도: 세종·문종 연간을 중심으로」,『한국사론』6, 서울대 국사학과, 1980.
노영구,「세종의 전쟁 수행과 리더십」,『오늘의 동양사상』, 예문동양사상연구원, 2008.
박현모,『세종의 수성(守成) 리더십』, 삼성경제연구소, 2006.
박현모,「세종 정부의 의사 결정 구조와 과정 연구: 제1·2차 여진족 토벌 사례를 중심으로」,『동양정치사상사』제8권 1호, 한국·동양정치사상사학회, 2009.
최승희,『조선 초기 정치사 연구』, 지식산업사, 2002.

3부

삶의 정치와 시민 참여

시민·사회운동, 사회적 정당성 형성 그리고 민회[1]

이신행

연세대학교 정치외교학과 명예교수. 저서로 『한국의 사회운동과 정치변동』(민음사, 1997), 『시민사회운동』(법문사, 1999), 『풀뿌리 정치와 사회적 정당성』(법문사, 2006)이 있고, 편저로 『토론 없는 시대의 토론: 80년대 한국 대학생의 사회인식』(전예원, 1986), 『정치 변동 이론의 새로운 흐름』(형성사, 1992) 등이 있다.

1987년 이후 민주화의 과정이 진전되고 권위주의가 퇴조하면서 민주주의를 도모하는 한 바탕으로 지역자치운동에 거는 기대가 크다. 그렇다면 지역자치운동을 확대해가는 준거점을 어디에 둘 것인가?

지역자치운동의 궁극적인 정신으로 사회적 정당성을 생각할 수 있다. 사회적 정당성이라는 추상성이 삶의 현장에서 어떤 몸을 얻기 위해서는 어떠한 기구화가 필요할까? 필자는, 민회라는 권위체의 형성이 필요하다고 생각해본다. 이 글의 초점은 여기에 둔다. 즉 사회적 정당성의 한 현현체로서 민회(民會) 구성의 필요성과, 이를 만들어가는 과정을 예로서 들어본다.

서론: 몇 가지 전제

전제 1

정치적 정통성으로부터 사회적 정당성을 형성하는 방향으로 옮겨 가야 한다. 이제 정치사회가 당면하는 큰 과제들은 정치적 정통성에만 의존해서 정치권만이 배타적으로 결정을 내리는 정치 '문명'은 끝났다. 이제야말로 사회의 기본 방향을 정하는 일이나 이해관계가 크게 걸린 문제들은 정치적 결정을 내리기에 앞서 그것이 역사적으로 딛고 서 있는 정당성의 준거점에 의하

---

1 이 글은 『삶의 정치: 통치에서 자치로』(정문길 외 15인 지음, 대화출판사, 1998, 173~190쪽)에 실린 글을 재수록한 것이다.(편집자주)

여 조준될 필요가 있다. 그러므로 그러한 정치적 정당성이 파악될 수 있게끔 기제(機制)를 만들 수 있는 능력이 있는 사회야말로 '앞선' 사회라 할 수 있다.

전제 2

한국 사회는 일제로부터 해방되어 대한민국 정부가 수립된 이후 지금까지 정치·경제·사회·문화 각 부문에서 정당성의 근거가 불분명한 데서 오는 혼란이 컸던 사회이다. 해방 정국 3년은 특히 그러한 문제점의 원류와 한계를 절실히 보여주었다. 이 점은 북의 정권 역시 마찬가지였다. 남의 경우 그러한 정통성-정당성의 위기가 분명하게 드러난 것이 민주화운동이다. 민주화운동은 해방 이래 고질화되었던 정치적 정당성, 즉 정통성을 어떻게 확립하느냐가 그 과제였다. 노태우·김영삼 정권을 거친 지금의 민주화운동의 맥락이 다주체적, 다층적 소그룹의 영역화로 바뀌어져서 노동·환경·여성·교육 복지·주민·경제 정의·부패 추방·의정 감시 등의 운동으로 번져가고 있다고 할 수 있다.

전제 3

홉스는 하나의 공동체는 최종적인 권위를 구사하는 하나의 리바이어던(Leviathan)이 필요하다고 했다. 자본주의의 적극적인 자기실현을 위해서 국가 공동체는 단일한 질서체하에 있어야 한다는 주장이다. 그러나 현대에 와서 인간의 삶은 정치적인 질서만으로 중요한 것을 챙길 수 없고 그 외의 지평까지도 적극적인 자원이 되어야 한다. 그런 점에서 오늘날의 인간화와 공동체화는 정치와 사회 양쪽에 두 개의 리바이어던이 확립되어 정치적 리바이어던은 사회적 리바이어던을, 사회적 리바이어던은 정치적 리바이어던을 서로 도와가며 풍성하게 만들어가야 한다. 다시 말하여 사회의 비결정적 결정권에 영향을 미칠 수 있는 기제가 마련된 사회가 성숙한 공동체일 수 있다.

전제 4

통일 운동을 빌미로 남과 북이 모두 유신 체제, 헌법 개정 등을 한 것이나 최근의 북풍 공작 등은 남과 북의 권력이 서 있는 정통성-정당성의 한계를 극명하게 보여준다. 김대중-김종필의 공동정권의 존재 역시 우리 사회가 딛고 서 있는 정통성-정당성의 한계를 보여준다. 우리 사회의 돌림 구조, 즉 정〔政(軍)〕→관(官)→재·정(財·政)→관(官)→재(財)→언(言)의 악성 구조를 끊어내고 새로운 사회를 만들어가는 근본은 사회적 권위를 우리 사회의 사회적 정당성에 의거하여 형성해내고 그것이 작동하도록 하는 일이다. 그리고 이 사회적 권위가 형성하는 공공성을 통하여, 힘을 보임으로써 정치적 권위, 정치적 권력이 재형성되도록 영향을 미쳐야 한다. 우리 사회의 고질적 병폐의 출발은 해방 이래 40년이 넘도록 성숙한 사회가 정당한 권력을 산출할 수 없었던 헌정사, 사회사 때문이다. 즉 정치가 마음대로 사회를 끌고 갈 수 있다는 착각이 지속될 수 있었기 때문이다.

사회적 정당성

1. 87년 이후의 사회 형성 과정

체제 형성의 과정을 놓고 앞뒤를 말할 수는 없지만 사회적 정당성이 서고 난 후 그 위에 정통성 있는 권력이 서야 그 사회가 안정되고 튼튼한 사회라고 말할 수 있다. 혁명적 정치 변동의 과정을 겪은 서구 사회의 사회화 과정이 보다 민주적인 권력을 형성할 수 있었던 것은 여기에 연유한다. 그러나 우리의 역사 과정은 급격한 변동 과정하에서 사회와 정치의 관계가 자연스레 전개되어 역사의 진전이 이루어졌다기보다는 작위적인 것이 많았고 어떤 면에서는 거꾸로 된 사회였다. 일제의 식민지가 되면서 그 이전부터 내려오던 민족적, 전통적 정당성은 송두리째 거부되었고 해방 후의 대한민국은 새로운 정당성의 기반에 대한 아무런 합의도 없이 벌거벗은 권력부터 먼저 세웠다. 그것도 주로 외압의 주도적 영향하에 이루어졌다. 그리고 6·25로 인해서, 또 긴 기간의 군부 정치로 인해 권력의 파행성은 더욱 심해졌다.

4·19는 정치적 정통성을 다시 세우려는, 다시 말하자면 정당성 운동의 한 흐름이었다. 그러나 그 정당성 운동은 실패하고 그 실패의 상흔 위에 급격한 사회 변화가 축적되면서 우리 사회의 정당성 위기는 고질화되어왔다. 김영삼 정권의 등장은 비록 태생적 한계는 있었다 해도 기대가 컸다. 김영삼 정권은 정당성 운동에 대한 개방적인 논의가 가능한 사상 첫 정권이었고

그러한 점에서 사회적 토론망이 처음으로 짜일 수 있는 '시작'으로 간주되었다.

그러나 김영삼 정권은 3당 통합의 뿌리를 극복하지 못함으로써 극심한 자기 정체성의 위기에 빠지게 됐고, 따라서 사회적 정당성 형성의 가능성이 있는지조차 의심케 했다. 김대중 정권 역시 김대중-김종필의 국민회의와 자민련 두 당의 공동정권이라는 성격 때문에 김영삼 정권과 유사한 태생적 성격을 지니고 있다.

서양 사회를 큰 흐름으로 짚어보자면, 서양 사회는 시민사회의 진전을 바탕으로 국가가 형성되고, 국가와 시민사회 사이에 공공 영역(public sphere)이 있어서 국가와 시민사회를 매개해왔다. 그런데 우리는 해방과 함께 국가 권력이 먼저 안치되고, 이 국가 권력이 작동해가자마자 분단과 6·25 그리고 냉전 체제의 양극성이 산출한 협착한 구조에 얽매여 권력의 안보 등 여러 가지 이유로 시민사회의 성장을 억제하면서 권력의 체제화를 통해서 사회를 조작하려는 시도가 앞섰다. 군부가 권력을 장악하면서 관(官)을 형성하고 관이 재(財)[産]를 형성한 과정이 한 예다.

한국 사회는 87년 이후 비교적 권력의 방해를 줄여가면서 사회의 정치화 과정을 밟아가고 있다. 따라서 서양에서의 시민과 공공 영역이 수행하던 역할을 가냘프게 조직된 여러 민간단체와 대학, 종교 기관 그리고 지방의회, 지방정부가 밟아가고 있다. 이러한 기관들이 서구에서 시민과 공공 영역이 담당하던 역할을 작게나마 대신하면서 공공성을 형성하는 데 앞장서고 있다. 지방자치단체와 지방의회의 경우 중앙권력에 대해서나, 또 사회에 대해서 단순한 지자체(地自體) 기구 이상의 중요한 역할을 하게 된다. 지방의회와 지방정부가 지역의 여러 시민 기구, 지역 언론, 교회와 사찰 그리고 지역 언론들이 연결되는 공론장의 역할을 부분적으로나마 담당하고 점차 지역사회를 공동체화하는 핏줄과 신경망의 역할을 함으로써 그간 소홀했던 사회의 공동체화를 강화할 것이 기대되고 있다.

주민 참여를 중요하게 생각하는 지역자치운동을 벌여나감에 있어서 지자체 기구뿐만 아니라 87년 6월 민주화운동을 유발했던 대학과 종교의 일부 세력들, 즉 사회 부문의 영역화 현상을 가능하게 했던 학원과 종교에 특수한 역할이 기대될 수 있다.

학원, 종교, 재야 등 운동 세력의 역할이 90년대 이후로는 환경·여성·교육 등등 각 부문에 나타난 참정 세력들로 전환되었고 이들이 비록 조직적 바탕은 약소하지만, 또한 조직을 통해 그 역할을 확대해가는 노력에 현재로서는 치중하고 있지는 않아 보임에도 불구하고, 하나의 문제 제기적 집단으로서 앞으로 우리 사회의 정치화 과정에 상당한 영향을 미칠 것이 분명하다. 왜냐하면 이들은 87년 이전의 민주화 세력, 즉 정당성 운동의 흐름을 형성했던 세력이 그 모습을 달리했거나 87년 뿌리에 연결되어 있기 때문이다. 이러한 운동 관성과 우리 사회의 오랜 운동사회적 전통에서 볼 때 이러한 참정 세력들은 87년을 전후하여 있었던 변동 지향적 운동(민주화 운동)을 벌였던 정신적 맥락을 이어가 지방자치정부와 지방의회를 성숙하게 하는 누룩의 역할과 함께 상당한 정도 폭넓은 주민성(住民性)을 띤 참여

운동을 확장시켜나갈 수 있을 것이다. 지금의 민간운동체들(환경·여성·교육)이 운동의 핵(核)이 되고 지방의회와 지방자치정부의 망(網)을 운동의 권(圈)으로 만들어가면서 공공 영역을 형성하는 일을 촉매하고 이를 향도하는 공공성을 만들어갈 수 있기 때문이다.

다시 말하자면, 여기서 지금의 여러 참정 세력들의 역할을 적극적으로 기대하는 이유는 여러 참정 세력들은 첫째, 기본적으로 민간 운동적, 주민자치적 문제의식을 강하게 지니고 있었고, 둘째로는 60년대 이래의 정당성 운동(정치적 정통성)의 맥을 계승한 세력이었거나 그것의 조직적(자치적 또는 국민적) 표현이었기 때문이다.

또한 이 두 가지 점은 앞으로의 주민자치운동이 정당성 형성의 장이 되어 지방정부와 지방의회를 통하여 환경, 교육, 여성, 자치, 국제 연대, 복지 등등의 사회적 정당성과 긴밀히 연결된 이슈를 확대해나갈 것을 기대하게 한다.

91년 이후 지자체 선거의 의미는 우리 사회의 정치화가 그 풀뿌리 단계에서 시작되었다는 점이다. 한국 사회가 군부정치 이래 권력의 식민지였다고 한다면 87년 6월 항쟁은 권력의 정통성을 다시 형성하는 계기가 되었고 정치적 정통성을 형성해 가면서 이제야 사회적 정당성을 갖춰가는 계기가 되었다는 점이다.

98년 지자체 선거 역시 국민이 지난날 신한국당의 3당통합적 뿌리, 즉 권위주의 세력과 민주화 세력 일부의 야합을 추인할 수 없었던 점을 다시 한번 보여주는 과정으로 들어가는 모습이다.

오로지 새로운 수임 세력으로서 정치를 새로 구성할 수 없었던 우리 사회의 한계, 즉, 새정치국민회의가 자기 정체성만으로 수권 세력이 될 수 없었기 때문에 김종필의 자민련 세력과 '공동정권'을 구성하겠다는 제의를 했고 국민들은 이 '공동'적 야합성 말고는 선택의 여지가 없었던 우리의 현실을 보여주었던 것이다. 다시 말하면 4·19 이래 새롭게 정통성을 형성하려는 국민의 욕구가 현실 정치권의 한계로 좌절된 것을 의미하며, 이는 90년대 후반 한국의 정치적 정통성이 제대로 자리를 잡지 못하고 또 한 번 불신될 수 있는 가능성을 보여주는 것이다.

87년 이후 치른 몇 가지의 선거는 결국 90년대 이후의 우리 역사가 체제 내와 체제 외가 서로를 완전히 새로 설정하는 변동 과정이 아니라 체제 내와 체제 외가 서로를 안은 채 밀고 당기는 과정을 통하여 변동을 밟아가고 있다는 점이다. 그것은 옛날의 판을 엎어버리고 새 판을 짜는 운동이 아니라 마치 널뛰기나 줄다리기가 널과 줄의 이쪽저쪽이 서로를 부정하지 못한 채로 함께 뛰어주고 당겨가면서 변동을 도모하는 방식이다.

이렇게 밀고 당기는 줄다리기식 변동 그리고 함께 뛰어주어야만 하는 널뛰기식 변동은 우리 줄과 남의 줄로 구분되는 것이 아니라, 서로 얽혀 그 어젠다와 담당 세력이 나뉘지지 않을 때가 많은 형국으로 전개된다. 이러한 과정에서 운동과 변동의 근본성을 담보하는 길은 무엇일까? 그것은 여성, 환경, 대학생을 포함한 지식인, 주민운동 등이 작은 단위의 민초적인 운동을 그 비전과 근본성을 분명히 한 채 벌여나가는 것이다. 정치권에서의 피아(彼我)가 뒤섞여버렸고 87년을 전후해 분명히 드러냈던 변동의 과제가 몽롱해진 지금은 중앙정치가 아니라 여성, 환경, 참여민주주의 등 근본적인 어젠다를 풀뿌리적인 단계에서 벌여나가는 일의 중요성이 더 부각된다. 노동, 여성 등 시민·사회적 운동이 98년 지방선거에 나섰던 경향들이 이를 말해준다.

이 글에서 제안하는 민회는 사회적 정당성을 형성해야 하는 과제가 왜 중요하며 그것을 갖추기 위해서는 어떻게 해야 할지를 보여주는 하나의 예다.

2. 90년대, 사회적 정당성의 시대

한강과 낙동강을 어떻게 먹을 수 있는 물로 지켜나갈 것인가. 그것은 현재의 정(政)→관(官)→재(財)→언(言)으로 연결되는 돌려먹기 체제하에서는 새 처방과 대안을 만들어낼 수 없다. 뿐만 아니라 이것이 정(政)·관(官)·재(財)·언(言)뿐만 아니라 공동체의 전 구성원이 그 삶의 방식을 바꿀 때 비로소 가능하다고 할 때, 누가 그것을 설득할 것인가. 대통령의 권위로 가능한가. 더 근본적인 권위가 있어야 한다.

교육 자치에 의해 정체성을 길러낼 인물상을 정하는 일에 대해서 사회적 정당성이 조언할 필요는 없는가. 그러한 인격적 창조력을 함양할 교재는 어떤 준거점에 의해 작성되고 선택되어야 할 것인가. 교육부에게만 맡겨놓을 수 있는가.

통일에 대해서 남(南)의 정치적 권위와 북(北)의 권위를 넘어서는 어떤 권위가 능동적인 역할을 수행할 것을 필요로 하지는 않는가. 누구에게 자문을 받아야 할 것인가. 카터인가. 대통령이 지명한 자문위원들로 족한가. 창구는 하나여야만 하는가.

급격한 사회 변혁에 의하여 우리 사회는 어떤 사회보다 안전권의 추구가 긴요해졌다. 환경권을 포함한 안전권이 보장되면서 살림의 삶이 영위되려면 개발의 대상, 속도, 내용을 정책적 수준 이상에서 재조준하여야 할 것이다. 동북아의 생태적 환경이나 정치 생태적 새 공동체의 출현도 지금의 정치적 정당성과 정치적 패러다임에 맡겨놓을 수 없다.

이런 점에서 90년대 후반 이후의 시대는 정통성의 시대가 아니라 정당성의 시대요, 정치적 권력의 시대가 아니라 사회적 권력의 시대라 할 수 있다.

사회적 정당성과 민회의 조직

민회(民會)에서 고려할 사회적 권위, 사회적 정당성과 중앙권력이 지니고 있는 정통성과 권위의 성격을 밝히고 그 비중을 저울질하는 데는 서양에서의 세속 권력과 교회의 관계가 도움이 될 수 있다. 그리고 현실적으로는 사법 제도로서의 배심원 제도, 참의원과 상원을 참고할 수도 있겠고 역사적으로는 동학의 집강소, 향약, 그리고 미국 뉴잉글랜드의 '타운홀 민주주의(Townhall Democracy)'의 의미를 검토해볼 수 있을 것이다.

사회적 정당성이라고 명명한 이 새 정당성은 어떻게 조준되고 파악, 정의될 것인가. 사회적 정당성을 현현할 기구로 각 지역에서 작으나마 활동하고 있는 시민회의, 시민협의회, 주민의회 등등의 협의체를 발전시키길 기대할 수도 있다. 그러나 합법성(legitimacy)이 있는 회의체가 다원적인 사회 전반의 요구나 기대를 심층 있게 반영하는 새로운 정치사적 문명을 기획하기 위해서는 보다 근본적인 고려가 보태져야 한다.

1. 민회의 종류

1.1. 사업성 민회: 사회적 정당성을 실현하는 '일'을 과제로 하는 회의체

① 사회적 정당성에 근거하여 사업을 부문별 또는 포괄적으로 추진해가는 회의체로서 여성, 안전, 교육, 유통, 환경 등등의 분야에서 특정한 과제를 가지고 일하거나 여러 개의 과제로 일해나갈 수 있다. 이 민회가 다른 민간단체와 다른 것은 이 민회는 사회적 정당성을 대표하는 일을 과제로 삼는 민회와 보조를 맞춘다는 점을 들 수 있겠다.

뿐만 아니라 이 민회는 어느 단계에서 사업민회와 같은 역할을 하는 다른 민회들과 더불어 선거인단의 투표나 기타 관계를 거쳐 사회적 정당성의 수준을 높임으로써 사회적 정당성을 '대표'하는 일을 과제로 삼는 민회로 전환하는 것도 목표로 할 수 있다고 하겠다. 달리 말하면 정식의 민회가 이루어지기 전의 예비적 단계.

② 해당 지역 내의 대표성 민회(민의 원로회)가 없을 경우, 지역의회나 지역 내의 각 단체가 구성한 협의체 활동과 긴밀히 연결되는 민회.

③ 체제외성, 시민성, 국민성, 주민성을 띠는 입장을 견지한 운동체

1.2. 대표성 민회: 사회적 정당성을 '대표'하는 일을 과제로 하는 회의체로서 선거인단의 투표를 거쳐 선출 또는 동의된 민회
- 이 민회는 이 일을 위하여 현안 과제들을 조사하고 심의하여 사회적 판단 또는 판단의 준거점을 내리는 일감만을 행한다. 즉 정식의 민회.

2. 민회를 만들어가는 과정

2.1. 발의 과정: 다음의 발의 과정 중 그 하나를 택한다.
① 지역 내 민간단체 지도자들의 합의로 발의(이 경우의 민회 구성 과정은 하단에 별도로 예시되어 있음)
② 지역 내 관심 있는 이들의 합의로 발의
③ 소수 의원들의 합의로 발의
④ 지방의회의 결의로 발의
⑤ 지방자치단체장(지방정부)의 제안
- 혹은 이 중 몇 가지 방법을 복합으로 제안하는 것도 예상할 수 있음. 그러나 현 상황에서 예측되는 발의의 핵심적 과정은 지역 내의 주요 민간단체(시민 사회운동체) 실무 지도자들의 합의이다.

> **〈하나의 예〉**
> 지역 내 민간단체 실무자들이 산파역을 맡는 민회 창립

하나의 예로서 지역 내 민간단체 지도자들이 합의함으로써 대표성 민회를 만드는 과정을 그려보면 다음의 세 단계로 나눌 수 있다(아래의 예는 서울을 의식하고 잡아본다).

첫째 단계, 준비위원회 구성
둘째 단계, 준거지역 투표
셋째 단계, 선거인단 투표

첫째 단계: 둘째와 셋째 단계를 밟아갈 준비위원을 구성하는 일과 준비 과정에 자문을 맡아줄 분들을 찾는다.

준비위원은 주요 민간단체의 인사들로 한다. 예컨대 지역 주민들의 신뢰가 상당히 축적된 민간단체의 실무자들이 나와(이하 '민회창립준비위원' 또는 '창립준비단체'라 부른다) ① 예비원칙을 정하고, ② 지역사회에서 존경받을 수 있는 인사 중 민회 창립 과정을 자문할 뿐만 아니라, 가능하면 계속해서 민회를 조직하는 일을 담당할 이들을 3~5인으로(이하 '민회창립조직위원'이라 부른다) 결정한다.

둘째 단계: 창립 기준 설정을 위한 투표 집단을 민회창립조직위원들이 각계의 의견을 종합하여[무작위로 추출된 동(洞)이나

가(街) 정도의 5천 명 내외의 주민이 살고 있는 지역이나, 아니면 무작위로 추출된 1천 명 정도에게) 민회 창립에 관련된 기준을 정하는 투표를 맡긴다. 그 기준에는 다음의 내용이 포함된다.

1) 다음의 ①, ② 중에서 투표 집단(선거인단)을 선정한다.

① 기준을 정할 투표 집단(지역이나 무작위 표집군)

② 정해진 지역의 기자 협회, 법조인단, 성직자단, 교수단, 대학원의 특정 학과에 속한 학생회 중에서 어느 집단이 민의 대표성을 선정하는 데 가장 의미 있는 선거인단을 구성할 수 있는지를 정한다.

2) 각 지역에 맞는 민회 대의원의 정수(定數): 9명, 15명, 19명 중에서 하나

3) 민회의 임기: 2년, 3년, 4년 중 하나

4) 민회의 소요 경비 조달 방안: 종교 기관이나 교육 기관의 보조, 공익 재단의 기부금, 국민의 성금, 기업체의 지원금

5) 각 단체의 실무 대표들이 우리 사회(지역사회)의 대표로서 민회를 조직하는 일을 위임하기로 한 3~5인, 즉 민회창립조직위원에 대한 신임 투표

6) 민회 창립의 준비위원을 보낸 순수 민간단체와 그 실무자, 즉 민회창립준비위원이나 단체에 대한 신임 투표

7) 민회 구성원(즉 대의원)을 정하는 투표 방식 결정(①, ② 중에서 택일)

① 민회창립조직위원들이 자신들을 포함하고 그들이 그 나머지의 대표자들이나 원로들을 민회의 대의원으로 지명하도록 하는 안(찬, 반)

② 창립조직위원들이 그 자신들을 포함할 수도 있는 민회 대의원 명단은 4~6개 만들고 그중 하나를 선거인단이 투표하는 방안(찬, 반)

셋째 단계: 둘째 단계의 7항이 창립 기준을 설정하는 투표 집단의 투표로 결정되면
1) 민회창립조직위원이 7항 1조의 방식으로 민회 대의원을 구성하거나 그렇지 않으면
2) 민회 대의원을 선출하는 투표 집단이 민회 대의원을 정하는 투표에 들어간다.

2.2. 투표를 통한 동의 형성 과정
① 지역 내 민간단체 실무 지도자들의 합의로 발의된 경우
(앞의 〈하나의 예〉에서 언급한 방식을 참조)
② 소수 의원의 발의로 추진할 경우
(앞의 〈하나의 예〉에서 언급한 방식을 참조)
③ 지방의회의 결의로 추진할 경우: 결의 사항에 따른다.

2.3. 민회운동의 지평
1) 기초조직운동
민회 조직을 촉매하는 운동체로 지역과 대학에서 지방자치를 과제로 삼는 여러 조직을 만들 수 있다. 예컨대 기초조직협의체 조직을 지역, 대학, 사찰, 교회, 시장, 거리 단위로 만들 수 있고 이 조직을 YMCA, 참여연대, 경실련 등의 대핵조직과 활발하게

연결시킬 수 있을 것이다. 또한 교육 자치를 지방자치와 연결시키고 환경생태적 지역자치 개념을 지역의 여러 움직임과 연결시킬 수도 있을 것이다.

대학생의 촉매적 역량을 지역사회에 증원하는 경우 민회 활동의 대표성 조성과 주민 동의를 얻는 과정을 돕기 위한 전략으로는 대학에서 학생들이 실습 삼아 시도한 연세대의 무악신촌-민회의 경험이 있는데, 특히 각지의 대학촌을 중심으로 대학생-주민-민간 운동 관계자-그 지역에서 대학 생활을 보낸 동창-지역 내의 학교, 사찰, 교회 등의 네트워크 조직으로 만들 수 있으므로 경북대의 경우 복현-민회, 부산대의 경우 금정-민회, 이화여대의 경우, 대신신촌-민회를 생각할 수 있다. 위의 경우는 대학생을 매개체로 삼은 경우지만 종교 기관, 시장(市場), 지역의 문화적·역사적 특성 등을 매개체로 삼는 사회적 정당성을 제고하는 운동들이 가능할 것이다.

2) 대학 등과의 제휴

대학, 주요 민간단체 그리고 협의 기구가 공동으로 새로운 지도력을 길러내는 훈련 과정을 개설해본다.

대학의 경우, 대학의 사회과학 관계 연구소와 사회관계 특수대학원, 학부의 사회관계 과목들이 서로 협조할 가능성과 여기에 덧붙여 대학원 과정과의 연계를 검토할 것을 요청할 필요가 있다. 예컨대 대학 학부 학생의 과목에서 대학촌에서의 실험적인 주민 조직 활동, 즉 학생-주민-졸업생-민간단체-지역 내 기관-종교 단체들 간의 네트워크를 형성하는 현장 활동을 대학원과 연구소가 민간 활동을 위하여 지원하는 경우를 생각해볼 수 있다. 또한 대학에 따라서는 기초 정치훈련원 과정을 개설하여 과외로 재학생과 졸업생을 훈련함으로써 지방 정치 지도력을 조달하는 데 이바지하고 나아가 한국 정치의 물갈이를 조성해갈 계기를 마련할 수도 있을 것이다.

3. 민회의 활동

사회적 정당성을 강화한다는 것은 경제적으로 더불어 바르게 산다는 것이고, 문화적으로 자기 모습을 보다 분명히 하는 것이요, 교육적으로 미래에 대비하는 인간, 종교적으로는 믿음이 있는 삶, 통일에 있어서는 보다 통전된 공동체의 형성을 의미하고 이러한 준거점으로 인해 권력이 정통성 있는 권력이라는 좁은 울타리를 넘어 삶의 인간적·사회적 지평을 보다 더 넓힐 수 있는 정당성 있는 권력으로 이행하는 것을 의미할 수 있다.

가) 국회 또는 행정부(지방의회 또는 지방정부)가 나라 전체가 주목하는 상황에 처하여 이른바 비상한 정책적 결의를 해야 할 과제가 발생하고 또한 이 과제의 중요성 때문에 특정한 정책의 선택이 가져올 결과가 초래할 새 국면을, 그것을 에워쌀 사회적 정당성에 의거, 조명될 필요가 있다는 여론이 일어날 때, 민회는 권력과 기득권에 구애되지 않는 독자적인 심의, 조사 활동을 토대로 '민회의 이해와 권유'를 정치권에 밝힌다.

또한 이해관계가 대립하거나 준거점이 확실치 않아 지방정부나 의회(또는 중앙정부나 의회) 또는 교육위원회 등이 어떤 결정에 이르기 힘들 때도 민회의 의사 표명은 그러한 기관들이 중요 기구가 참조할 유효한 기반을 제시한다.

-예: 환경, IMF 시대와 환난의 극복, 노사정 합의 방향, 이북에 대한 식량 등의 지원, 통일, 사법제도, 교육 개혁안에 대한 조언, 교과서 제작의 준거점 설정, 새 국제 관계, 국내나 다른 나라와의 역사 청산

-역사 정리의 문제, 국토, 신도시 건설, 지역 개발 계획 및 중요 공사의 설계, 감리, 준공 검사 등에 대한 사회적 '결제원' 행사(지역사회의 경우, 주민 생활에 큰 영향을 줄 산업 유치, 원자력발전소 설치, 핵폐기물 처리장, 쓰레기 소각장 등 중요 문제에 대한 사회정책적 판단과 조언을 체제 내에 전한다)

민회가 사회적 정당성에 의거하여 의사 표명을 한다는 것은 현대사회에서 나타나는 정치권력의 판단력과 조정력의 한계를 우리 사회의 역사성과 정신성을 전 사회가 의식하는 것을 의미한다. 그리하여 현대사회처럼 복잡한 정황에서 정치가 범하기 쉬운 단속적이고 일과성적이며 기득권 중심의 결정에 빠질 위험을 가능한 줄일 수 있는 여건을 민회가 제공할 수 있다.

나) 지방의회 내의 여·야 또는 진보·보수의 갈등 등 대립·대결 사안에 대하여 관계 당사자측이 이해의 조정을 요청해올 경우, 지역 내의 종교, 경제, 문화, 사회, 종교, 교육, 유통 등의 이해 당사자가 서로 간의 갈등을 조정해주기를 요망하는 경우, 민회는 민회의 결의에 따라 민회의 의사를 표명할 수 있다. 서울에 있는 대표성 있는 민회는 지방정부들 간의 충돌, 지방의회들 간의 충돌, 지방정부와 중앙정부 간의 충돌이 있을 경우 해당 정

부나 의회의 요청 시 민회의 결의에 따라 조정에 나설 수 있다.
　다) 체제 내 정치행정기구와 체제 외의 민간단체 간의 연결의 맥을 풍성히 함으로써 사회적 삶의 지평을 넓힌다.
　-예: 민간단체나 민간의 여러 움직임과 종교, 경제, 군, 관 기구와의 연결
　-변혁 지향적 단체와 체제 내적 운동체 간의 연결(예: 대한노총과 민주노총 간, 전교조와 교협 간)
　-정부, 의정 활동의 민사성(民事性)을 고양시킬 수 있는 준거점을 찾아내기
　-모금 및 모금의 분배
　라) 사회적 긴장과 갈등을 사회적 정당성에 의거 수용함으로써 사회적 에너지원의 다양성을 기한다. 좌, 우, 중도를 막론하고 혈연과 지연, 학연, 직연(職緣)의 모임까지도 포괄하는 여러 민간의 움직임을 고양시킬 수 있는 지평과 계기를 확장하고 이에 따른 정부와 의회 활동의 새로운 상을 형성

4. 대표성 민회 구성의 성격

　가) 대표성 민회는 민(民)의 원로회, 민의 상원으로서의 의미가 강하므로 그 구성원은 '어·지·대·존'으로 한다(어떠한 경우에라도 지역사회의 대표로서 존경받을 수 있는 이).
　나) 민회의 기본 기능은 사회적, 역사적 판단이다. 따라서 지역사회 내의 기관과 이해관계가 있거나 앞으로도 있을 수 있는 인사는 배제한다.

다) 낙동강 페놀 사건과 지하철공사장 폭발 사건이 있었던 대구와 삼풍백화점 참사가 벌어진 서울에서 대표성 민회 조직이 먼저 시도될 수도 있을 것이다. 광역서울의 대표성 민회가 구성될 경우, 이 서울민회는 나라 전체의 대표성도 함께 지니는 것으로 간주할 수 있다.
라) 실무 기능을 담당하는 부서와 소위원회를 둔다.

5. 사업성 민회의 성격

가) 목적 사업과 관련된 정책적 과제에 대하여 토론 구조, 토론 어젠다를 범지역적으로 형성하는 역할을 수행한다.
나) 지방정부(지방자치단체), 지역의회 또는 지방의회 내의 위원회 활동 및 지역 내 민간단체의 협의 활동을 토론의 대상으로 삼아 활동한다.
다) 아직 조직되지 않은 지역 내의 각 부문별 과제들을 해결하기 위해 다른 부문의 민회가 창립되도록 주선 혹은 촉매한다.
라) 지방의회, 지방정부의 지도력을 충원하는 데 기여한다.

〈하나의 예〉
민회 운동의 기반을 확장하는 '민회-만민공동회'

민회 운동을 고양하기 위하여 민회-만민공동회(萬民共同會)를 격년제로 개최한다고 생각하고 간단히 소묘해본다. 이 만민공동회는 한국 사회에서 민간 운동, 사회운동, 여러 부문별 운동의 가능성을 높임으로써 사회적 삶의 풍요성을 확장하고자 하기 위함이다. 따라서 이 만민공동회는 각종 민회뿐만 아니라 한국의 모든 민간 조직과 움직임을 망라하는 광장이 될 수도 있다. 만민공동회는 각 단체 간의 자료와 정보 교류, 연대 강화, 정치권을 향한 제의, 새 회원 및 협조자 발견 등의 의미가 크다. 93년 리우와 95년 코펜하겐의 NGO가 다양하게 펼쳤던 열기도 참조할 수 있을 것이다.

 1. '민회-만민공동회'는 한국의 모든 민간 그룹들-지연·학연·혈연·직연까지도 망라하는 모든 그룹들이 자신을 알리고 교류하고 연대를 넓히는 발표,(학술, 여흥, 전시, 연주, 체육 등의) 토론, 축제의 자리로 수천 명이 참가하는 모임으로 만든다.

 2. '민회-만민공동회'는 세계의 민간단체들과 지자체정부와 지방의회의 대표들도 참여하도록 한다. 특히 동북아 3국과 몽고, 시베리아에서 민간 세력들이 오도록 지원한다.

 3. '민회-만민공동회'의 자소로는 서재필-이상재의 만민공동회가 열렸던 독립문 옆 독립문공원에서부터 봉원사-연세대-이화여대를 거쳐 신촌, 서강대, 홍익대까지도 이어질 수 있을 것이다.

 4. 3박 4일쯤 되는 마지막 행사로 독립문공원에서 큰 토론회를 갖는다. 토론의 주제는 이 시기 동북아 풀뿌리들의 삶의 최대 쟁점에 맞춘다. 토론회가 끝나면 무악산을 오른다. 무악산 정상에 다시 만든 조선조의 봉화대가 새롭게 다가온다. 여기서 봉홧불로 행사를 마감한다. 봉화가 만방에 전달하는 내용은 새로운 사회적 정당성이 다가오고 있다는 것이다.

시민 참여의 새로운 모색, 추첨시민의회[1]

이지문

연세대학교 연구교수, 추첨민회네트워크 공동집행위원장. 「민주주의의 질적 고양을 위한 추첨제 도입 방안」으로 2011년 연세대에서 정치학 박사를 받은 후 추첨민주주의 연구와 운동에 매진하고 있다. 저서로 『추첨민주주의 이론과 실제』(이담북스, 2012), 『추첨민주주의 강의』(삶창, 2015), 공저로 『지구를 구하는 정치책』(나무야, 2016), 『추첨시민의회』(삶창, 2017), 역서로 『민주주의 구하기』(글항아리, 2015), 공역으로 『추첨민주주의』(이매진, 2011) 등이 있다.

한국 대의민주주의의 위기

근대 민주주의는, 권력의 근원은 인민에게 있지만 직접적인 행사는 선거를 통해 권력을 위임받은 정부와 의회에 주어지는 대의민주주의를 근간으로 하고 있다.(이동수, 2010, 16~17쪽) 형식적으로 대의민주주의는 일정한 자격을 갖춘 모든 성인에게 동등한 정치적 참정권을 부여하는 수준에 이르렀다. 그러나 선출된 대표에 의해 통치가 이루어지는 대의민주주의 현실에서 시민의 정치 참여는 제한되었고, 그 결과 시민의 정치적 무관심 속에서 선출된 대표들이 사적 이익을 추구하고 스스로 정치 계급이 되는 통치로 전락하기 십상이라는 어려움에 직면했다.(정해구, 2009, 400~401쪽) 결국 "국민들은 그들의 대표자를 허용하는 순간 그들의 자유를 상실한다"라는 루소의 경고처럼, 선거의 자유로 한정된 정치적 자유는 자유를 부여하는 동시에 자기 지배, 자치의 자유를 앗아가는 '자유의 딜레마'에 빠지게 된다. 이러한 현실에서는 투표의 가치가 평가절하되어 투표율이 낮아지며, 자연스레 위임의 형식적 정당성마저 위기를 맞게 된다. 평상시에는 공동체의 의사 결정에 직접 참여하지 않다가 선거 때만 정치에 참여하면 민주 시민으로서의 자질이 결여될 뿐

---

1 이 글은 필자의 추첨민주주의와 관련된 다음 저서 및 논문을 발췌하여 이 책의 성격에 맞게 정리한 것이다. 이지문, 『추첨민주주의의 이론과 실제』, 이담북스, 2012. 이지문, 「광장정치와 제도정치의 보합으로서 추첨시민의회 모색」, 『NGO연구』 제12권 제1호, 2017. 이지문, 「추첨민회 도입을 통한 양원제 개헌 모색」, 『사회이론』 제51호, 2017년 봄/여름. 이지문·박현지, 『추첨시민의회』, 삶창, 2017.

아니라 낮은 정치적 효능감으로 인한 선거 불참 및 비합리적 투표로 귀결될 수 있다는 패트먼(Pateman, 1970)의 논의와도 이어진다.(김의영·이지문, 2015, 1~2쪽)

이러한 '참여의 위기'는 '대표의 위기'로 이어진다. 다양한 집단은 대표자를 통해 그들의 이익과 의견을 정책 결정 과정에 전달하고 협의·조정 과정을 거치므로 제대로 대표되지 않는 집단은 정책 결정 과정에 참여한다고 할 수 없다. 따라서 정치적 대표성의 관점에서 보면, 정치 충원은 사회의 다양한 구성원들을 대표할 수 있어야 한다. 그러나 현 20대 국회의 경우, 성별에서는 유권자 절반을 차지하는 여성 의원이 오직 17%, 연령별로는 유권자의 35%에 달하는 젊은 연령층(19세부터 40세) 의원은 3명으로 1%에 불과하다. 제18대 국회의원의 직업 및 경력을 살펴보면 법조인 출신이 60명으로 전체 국회의원의 20.1%로 가장 큰 비율을 차지하고 있으며, 다음으로 정당인(45명, 15.1%), 공무원(42명, 14.0%), 언론인(36명, 12.0%) 순을 차지한다. 반면 노동자 출신은 3명(1%), 농민 출신은 1명(0.3%)에 불과했다. 이처럼 국회 차원에서 성별, 연령별, 직업별 대표성이 왜곡되어 나타나고 있으며, 지방의회 역시 관변 단체 출신을 비롯한 지역 토호 세력들이 과다대표 되는 문제점이 보인다. 이것은 단순히 기술적 대표성의 부족으로 끝나는 것이 아니라 과소대표 되는 집단 및 계층의 이익을 정치에 반영하지 못하는 실질적 대표성 문제로 이어진다는 점에서 정치적 불평등의 귀결로 볼 수 있다.

'대표의 위기'는 필연적으로 '책임의 위기'로 이어진다. 많은 학자들은 한국 대의민주주의 위기의 증거로 대표성 부족, 참여

부족과 함께 공공선 결핍을 꼽는다. 윤종빈(2008, 30쪽)은 "'전체' 국민을 위해 작동되어야 함에도 불구하고 실제로는 '부분'의 이해관계에 따라 움직인다는 한계를 노출한다. 사회 전체 구성원을 위한 공공선 개념은 사라지고 강한 소수 집단의 이해관계 대변에만 충실하게 된다는 한계를 가지게 된다"라고 설명한다. 이는 일반 시민이 아닌 엘리트 위주의 정치 충원으로 인해 정치 과정에서 사회 전반이 소외된 결과로도 이해할 수 있다. 이렇게 정치 무대에서 외면 받은 유권자들의 정치적 소외감이 커질수록 투표율은 떨어지며, 투표율 저하는 곧 '참여의 위기'와 직결된다.(이지문, 2012, 28~29쪽) 그 결과 시민들의 정치적 좌절, 소외감, 그리고 냉소주의를 강화시킴으로써 대의민주주의 위기를 초래한다.(김의영, 2003, 17쪽) 즉, 선출된 대표인 엘리트와 그 대표를 선출하는 시민들 사이의 괴리가 불가피하게 야기될 수밖에 없으며(정해구, 2009, 399쪽) 그러한 격차는 대표의 정치 계급화와 참여에서 소외되는 시민들의 정치 무관심, 정치 과정으로부터 상당한 소수 그룹들의 배제로 인해 더욱 벌어짐으로써 일반 시민의 목소리를 정치에서 찾아보기 어렵게 한다.

'시민'의 부상

대의민주주의의 결함은 시민들이 자신의 집단적 운명에 목소리를 낼 수 있는 채널이 부재한 현실과 그에 따른 정치적 무관심의 팽배함에 기인한다.(주성수, 2006, 42~3쪽) 그 결과 일반

대중은 생산적이고 능동적인 정책 결정의 참가자이기보다는 소비적이고 수동적인 수혜자로 전락하기 쉽다. 즉, 정치를 주체적 관여의 문제가 아니라 흥미의 대상으로 바라보는 관객민주주의로 귀결될 위험이 높아진다.(강석찬, 2008. 278~9쪽) 이처럼 대의민주주의하에서 시민의 모습은 투표하지 않는 '무관심한' 시민, 정부와 정치에서 소외된 '무력한' 시민, 그리고 정치인, 이익집단, 언론에 '제자리를 빼앗긴' 시민 등 다분히 부정적인 모습으로 그려져왔다. 특히 능동적 '시민'보다 수동적 '고객' 또는 '소비자'가 더 많은 것이 문제로 부각된다.(주성수, 2006, 24쪽) 이처럼 시민들은 진정한 민주 시민으로 역할하기보다는 수동적인 객체로 전락하여 시민 덕성을 함양할 의지와 기회를 상실하고 있다는 비판에 직면하였다. 결국 대의민주주의는 시민의 정치 참여를 제한하는 형태로 발현되어 정치적 무의미와 정치적 무기력을 증대시켰다.(진영재, 2010. 398~399쪽) 엘리아소프(Eliasoph, 1998)는 정치적 무관심이 타고난 시민의 습성이라기보다는 사회적으로 만들어진 엘리트 민주주의의 결과물이라 주장한다. 만약 시민들에게 공동체 의사 결정에 보다 큰 접근을 허용하여 참여를 증가시킨다면, 정치 참여의 경험은 자연스러운 정치 교육으로 이어진다는 것이다. 이러한 기대는 지금과 같은 엘리트 중심의 정치 지형에서 탈피하여 시민을 공공 정책에 참여시키는 새로운 접근법, 시민 참여를 위한 정치 무대의 필요성으로 이어진다.(김의영·이지문, 2015. 2~3쪽)

이러한 문제 인식의 연장선상에서 발견되는 두드러진 특징 중 하나는 정치 주체로서 '시민'의 부상이다. 이러한 역설적 현상은 팽배한 정치적 소외를 넘어서기 위한 시민적 노력으로, 투표라는 소극적인 정치적 의사 표현을 넘어 다양한 경로를 통해 보다 능동적이고 직접적인 형태로 목소리를 내기 시작했음을 보여준다. 광장민주주의 차원의 촛불집회라는 거대한 시민 참여뿐만 아니라 민주도정협의회, 공동시정위원회, 구정협의체 등의 지방자치단체 차원에서의 거버넌스 실험들은 이러한 변화의 추이를 단적으로 보여준다. 촛불집회를 통해 대통령 탄핵을 이끌어냄으로써 국민투표, 국민발안, 국민소환을 헌법에 반영하자는 논의가 이어지고 있다는 점과, 제도 정치와 시민운동 양측 모두가 당위적 차원을 넘어 실질적인 제도화 방안을 모색하고 있다는 점은 시민참여 제도가 앞으로 더욱 심화될 것이라는 예측을 낳게 한다. 이 글에서는 다양한 참여민주주의 논의 속에서 보다 직접적인 시민 참여를 이끌어낼 수 있는 '작은 공중에 기반을 둔 추첨시민의회'를 제안하고자 한다.

작은 공중, 추첨

오현철(2009, 259~260쪽)은 '작은 공중(mini-publics)'의 의미를 다음과 같이 설명한다. 대의민주주의에 대한 대안을 추구할 때 직접민주주의적 접근 방법을 취하면, 그 관점은 시민들의 폭넓은 '참여'에서 민주적 정당성을 판단하는 반면 심의민주주의적 접근은 시민들의 치열한 '논쟁'을 강조한다. 폭넓은 참여와 깊이 있는 토의는 양립하기 어렵다. 그 이유는 대다수 사람들에게는 깊이 있는 토론에 참여할 시간이 없기 때문이다. 이와 같은 이유로 깊이 있는 토의는 전체 시민사회가 아닌 소규모 토의 포럼에서만 현실적으로 가능하며, 깊이 있는 토의를 할 수 있을 정도로 작지만 진정으로 민주적 대표성을 보유하는 심의 포럼인 작은 공중이 대두하고 있으며, 이러한 작은 공중은 기존의 이익집단이나 계급처럼 당파적이고 동질적인 이익에 기반을 둔 주체가 아니라 비당파적이고 공적인 관점을 지닌 주체라는 점에서 현대 민주주의의 새로운 주체로 등장하였으며, 다양한 프로그램들이 전 세계적으로 활성화되고 있다.

그럼 어떻게 하면 대표성 있는 작은 공중을 만들어낼 수 있을까? 바로 추첨이다. 이 개념의 선구적 설계자인 달(Dahl)은 현대 대의민주주의 체제가 '국민에 의한 지배'에 좀 더 가까이 혹은 좀 더 훌륭하게 근접할 수 있도록 민주화하는 데 도움이 될 만한 제도적 개혁으로 고대 민주주의의 방편이었던 추첨을 부활시킬 것을 제안한다. 즉, 추첨을 대도시의 시장, 장관, 상·하원의 의원 그리고 대통령에 이르기까지 거대한 다두체제의 선출직 공무원들을 보조할 각각의 자문위원회들을 뽑는 데 사용하자고 제시한다. 각 자문위원회는 기백 명의 위원들로 구성하되 근래의 표본조사에서 사용되는 것과 똑같은 절차를 통해서 선발하고, 한 해 동안 직책에 임한 사람은 다음 해에는 뽑히지 않도록 하며, 가끔 회의를 소집하되 일 년에 수 주일을 넘지 않도록 한다.(Dahl, 1970)[2]

---

2 보다 직접적인 작은 공중 제안은 Dahl(1989)를 참조하라.

추첨은 고대 아테네의 민주주의에서 공직자들을 임명하는 핵심 방법이었으며, 직접민주주의의 근간을 이루던 메커니즘이었다. 직접민주주의의 원형이라 불리는 고대 아테네의 경우 민회가 모든 중요한 정치권력을 행사했다고 이해하고 있으나, 아테네 정부의 네 개의 주요한 기관들 중 세 곳인 평의회, 시민법정, 행정관이 중요한 정치적 기능을 수행했으며, 그 구성원들을 선택하는 데 폭넓게 추첨이 사용되었다. 대략 700명의 행정관 중에서 100명 정도 되는 군사 지도자들과 재정 관리와 관련되는 특정한 공직자들만 선거로 선출됐을 뿐이다.(마넹, 2007, 41쪽) 즉, 민회가 수행하지 않은 대부분의 기능이 추첨을 통해 선출된 시민들에게 위탁되었으며, 이것이 아테네 민주정과 오늘날 대의정과의 본질적 차이로 아테네 민주주의의 가장 독특한 특징이었다.(마넹, 2007, 25~6쪽) 아테네의 '추첨-정체(lot-polity)'는 기원전 594년 솔론부터 기원전 322년 마케도니아에 의해 아테네 민주주의의 붕괴에 이르기까지 일정 수준의 변화는 있었지만 거의 300년 동안 유지되었다.(Dowlen, 2008a, p.31) 아테네가 추첨을 사용한 이유로 다음을 제시할 수 있다.[3] 첫째, 정치적 평등이라는 미덕에 대한 민주적 약속의 표현 차원에서 제시된다. 민주주의의 고유한 정의는 정치적 공직을 포함한 사회적 재화들이 모든 자유 시민들 사이에 동등하게 배분되어야 한다는 것이다.(Mulgan, 1984, p.545) 나아가 시민들이 통치 업무에 대해 동등한 몫을 갖는 '산술적 평등'은 원칙상 공직을 맡을 동등

---

[3] 다음 논의는 이지문(2012, 114~118쪽)을 정리한 것이다.

한 기회가 있을 때 가능하다는 점에서 추첨이 이러한 평등을 보장해준다는 것이다.(헬드, 2010, 43쪽) 반면 선거는 그와 같은 평등을 보장할 수 없으리라는 직관을 아테네인들은 가지고 있었다(마넹, 2007, 53~54쪽, 59~61쪽). 이 점에서 추첨은 바로 민주주의적 선출 방법으로 묘사된 반면, 선거는 다소 과두정치나 귀족주의적인 것으로 파악하였다.(마넹, 2007, 44~45쪽) 둘째, 추첨이 특히 관직 교대 원칙과 결합함으로써 자유 측면에서도 중요한 의미를 갖는다. 개인이 정치 체제의 근본적 원칙 수립의 주체가 되는 것을 '자유'로 인식할 때(장동진, 2001, 77쪽) 아테네에서는 모든 시민이 그러한 자유를 누리고 있었다. 왜냐하면 교대와 결합한 추첨의 결과 30세 이상 시민이라면 일생 동안 적어도 한 번 이상 관직을 보유할 것으로 기대되기 때문이다. 아리스토텔레스는 '민주 정의 기본 원칙'인 자유가 취해야 할 두 가지 형태 가운데 하나로 "다스리고 또 다스림을 받는 것을 번갈아 하는 것이다"(Aristotle, 1981, Ⅵ, 2 1317a 40~1317b2)라고 정의하고 있다. 이처럼 번갈아 하는 통치와 복종을 통해 시민의 덕 혹은 탁월함이 나타나며,[4] 시민에게 핵심적인 이 두 능력은 역할 교대를 통해 배우게 된다고 하였다.[5] 아울러 통치와 복종을 번갈아 하는 것은 좋은 정부를 얻기 위한 수단이기도 하다. 명령을 내리는 사람이 그전에는 명령에 복종했던 사람이라면,

---

[4] 좋은 시민의 탁월함은 잘 다스리고 잘 복종함으로써 나타난다.(Aristotle 1981, Ⅲ, 1277a27)

[5] 잘 복종할 줄 모르는 사람은 잘 통치할 수 없다는 것은 매우 옳은 말이다. (Aristotle 1981, 1277b12~13)

권력을 가진 사람이 어떤 결정을 내릴 때, 그 결정에 의해 영향을 받게 될 국민의 입장을 참작할 수 있다는 점에서 실질적으로 정의로운 결과가 나오는 데 이바지하였던 것이다.(마넹, 2007, 45~50쪽) 바로 이 점에서 추첨 방식은 공공선 추구에 적합하였다고 해석할 수 있다.

오늘날에는 아테네 시민법정의 유제(遺制)로 사법배심제가 미국을 비롯하여 전 세계 46개국에서 운영되고 있을 뿐이고, 한국에서도 2008년 1월부터 만 20세 이상 국민 중에서 법에서 정하는 바에 따라 추첨을 통해 무작위로 선발하여 배심원을 맡기는 국민참여재판제도가 시행되고 있다.

추첨시민의회의 사례[6]

캐나다에서는 2004년에는 브리티시컬럼비아주에서, 그리고 2006년에는 온타리오주에서 각각 선거제도개혁시민의회(Citizens' Assembly on Electoral Reform)를 추첨을 통해 선발된 시민들로 소집하였다.(Dowlen 2008b, introduce) 주정부에 의해 1년에 가까운 상대적으로 긴 기간 동안에 걸쳐 소집되었으며, 시민의회에서의 권고는 주민투표에 회부되어 최종 결정에 이르게 되는 방식이었다. 아일랜드에서는 2016년 10월에 출범한 시민의회 경우 연방대법원 판사인 의장을 제외한 99명 전원을 추

---

6 보다 자세한 내용은 이지문·박현지(2017)를 참조하라.

첨으로 구성해 운용하고 있으며, 2012년 헌법회의 경우에는 의원 33명과 추첨 시민 66명, 중립적인 의장 1명으로 구성했다.

1. 브리티시컬럼비아 사례 [7]

1.1. 배경

2001년 주정부 선거 기간 동안, 자유당의 지도자 캠벨은 현행 단순다수대표제가 투표율과 의석에서 과도한 괴리가 발생하고 있는 현실을 비판하면서 시민의회를 통한 선거제도를 개혁할 것을 공약하였으며, 집권에 성공한 자유당 정부는 2003년 4월 각 선거구마다 2명씩 무작위 선택한 시민들로 구성되는 시민의회가 선거제도를 권고한 후 국민투표에 회부하는 방식을 법으로 채택하였다. 시민의회는 주 의원들을 선출하는 선거제도를 결정하는 권한을 부여받아, 11개월 동안 거의 매주 모여 다양한 선거제도를 평가하고 현행 제도를 유지해야 할지 또는 새로운 모델을 채택해야 할지 토의를 한 후 새로운 선거제도를 제안하였다.

1.2. 구성 절차

2003년 8월부터 12월까지 시민의회 구성원들을 선발하기 위한 절차가 진행되었다. 79개의 선거구로부터 남녀 각각 1명씩

---

[7] 아래 내용은 공식 보고서(Making Every Vote Count : The Case for Electoral Reform in British Columbia, British Columbia, Canada, 2004)를 정리한 것이다.

158명에 원주민 공동체로부터 2명을 추가하여 모두 160명에, 임명된 의장까지 합하여 총 161명으로 구성했다. 선거로 선출된 전·현직 공직자, 선거 출마자들의 직계 가족, 정당 당직자들을 제외하고는 선택의 대상이 될 수 있으며, 구성원들은 연령과 지리적 분포의 공정한 대표와 성별 균형을 보장하도록 무작위 추첨으로 선택되었으며, 다음 세 단계 과정을 밟았다. 1단계는 2003년 8월, 지리적 대표를 보장하기 위해서 79개의 각 선거구마다 200명(남녀 각각 100명)씩 15,800명을 무작위로 선택하였다. 이들은 주의 인구 대표성을 보장하기 위해서 연령대(18~24세, 25~39세, 40~55세, 56~70세, 71세 이상)와 성별로 그룹화되었다. 선택된 이들에게는 우편 발송을 하였으며, 이 편지에서는 시민의회의 목적 및 임무와 책임을 개략하였고 참석 여부를 질문하였다. 편지에 답한 사람들은 선거구, 성, 연령 집단에 의해서 그룹화되었다. 2단계는 이들 중 최종 선택 풀에 포함되는 것에 동의한 1,441명을 연령 분포를 감안하여 성별로 동등하게 조직하였으며, 이들은 시민의회에 관한 프레젠테이션을 듣고 그들의 적격과 참여 의지를 확인하기 위한 미팅에 초청되었다. 마지막 단계에서는, 실제 참여한 964명을 대상으로 최종 추첨을 하여 각 선거구마다 남녀 각각 1명씩을 무작위로 선택하였다. 이러한 방식으로 158명을 선택한 이후, 의장은 원주민 공동체들을 대표하는 2명을 추가로 선택하였다. 구성원들은 회의에 참여했던 기간 동안 1일당 150달러에 교통비와 숙박비를 별도로 제공받았다. 또한 자녀가 있는 경우 자녀 돌봄 서비스를 제공받았다. 예산은 약 460만 달러(410만 유로)가 소요되었다.

1.3. 과정 및 결과

시민의회의 과정은 세 단계로 구분된다. 첫 번째는, 2004년 1월 11일부터 4월 26일까지 6차례에 걸쳐 주말에 진행된 학습 단계였다. 이 단계 동안 구성원들은 스태프 및 전문가의 강의, 문헌으로 된 자료 등을 통해 다양한 선거제도들에 관해서 학습하였다. 이 기간 동안 정치학을 전공하는 대학 3학년 학생들이 수업하는 교재로 선거제도를 학습하였다. 두 번째 단계인, 공청회 단계는 2004년 5월부터 6월까지 수행되었다. 이 단계 동안 구성원들은 전 주에 걸쳐 50회의 공청회에 참석하여 수천 명의 의견을 수집하였고, 1,603통의 문건으로 된 의견 제출을 확인하였다. 시민들은 공청회에 자유롭게 참석하여 발언하고 메일이나 우편으로 자신들의 의견을 시민의회에 보냈다. 매 공청회에 최소 4명 이상의 시민의원이 참석하였다. 공청회에 참여하여 발언하는 사람에게는 10분간의 발표 시간과 10분간의 질의응답 시간이 주어졌다. 50회의 공청회에 약 3천 명의 시민들이 참석하였다. 마지막 단계인 심의 단계는 9월부터 11월까지로, 최종 권고할 선거제도를 집중적으로 심의하였다. 시민 의원들이 표결한 결과 선호 이전식 투표제 146표 대 혼합형 비례대표제 7표가 되어 선호 이전식 투표제가 선정되었다. 5주차에는 다른 고려 사항에 대해 토론하였다. 10월 23일 시민의회는 선호 이전식 투표제를 최종안으로 결정하였고, 다음 날 투표를 통해 현행 단순다수대표제를 선호 이전식 투표제로 바꿀 것을 권

고하는 안을 채택하였다.(오현철, 2010, 49~50쪽)

시민의회가 권고한 선호 이전식 투표 제도는 2005년 5월 17일 주 선거와 함께 실시된 주민투표에서 통과를 위한 두 가지 기준인 투표자의 60% 이상 지지와 79개 선거구의 60%인 48개 이상에서 과반수를 충족해야 하나, 79개 선거구 중 77개에서 과반수를 획득하였지만 전체 투표의 57.7%를 얻어 부결되었다. 2009년 주 선거와 함께 다시 주민투표에 회부되었으나 역시 부결되었다. 자유당 역시 정권을 잡고 있었기 때문에 적극적으로 권고가 통과되도록 촉진하지 않았으며, 여타 정당 역시 후보 중심적인 투표 제도로의 개선을 바라지 않았기 때문에 별 관심을 가지지 않았다. 이러한 이유 등으로 비록 권고가 채택되지는 못했지만, 거의 1년이라는 기간 동안 오직 한 명만 중도에 그만두었을 뿐 출석률이 일관되게 95% 이상을 유지했다는 것은 매우 의미가 있다. 이러한 높은 책무성은 다음 두 가지에서 기인한다. 하나는 시민의회 홈페이지에 시민의원 사진과 약력을 소개하여 시민의원들이 책무성을 느끼고 진지하게 임무를 수행하도록 유도하였으며(Chambers, 2007, pp.4~5) 이와 함께 선거제도를 결정할 수 있는 실질적인 권한을 보유하였기 때문에 헌신적으로 활동하게 하는 동기 부여가 되었다.(Lang, 2007, p.37, 오현철·강대현, 2013, 156쪽에서 재인용)

시민의회 홈페이지는 활동 기간 동안 전체 주민 10명 중 6명이 접속할 정도로 많은 관심을 모았으며, 같은 기간 동안 캐나다에서 가장 접속량이 많은 사이트가 되었다. 11개월 동안 조회 수 51,353건을 기록하였고, 151개국 사람들이 방문하였다. 홈페이지는 시민 의원들과 대중 토의에 활용된 효과적인 수단이 되었다. 홈페이지에 의견을 제안하는 과정 자체가 대중들의 대화를 유도하였으며 방문자들은 수시로 다양한 제안에 대해 토론하였다. 시민 의원들에게만 개방된 사이트는 의원들 간의 지속적인 접촉을 유지시켜줌으로써 의원들 간의 토론 활성화에 크게 기여하였다. 시민의원들에게 이 사이트가 공개 사이트보다 유용하였다.(Ward, 2006. pp.10~14. 오현철·강대현, 2013, 156쪽에서 재인용)[8]

2. 아일랜드 사례[9]

2.1. 개요

아일랜드에서 시민의회가 가능했던 것은 2008년 세계 금융위기를 거치며 국민들이 정치 리더십과 정치 시스템에 더 불만을 갖게 됐고 그 보완책을 찾기 시작했다. 그렇게 등장한 것이 2012년 12월부터 2014년 3월까지 시민이 참여해 운용한

---

[8] 캐나다 온타리오주에서도 선거 개혁을 위한 시민의회(2006~2007)가 정부 주도로 9개월 동안 운용되었다. 선거구마다 시민 1명으로 책정한 결과, 여자 52명, 남자 51명, 이 중 원주민 1명이 포함되어 총 103명으로 구성되었다. 국민투표를 통해 확정될 경우 구속력을 지니지만 시민의회 안은 2007년 국민투표에서 36.9%로 부결되었다.

[9] 다음 내용은 https://en.wikipedia.org/wiki/Citizens%27_Assembly_(Ireland), 『한겨레』 기사(「아일랜드 보통시민 99명, 풀뿌리 개헌을 논한다」 2017년 2월 10일)를 정리한 것이다. 보다 자세한 내용은 시민의회 홈페이지(https://www.constitution.ie)를 참조하라.

아일랜드 헌법회의(The Convention on the Constitution, 약칭 Constitutional Convention)다. 참여자는 총 100명으로 중립적인 의장과 각 정당과 무소속 등 모든 그룹에서 의석 비율대로 선발된 정치인 33명, 추첨으로 선출된 66명의 시민으로 구성되었으며, 의장은 중립적인 인사로 임명하였다. 헌법회의는 의회가 결의안에서 정한 7개 의제뿐만 아니라 헌법회의가 자체적으로 정한 2개 등 모두 9개 의제를 다루었다. 정부는 헌법회의의 권고 내용을 그대로 따라야 할 의무는 없었지만, 4개월 안에 공식적인 반응을 내놓아야 했다. 2015년 기준 정부는 헌법회의 9개 보고서 중 총 6개에 공식적 반응을 내놓았으며, 2015년 5월 22일, 2가지 제안 사항(동성결혼 합법화, 대통령직 출마 가능 연령을 35세에서 21세로 낮추는 것)을 국민투표에 회부하였다. 전자는 통과되었으며 후자는 통과되지 못하였다.[10]

2012년 헌법회의 활동이 활발했지만 의회에서 보수파의 반발 등으로 그 성과가 충분하지 못함에 따라 2016년 총선 뒤 집권당은 시민의회(Citizens' Assembly)를 의회 결의안이 아닌 법률로 만들었다. 2016년 10월 출범한 시민의회는 정치인들은 빠지고 추첨으로 선발한 99명의 시민과 의장(연방대법원 판사)으로 구성되었다. 1년 동안 활동하면서 낙태와 국민투표, 인구 고령화 대책, 선거일 고정 문제 등을 다루게 된다. 시민의회는 모임 때

---

10 https://en.wikipedia.org/wiki/Constitutional_Convention_(Ireland), 『한겨레』 기사(「아래로부터의 헌법 시대, 시민참여형 개헌이 답이다」 2016년 12월 31일)를 정리한 것이다.

마다 전문가 설명과 질의응답, 찬반 토론, 원탁협의를 거쳐 전체 회의를 연다. 숙의 과정을 거친 뒤 토의 사안에 대해 결론을 내리는 방식이다. 전체 회의는 인터넷으로 생중계되며, 웹사이트를 통해서는 일반 시민들의 의견을 접수한다. 시민의회는 헌법 개정 내용을 의회에 제출하고 의회는 이를 논의한 뒤 국민투표에 부쳐서 최종 결정하게 한다.

2.2. 구성

시민의회는 의장을 포함해 여성이 100명 중 52명, 남성이 48명으로 구성됐다. 참가 연령의 하한선은 국민투표가 가능한 18세로 잡았다. 연령대는 18세에서 24세 10명, 25세에서 39세 29명, 40세에서 54세 28명, 55세 이상 33명이다. 시민위원들은 2016년 8~9월 사이 선정됐다. 여론조사기관이 인구통계를 근거로 표본추출 기준을 만든 뒤 면접원들이 지역별로 집집마다 방문해 참석 의사를 밝힌 사람 중에 기준에 맞는 대상을 찾아냈다. 시민의회가 논의할 주제와 관련된 단체에 가담했거나 그럴 계획이 있는 사람들은 제외했다. 언론·정치권 등에서 일하는 가족이 있는 사람도 배제했다. 시민 99명이 중도 포기할 경우를 대비해 이들과 비슷한 조건을 가진 또 다른 인원 99명을 예비로 마련했다. 실제 11명이 초반부터 하차를 결정해 지난해 11월 1차 회의 때 11명이 예비 인원에서 충원됐다. 언제든 중도에 포기할 수 있으며, 이럴 경우 같은 연령·성별·지역 조건 등을 가진 예비 인원으로 교체된다. 시민 99명에게 교통·숙박·식비가 제공되지만 다른 수당은 지급되지 않는다. 시민의회 1년 운영예산은 일단 60만 유로(약 7억 3천만 원)으로 잡혀 있다.

२.3. 회의 진행

시민의회는 아일랜드의 가장 오래된 논쟁거리인 낙태 금지 문제를 가장 먼저 논의하고 있다. 아일랜드는 태아의 생명을 존중해야 한다며 1983년에 헌법 제8조를 수정해 낙태를 금지했다. 산모의 생명이 심각하게 위험하지 않으면 낙태를 할 수 없다. 성폭력 피해로 임신했거나, 태아에게 중대한 결함이 있다고 판단되어도 산모가 낙태를 결정할 수 없다. 2012년 아일랜드에 사는 인도 출신 여성 사비타는 아이가 유산될 것이란 진단을 받은 뒤 인공유산을 병원에 요청했지만 아이의 심장이 뛰고 있어 수술할 수 없다는 결정 때문에 자신의 건강도 악화돼 죽음에 이르렀다. 이 일을 계기로 낙태를 불법으로 규정한 아일랜드 헌법 제8조 수정안의 재개정을 요구하는 목소리가 더욱 커졌다.

시민의회는 매달 첫 토요일과 일요일 1박 2일에 걸쳐 전체회의를 개최했다. 지난 2월 개최된 제3차 회의를 통해 작동 방식을 보면 다음과 같다. 전문가 9명의 주제 발표, 발표 내용에 대한 원탁별 토론, 전문가를 상대로 한 질의응답을 반복하며 낙태 문제를 둘러싼 쟁점을 학습하고 자신의 의견을 정리해갔다. 탁자별로 회의 진행자와 기록자가 배치돼 시민의 토론을 돕는다. 시민의회는 '낙태 주제'와 관련해 회의마다 전문가를 부르는 것 외에 의학법률 전문가(1명), 헌법 전문가(2명), 산부인과 의사(2명) 등 5명의 상설 자문 그룹을 따로 두고 있다. 시민의회는 참가자들이 각 이슈에 대해 이해도를 높이고 있는지 확인하기 위해 회의가 시작될 때와 끝날 때마다 해당 주제에 대한 몇 개의 질문에 대해 참가자들이 의견을 적도록 하고 있다. 시민의회는 시민들이 자유롭게 발언할 수 있도록 이름과 거주 지역 외에 참가자의 다른 신상 정보를 밝히지 않는다. 이익·로비 단체의 신상 공격이나 개별접촉을 받지 않도록 하려는 의도도 깔려 있다. 시민의회 참가자들은 해당 주제의 논의가 결정될 때까지 언론 인터뷰나 페이스북 등을 통한 공개적 의견 표명도 금지돼 있다. 매달 한 번씩 주말에 회의를 여는 시민의회는 4월까지 낙태 문제를 논의해 헌법 수정 여부를 찬반 투표로 정한 뒤 결정 사항을 의회에 전달한다. 그 이후 5~7월까지 나머지 4개 주제를 집중 토론한다. 원탁별 개별 토론을 제외한 모든 회의를 인터넷으로 생중계한다. 일반 시민들의 의견 제안도 받는데, 낙태와 관련해서는 찬반 단체들의 적극 참여로 1만 3,500건 이상이 접수됐다.[11]

---

[11] 2009년에는 아이슬란드가 시민 단체를 중심으로 한 '국민의회'를 구성했다. 세계 금융위기의 직격탄을 맞은 이 나라는 헌법 개정 등 국가 개조 작업에 나섰고 각계 대표 1500명이 국민의회를 만들어 개헌 안건을 선정하고 토론했다. 이후 정부는 공식적으로 인구 비례에 맞춰 960명의 시민으로 무작위 추출한 '국민포럼'을 소집했고 이들은 국민의회에서 다뤄진 것을 포함한 주요한 헌법 이슈를 토론했다. 국민의회와 국민포럼에서 논의된 결과는 개헌안으로 만들어져 의회에 제출됐다. 2012년 개헌안은 국민투표를 통과(찬성 66.3%)했지만, 최종 관문인 의회에서 좌절됐다. 보수 야당인 독립당이 필리버스터를 통해 의회 표결을 무산시켰기 때문이다(「아래로부터의 헌법시대, 시민참여형 개헌이 답이다」, 『한겨레』 2016년 12월 31일). 보다 자세한 내용은 이지문·박현지(2017)를 참조하라.

추첨시민의회 도입 제안

  헌법 제1조 제2항 "대한민국의 주권은 국민에게 있고, 모든 권력은 국민으로부터 나온다"에 실질적으로 부합하는 국민참여정치를 이끌어낼 수 있는 한 방안으로 추첨시민의회를 제안한다. 바로 아일랜드와 캐나다 두 개 주의 사례를 통합한 모델로서 헌법 개정 추첨시민의회 도입과 함께, 양원제 개헌 시 한 원은 지금처럼 정당에 기반을 둔 선거를 통해 구성하고 추가하는 원은 추첨을 통해 구성하자는 것이다. 그리고 추첨원을 도입한 양원제 개헌이 당장 이루어지지 않을 경우에는 캐나다 2개 주의 사례처럼 정당의 이해관계가 걸리는 선거법 개정에 있어서 선거제도개혁시민의회를 운용할 수 있을 것이며, 비상설 시민의회를 고려할 수 있을 것이다.

  1. 헌법 개정 추첨시민의회 운용

  1987년 헌법 개정 이후 30년 만에 헌법개정특위가 구성되어 2017년 1월 1일부터 활동 중이다. 특위 국회의원 수는 36명으로 민주당 14명, 새누리당 12명, 국민의당 5명, 바른정당 4명, 정의당 1명으로 배분되었다. 특위는 국회 홈페이지를 통해 일반 국민들의 의견을 수렴하고 있으며, 국회의장과 교섭단체, 헌법개정안 시안을 발표한 시민 단체 등의 추천을 받은 53명의 자문위원단을 구성해 의견 수렴을 하고 있다. 그런데 이처럼 의석수에 따른 정당별 배분에 따른 헌법개정특위를 가동하면서 구색 맞추기 차원에서 시민 사회단체나 학계 전문가들을 자문위원단으로 참여시키고 공청회 몇 차례를 갖추는 식으로 진행하는 것은 촛불 민심을 제도 정치로 승화시키기에 부족할 뿐만 아니라 87년 체제를 넘어서는 헌법개정안을 도출해내는 것도 여의치 못할 것이다. 국회는 2016년 제20대 국회의원 선거를 앞두고 선거구 획정조차 입장 차이로 법정 시한을 넘겨 처리했다. 선거구를 넘어서서 권력 구조 변동을 다룰 수밖에 없는 헌법개정안을 국회 재적의원 3분의 2 이상의 찬성으로 만들어낼 수 있을까에 대해 회의적이다. 더 중요한 것은 설령 정의당을 포함한 원내 다섯 당이 원하는 것을 주고받기를 통해 개정안 도출에까지 이를 수 있다고 하더라도 그것이 과연 정당한 헌법 개정의 방향인가에 대해 묻지 않을 수 없다. 국민 개개인과 국가 간의 최고의 계약인 헌법을 국민투표라는 방식을 통해 최종적으로 국민이 결정한다고 하지만 단순히 찬반밖에 표시할 수밖에 없는 국민투표 형식으로 계약의 당사자인 국민이 만든 것이라고 보기는 어려울 것이다. "대한민국의 주권은 국민에게 있고, 모든 권력은 국민으로부터 나온다"라는 헌법 제1조는 국민이 정치 체제의 근본적 원칙 수립의 주체가 될 때 실현 가능할 수 있다. 선거로 선출한 국회에 입법권을 부여한다고 하더라도 정치 체제의 가장 근본이 되는, 그리고 가장 큰 사회 계약인 헌법 개정에 있어서만큼은 주권자인 국민이 단순히 국민투표 방식이 아닌 좀 더 적극적으로 참여할 수 있는 제도가 요청된다. 의석수에 따른 헌법개정특위가 아니라 추첨을 통한 시민의회를 구성해 헌법 개정의 주체가 될 수 있도록 하자는 것이다. 지역, 성,

연령을 고려한 추첨으로 진행하며 추첨을 통해 선발된 이들에게 참여 여부를 확인 후 거부할 경우 같은 사회경제적 배경을 가진 예비자들 중에서 충원해나가는 방식을 취하면 될 것이다. 규모는 통계적 대표성 및 예산 등을 고려해 최대 500명을 넘지 않되 최소 300명은 되어야 할 것이다. 3개월은 학습 기간, 3개월은 공청회 등을 통한 의견 수렴 기간, 3개월은 심의 및 결정 기간으로 진행하면 될 것이다. 추첨시민의회에서 개정안 하나하나를 만들어가는 과정을 요구하기에는 현실적으로 무리가 있을 것이다. 아일랜드 경우에도 정해진 의제에 한두 가지 추가 의제를 자체적으로 선정해 심의한 것에서도 볼 수 있듯이, 추첨시민의회가 완전히 새로운 개정안을 마련하는 것은 기대할 수 없다. 대안으로, 국회 의석을 갖고 있는 정당들이 헌법개정안을 마련해 시민의회에 제출하게 하고 일정 수 이상의 서명을 받아 시민단체가 헌법개정안을 제출할 수 있도록 함으로써 이들 안을 갖고 분과별 위원회를 구성해 온라인에서 논의하고 한 달에 한두 번 오프라인 전체회의를 개최하는 방식으로 진행하는 것이 효율적일 것이다. 개정안을 제출한 정당 및 시민단체는 시민의회에 출석해 의견을 개진할 수 있다. 아일랜드나 캐나다 주의 사례를 참고해 학습 기간, 공청회 등 의견 수렴 기간, 심의 기간, 최종 결정 기간을 진행하고 전체 회의는 한 달에 한두 번 주말에 1박 2일 과정으로 운용하고 TV나 인터넷으로 생중계한다. 분과별 온라인 논의는 인터넷 전자 공간을 통해서 이루어진다. 일반 시민과의 연계 역시 상시 유지된다. 시민의회 홈페이지에 게시판을 마련함으로써 의견 제시가 가능하도록 한다. 이와 함께 공청회를 개최함으로써 일반 시민들의 의견을 취합할 수 있다.

2. 양원제 개헌 시 추첨원 도입

기존 읍·면·동 주민자치위원회 구성을 위촉이나 추천 방식이 아닌 추첨 방식으로 전환해 일반 시민들이 참여할 수 있도록 보장하며 그 기능을 활성화해 읍·면·동 민회로 발전시킨다. 각각의 읍·면·동 민회에서 추첨으로 선발된 이들로 기초지방자치단체 민회를, 각각의 기초지방자치단체 민회에서 추첨으로 선발된 이들로 광역지방자치단체 민회를, 각각 광역지방자치단체 민회에서 추첨으로 선발된 이들로 양원제하에서 한 원인 국가민회를 구성하는 방식이다. 국가민회 의원수는 현 국회 지역구 정수의 2분의 1 선인 124명이다. 각 민회의 임기는 2년으로 하되, 첫 임기에서만 2분의 1은 1년으로 해서 2차년도에 2분의 1을 개선하는 방식으로 운영하여 1년 단위로 2분의 1씩 개선될 수 있도록 한다.

민회의 기초가 되는 읍·면·동 민회 구성을 위한 추첨에 있어서 자원자를 대상으로 할 것인가, 아니면 해당 주민 전체를 대상으로 할 것인가 하는 점이다. 만일 전체 주민을 대상으로 할 때 추첨으로 선정될 경우 거부권을 인정할 것인가 하는 점까지 함께 고려되어야 할 것이다. 세 가지 유형을 생각할 수 있다. 첫째는, 자발적으로 참여하겠다고 한 사람만을 대상으로 추첨을 하는 유형이다. 둘째는, 모든 적격자를 대상으로 추첨한 후 참여 거부를 인정하는 유형이다. 셋째는 모든 적격자를 대상으로 추첨한 후 아주 협소한 예외를 인정하고 참여를 강제화하는 유형이다. 첫째 유형은 제주특별자치도 주민자치위원회의 경우로 반나절 과정의 자치학교를 이수한 자에 한해 추첨으로 선발하는 방식이다. 고대 아테네의 경우에도 30세 이상 시민 중 자원자를 대상으로 추첨을 해서 평의회를 구성하였다. 둘째 유형은 아일랜드 헌법회의 경우로, 전체 국민을 대상으로 지역, 성, 연령을 고려한 추첨으로 선발한 후 본인의 의사를 확인 후 최종 결정함으로써 거부할 권리를 부여하였다. 셋째 유형의 가장 대표적인 것이 사법배심이다. 한국의 국민참여재판 제도 역시 부득이한 사정을 제외하고는 원칙적으로 의무로 규정되어 있다.

  이 글에서는 둘째 유형을 제안한다. 자원자의 경우, 특히 제주특별자치도처럼 자치학교 이수를 전제로 한 자원자의 경우 참여 의욕이 높아 보다 책임성을 가질 수 있을지라도 선거와 마찬가지로 자가발전적 성향의 사람들 위주로 나서게 되며, 특히 교육과 소득에 의해 이미 혜택을 받은 사람들의 권력을 증대시킬 위험이 있는 반면 상대적으로 저소득층이나 저학력자의 경우 참여하고자 할 가능성이 낮아 이들 계층의 과소대표 가능성이 높을 것으로 예상되기 때문이다. 더욱 우려되는 부분은 자원자로 할 경우 특정 정당, 특정 정치사회 세력 등이 자원자 독려에 나설 수 있고 이것이 지나칠 경우 정당 간, 이념 간 갈등의 소지가 증폭될 수 있다. 전체 주민을 대상으로 하더라도 사법배심처럼 하루, 길어야 며칠 정도의 일회성 참여가 아닌 2년 임기의 민회 구성원으로 참여하는 것을 강제하는 것은 타당하지 않다는 점에서 처음부터 자원하는 방식보다는 자동적으로 선택

풀에 들어간 후 선택되었을 때 참여 여부에 대한 선택 권한을 주는 것이 타당하다고 본다. 그러나 분명 이 경우 역시 대표성에서 문제가 발생할 여지가 있다. 따라서 첫째, 금전적 이유로 거부하지 않도록 높은 수준의 보상 시스템을 확보하고 참여 시 해당 직장으로부터 불이익을 당하지 않도록 법제화해야 하며, 선임 시 충분한 교육 프로그램을 제공함으로써 참여에 대한 두려움을 낮추도록 한다. 또 하나는 다른 차원의 문제로, 그럼에도 불구하고 거부하였을 때 예비 후보 중에서 충원할 때 동일한 사회경제적 배경을 가진 사람으로 대체함으로써 대표성 시비를 낮추도록 해야 할 것이다. 다음으로 권한 문제다. 국회와 국가민회 사이의 권한의 경우 헌법적 고찰이 필요하다는 점에서 이 글에서 상세하게 다루지는 못하지만 국회의 국가민회에 대한 우월성을 인정하는 불균등 양원 행태가 바람직하다고 본다. 즉 미국, 일본 상원처럼 강력한 권한을 부여하는 것이 아니라 법률안 발의권 및 거부권, 자동 폐기 가능성 높은 법률안에 대한 표결 요청권, 정당 및 국회의 이해관계가 걸린 선거법 의결권, 국회에 대해 의견을 표명할 권한, 중요 정책에 대한 국민투표 요구권 등을 고려할 수 있을 것이다. 헌법개정안의 경우 국회뿐만 아니라 국가민회 차원에서도 재적의원 과반수의 찬성으로 발의할 수 있으며 국회든 국가민회든 발의한 헌법개정안은 국회와 국가민회 양 의회 합동회의의 재적의원 3분의 2 이상의 찬성으로 의결한 후 국민투표를 거쳐 확정하는 권한도 고려할 수 있을 것이다.

다음으로 운용과 관련되어 상시적 교육 프로그램을 진행한다. 추첨시민의회를 통해서 선발된 일반 시민들이 의회 기능 및 역할 등에 대해서 충분히 학습할 수 있도록 교육 프로그램이 제공되어야 한다. 임기 시작 전에 의정 활동과 관련해 필요한 교육을 전직 의원, 교수, 공무원, 법조인, 시민운동가, 인터넷 전문가 등으로 구성된 일종의 정치 대학에서 이수하게끔 한다. 특히 전자 공간에서 토론이 많이 이루어진다는 점에서 인터넷 사용 능력이 현저히 떨어질 수 있는 고령층 대상으로 정보기기 활용 교육이 충분히 이루어져야 한다. 또한 교육 시스템을 상시적으로 운용함으로써 임기 중에도 지속적인 교육을 제공받을 수 있도록 하며, 의원뿐만 아니라 일반 시민에게도 개방하여 정치 교육, 민주시민 교육을 평소에도 학습할 수 있는 통로를 제공한다.[12]

3. 기타

앞서 제기한 양원제 개헌 시 추첨원이 도입되지 않을 경우 그 대안은 핵심 이슈가 있을 때 비상설 시민의회를 도입하는 것이다. 김상준(2007)은 정부의 공공 정책 자체가 갈등의 원인 제공자가 되는 경우가 늘어가고 국회가 직접 다루기 까다로운 미묘한 사안들이 점증하는 등 무기력을 노출하고 있지만 대의민주주의를 체제적으로 보완하는 체계적인 접근이나 제도적인 실험은 미미하다고 비판한다. 대안으로 유권자의 통계적 대표성을

---

[12] 보다 자세한 논의는 이지문(2017b)를 참조하라.

유의미하게 보장할 수 있을 정도의 규모로 무작위 선발하는 비상설 시민의회를 제안한다. 즉, 전 국민 사이에서 갈등 소지가 매우 높을 것으로 예상되는 입안 단계의 법안, 국회에서 교착상태에 이른 법안, 입법 시행되고 있으나 국민의 반발이 심한 법안 등 국민 생활에 중장기적으로 심대한 영향을 끼치는 공공 정책을 심의하기 위해서 국민, 대통령, 국회가 소집할 수 있으며(예컨대 유권자의 20분의 1이나 국회 과반수의 발의, 대통령의 발의) 사안에 따라 소집하고 사안에 대한 심의 결정을 완료하면 해산한다. 시민의회의 결정은 국회의원 과반수의 동의를 거쳐 입법하나, 국회는 시민의회의 결정에 대해 가부 표결을 할 뿐, 수정 보완 등은 변경을 일절 할 수 없다. 이 입법에 대한 대통령 거부권이나 헌법재판소의 위헌 심판은 다른 법률과 같다. 또한 그는 전국 단위의 시민의회뿐만 아니라 지방 단위의 시민의회 역시 제안하고 있다. 특히 시민의회를 선거가 아니라 추첨으로 구성하는 점에 대해서 정치적 이해관계에서 벗어나 무엇을 대표·대의하지 않는다는 자체가 최대한 자유로운 상태에서 공정하게 심의할 수 있는 공적 토론장의 기반을 마련해주기 때문이라고 추첨 사용의 근거를 제시한다는 것은 의미가 있다.[13]

앞서 캐나다 2개 주 사례에서도 살펴본 것처럼 선거법 개정과 같은 정치권의 이해관계가 걸리는 경우 추첨시민의회를 도입한다. 입법권이 국회에 있다 하더라도 선거구나 정치자금법,

---

[13] 이를 위해서 김상준은 롤즈가 말하는 '무지의 베일', '원초적 상황'이라는 개념을 가져와 논의를 전개한다. 보다 자세한 내용은 김상준(2007, 166~169쪽)을 참고하라.

의원 정수, 선거제도 등 의원들의 이해 상충과 직결되는 사안에 대해 현행처럼 국회에 전적으로 맡기는 것은 문제가 있다. 캐나다의 두 개주에서 시행된 시민의회 역시 선거제도 개혁을 의원들에게 일임했을 때는 제대로 진척되지 않을 것을 인식했기 때문에 주 정부가 선택한 고육지책이었다. 그 연장선에서 단지 선거제도뿐만 아니라 선거구 조정, 투명성 등 의원들의 이해 상충을 가지는 이슈까지 확장해서 심의하고 결정하는 기구를 추첨시민의회 방식으로 운용할 수 있을 것이다. 특히 외부 인사들로 구성된 독립 기구의 경우에도 의회나 정당에서 선택한 사람들이기 때문에 한계가 있다는 입장에서 추첨을 통해서 구성해야 한다는 것을 주장한 바 있다. 결정권한까지 부여하는 방식은 입법권의 문제가 있기 때문에 자문위원회 형식으로 구성하여 현행 정치개혁특별위원회와 같은 역할을 담당할 수 있도록 한다.

추첨시민의회, 그 당위성 및 비판에 대한 반론[14]

왜 추첨을 통한 시민의회 방식이어야 하는가? 추첨시민의회 방식이 민주주의의 핵심인 자유에 부합할 뿐만 아니라 사회경제적 배경을 그대로 반영하는 대표성 확보와 다양한 사람들 간의 심의를 통한 공공선 확보, 그리고 무엇보다도 시민교육의 장으로서 기능할 수 있기 때문이다. 첫째, 자유를 시민권 차원의

---

14 다음 내용은 이지문(2012, 12~1 ; 212~216쪽)을 정리한 것이다.

자유로 좁게 해석하지만 고대 아테네에서의 자유에 대한 인식은 자기 통치의 원칙으로, 모든 시민이 단지 피치자로서의 존재가 아니라 누구든지 치자로서도 통치에 참여하는 것으로 인식하였다. 이런 점에서 비록 국민 전체가 시민의회 구성원이 될 수 없다 하더라도 직접 추첨해 시민의회를 구성한다면 어느 누구라도 시민의회 구성원이 될 수 있다는 점에서 좀 더 자기 통치의 자유에 근접할 수 있다. 둘째, 선거나 추천 방식의 경우 사회경제적 배경에서 특정 계층 위주로 구성될 여지가 있지만 추첨을 할 경우 통계상 성, 연령, 직업 등에서 모집단과 거의 비슷해지기 때문에 사회경제적 배경을 있는 그대로 반영할 수 있다. 이를 통해 민주주의 정당성의 한 요소인 다양한 사회경제적 배경을 대표하는 '대표성'을 확보할 수 있다. 셋째, 추첨으로 구성하더라도 그 구성원들 역시 특정 정당의 당원이거나 지지자일 수 있겠지만 국회의원처럼 정당 소속감이 강하거나 다음 공천을 위해 소속 정당의 입장에 절대적으로 따를 필요가 없다는 점이다. 따라서 정치적 계산에서 벗어나 국민의 입장에서 논의를 함으로써 좀 더 공공선에 부합하는 논의를 도출할 수 있다. 끝으로, 정치적 결정에 직접 참여해 다른 구성원들과 심의 과정을 함께하는 자체가 시민교육의 장으로서 기능할 것이다. 또한 일련의 과정을 실시간 중계를 통해 그리고 시민의회 홈페이지를 통해 공개함으로써 일반 시민들 역시 내 주위의 평범한 사람들이 참여해 중요한 결정에 도달하는 과정을 지켜보는 자체가 훌륭한 시민교육의 장이 될 수 있다.

  책임성과 유능성 차원에서 추첨시민의회에 대한 비판이 있을 수 있다. 즉, 추첨이라는 방식으로 능력이나 경험도 없는 사람까지 선택함으로써 사회적 효율성에서 상당한 손실을 이끌 수 있으며, 사회적으로 피해가 막심할 것이라고 반론을 펼친다(Engelstad, 1989, pp. 31~33). 그러나 추첨시민의회를 구성할 경우 무능할 수 있다는 가정은 타당하지 않다. 이러한 가정 자체는 다음과 같은 이유로 성립할 수 없다. 첫째, 이러한 전제는 단지 어떤 사람들만 능력이 있다는 것에서 출발한다는 점에서 민주주의의 규범적 측면에서 수용할 수 없다. 왜냐하면 일부 사람들에게만 선천적으로 도덕적·지적 우월성이 부여된 것은 결코 아니며 만인은 그 능력과 천성에 있어서 모두 같다는 전제에서 '치자와 피치자의 동일성'이라는 민주주의 원리가 도출되기 때문이다.(김하룡 외, 1982, 204쪽) 달은 "성인 대부분이 자신들을 통치하기에 적절한 능력을 가지고 있다. 즉, 전체적으로 고려할 때 모든 구성원들은 그들의 선과 이익에 중요한 영향을 미치는 집합적 결정에 참여할 능력을 충분히 가지고 있다. "어떤 경우든 누구도 구속력 있는 집합적 결정을 내리도록 위임될 만큼 다른 사람들에 비해 명확히 나은 능력을 가지고 있지는 않다"라는 '강한 평등의 원칙'이 민주주의의 토대라고 단언하면서 특정한 이들에게만 능력이 있다고 전제하는 것은 민주주의가 아니라는 입장을 개진한다.(달, 2008, 197쪽) 따라서 특정인들만 유능하다고 보기 때문에 추첨시민의회를 부정하는 것은 결과적으로 민주주의를 부정하는 것이다.

둘째, 설령 도구적·기술적 능력에 있어서 유능한 이들이 존재한다고 하더라도 도덕적 능력까지 구비하는 것은 아니라는 점이다. 엘리트들이 어떤 것이 공공선인가에 대한 도덕적 지식을 가지고 있다고 주장할 지적 근거를 제시할 수 없다(달, 2008, 626쪽). 롤즈(1971, 505ff)가 그의 정의론 전체 체계를, 인간은 도덕적 인간이라는 점에서, 즉 무엇이 정의로운가에 대한 타당한 지각에 이르는 능력에 있어서 근본적으로 동등하다는 가정 위에 둔 것처럼 적절한 수준의 도덕적 능력은 인간들에게 광범위하게 주어져 있다. 정치적인 의사 결정은 과학과 수학에서처럼 정확한 답이 존재하는 것이 아니라, 국민 전체의 목소리로 결정되어야 한다는 점에서 오히려 추첨시민의회에 의의가 있는 것이다. 또한 교착상태에 빠진 이슈를 결정할 경우 실천이성의 힘으로 공정한 심의가 가능하다는 점이다. 논의가 교착상태에 빠지곤 하는 것은 그 문제 자체를 파악하는 사변적 이성의 힘이 부족해서가 아니라, 그 문제에 얽힌 이해관계나 당파성이 대립해 공공성의 기준이 제대로 설 수 없기 때문이다.

셋째, 도구적 능력 역시 심사숙고할 시간과 정보가 주어진다면 달라질 수 있다는 점이다. 민주주의 시각에서 시간적 여유를 갖고 충분한 정보를 갖추고 심사숙고해서 결정하면 충분히 의미 있는 의사 결정을 할 수 있다고 본다.(주성수, 2006, 84쪽) 또한 시민들에게 정보와 권한이 주어진다면 시민들은 대표자들보다도 더 현명한 판단을 내릴 수 있다고 주장한다.(민주화운동기념사업회, 2010, 208쪽) 비록 시민의원들 중에 무능력하거나 편견이 있는 사람들이 있다고 하더라도, 공정한 역할을 보장하기에 충분한 정직한 구성원들이 있을 것이다. 또한 전체로서는 전문지식이 부족할 수 있지만, 산업화된 국가에서 대부분 시민들은 상당한 지식, 기술, 판단을 가진 사람을 포함하며 때때로 과학, 교육, 경제 또는 정책에서 포함되는 영역에서 기술 소유자들을 포함하기도 한다. 또한 다양한 배경과 이해관계를 지닌 시민들이 토론하여 내린 결정과 제안들은, 한 분야에는 정통할 수 있겠지만 그 때문에 편협한 시각을 가질 가능성이 높은 전문가들의 제안보다 현실적이며 창의적이고 또 사회적으로도 수용 가능한 것들이 많다. 또한 정책 결정의 최종 수혜자인 시민들은 전문가들이나 로비에 좌지우지될 수 있는 정치가들의 결정보다 특정한 이해관계를 대표하지 않는 무작위로 선정된 시민들이 논의하여 제시한 대안에 더 공감하는 경향을 보였다. 이와 함께 시민들이 이미 수립된 정책의 홍보 대상으로 머물지 않고 정책 결정 과정의 참여자 역할을 해볼 기회를 많이 가질수록 사회에 대해서 갖는 신뢰도가 높아지고, 시민들과 정책 결정권자들 사이의 간극이 좁혀지는 효과가 있을 수 있다.

넷째, 교육 수준이 높아지고 모든 사람이 교양과 상식을 갖는 지적 수준을 확보하고 있다는 점에서 추첨으로 선택되는 의원들의 수준이 낮을 것이라고 단정할 필요가 없다. 잉글하트(Inglehart 1990; 1999; 2000)는 서구 주요국의 동향을 분석하면서 지난 반세기 동안 진행된 급진적인 교육 수준의 상승은 시민들이 정치 활동에 필요한 참여의 기술을 향상시켜주며, 시민과 엘리트 사이의 정치 기술의 불균등 배분에 균형을 유지하도록 해준다고 보았다. 또한 후기산업시대의 직업 기술 향상과 정치 정보의 획득 및 이용 편이 역시 시민 참여의 유리한 조건으로 제시하였다.

추가로 함께 논의하고자 하는 것은 '책임성' 문제다. 추첨을 통한 시민의회를 반대할 수 있는 논리 중 하나가 추첨으로 선택된 이들은 아무 노력 없이 선택된 것이기 때문에 의정 활동에 전념할 의무감, 사회적 책임감을 느끼지 않을 수 있다는 주장이 있다.(Carson & Martin, 1999, p.23 ; Engelstad 1989, p.32) 이것이 전적으로 잘못되었다고 볼 수는 없지만, 앞서 살펴본 유사 사례를 통해서 일반 시민들의 책임감을 확인할 수 있다. 캐나다 브리티시컬럼비아 선거개혁시민의회의 경우에는 11개월이라는 기간 동안 161명의 구성원 중 오직 1명만이 중도하차하였고, 출석률은 100%에 가까웠다. 이와 함께 시민의회에서는 참여한 시민들이 어려운 이슈에 대하여 높은 수준의 능숙함을 발전시켜나가는 것을 확인할 수 있었다.(Ferejohn, 2008, pp.192~213) 또한 구성원들은 새로운 개념과 기술을 배우는 데 인상적인 헌신과, 그들의 토론에 서로 존경을 통해 고양된 시민권의 질을 보여주었다는 점에서 일반 시민들이 중요한 직무가 주어졌을 때 어떻게 하는지를 잘 보여주었다. 따라서 추첨으로 선택된 시민들의 책임성을 낮게 평가할 근거가 없을 것이다.(Citizen's Assembly on Electoral Reform, 2004) 이 점에서 막연하게 일반 시민들이 책임감이 없을 것이라고 단정하기 전에 바버(1984, p.348)의 "책임감을 이행하려면 시민들에게 책임이 주어져야 한다"라는 논의처럼 책임감 역시 참여할 기회가 주어질 때 증진할 수 있다. 시민 또는 참가자들을 끌어들이는 힘은, 그들의 노력이 정책 결정 과정에 진지하게 받아들여질 것이라는 확고한 믿음에서 나오는 것이라고 할 수 있다. 캐서린과 마틴은 시민 참여에 대한 그들의 연구를 종결지으면서, "참여가 과연 긍정적인 결과를 낳을 수 있는지를 결정하는 데 있어서 국민들은 개입된 시간, 사안의 중요성, 사안에 대한 그들 자신의 개인적 지식과 역량, 그리고 그들의 의견이 무언가 다른 결과를 가져올 수 있을 것이라는 기대감과 같은 것을 고려하고 있다"고 결론을 내리고 있다.(Kathlene & Martin, 1991, p.47~8)

나가며

참여에는 두 가지가 전제되어야 한다. 우선, '공동체 구성원 모두에게 영향을 미치는 정책 결정 과정에 그 구성원 대다수가 직접적으로 또는 간접적으로 참여하거나 참여할 수 있어야 한다'는 민주주의 이상에 부합할 수 있도록 일부 또는 특정 사회계층의 참여가 아닌 공동체 구성원 전체가 참여할 수 있어야 할 것이며, 최소한 공동체 전체의 단면(cross-section)을 반영하는 참여가 이루어져야 한다. 다음으로, 동료 시민들과 함께 공공선에 대해 심사숙고하고 깊이 있는 심의와 토론을 통한 결정에 이를 수 있어야 한다. 즉 '평등한 참여'와 '충분한 심의'가 전제될 때 민주적인 시민 참여가 이루어질 수 있을 것이다. 또한 '평등한 참여'와 '충분한 심의'가 중요한 이유는 대의민주주의의 한계로 지적되는 공공선 결핍을 해소하기 위한 필요조건이기 때문이다. 또한 시민들은 평등한 참여를 통해 경청, 설득, 주장, 타협 및 공통분모 모색 등과 같은 기술을 익힘으로써 '민주적 대중'(Mattson 1998, p.5)이 될 수 있다는 점에서 민주주의 주체로서의 '시민'을 육성할 수 있기 때문이다.

이러한 점에서 이 글에서 제시하고 있는 추첨시민의회는 다음과 같은 장점을 갖는다.[15] 첫째, 전체 시민들의 이성적인 의견을 파악하는 데 필요한 시간과 비용을 절약하는 한편, 결과의 민주적 정당성을 높일 수 있다. 둘째, 다양한 전문가들의 전문적 지식에 기반하는 한편 정보로 무장한 시민들의 깊이 있는 심의를 진행함으로써, 제한된 정보 풀에 의존하는 자문위원회나 공청회, 포럼보다 우월한 결론을 도출할 수 있다. 셋째, 인구통계학적 대표성을 지닌 소우주를 만듦으로써 참여할 기회를 모든 시민에게 동등하게 보장하므로 참여의 평등성을 만족시킬 수 있다. 특히 평등한 참여 기회는 선거가 지배하는 대의민주주의에서는 보장되지 않던 의사 결정 과정의 민주적 정당성을 높일 수 있다. 넷째, 국가 이슈를 결정하는 중요한 역할이 참여자들의 열성을 자극할 뿐만 아니라 독립적으로 활동하여 스스로 책무성을 높일 수 있을 것으로 기대할 수 있다. 다섯째, 참여를 통한 학습효과를 기대할 수 있다. 참여는 개인들의 민주주의 의식을 고취시키며, 공동체를 건설하고, 그럼으로써 동정, 관용, 평등의 가치를 공유하게 하고, 나아가 제도들을 효과적인 민주주의 제도로 변화하도록 만들 수 있다.(Berry et al. 1993, pp.5~7) 이를 통해 '민주적 대중'으로 민주주의 주체로서 시민 육성을 기대할 수 있다. 민주주의는 시민이 직접 의사 결정의 주인으로 참여함

---

[15] 오현철·강대현(2013, 157~161쪽) 내용을 본문 내용에 맞게 수정하였다.

으로써 민주주의 학습이 가능하며, 이를 통해 보다 정치와 사회에 관심을 가짐으로써 시민 덕성을 함양할 수 있으며, 심의 과정을 함께하면서 공적인 신뢰 문화를 창출할 수 있다. 단지 국민이 주기적으로 반복되는 선거에서 한 표를 행사하는 유권자로만 남아 있으면 민주 시민으로서의 미덕과 능력을 함양할 수 있는 기회를, 신뢰 문화와 참여 문화를 만들어갈 수 없는 것이다. 민주주의 사회의 병폐를 치유하는 방법은 바로 민주주의를 더욱 강화하는 것이라는 듀이(1927, p.146)의 발언처럼 추첨시민의회는 민주주의를 강화시킬 수 있는 민주적 시민 참여 모델로 그 유용성을 기대할 수 있을 것이다.

참고 문헌

강석찬, 『민주주의 이상과 현실』 개정판, 건국대학교 출판부, 2008.
김상준, 「헌법과 시민의회」, 함께하는시민행동 『헌법 다시 보기』, 창비, 2007.
김의영, 「대의제 민주주의 공고화를 위한 국회·시민사회의 바람직한 관계에 대한 연구: 결사체민주주의와 심의민주주의 모델을 중심으로」, 김의영·이현출·윤종빈·이정희, 대의제 민주주의 공고화를 위한 시민사회의 바람직한 정치 참여 방안, 5~22쪽. 2003년도 국회연구용역과제 연구보고서, 2003.
김의영·이지문, 『시민참여적 지역사회 거버넌스 사례를 통해 본 국회입법과정상 시사점 연구』, 국회입법조사처, 2015.
김하룡·한배호·김용기·서진영·강성학, 『정치학원론』 개정판, 박영사, 1982.
민주화운동기념사업회 교육사업국, 『시민교육 현장 지침서』, 민주화운동기념사업회, 2010.
오현철, 「민주주의의 새로운 주체: 작은 공중(mini-publics)을 중심으로」, 한양대학교 제3섹터연구소 편, 『시민사회와 NGO』 제7권 제2호, 2009.
오현철, 「토의민주주의와 시민의회: 브리티시컬럼비아 사례를 중심으로」, 한양대학교 제3섹터연구소 편, 『시민사회와 NGO』 제8권 제2호, 2010.
오현철·강대현, 「교육정책 결정에 적합한 의사 결정 모형 탐색: 정부 주도 및 이익집단 경쟁에서 시민의회 모형으로」, 한국사회과교육학회 편, 『시민교육연구』 제45권 4호, 2013.
윤종빈, 「대의민주주의의 위기와 직접민주주의」, 『국회도서관보』 8월호, 2008.
이동수, 「총론: 민주주의의 흐름과 도전」, 민주화운동기념사업회 편, 『민주주의 강의 4 현대적 흐름』, 민주화운동기념사업회, 2010.
이지문, 『추첨민주주의 이론과 실제』, 이담북스, 2012.
이지문, 「광장정치와 제도정치의 보합으로서 추첨시민의회 모색」, 한국NGO학회, 『NGO연구』 제12권 제1호, 2017a.
이지문, 「추첨민회 도입을 통한 양원제 개헌 모색」, 한국 사회이론학회, 『사회이론』 제51호, 2017b.
이지문·박현지, 『추첨시민의회』, 삶창, 2017.

장동진, 『현대자유주의 정치철학의 이해』, 동명사, 2001.
정해구, 「대의민주주의의 발전과 한계」, 민주화운동기념사업회 연구소 편, 『민주주의 강의 3. 제도』, 민주화운동기념사업회, 2009.
주성수, 『시민참여와 민주주의』, 아르케, 2006.
진영재, 『정치학총론』, 연세대출판부, 2010.
송호진, 「아일랜드 보통시민 99명, 풀뿌리 개헌을 논하다」, 『한겨레』, 2017.2.10.
김종철, 「'아래로부터의 헌법' 시대, 시민참여형 개헌이 답니다」, 『한겨레』, 2016.12.31.
로버트 달, 『민주주의자와 그 비판자들』, 조기제 옮김, 문학과지성사, 2008.
버나드 마넹, 『선거는 민주적인가』, 곽준혁 옮김, 후마니타스, 2007.
데이비드 헬드, 『민주주의의 모델들』, 박찬표 옮김, 후마니타스, 2010.

Aristotle, *Politics*, Harmondsworth, 1981.
Barber, B, R., *Strong Democracy: Participatory Politics for a New Age*, Berkeley: University of California Press, 1984.
Berry, J., Portney, K., and Thompson, K., *The Rebirth of Urban Democracy*, Washington, D.C.: Brookings Institution, 1993.
"British Columbia Citizens' Assembly on Electoral Reform", *Making Every Vote Count: The Case for Electoral Reform in British Columbia*, British Columbia, Canada, 2004.
Carson, L and Martin, B., *Random selection in politics*, Westport, CT: Praeger Publishers, 2008.
Chambers, Simone, Quantity vs Quality: Dilemmas of Mass Democracy, Center for the Study of Democratic Institutions Working Paper, *Citizen Engagement* 3, 2007.
Dahl, R. A,, *Democracy and its critics*, Yale University Press, 1989.
Dahl, R. A., *After the revolution? : authority in a good society*, Yale University Press New Haven and London, 1970.
Dewey, John, *The Public and its Problems*, New York: Holt, 1927.

Dowlen, O., *The political potential of sortition*, London: Imprint Academic, 2008a.

Dowlen, O., *Sorted: Civic Lotteries and the Future of Public Participation*, Toronto: MASS LBP, 2008b.

Eliasoph, Nina., *Avoiding politics: How Americans produce apathy in everyday life*, Cambridge, UK and New York, NY, USA : Cambridge University Press, 1998.

Engelstad, F., "The Assignment of Political Office by Lot", *Social Science Information* 28, 1989, pp. 23~50.

Ferejohn, J., *Conclusion: The Citizens' Assembly Model*, Designing Deliberative Democracy: The British Columbia Citizens' Assembly, eds. Mark E. Warren and Hilary Pearse. Cambridge : Cambridge University Press, 2008, pp. 192~213.

Inglehart, R., *Culture Shift in Advanced Industrial Society*, Princeton: Princeton University Press, 1990.

Inglehart, R., Postmodernaization Erodes Respect for Authority, but Increase Support for Democracy. Norris, P. ed. *Critical Citizens: Global Support for Democratic Government*. Oxford : Oxford University Press, 1999, pp.236~256.

Inglehart, R. *Postmaterialist Values and the Erosion of Institutional Authority*, 2000.

Kathlene, Lyn, and Martin John A., "Enhancing Citizen Participation: Panel Designs, Perspectives, and Policy Formation", *Journal of Policy Analysis and Management*. Vol. 10, No.1, Winter 1991.

Lang, Amy., "But Is It for Real? The British Columbia's Citizens's Assembly as a Model of State-Sponsored Citizen Empowerment", *Politics & Society*, vol.35, No.1. March 2007.

Mattson, K., *Creating a Democratic Public*, University Park: Pennsylvania State University Press, 1998.

Mulgan, R. G., Lot as a Democratic Device of Selection, *Review of Politics* 46,

1984.

Pateman, C., *Participation and Democratic Theory*, Cambridge: Cambridge University Press, 1970.

Rawls, John, *A Theory of Justice*, Cambridge: Harvard University Press, 1971.

Ward, Ian, "The British Columbia Citizens' Assembly on Electoral Reform. An experiment in political communication", Referred paper presented to the Australasian Political Studies Association Conference, September 2006.

접포제를 통해서 본 동학의 자치관[1]

오문환

천도교 종학대학원 교수. 저서로 『해월 최시형의 정치사상』(모시는사람들, 2003), 『동학의 정치철학』(모시는사람들, 2003), 『천지를 삼킨 물고기』(모시는사람들, 2005), 『다시 개벽의 심학』(모시는사람들, 2006), 『봄觀: 본래의 나를 찾는 마음공부』(모시는사람들, 2009) 등이 있으며, 공저로 『국가건설사상 3』(인간사랑, 2006), 『의암 손병희와 3·1운동』(모시는사람들, 2008) 이 있다.

머리말

민주주의는 자치할 수 있는 인간에 대한 신뢰에서 출발한다. 이성에 대한 신뢰가 있었기 때문에 근대인은 자유와 권리의 주체로 등장하고 스스로 통치할 수 있는 권한을 쟁취하였다. 권력의 정당성이 외부의 절대적 신이나 폭력을 독점하는 왕에서부터 나오는 것이 아니라 스스로 사유하면서 세계를 변화시킬 줄 아는 인간에게서부터 나온다는 관념은 근대적 의미의 자치를 가능케 하였다. 그러나 합리적이며 자치적인 인간들은 국민국가라고 하는 새로운 권력 기구 또는 권력망을 건축하여 자신을 보호하고자 하였다. 그러므로 근대인은 생명, 재산, 자유를 보호할 수 있는 가장 효율적이며 체계적인 권력 장치로서 봉건제나 절대왕권에 비하여 보다 합리화되고 체계화된 관료제에 기반한 권력 기구를 형성하였다. 근대인은 자신들이 찾은 개인들의 재산과 생명을 보호해줄 수 있는 주권을 가진 권력 장치로 근대적 국민국가를 선택하였다. 그리하여 홉스는 국민국가에 공권력(Publicque Sword)을 독점적으로 부여해주었다. 왜냐하면 홉스는 만약 그렇게 되지 않으면 동등한 권리를 가진 개인들 간에 전쟁 상황이 벌어질 것으로 우려했기 때문이다. 그러나 근대성을 비판하는 논자들은 개인을 보호하기 위하여 형성한 근대적 권력 장치들이 자치적 인간을 오히려 관리하고, 통제하고,

---

1 이 글은 『삶의 정치: 통치에서 자치로』(정문길 외 15인 지음, 대화출판사, 1998, 203~219쪽)에 실린 글을 재수록한 것이다.(편집자주)

지배하는 전도 현상에 주목하여 근대적 권력망에 대해 비판 내지 해체를 주장한다. 이처럼 근대 정치사상가들의 문제의식은 통치와 자치 간의 갈등을 해소하는 데 집중되었다.

근대성의 폐기가 아닌 근대성의 완성을 주장하는 하버마스 같은 사상가는 통치 만능의 현대사회에서 자치 영역인 생활 세계의 부활을 그 해답으로 제시한다. 반면, 이른바 해체주의자들은 통치와 자치의 배경에 깔려 있는 합리주의라는 근대적 화두 자체의 해체를 시도한다. 통치를 위로부터의 합리성 또는 관리통제적 합리성이라고 한다면 자치는 아래로부터의 합리성 또는 참여 감시적 합리성이라고 부를 수 있다. 기존의 정치학이 통치의 형성 과정과 구조를 주된 관심사로 하고 있었다면 자치 영역에 대한 관심은 그다지 주목받지 못한 정치학의 한 연구 과제였다.[2] 물론 기존 정치학에서 자치 영역에 대한 관심이 전무한 것은 아니다. 민주주의의 꽃이라고 하는 선거와 투표, 다양한 정치 집단, 제도화된 의회 등은 근대가 발견한 자치 원리에 의거한 것이다. 문제는 이와 같은 자치 원리가 국가와 자본이라는 영역에 비하여 상대적으로 왜소화되었다는 데 있다. 즉, 국가의 통치 원리와는 다른 자치 논리에 의하여 나름대로의 독자성을 가지고 있어야 하는 자치 영역이 하버마스의 표현에 의하면 통치 원리에 의하여 식민화되었다는 데 문제가 있다. 자치 원리의 부활과 자치 영역의 확대를 통하여 지배적인 통치 합리

---

[2] 서양 정치사상사를 이러한 시각에서 살펴본 글은 서정갑·오문환, 「생활정치사상의 모색」, 『사회과학논집』 제26집, 연세대학교, 1995 참조.

성을 어떻게 견제할 것인가의 문제는 억압, 통제, 관리 일변도의 근대 정치학에 대한 비판에서부터 시작되며 아직까지는 사상 분야에서의 연구 주제이다. 그러나 자치 영역의 심화 확대만으로 근대사회의 문제점을 해결할 수 있는가에 대해서 많은 학자들은 의문을 제기한다. 그보다는 근대성의 바탕이라고 할 수 있는 근대 합리주의의 완전한 해체를 시도하거나 심지어 새로운 대안을 제시하려고 한다. 동학에 있어서 자치 의식과 자치 영역은 어떠한가? 동학에서도 이와 같은 근대적 관념이 있었으며, 있었다면 그 특성은 무엇인가? 접포제(接包制)라는 동학 조직 분석을 통하여 이 같은 문제를 살펴보고자 하는 것이 이 글의 의도이다.

접포제는 동학을 창시한 수운 최제우에 의하여 시작되었으나 해월(海月) 최시형에 이르러 새로운 학문에 불과했던 동학이 사상 체계로, 생활양식으로, 사회운동 및 정치운동으로 발전해 1880년대 후반에 이르러 체계화되는 동학의 조직 체계이다. 그러나 접포제는 이른바 근대 정치학이 핵심 과제로 설정했던 권력 체계나 국가 구조 등에 대한 구체적인 설계도는 아니다. 그러므로 동학사상이나 운동에서 근대 서구의 정치 사상가들이 구상했던 다양한 형태의 국가 권력 구조에 대한 구상은 찾을 수 없을 것이다.[3] 그러나 동학에서 서구 근대성의 또 다른

---

[3] 동학에서 서구 근대 정치학의 핵심 담론인 민족국가 형성이나 시민 형성 등과 같은 요소를 찾아내려는 일련의 노력은 민족주의론에서 주로 다루어지고 있다. 김영작,『한말 내셔널리즘 연구』, 청계연구소, 1989. 신복룡(申福龍),『동학사상과 민족주의(東學思想과 民族主義)』, 평민사, 1983. 박충석(朴忠錫),「한국민족주의(韓國民

축인 자치 원리가 비교적 선명하다는 것이, 이 글이 찾아보려는 점이다. 서구 근대가 그러하듯이 동학도 자치적 인간에 대한 새로운 발견에서부터 시작되었으나 서구 역사와 달리 동학은 새로운 사회와 정치 구조에 대해 구상을 하고 현실화시키기 이전에 전통적 동양과 서구적 제국주의적 근대성에 의하여 철저하게 억압당하고 사상적 진보와 사회적 발전의 길이 단절되었다. 달리 말하자면 동학은 그 사상적 꽃을 피워보기 이전에 말살당했던 것이다. 그러나 근대성의 화두 중에서 중요한 축의 하나였던 자치에 대한 사상의 일단을 접포제의 분석을 통하여 밝힐 수 있을 것이며, 이의 분석을 통하여 동학이 실현하고자 했던 인간 사회에 대한 지평을 추론할 수 있을 것이다.

접포제의 형성과 의미

1. 대안 가치 공동체의 등장: 접(接)

수운 최제우에 의하여 새로운 사상으로 시작된 동학이 1880년대에 이르면 해월 최시형에 의하여 조선 민중들의 새로운 생활양식으로 뿌리내리기 시작한다. 이에 따라 조직의 필요성이 대두되면서 동학의 접(接)이 형성된다. 접의 인원수는 논자에

族主義)의 형성 과정」, 한국정신문화연구원학술대회, 1982.12.10~11. 신용하(愼鏞廈), 「동학(東學)과 갑오농민전쟁(甲吾農民戰爭)의 민족주의(民族主義)」, 『한국학보』, 제47집, 1987.

따라서 일치하지는 않지만 대략 50여 명 규모였다. 접은 동학도들의 모임이며, 접주가 중심이 되어 경전을 논하거나 강론을 듣거나 다른 접들과 소식을 전달하는 장소였다.[4] 1894년 동학농민혁명기의 체험담을 살펴보면 운동에 참여한 사람들은 접 단위로 움직였던 것을 알 수 있다. 접포제의 의미를 찾기 위해서는 먼저 접포제의 형성 과정을 살펴볼 필요가 있다.

수운 최제우는 1862년 '접주제(接主制)'를 창성하여 제자들의 모임을 만들었다. 최제우는 동학의 수도자들을 가르치고 관리하는 조직으로 각지에 접이라고 하는 것을 설정하고 접주(接主)와 접소(接所)를 두었다.[5] 일차적으로 접은 수운이 제자들을 가르치기 위해 만든 일종의 공부 모임으로 볼 수 있다. 모임이 커지면서 이를 관리할 사람이 필요해지고, 또한 장소가 필요해진다. 그리하여 동학에 관심이 있는 사람들은 접을 통해서 수운으로부터 배움을 전달받거나 접주로부터 동학의 도를 전수받았다. 접의 구성원 숫자가 많아질 경우에는 한 지역에 몇 개의 접

---

4 김지하는 "접은 대체로 10인에서 25인 또는 50인 정도"라고 했다. (김지하, 『옹치격』, 솔, 1993, 234쪽). 박맹수는 "한 지방의 관리 책임자로 접주를 두고 그로 하여금 40~50명의 교도들을 지도 관장하게" 하였다고 본다.(박맹수, 「동학의 교단 조직과 지도 체제의 변천」, 『1894년 농민전쟁연구 3』, 역사비평사, 1993. 305쪽)

5 오지영(吳知泳), 『동학사(東學史)』, 1940, 31쪽. "布德이 날로 전진함애 大神師-敎文規例를 確定코자하야 이어 接主制를 實行케 하니 接主制라 함은 各地에 接所를 設하고 接所에 接主를 두어 其管內道人을 統化케 하는 制度이니 이 法이 天道敎 制度의 嚆矢이엇다." 『천도교창건사(天道敎創建史)』, 제1편, 천도교중앙종리원, 42쪽. 수운 당시 접주는 慶州에 李乃謙, 白士吉, 姜元甫, 盈德에 吳明哲, 盈海에 朴夏善, 大邱淸道 兼 京畿에 金周瑞, 淸河에 李敏淳, 延日에 金伊瑞, 安東에 李武中, 丹陽에 閔士燁, 英陽에 黃在民, 新寧에 河致旭, 固城에 成漢瑞, 蔚山에 徐君孝, 長기에 崔義仲 등이었다.

을 설치하기도 하였다. 인맥에 따라서 형성된 조직이기 때문에 같은 지역에 거주하더라도 각기 다른 접에 속해 있는 경우도 있을 수 있다. 접주는 해당 접의 모든 일에 대해서 자율성을 가지고 접에 관련된 모든 사무를 처리하였다.

수운 생존 당시 경상도 동북부 지방의 대부분은 이미 동학의 접 조직이 형성되었다. 경상도 동북부 지방에 동학을 널리 알린 사람은 해월 최시형이었다. 그러므로 경상도 동북부는 해월이 접주의 임무를 맡고 사무를 처리하였다. 이에 따라 수운은 1863년 7월 해월에게 북접주인(北接主人)의 직책을 부여한다.[6] 북접주인 또는 북도중주인(北道中主人)이라고 일컬어지는 직책을 받은 뒤 수운은 동학의 일체 사무는 북접주인을 거쳐서 자신에게 올 것을 명하여 해월에 대한 신임을 표하였다.[7] 접주제는 이렇게 하여 동학 조직의 씨앗이 되었으나 두 차례에 걸쳐 붕괴의 길을 걷는다.

1864년 3월 10일 수운이 대구에서 참형되고 동학에 대한 일대 탄압이 내려지면서 동학 조직은 완전히 와해된 것처럼 보였다. 그러나 1871년 이른바 이필제난으로 일컬어지는 동학도들의 사회참여운동을 통하여 볼 때 동학도들의 기초 단위인 접이 붕괴되지 않았음을 보여주었다. 이필제난 이후 정부로부터 대대적인 억압을 받자 다시 동학은 표면상 사라지지만 1878년에

---

[6] 「최선생문집도원기서(崔先生文集道源記書)」, 『동학사상자료집 1(東學思想資料集 壹)』, 아세아문화사, 1978, 182쪽.

[7] 『천도교창건사(天道教創建史)』, 제1편, 45쪽 참조.

이르면 해월은 강원도에서 개접(開接)의 의미를 설명하면서 다시 접을 설치한다. 그리하여 수운의 사상은 창도된 지 30여 년 만에 접을 통하여 전국에 걸쳐 확산된다. 접은 1980년대에 이르면 거의 전국에 걸쳐서 형성된다. 그리고 1894년 동학농민혁명과 1919년 3·1운동의 사상적·조직적 기초로서 활동한다. 여기에서 동학의 접의 몇 가지 특성을 찾아볼 수 있다.

첫째, 접은 수운 최제우의 사상을 구현하기 위한 소규모 정신생활 공동체란 사실이다. 수운이 동학을 창시하면서 "과거에도 없었고 앞으로도 없을" 매우 독창적인 사상이라는 사실을 강조하면서 앞으로 5만 년 동안 문명 흐름이 동학에 의하여 주도될 것이라 보았다. 개접은 이 같은 수운의 생각을 사회화·공동체화하는 것이다. 수운은 포덕(布德)이라는 개념을 사용하는데, 이는 자신이 깨달은 바를 모든 사람들의 행복을 위하여 덕을 베풀겠다는 의미이다. 사회에 봉사하는 제일차적 매개물이 바로 접이다. 이런 맥락에서 본다면 접은 이론을 실천하는 매개물이라 할 수 있다. 그러므로 동학의 정치사회운동의 핵심에는 정신문명적 가치가 내재되어 있다. 즉, 동학은 일종의 도덕적 소공동체라 하겠다. 접은 수운이 제시하는 도덕적 목적에 동감하는 사람들의 자발적 모임이었다는 사실을 알 수 있다. 정치적 권력 동기나 경제적 이윤 동기보다는 새로운 도덕 가치를 추구한다는 강한 도덕 지향성은 접의 두드러진 특성 중 하나이다.

둘째, 접은 인맥 조직이다. 조직적 합리성보다는 인간적 관계를 중시한 조직체였다. 인맥은 동학이라는 새로운 가치관을 전수해주고 전수받는 교육적 관계였다. 전수자와 피전수자의 관계는 유교처럼 수직적이지는 않았다. 왜냐하면 해월은 "두목 밑에 대두목이 있다"라는 말로써 늦게 전수받았거나 지위가 낮더라도 먼저 깨달음에 이를 수 있다는 점을 분명히 하고 있기 때문이다. 접은 동양의 전통적인 대가족을 연상시키는 인간애로 형성된 소규모 공동체였다. 그러나 가족처럼 사랑이 중심 가치가 아니라 '사람이 하늘'이라는 신인간주의(네오 휴머니즘)가 중심이 된 공동체이다. 또한 가족보다는 규모가 컸다. 접이 인맥 조직이면서 대외적으로 다른 접들과 평등 관계로서 열린 의사 소통 관계성을 유지할 수 있었던 것은 이 같은 '사람이 하늘'이라는 보편적 가치관 때문이라 하겠다. 이로 인하여 가족주의의 단점으로 지적되는 폐쇄성에 빠지지 않을 수 있었다고 하겠다.

셋째, 접은 동학의 사회 활동을 의미한다. 여기에서 사회의 의미는 일반적 사회와는 달리 우주적 차원으로 열려 있다. 동학이 지향하는 사회의 독특한 성격은 여기에서 잘 나타난다. 해월은 개접을 "기수(氣數)의 질대성쇠(迭代盛衰)하는 이(異)"[8]에 의거하는 것으로 강조한다. 동양철학에서 기수는 여러 가지로 해석될 수 있지만 일반적으로 천지의 운행도수를 일컫는다. 동학은 천지의 운행도수와 인간의 운동도수가 다르지 않다고 본다. 수운은 "천지 또한 나이며 귀신 또한 나"라고 하여 인간과 천체 그리고 땅의 운행 원리가 근본적으로 동일하다는 사실을 강조한다. 접은 현재의 사회 정치를 천지의 뜻에 맞추어가는 문명 질서의 창조 의지를 의미한다. 흥미로운 것은 이 같은 문명

---

8 『천도교창건사』, 제2편, 25쪽.

창조의 길을 접이라고 하는 소규모 공동체를 통하여 모색하였다고 하는 점이다. 황제나 천황과 같은 절대적 군주에 의존하는 것도 아니며, 또한 개인이나 정당 또는 계급에 의존하여 새로운 정치사회를 모색하지 않았다. 구체적으로 어떤 권력 체제를 지향했는지는 수운과 해월을 통해서는 명확하게 알 수 없지만, 분명한 것은 접이라고 하는 소규모 정신생활 공동체, 우주적 운행 법칙과 같은 추상적이면서도 보다 확장된 의식을 추구하는 사람들의 소집단이 중심 역할을 하는 인간 사회를 구상했다는 점은 분명하다. 접은 새로운 가치를 추구하는 사람들의 자발성에 기초하고 있다는 측면에서 본다면 이미 형성된 질서 또는 과정에 참여하는 소극적 측면보다는 미형성된 문명 창조라는 적극성이 강조된다.

　인간의 존엄성, 주체성, 우주성을 '사람이 하늘'이라는 집약적 표현으로 내걸면서 시작한 동학은 기존의 전통 관념과 서구 근대성의 가치 체계에 대한 새로운 대안으로 제시되었다. 접은 그러한 정신문명의 실현을 위한 실질적 공동체였다. 접의 구성원들은 새로운 가치관을 공유하는 통일된 의식 공동체였으며, 인간적 온기와 호흡이 통하는 대가족이었으며, 새로운 문명 질서 탄생의 기초단위였다. 접은 전통 동양이 사회의 기초 단위로 삼은 가족보다는 큰 공동체였으며 인간적 감정보다는 '사람이 하늘'이라는 매우 확장된 의식을 추구하였다. 서구 근대사회의 기초 단위인 이익 계산적이며 전투적인 집단이나 계급보다는 소규모인 인간적인 관계가 중시되며 수양(修養)의 성격을 갖는 소공동체였다. 사회의 기초 단위로 접의 의미는 오늘날 우리의 현실에서 시사하는 바가 적지 않다. 통일된 의식적 지향점의 공유, 인간적인 맥박이 숨 쉬는 소공동체, 보편적 우주 의식을 지향하는 수양 중심적인 소공동체인 접이 사회의 저변에 깔려 있는 사회가 동학이 지향하는 사회라고 할 수 있다. 인간 완성과 사회 진보의 기초 토대로서 동학은 접이라고 하는 수양적 생활 공동체를 제시하였다. 물론 지배, 통치, 관리의 권력 논리와 교환, 축적, 분배의 시장 논리에 의하여 지배되고 있는 현대적 삶의 구조에서 동학적 접이 자리할 수 있는 공간은 매우 협소하다. 그러나 이 같은 현대적 삶의 구조를 대신하는 새로운 삶의 양식을 찾을 때 접의 의미는 새롭게 드러날 수 있을 것이다.

2. 조직의 합리화 요청: 포(包)

1880년대에 들면서 동학의 가치관은 경전 간행을 통해 급속히 확산되고 교도들의 숫자도 대폭 증가하였다. 1883년에는 충청도와 경기도 출신 제자들이 대거 입도하며 훗날 동학의 중심 역할을 한다.[9] 이러한 상황에서 해월은 1884년 12월에 육임

---

9 이때 입도한 인물로는 김연국(金演局), 손천민(孫天民), 박연호(朴寅浩), 황하일(黃河一), 서인주(徐仁周), 안교선(安敎善), 여규덕(呂圭德), 김은경(金殷卿), 유경순(劉敬順), 이성모(李聖模), 이일원(李一元), 여규신(呂圭信), 김영식(金榮植), 김상호(金相浩), 안익명(安益明), 윤상오(尹相伍), 옹택규(邕宅奎) 등이 있으며, 이들은 장차 해월을 중심으로 한 동학의 중심 역할을 맡는다. 『동학사(東學史)』, 60쪽, 『천도교회사초고(天道敎會史草稿)』, 『동학사상자료집 1(東學思想資料集 壹)』, 429쪽 참조.

제(六任制)[10]를 설치한다. 그리하여 전문 능력을 갖춘 인재들을 수용하고, 조직적 효율성을 높이면서 대사회적 역할을 강화한다.[11] 다시 말하자면 동학도의 수적 증가에 부응하고 대사회적 기능을 원활하게 하기 위하여 포(包)라고 하는 상위 조직이 설치된 것이다. 포가 동학 조직의 외연적 확장이라는 사실을 쉽게 알 수 있다.

포의 모태가 동학의 기초 조직이라고 할 수 있다는 점이다. 비록 포는 기능적 전문성과 지역적 통일성을 기하기 위하여 형성되었지만 접에 뿌리내리고 있다.[12] 접이라는 소규모의 인맥 중심적 생활 공동체들의 상위 단위로서 지역적 통일성을 기하고 조직의 체계화를 위한 상위 단위인 것이다. 포의 주인은 포주(包主)로도 불리지만 일반적으로 큰접주(大接主)로 불리는 것

---

10 校長은 以質實望厚人으로 教授는 以誠心修道可而傳授人으로 都執은 以有風力明紀綱知經界人으로 執綱은 以明是非可?執紀綱人으로 大正은 以持公平勤厚人으로 中正은 以能直言剛直人으로 定하라 하시다.『천도교창건사』제2편, 34쪽.

11 최동희(崔東熙),「천도교(天道教) 지도정신(指導情神)의 발전과정(發展過程)」,『3·1운동 30주년 기념논집』, 동아일보사, 1969, 87쪽.

12 "包制는 아마 教勢가 急成長하는 1882년에 나타난 것이라고 생각된다. 처음 接主의 주관 아래 은밀하게 潛行的으로 포교되었던 만큼 包主의 수효도 많지 않았고 接主 중심으로 운영되어 왔는데 교세가 약진하자 同一地區에 여러 명의 接主가 생겨서 같은 지구의 교인이 때로는 複數의 接主에 속함으로써 야기되는 接主 상호 간의 분쟁을 방지하고 보다 정연하고 체계있는 조직을 위하여 包, 즉 教區라고 하는 地緣的 紐帶가 대두하였던 것이다. 接主가 包主를 겸하는 경우도 있었지만 시대가 내려올수록 같은 지역 내에 여러 명의 접주가 있게 되어 그중에서 가장 세력이 큰 자가 大接主(都接主)가 되어 包主를 겸하였으며 包主아래 다수의 接主가 있게 되었다." 김용덕(金龍德),「동학군(東學軍)의 조직(組織)에 대하여」,『한국사상(韓國思想)』12, 한국사상연구회, 1974, 240쪽.

은 접의 성격이 아직까지 남아 있음을 보여주는 흔적이다. 이러한 포제는 동학이 대사회적 참여를 진행해가는 1890년대 후반기에 들어서면서 활발하게 형성된다. 포제가 일정한 체계성을 갖춘 것은 1893년 보은집회라고 볼 수 있다. 해월에 의하여 주도된 보은집회는 동학사상이 실질적으로 골격을 갖추는 계기가 되었다.

보은집회에 참석한 숫자에 대해서는 기록에 따라 다르지만 최소치를 잡아도 3만여 명으로 추산된다.[13] 교통을 포함한 여러 가지 사회 여건을 감안할 때 이와 같은 대규모 집회는 매우 생소하고 조선사에 있어서 초유의 일이었다. 집회는 매우 질서정연하며 규율적이었다고 한다.[14] 이를 액면 그대로 믿지 않더라도 당시 집회는 상당 정도 규율성과 체계성을 갖추었다고 보이

---

13 이 무렵 보은 장내에 모인 도인의 수에 대해서는 "3월 11일 해원신사께서 報恩에 이르니 道人會者.數萬人이라."(『천도교창건사』제2편, 55쪽)한 것과 夏 4月 魚允中을 선무사로 하고 洪啓薰을 초토사로 하여 忠淸道와 全羅道의 東學徒를 鎭撫키로 하였는데 이때 東學軍이 報恩에 모인 數를 "是時東匪會報恩者入萬人"이었다고 한 『매천야록(梅泉野錄)』(124쪽)의 기록과 김윤식(金允植)의 『속음청사(續陰晴史)』상권(上券) 261쪽에는 "聚者可二萬七千餘人"(3월 26일자)이라 했는데, 1주일 후 4월 3일자에는 "會者爲七萬餘人"이라는 기록이 있다. 만현(萬炫)과 김윤식은 한결같이 동학도인(東學道人)들을 동배(東匪)라고 매도(罵倒)하는 입장임에도 불구하고 이같이 기록했으니 이 숫자는 과장된 표현이 아니라고 보인다.

14 "各包에는 包旗를 揭하고 道人은 一定한 隊伍를 定하야 幕下에 잇게 하되 出入心告를 하며 誦呪論理를 하는데 萬人의 行動이 一人과 같아야 小計도 紊亂함이 없고 特히 淸潔을 爲主하되 慣例대로 大便이나 唾液과 같은 排泄物은 地下에 묻는 것이 原則이며 衣冠을 整齊하고 行動을 嚴肅히 하며 商賈의 飮食價는 一文一里도 틀림없이 自手로 計算하야 萬一의 遺漏가 없게 하니 보는者 다 威儀와 德風을 稱讚치 안는자 없고 道를 誹謗하는 者도 '東學은 하지마는 行爲는 바르다'는 말이 遠近에 藉藉하엿다." 『천도교창건사』제2편, 55쪽.

며, 이는 포제라고 하는 조직적 합리성이 구현되었다는 의미로 해석할 수 있다. 그리하여 보은집회 이후 해월 최시형을 정점으로 하는 접주〔接〕와 대접주〔包〕[15]제가 비교적 정돈되는 양상을 보였다. 전봉준이 시작한 동학농민혁명도 이와 같은 동학의 포제에 힘입은 바 크다.[16] 수운에 의하여 창도된 새로운 가치관이 접이라고 하는 소규모 생활 공동체에 의하여 구현되고 1890년대에 들면 포에 의하여 동학은 대사회적 역할 또는 운동 단체로서의 면모를 갖추게 되는 것이다. 여기에서 포의 몇 가지 특성을 찾아볼 수 있다.

첫째, 포는 인맥적 공동체인 접과 달리 지역적 체계성과 조직적 합리성이 강조되는 조직이었다고 하는 점이다. 육임제(六任制)와 같은 역할 분담과 기능 전문화를 통하여 접은 이와 같은 요청에 부응하는 형태인 포로 발전하였다. 동학의 조직원이 신분이 아니라 능력에 따라서 임명되었다는 사실은 1891년 해월과 접주들 간의 갈등에서 잘 나타난다. 해월은 문벌과 귀천이 아니라 능력과 자격이 오직 중요하다는 사실을 강조하면서 천민이라는 이유로 동학 간부직을 맡을 수 없다는 주장을 일축하였다. 능력이 역할 분담 체계의 중요한 지표임을 분명히 하였다.

---

15 忠義大接主 孫秉熙, 忠慶大接主 任奎鎬, 淸義大接主 孫天民, 文淸大接主 任貞準, 沃義大接主 朴錫圭, 關東大接主 李元八, 全州大接主 南啓天, 金構大接主 金德明, 井邑大接主 孫和中, 扶安大接主 金洛喆, 泰仁大接主 金箕範(開南), 詩山大接主 金洛三, 扶風大接主 金錫允, 鳳城大接主 金邦瑞, 沃溝大接主 張景化, 完山大接主 徐永道, 尙公大接主 李觀永, 公州大接主 金知澤, 高山大接主 朴致京, 『동학사(東學史)』, 83~84쪽. 『천도교창건사』 제2편, 55쪽.

16 김용덕, 앞의 책, 264쪽.

육임제에서 볼 수 있는 또 하나의 특징은 도덕성의 문제이다. 능력과 도덕성은 역할 분담 체계의 중요한 기준이었다.

둘째, 접이 동학에 입도하는 교육 및 생활에 초점을 두고 있었다면 포는 주로 사회운동과 정치적 역할에 무게가 주어졌다. 실질적으로 1894년 동학농민혁명기에 사회운동에 참여한다는 말로서 포를 일으킨다〔起包〕는 용어가 사용되고 있다. 동학의 사회참여운동은 주로 포주 또는 대접주들의 주도하에 일어났다. 1980년대 동학이 사회참여운동을 전개하는 시기에 각 포들은 자율적으로 행동하였기 때문에 해월 최시형은 조직적 통일성의 부재를 경고하기도 한다. 이를 볼 때 포는 동학의 사회운동 및 정치운동의 기본 단위였음을 알 수 있으며 접포의 자율성 정도를 볼 수 있는 측면도 없지 않다. 그러나 아쉬운 점은 포 조직이 전국적으로 발달하면서 그 상위 단위의 조직적 합리화가 이루어지기 이전인 1894년도에 일본군에 의하여 주도되는 탄압 세력에 의하여 궤멸되었다는 데 있다. 이러한 이유로 동학이 형성하고자 했던 정치적 조직체의 모습이 선명하게 나타나지 못했다. 주체적이고 근대적인 정치적 권력 체계를 형성하려는 동학의 노력은 일본으로 대변되는 서구 근대국가에 의하여 좌절되었다. 그러나 한 가지 추측할 수 있는 것은 포가 그러하듯이 동학의 정치권력 체계도 접이라고 하는 정신적 소공동체에 뿌리내리고 있었을 것이라는 점이다. 여기에서 동학의 민주주의적 성격을 찾을 수 있으며 자치적 성격도 볼 수 있다. 동학의 민주주의가 현대 민주주의의 의회식으로 발전했을지 아니면 다른 방식으로 발전했을지는 역사적 상상력에 맡길 일이다. 손병희에 의하여 이어진 천도교에서 청우당이라고 하는 자생적 정당이 발달되어 분단을 반대하고 통일을 끝까지 주장하였다는 사실은 시사하는 바가 크다.

셋째, 포는 자율적 조직체였으나 '용담연원(龍潭淵源)'이라고 하는 정신적 구심성에 연결된 소통 그물망이었다. 포는 '구심보다 다중심적, 다차원적, 확산적인 원심력이 지배적인 소통 시스템'[17]으로 볼 수 있으나 동시에 용담연원이라고 하는 정신적 구심성에 연결된 네트워크였다. 물론 여기에서 용담은 수운이 하늘님을 체험하는 경주 가정리라는 지리적 위치로 볼 수도 있지만, 수운의 '하늘님 체험'을 상징하는 정신적 중심 또는 구심성을 의미하는 것으로 보아야 할 것이다. 달리 말하자면 수운에 의하여 자각된 새로운 가치, 새로운 인간, 새로운 사회에 대한 종합적 근원점 또는 기원점으로 이해된다. 그러므로 해월 최시형은 용담연원을 생명의 원천으로 보아, "용담연원을 떠나서는 오직 죽음만이 있을 것"이라고 경고한다.[18] 포는 기능상 조직적 합리성과 자율성에 의하여 움직이지만 보다 근본적 지향점은 '사람이 하늘이라'는 수운의 '시천주(侍天主)' 가치라는 사실이다. 1894년 동학농민혁명의 실패 원인에는 여러 가지가

---

17 김지하, 앞의 책, 42쪽.

18 "봄에 솔가지를 찍어 두었다가 여름에 장마를 지내고 보면 잎은 다 떨어지고 줄기만 남나니 이때를 당하여 도인의 마음이 변하는 자는 솔잎이 장마를 지낸 뒤에 떨어지는 것과 같은 것이요. 오직 진실한 마음으로 한울님을 믿으며 세상 풍조에 휩쓸리지 않는 자는 솔가지가 그대로 있음과 같으니라." 천도교중앙총부, 『천도교 백년약사(天道敎百年略史)』, 미래문화사, 1981, 248쪽.

있겠지만 '용담연원'이라는 정신적 구심성의 약화를 들 수 있다. 정신적 구심성의 약화는 포들 간의 부적절한 의사소통망, 포의 방만한 자율성과 정치적 단위에서의 조직화 미비 등과 같은 원인들과 함께 동학혁명 실패의 중요한 요인이 되었다. '사람이 하늘이라'는 보편 가치의 통일성과 구심성에 입각할 때에야 비로소 포가 존재 의미를 갖는다는 점에서 동학은 도덕적 성당성을 중시하며 강한 정신문명을 지향하였음을 알 수 있다.

포는 근대적 덕목인 능력에 기반한 조직체라는 사실을 알 수 있으며, 주로 대사회적 활동 조직으로서 동학의 사회운동과 정치운동의 기본 단위였다. 단기간에 동학이 급속하게 사회운동의 전면에 나설 수 있었던 것은 중간 간부라고 할 수 있는 포들의 성장에 힘입은 바 크다. 이 같은 포는 저변에 접이라고 하는 기초 조직을 바탕으로 하고 있었기 때문에 자율성과 규율성이 있었다. 그러나 해월을 정점으로 하는 조직적 체계화가 완비되기 이전에 포주들에 의한 사회운동의 확산과 정치운동으로의 비약은 조직적 구심성을 약화시키는 요인으로 작용하였다. 여기에서 해월은, 동학은 '용담연원'이라는 정신적 구심성에 의하여 통일되어야 한다는 점을 강조한다. 이는 포의 정신적 네트워크의 성격을 보여주는 측면이다. 동학 조직의 발전이 포의 단계에서 멈추고 국가 체제 구상으로까지 발전하지 못한 것은 하나의 아쉬움이다.

맺음말

 접포제(接包制)는 네트워크적 자치의 원리에 의하여 움직였다고 볼 수 있다. 개인이 인격을 가지듯 접이나 포도 각각의 조직적 성격을 갖고 있었다. 다양한 개인들이 각각의 성격에 따라서 격을 가지듯 접포도 시간, 공간, 구성원에 따라서 독특한 성격을 가질 수밖에 없을 것이며, 따라서 자율권과 자치권은 필수적이라 할 수 있다. 그러나 이러한 자치적 성격과 어찌 보면 모순되는 듯한 보편적 원리에 의한 통제라는 측면이 접포제에는 내재하고 있다. 동학의 자치를 네트워크적 맥락에서 보아야 한다는 이유가 여기에 있다. 네트워크적 자치라는 개념은 모순적 개념의 얼버무림으로 들릴 수 있으나 이는 동학의 인간관에서 보아도 매우 분명하다. 동학에서 보는 인간이 하늘님 또는 보편적 영성을 모신 존재이듯이 접과 포도 용담연원으로 상징되는 동학적 합리주의 또는 시천주적 가치를 모신 조직격이라는 사실이다. 현대적 용어로 풀어본다면 지역적 특수성에 따른 자율성을 가지나 우주적 보편성의 맥락의 통제를 받는 자치라고 할 수 있겠다. 자치의 근거는 존재의 다양성에 있으나 자치의 목적은 보편적 통일성을 실현하는 데 있다. 현실적 다양성의 토양에서 이념적 통일성을 구현하고자 하는 정신문명 지향성을 보여준다.
 시천주(侍天主)[19] 개념에서 잘 나타나듯이 동학에서 보는 개

---

19 자세한 분석은 필자의 졸저 참고. 오문환, 『해월의 사상과 뜻: 사람이 하늘이다』, 솔, 1996.

인과 우주 또는 인간과 신은 고립적·독립적 개체일 수 없다. 독립된 개체가 아니기 때문에 완전 자치는 불가능하다. 물론 하나의 중심에 의한 완전 통치도 불가능하다. 개체에 의한 완전 자치와 전체에 의한 완전 통치는 동학의 철학 구조에서 본다면 환상적 추상화에 불과하다. 개체의 자치와 전체의 통치 사이의 변증법적 관계만이 있을 뿐이다. 동학이 자치적 인간을 신뢰하였다는 의미는 동학 사상의 맥락에서 이해할 필요가 있다. 동학에서 인간에 대한 신뢰는 욕망, 감정, 이성에 대한 신뢰가 아니라 인간의 영성 또는 하늘성에 대한 신뢰이다. 동학을 신인간주의(네오 휴머니즘)로 평가하는 근거도 여기에 있다. 즉, 동학은 인간의 영적 지평 또는 하늘님적 차원을 열어 보이면서 구체적 현실로 실현하려고 하였다. 이러한 맥락에서 본다면 동학이 추구하는 자치의 정점은 이른바 하늘님의 통치를 받음으로써 완성된다고 볼 수 있다. 물론 여기에서 하늘님이란 외부의 어떤 절대적 존재를 의미하지 않으며 모든 존재들 내면의 가장 깊숙한 곳까지 침투하는 보편 법칙 또는 '도(道)'로 말할 수 있겠다. 그러나 동학 조직이 포 단계에서 멈추어버린 것은 자치 원리에 의한 사회 구성은 보여주었으나 통치 원리에 의한 권력 구조 형성을 보여주지는 못하였기 때문이다.

  현재 민주주의의 위기는 자치 가치와 영역보다 통치 논리와 구조의 우월성에 있다. 국민국가라고 하는 효율적 통치 구조는 자치 개념에 의거한 선거와 투표를 요식적 절차로 전락시켰으며 자치 원리에 의하여 형성된 의회를 통과 절차의 장으로 만들었다. 뿐만 아니라 이와 같은 제도적 장치 이외의 자치 가치의 실현을 왜소화·축소화시켰다. 데카르트가 찾아낸 생각하는 자아가 홉스가 발견한 양도불가의 절대권을 가진 리바이어던(Leviathan)에게 자신의 모든 것을 위탁하면서 이 같은 자치의 위기는 이미 예견되었다고 할 수 있다. 뿐만 아니라 인간성과 도덕성으로부터 독립한 합리성과 효율성이 지배 가치로 채택되면서 동학에서 보이는 도덕성과 인간성 실현을 위한 소공동체인 접 같은 조직체는 근대 정치의 장에서 사라졌거나 박물관의 전시품으로 남아 있을 뿐이다. 근대 초기 로크 같은 사상가는 개인들의 자발성에 기초한 조직의 중요성을 강조하고 시민사회의 기본 특성을 중시한다. 시민사회의 구성원들은 도덕적 목적에 공감하며, 합리적으로 계약을 체결하여, 이를 공공적 무대에 등장시켜 정치성을 부여하려고 하였다.[20] 건강한 시민사회는 구성원들이 공감할 수 있는 도덕적 목적이 제시되어야 하며, 나아가 정치적 무대에 등장시킬 수 있어야 한다는 것이다. 이 같은 맥락에서 본다면 동학의 접포제는 19세기 한국민이 찾아낸 자주적 민주주의 사상이었다고 평가할 수 있다. 그러나 동학은 로크적 민주주의로는 갈 수 없는 또 다른 인간 사회를 그리고 있다. 그것은 이성적 인간이 아닌 하늘적 인간을 향한 수양적 생활 공동체가 중심이 된 사회이다. 그 사회는 합리적 계산에 따른 계약에 의하여 형성된 것이 아니라 보다 근원적인 영적 통일성에 기반하여 형성되었다. 그러한 사회는 특정 지역이나 민족

---

[20] Zbigniew, Rau, "Some thoughts on civil society in Eastern Europe and the Lockean contractulian approach," *Political Studies* 35, pp. 582~583.

에 국한된 국가 형성을 통하여 통치 구조로 자리 잡는 것이 아니라 모든 지역과 민족에게 공통적인 도덕적 사회 또는 보편적 정신문명의 성격을 갖는다고 하겠다.

의약분업의 정책 결정 과정과 대화의 과제[1]

차흥봉

보건복지부장관(1999~2000) 역임, 한림대 사회복지학과 명예교수, 현재 세계노년학회 회장. 저서로 『의약분업 정책과정(아산재단 연구총서 제205집)』(집문당, 2006), 공저로 『고령화 사회의 장기요양보호』(소화, 2000) 등이 있다.

머리말

2000년 7월 1일, 우리나라에서 역사상 처음으로 의약분업이 실시되었다. 19세기 말 서양 의료가 도입된 이래 끊임없이 이야기되어오던 의약분업을 21세기 초에 와서 드디어 실시하게 된 것이다.

의약분업은 수천 년 이어온 의료 이용 관행을 바꾸는 일종의 문화혁명이었다. 정부, 정치권, 이해관계 집단 간에 수십 년에 걸쳐 협의하고 사회적 합의까지 걸쳐 실시되었는데도 불구하고 막상 시행하는 과정에서는 엄청난 진통이 뒤따랐다. 보건의료 체계가 무너질 것만 같은 의료 대란도 경험하였다. 건강보험 재정 위기라는 커다란 충격도 경험하였다.

의약분업을 실시한 지 3년이 지난 지금, 이 정책에 대하여 차분하게 생각하고 정리해볼 때가 되었다.

의약분업은 왜 추진하였는가? 그 정책 목표는 무엇이었는가? 이 정책을 결정하고 추진하는 과정에서 정부와 정치권은 무엇을 생각하였으며 어떻게 행동하였는가? 의약분업과 관련된 이해관계 집단은 어떠한 입장을 가지고 있었으며 어떻게 행동하였는가? 정책의 목적과 명분, 정책 시행 과정의 현실과 문제들을 비교하면서 앞으로 우리가 무엇을 추구할 것이며 문제를 어떻게 해결해야 할 것인지 깊이 생각해볼 때가 되었다.

---

1 이 글은 『삶의 정치, 소통의 정치』(김홍우 외 8인 지음, 대화출판사, 2003, 287~313쪽)에 실린 글을 재수록한 것이다.(편집자주)

의약분업의 정책 목표

의약분업은 의사가 진단·처방하고 약사가 의사의 처방에 의하여 조제·투약하는 것을 말한다. 처방(處方)이란 의사가 환자를 진단하고 그 치료를 위하여 의약품의 성분, 수량 등을 결정하는 행위를 말하며, 조제(調劑)란 환자의 치료를 위하여 약사가 의약품을 혼합하여 제조하는 행위를 말한다.

이와 같은 의사와 약사 간의 전문적 직능 수행에 의한 의약분업은 서양 선진국에서는 13세기부터 시작하여 오랜 역사적 관행으로 되어왔기 때문에 '의약분업'이란 용어조차 없을 정도로 당연시되어왔다.

그런데 우리나라에서는 전통적인 한의학(韓醫學)이 의약 통합 형태로 발달되어왔고 국민들도 진단과 조제가 함께 이루어지는 전통적 의료 체계를 이용하며 살아왔다. 19세기 말 서양 의학과 서양 의료 체계가 도입된 이후에도 서양식 의약분업은 실시되지 못하였다. 그 결과 양방 의료 체계에서도 의사가 약을 조제하고 약사가 비처방 조제하는 것이 관행으로 되어왔다.

의약분업은 이와 같은 전통적 관행을 바꾸어 의사와 약사가 본래의 전문적 직능을 수행하도록 하자는 것이다.

의약분업은 의사와 약사가 전문적 직능을 수행함으로써 국민들에게 보다 나은 의료 서비스를 제공하도록 하여 국민 건강의 증진에 기여하고, 의약품의 사용을 절제하여 국민 의료비를 줄여보도록 하자는 것이 정책 목표이다. 이를 구체적으로 살펴보면 다음과 같다.

첫째, 약의 안전성을 확보하고 의약품의 오·남용을 방지하여 국민 건강에 이바지하고자 하는 것이 제일의 정책 목표이다.

서양의 의료 전문가들에게 물어보면 의약분업은 약을 안전하게 사용하도록 하는 것이라고 대답한다. 약을 안전하게 사용하고 의약학적 타당성에 근거하여 꼭 필요한 만큼 사용하는 것은 대원칙이다. 그런데 의약품은 오·남용되기 쉽다. 의약품의 오용(erroneous use)은 약을 잘못 사용하는 것으로서 조제의 비전문인인 의사가 조제하고, 진단·처방의 비전문인인 약사가 의사의 처방 없이 임의로 조제할 때 생길 수 있는 일이다.

의약품의 남용(drug abuse)은 습관적으로 약을 복용하거나 필요 이상의 용량을 복용하는 것으로서 의약품의 사용에 따른 이윤 동기가 작용하는 경우, 의약품을 쉽게 구입할 수 있는 경우, 의약품을 임의로 투약할 수 있는 경우에 생길 수 있는 것이다.

그런데 우리나라에서는 의약분업이 실시되지 않아 의약품의 오·남용이 심한 것으로 평가되어왔다. 그동안 마약 등 일부 의약품을 제외하고는 국민들이 자유롭게 의약품을 구입할 수 있었다. 전문적 진단에 의한 약의 안전적 사용이란 원칙에 큰 허점이 있었다. 의사와 약사도 약값 마진 등 경제적 이윤 동기나 환자 유치 차원에서 의약품을 과다하게 사용하는 경향이 있었다.

이렇게 의약품을 오·남용할 경우 질병을 발생시키는 균에 대한 환자의 내성(耐性)이 증가하고, 그 결과 국민 건강에는 나쁜 영향을 미친다. 1997년 한 국제 심포지엄의 발표 자료에 의하면 우리나라의 페니실린 내성률은 세계 최고 수준인 것으로 밝혀지고 있다.

의약분업의 정책 목표는 이와 같은 폐해가 있는 의약품 오·남용을 방지하고, 약의 안전성을 확보하여 국민 건강에 이바지하자는 것이다.

 둘째, 의약분업으로 국민 의료비의 절감을 도모하는 것이 정책 목표이다.

 의약분업은 의약품의 필요(needs)와 사용(utilization)을 일치시킴으로써 과잉 투약을 방지하고 불필요한 의약품의 소비를 줄이는 것을 목표로 하고 있다. 의약품의 오·남용으로 환자의 내성이 증가할 경우 같은 효과를 얻기 위하여 더 많은 의약품을 투여하거나 고가의 다른 의약품을 투여하게 되는 것을 막아보자는 것도 목표이다.

 이와 같이 의약분업으로 약의 사용이 절제될 때 약제비를 절감할 수 있으며, 장기적으로 의약품 오·남용의 축소로 국민 의료비의 절감을 가져오게 된다.

 의약분업이 실시되지 않았던 우리나라는 의약분업이 실시된 선진국에 비하여 국민 의료비 중 약제비의 비중이 상대적으로 크게 높았다. 의약분업의 정책 목표는 이처럼 높은 약제비의 비중을 줄여보자는 것이다.

 셋째, 의약분업의 실시로 환자의 알 권리를 보장하고 의료 서비스의 수준을 향상시키자는 것이 정책 목표이다.

 의약분업이 실시될 경우 의사의 처방전이 공개되어 환자의 알 권리가 확보된다. 이 처방전에 따라 약사가 조제·투약할 때 환자에 대한 복약 지도가 필수적으로 뒤따른다. 또 의사의 처방과 약사의 조제로 상호 보완과 이중 점검이 가능하여 의약품을 보다 합리적으로 사용할 수 있다. 의약품에 대하여 이처럼 국민이 알고 복약 지도를 받으며 합리적으로 사용할 때 양질의 의료 서비스를 기대할 수 있는 것이다.

의약분업의 영향과 관련 쟁점

의료란 인간의 건강을 위한 전문적 서비스이다. 인간 유기체가 복잡하게 구성되어 있듯이 건강을 위한 의료 서비스 체계도 복잡하게 되어 있다. 의약분업은 이 복잡한 의료 체계의 핵심에 해당되는 의약품의 사용 체계에 변화를 가져오는 것이므로 기존의 의료 체계에 큰 영향을 미치는 것은 당연하다.

우선 첫째로 의료 서비스의 수요자인 국민의 입장에서 보면 의료 이용 형태의 변화를 가져온다. 의약품 사용 체계가 바뀜으로써 종전에 약국에서 쉽게 의약품을 구입하던 것이 어려워지고 병원과 약국을 왔다 갔다 해야 하는 불편이 따르게 된다.

둘째, 의료 서비스의 공급자인 의료 기관과 약국에는 경제적인 이해관계에 큰 영향을 미친다. 의료 기관의 경우 약 취급이 제한됨으로써 기존의 의약품 마진과 약 사용으로 인한 수입이 감소한다. 약국의 경우 임의 조제 환자가 줄어들면 그만큼 수입이 감소한다. 그리고 환자의 의료 이용 형태가 변화함으로써 의료 전달 체계에도 변화가 생긴다. 동네 의원과 종합병원, 동네 약국과 병원 문전 약국 등 의료 기관, 약국 간의 환자 이동 형태가 변하며 이는 곧 수입의 증감을 가져오는 요인이 된다.

셋째, 의약분업은 의사와 약사 등 의료 서비스 공급자의 권위와 권력 관계에 영향을 미친다. 의료 서비스는 전문적 지식을 필요로 하기 때문에 공급자 독점적 특성을 지니고 있다. 따라서 이와 같은 전문적 지식을 바탕으로 하는 공급자의 서비스 행위에는 권위가 따르게 되어 있고 의료 체계 내에서 의사와 약사 등 전문가가 권력을 행사하게 되어 있는 것이다. 의료인의 전문적 지배(professional sovereignty) 관계는 이렇게 해서 형성되는 것이다. 의약분업은 의약품의 사용 결정과 투약 과정에서 전문적 직능을 누가 어떻게 행사하느냐에 영향을 미침으로써 이와 같은 전문적 지배 관계에 결정적 변화를 초래하는 것이다. 의사와 약사의 입장에서 보면 의약분업은 경제적 이해관계에도 영향을 미치고 이와 같은 전문적 지배 관계에도 직접적으로 영향을 미치는 중요한 문제이다.

넷째, 의약품을 제조하거나 취급하는 사업자 입장에서는 의약분업의 실시로 의약품의 사용량에 변화가 생길 경우 경영 수지에 영향을 받으며, 의약분업 실시로 의약품 가격에 변화가 생길 경우 역시 사업에 영향을 받는다. 그동안 국내 제약 회사는 대부분 신제품(신약) 개발보다 복제품(카피 의약품) 생산에 치중해왔기 때문에 의약분업의 실시로 품질 및 치료 효과가 약을 사용하는 기본적 기준이 되면 품질 경쟁을 하지 않을 수 없는 부담을 갖게 된다. 의약품의 유통업계도 의료 기관 중심의 의약품 공급 체계를 바꾸어 약국에 대한 공급 체계를 갖추어야 한다.

다섯째, 의약분업은 건강보험(의료보험)의 재정에 영향을 가져온다. 의약분업을 실시할 경우 보험 가입자인 국민의 의료 이용 형태가 변화하며 보험 급여의 형태와 내용에 변화를 초래한다. 의료 기관과 약국을 이중으로 이용해야 하는 경우가 늘어남으로써 종래 약국에서 쉽게 약을 구입하면서 본인의 주머닛돈에서 부담하던 의료비가 병원-약국 이용 형태로 변하여 건강보험의 보험 재정으로 전가된다. 의약분업의 실시로 건강보험의 추가 재정 소요가 생기면 그만큼 국민 부담이 증가한다.

이와 같은 의약분업의 영향과 현실적 이해관계의 변화는 관련 당사자들이 이 정책에 대하여 민감하게 반응하도록 만드는 배경과 요인이 되는 것이다.

의약분업의 정책 목적과 의약분업 실시의 대의명분에 대하여 모두 찬성하면서도 막상 의약분업을 실시한다고 할 때 찬성과 반대가 나뉘기도 하고, 적극적 입장과 소극적 입장으로 나뉘기도 하는 것은 이러한 배경과 요인이 작용하기 때문이다.

의약분업을 실시할 것인가 말 것인가 하는 원칙 문제에 대해서도 그러하고, 실시할 경우 어떠한 형태의 의약분업 시행 방안(의약분업의 실시 모형)을 채택할 것인가에 대하여 관련 당사자들이 민감하게 반응하는 것도 이 때문이다.

의약분업의 실시 모형 중에서 관심의 대상이 되어온 핵심적 쟁점은 다음과 같은 것들이다.

① 의약분업은 약사의 임의조제를 금지하도록 하는 것이다. 그런데 그동안 오랜 관행이 되어온 약국의 임의조제가 근절될 것인가? 어떻게 금지할 것인가? 약의 조제와 판매를 어떻게 구분할 것인가?

② 의사의 처방에 의하여 조제할 수 있는 전문 의약품과 그 대상이 아닌 일반 의약품을 어떻게 구분할 것인가? 우리나라에는 이제까지 약 2만 8천 종의 의약품이 있어왔는데 처방 의약품과 비처방 의약품의 구분이 없었다. 그런데 그것을 어떻게 나눌 것이며 그 비율을 어떻게 할 것인가?

③ 우리나라에서 많이 사용하는 주사제를 의약분업의 대상에 포함시킬 것인가? 포함시킬 경우 예외를 어느 정도 인정할 것인가?

④ 의약품의 처방을 일반명(성분명)으로 할 것인가, 상품명으로 할 것인가? 상품명으로 할 경우 의사의 처방에 대하여 약사의 대체조제를 허용할 것인가? 허용할 경우 어느 정도까지, 어떤 형태로 인정할 것인가?

⑤ 의약분업의 예외 지역을 어디까지로 할 것인가? 병원이나 약국이 없는 지역은 어떻게 할 것인가?

⑥ 의약분업을 실시하는 대상 의료 기관을 어느 범위까지 할 것인가? 종합병원, 병원, 보건소, 보건지소 등을 포함시킬 것인가? 기관 내 약사를 고용하고 있는 종합병원 등은 제외할 것인가?

⑦ 의약분업의 예외 환자 범위를 어느 정도까지 할 것인가? 의약분업으로 불편이 심한 노인, 장애인, 아동 등을 대상에서 제외할 것인가?

이상과 같은 문제들은 지난 2000년 우리나라에서 의약분업의 실시를 준비할 때 제기되었던 중요한 쟁점이었다.

의약분업의 정책 결정 과정

 의약분업의 실시 자체와 그 실시 모형이 미치는 영향과 이해 관계의 변화 때문에 이 정책의 결정 과정은 길고도 긴 우여곡절을 겪어왔다.
 19세기 말 우리나라에 서양 의료 체계가 도입될 때 서양식 의약분업을 하자는 논의가 있었다고 하나 그 당시에는 의사와 약사가 많지 않았기 때문에 전국적으로 의약분업을 실시하는 것은 상상도 할 수 없었을 것이다.
 20세기 초 일제 강점기에는 일본이 의약분업을 실시하지 않았기 때문에 우리나라에서도 의약분업은 실시되지 않았다. 영국이나 스페인 등 유럽 국가의 식민지였던 인도, 필리핀 등의 나라에서 19세기 말에 의약분업이 실시된 것과는 차이가 있는 것이다.
 우리나라에서 의약분업의 실시에 대하여 논의한 것은 1960년대 이후 지난 40년 동안이다.
 의약분업에 대한 최초의 정책 결정은 제3공화국 시절에 이루어졌다. 1963년에 약사법을 개정할 때 처음으로 의약분업의 실시 원칙을 정하고 법률로 규정하였던 것이다. '약은 약사가 조제한다'는 것이 약사법에 규정된 최초의 원칙이다. 그러나 이와 같은 원칙 규정에도 불구하고 그 당시까지만 해도 전국적으로 무의면이 상당수에 이르는 등 병·의원과 약국의 분포가 고르지 않아 의약분업을 실시할 수 없었다.
 이어서 1965년에는 국회 보건사회위원회의 권유로 의약분업의 추진을 위한 위원회를 구성하고 의약분업의 실시를 처음 시도하였다. 그러나 이때 오히려 약사법의 원칙을 개정하여 의사의 직접 조제를 허용하는 예외 규정("다만 의사가 환자의 치료에 필요하다고 판단할 경우 의약품을 조제할 수 있다")을 둠으로써 의약분업의 시행을 유보하였다. 그다음 1969년에도 국회에서 의약분업의 추진을 위한 법 개정을 시도하였으나 마찬가지로 무산되었다.

정부에서 의약분업의 실시를 본격적으로 검토한 것은 1980년대부터이다. 1977년 의료보험이 실시되면서 의약분업을 의료보험제도와 관련하여 실시할 수 있는 여건이 마련되었기 때문이다. 제5공화국 시절인 1982년 지역의료보험의 시범 사업을 계기로 정부에서는 의약분업을 추진하기 위한 시범 사업을 실시하였다. 도시 지역 의료보험 시범사업 지역인 목포시를 그 대상 지역으로 정하였다. 당시에는 약사 단체가 적극적으로 행동하였다. 강제 의약분업을 촉구하며 전국의 약국이 문을 닫는 파업을 단행하여 정부를 압박하기도 하였다. 반면에 의사 단체는 소극적인 편이었으며, 강제 의약분업을 반대하였다. 그래서 처음에는 임의 분업 형태의 시범 사업으로 시작하여 1984년에는 의약계 간의 계약 방식에 의한 강제 분업도 실시해보았다. 그러나 1985년 의약계 간의 계약 연장이 실패로 끝남으로써 3년간의 시범 사업도 성공을 거두지 못하고 종결되었다. 이해관계가 첨예하게 대립되는 정책은 시범 사업 중에도 이해관계 집단이 자기 집단에 유리한 방향으로 작용을 하거나 사업 자체를 무산시키는 방향으로 작용한다는 교훈을 남기고 이 사업도 끝나게 되었다.

제6공화국 시절인 1989년 전국민 의료보험의 실시를 계기로 정부에서는 다시 의약분업을 추진하기로 하였다. 1988년 보건복지부에 설치한 '국민의료정책심의위원회'가 주관이 되고 의사와 약사 등 관련 이해관계 집단의 대표가 참여하여 3단계의 의약분업 시행 방안까지 마련하였다. 1단계에서는 의료보험에서 의약분업에 의한 처방·조제만을 보험 급여로 인정하는 임의분업을 실시하고, 마지막 단계에서 주사제를 포함하는 전문 의약품까지 완전 강제 의약분업을 실시하자는 것이었다.

그러나 이 당시에도 입법 과정에서 의사, 약사 단체 사이의 합의가 폐기됨에 따라 의약분업을 실시하지 못했다. 그 대신 1988년 7월부터 약국의 전문 의약품 조제를 보험 급여에 포함하는 약국의료보험제도를 도입하는 것으로 막을 내렸다.

2000년에 실시한 의약분업은 1994년에 정책적으로 결정되었다. 김영삼 정부 시절인 1993년 한약분쟁(韓藥紛爭)을 계기로 이 분쟁을 해결하는 과정에서 의사와 약사 간의 전문적 직능 분업을 제도화하는 의약분업을 실시하기로 방침을 결정하였던 것이다. 이 방침은 1994년 1월 약사법 개정으로 구체화되었다. 그러나 이때 법률은 그 이후 의약분업의 시행 방안을 마련하여 3~5년 사이(1997년 7월~1999년 5월 사이)에 대통령령이 정하는 날부터 의약분업을 실시한다고 규정하였다. 실시 원칙은 법률로 규정하고 실시 시기는 시한을 못 박아 정부에서 정하도록 한 것이다.

이 약사법 규정에 따라 김영삼 정부에서는 국무총리 자문기구로 '의료개혁위원회'를 설치하고 의약분업의 시행 방안을 협의하였다. 물론 이 위원회에도 의사, 약사 등의 이해관계 집단 대표와 전문가, 공익대표 등 관련자들이 모두 참여하였다.

이 위원회는 1997년 12월에 의약품 분류 방식에 의한 단계별 의약분업의 실시 모형을 건의하였다. 1단계에서는 항생제 등 제한적 전문 의약품에 대한 강제 의약분업을 실시하고, 2단계에서 주사제를 포함하고, 3단계에서 모든 전문 의약품에 대하여 의약분업을 실시하는 방안이다. 이 3단계의 시행 방안도 의사와 약사 사이에 최종 합의를 얻지 못하여 결국 시행하지 못하고 다음 정권으로 그 과제를 넘기게 되었다. 1994년 약사법에서 정한 5년의 준비 기간 중 4년을 넘긴 시점이었다.

1998년 김대중 정부에서도 의약분업은 계속 추진하기로 하였다. 그해 5월 의약계, 소비자 단체, 언론계 등 공익대표 등으로 '의약분업추진협의회'를 구성하여 의약분업의 시행 방안을 다시 협의하였다. 그 결과 그해 8월 이 협의회에서는 의약분업을 실시한다는 원칙에 대하여 재합의하고 그 실시 시기를 법률이 정한 마지막 시한인 1999년 7월 1일로 정하였다. 그리고 의약분업의 시행 방안으로 주사제를 제외한 모든 전문 의약품을 의약분업의 대상으로 하고, 모든 외래 환자에 대한 원외 처방을 의무화하되 병원급 이상의 의료 기관은 환자가 원내 조제 또는 외부 조제를 선택할 수 있도록 하였다. 또 처방 방식은 일반명 또는 상품명을 의사가 선택할 수 있도록 하되, 상품명으로 처방할 경우 의사의 동의를 받아 대체조제도 할 수 있도록 하였다.

그러나 이 의약분업추진협의회의 합의 사항도 바로 시행 단계로 들어가지 못하였다. 1998년 11월 의사협회, 병원협회, 약사회가 각각 회원들의 반발 등을 이유로 국회에 연기 청원을 제출하였기 때문이다.

그래서 그 이듬해 국회에서 의약분업의 연기 청원을 심의하는 과정에서 관련 이해관계 집단의 입장을 조정하는 작업을 진행하였다. 이 과정에서 1999년 3월 2일 의사협의회와 약사회는 의약분업의 시행 시기를 1년 간 연기하여 2000년 7월에 실시하되, 1999년 5월까지 시민·사회단체와 함께 새로운 의약분업의 실시 모형을 만들기로 하고, 만약 실패할 경우 1998년 의약분업추진협의회의 시행 방안대로 의약분업을 실시하기로 합의하였다. 국회에서는 이 합의 및 건의를 받아들여 의원 입법으로 의약분업을 1년 연기하여 2000년 7월 1일부터 실시하기로 하고 약사법을 개정하였다. 이 법률은 1999년 3월 31일 공포되었다.

이 3·2합의에 따라 경실련, 참여연대, 녹색소비자연대, 한국소비자연맹 등 시민·사회단체에서는 1999년 3월 30일 '의약분업 실시를 위한 시민대책위원회'를 구성하고 의료계와 약계의 대표가 참여한 가운데 여섯 차례의 공개토론과 공청회를 개최하였다. 이와 같은 과정을 거쳐 1999년 5월 10일 의사 대표, 약사 대표, 시민·사회단체 대표가 참석한 자리에서 의약분업의 실시 모형을 최종 합의하고 함께 서명을 하였다. 그리고 이 합의안을 정부에 제출하고 그대로 시행해줄 것을 건의하였다. 이것이 '5·10 합의'이다.

이 5·10 합의에 의한 의약분업의 실시 모형 중 주요 사항은 다음과 같다.

5·10 의약분업의 실시 모형

대상 기관

모든 의료기관(보건소와 보건지소 포함).

대상

의약품 주사제를 포함한 전문 의약품. 단, 특수한 주사제 제외.

처방전 발행 방식

상품명 또는 일반명으로 처방.

상품명 처방도 필요한 경우 동일 성분·함량·제형의 의약품으로 대체조제를 허용하되, 환자에게 사전에 알리고 의사에게 추후 통보.

의약품 분류

전문 의약품 및 일반 의약품의 분류는 국민회의 조정안을 바탕으로 하되, 3년마다 전면 재분류.

일반 의약품 투약 방식

약사의 일반 의약품 개봉판매 금지. 단 성분명·함량 및 제조회사가 기재된 PTP 및 Foil은 포장으로 인정.

관련 제도 개선

의약분업의 실시 준비 및 점검을 위해 의약분업추진위원회 구성. 의료보험수가 제도 보완.

이 5·10 합의는 의약분업의 정책 결정 및 추진 과정에서 매우 중요한 의미를 지니는 것이다.

1963년 약사법 제정 당시 의약분업 실시의 대원칙을 법으로 정한 후에 이 정책을 시행하지 못한 것은 그 시행 방안에 대하여 사회적 합의를 보지 못했기 때문이다. 의약분업을 하는 것이 좋다는 명분에 대해서는 거의 모든 사람들이 동의해왔음에도 불구하고 이를 시행하지 못한 것은 당사자들 사이에 그 실시 모형에 대하여 합의를 보지 못했기 때문이다. 그런데 5·10 합의는 그 틀을 마련한 것이었다. 의약분업의 주요 당사자인 의료계의 대표와 약계의 대표 간에 의약분업의 실시 원칙과 그 시행 방안의 주요 내용에 대하여 합의가 이루어진 것이다. 더욱이 국민을 대표하는 국회가 약사법을 개정하여 그 시행 시기를 1년 연기하면서까지 양 당사자의 합의가 이루어지기를 기다렸고, 국민의 여론을 반영하는 시민·사회단체가 주선하여 합의에까지 이르렀다. 이 정도면 사회적 합의라고 보아야 할 것이다. 그러므로 이 합의는 역사적 의의를 지니는 것이다. 이와 같은 합의가 없었다면 그 이후의 의약분업 정책은 추진할 수 없었을 것이다. 의약분업은 의사와 약사 등 당사자가 참여하지 않으면 시행하기 어려운 제도이기 때문이다.

의약분업의 추진 과정

1. 의약분업의 실시 준비

5·10 합의와 건의를 토대로 보건복지부에서는 1999년 6월 의사단체 대표, 약사단체 대표, 시민·사회단체 대표, 공익 대표

등으로 '의약분업실행위원회'를 구성하고 의약분업의 실시 준비에 본격 착수하였다. 법률이 규정한 대로 2000년 7월 1일 시행을 목표로 마지막 1년간의 준비를 시작한 것이다.

우선 원칙 사항만 합의한 의약분업의 실시 모형을 보다 구체화하기 위하여 세부 시행 방안을 만들 필요가 있었다. 이 실행위원회에서 11차례의 분과위원회와 2차례의 전체 회의를 통하여 세부 시행 방안을 토의하였으며, 1999년 9월 17일 그 방안을 확정하였다.

그리고 이어 1999년 11월 보건복지부 내에 '의약분업추진본부'를 설치하고 의약분업 실시를 위한 준비 체제를 갖추었으며, 2000년 1월 12일에는 실행위원회에서 확정된 세부 시행 방안을 반영하는 약사법을 개정하여 법률적 준비를 마무리하였다. 그 이외에도 의약분업의 실시를 위하여 다음과 같은 제반 행정적 준비도 완료하였다.

① 의약분업 실시를 위한 시행령, 시행규칙 및 각종 규정 제정
② 의약분업의 예외 지역 조사, 지정, 고시
③ 의약분업의 예외 의약품 조사, 지정, 공고
④ 전문 의약품과 일반 의약품의 분류와 재분류, 고시
⑤ 생물학적 동등성 시험 및 비교용출 시험 등 약효 동등성 입증 시험 실시
⑥ 의약분업 실시를 위한 의약품 실거래가 보상제 실시
⑦ 의약분업 실시에 따른 재정 추계와 추가 소요재정 판단
⑧ 의약분업 실시에 따른 처방·조제료 조정 등의 의료보험 수가 조정

⑨ 약국의 의약품 준비 독려와 의약품 신속 배달을 위한 배송센터 지정
　⑩ 의약분업 실시에 따른 각종 양식 제정
　⑪ 의약분업에 대한 국민 홍보
　⑫ 의약분업 업무 관련 중앙·지방 공무원 교육
　⑬ 의약분업 준비 상황 점검을 위한 모의 테스트 실시 등

2. 의료계의 투쟁

　그런데 5·10 합의에 서명하였던 의료계가 의약분업의 실시를 구체적으로 준비하는 단계에 이르러 태도가 변하기 시작하였다.
　1999년 9월 17일 실행위원회의 세부 시행 방안 확정 단계에서 의료계 대표가 퇴장하였다. 곧이어 정부에 대하여 약국 임의조제의 근절 대책을 마련할 것 등을 요구하면서 의약분업의 실시에 소극적인 태도로 행동하기 시작하였다. 의료계가 반대하면 의약분업의 실시가 어렵기 때문에 정부에서는 수많은 대화를 통하여 의료계의 참여를 유도하고자 노력하였다. 의료계의 요구 사항 중 받아들일 수 있는 것은 웬만하면 받아들이는 것으로 방향을 정하였다. 처음 요구 사항인 약국의 임의조제 근절 대책에 대해서는 정부에서도 의약분업이 곧 임의조제를 금지하는 보다 구체적인 명문 규정을 입법화하였다.
　그런데도 1999년 11월 26일 국회 보건복지위원회에서 약사법 개정을 의결하여 '조제'의 정의를 규정하고 약사의 임의조제

를 금지하는 보다 구체적인 명문 규정을 입법화하였다.

그런데도 1999년 11월 19일 의사협회의 일부 회원들은 서울 종로 3가에서 의약분업안을 반대하는 가두 캠페인을 벌여 의약분업 실시에 저항하는 운동을 시작하였다. 그해 11월 30일 의사협회는 서울 장충체육관에서 전국 의사 집회를 개최하였다. 여기서 의료계는 의사협회 대표가 5·10 합의에 서명한 것을 비판하고, '잘못된 의약분업 방안'을 규탄하면서 정부에 대하여 임의조제 금지 등의 요구 사항을 제시하였다.

1999년 12월 22일에는 대한의사협회 내에 '의권쟁취투쟁위원회'를 설치하고, 2000년 초에는 5·10 합의에 서명한 당시 회장단을 불신임하고 대행 체제를 임명하는 등 투쟁 체제를 구축하였다.

2000년에 들어서면서 의료계는 의약분업의 실시에 저항하며 전국적인 폐업 투쟁을 시작하였다. 2000년 2월 17일 제1차 전국 의사 폐업 및 집회(여의도), 4월 4~6일 제2차 전국 의사 폐업, 6월 20~24일 제3차 전국 의사 폐업 등 전국 규모의 의료기관 폐업 투쟁을 전개하였다. 이 의료기관 폐업은 우리나라 의료 역사에 전례가 없는 규모였다. 환자 진료에 큰 공백이 생기고 국민들이 의료 서비스를 이용하는 데 엄청난 혼란을 초래하였다. '의료 대란'으로 불렸다.

2000년 7월 1일 의약분업의 실시를 5, 6개월 앞두고 전개된 이 투쟁 기간 동안 의료계는 의약분업 실시와 관련된 요구의 강도를 계속 높여갔다. 처음에는 5·10 합의에 따른 약국의 임의조제 근절 대책을 주로 요구하였지만, 2000년에 들어서면서 임의조제 금지뿐만 아니라, 전문 의약품의 재분류, 대체조제의 금지 등 5·10 합의 사항까지 재검토를 요구하였다. 의료보험수가의 인상, 지역의료보험 국고 50% 지원 등 의료보험 재정 확보 대책도 요구하였고, 더 나아가서 시범 사업 실시와 점진적 확대, 선보완 후시행 등 의약분업의 실시 자체를 유보토록 하는 주장까지 내세우게 되었다. 이들 의료계의 요구 사항은 의약분업 실시 모형의 변경뿐만 아니라 의료 정책 전반에 걸친 내용을 포함할 정도로 광범위한 것이었다.

이와 같이 광범위한 요구 사항을 내세우는 의료계의 의도는 여러 각도로 해석될 수 있었다.

의료계의 정서적 의도는 의약분업의 실시 자체를 반대하는 것이었다. 5·10 합의 때문에 의약분업 반대를 공개적으로 명백하게 주장하기는 어려웠지만 당시 의료계의 정서는 반대 분위기가 강하였으며 실제 움직임도 의약분업 무산 투쟁으로 치달았다. 그동안 의약분업 추진 과정에서 소극적 태도로 임해온 의료계의 입장을 반영한 것이다. 의약분업 반대론은 선보완·후시행론, 시범 사업 실시론, 연기론 등 여러 형태로 주장되었지만 그 결론은 의약분업의 실시 자체를 유보하자는 것이었다.

그다음 의도는 의약분업을 실시할 경우에 임의조제 완전 금지, 대체조제 금지, 전문 의약품의 철저한 재분류 등 완전 의약분업의 형태를 쟁취하자는 것이다.

그리고 관련된 중요 의도는 의약분업 실시에 따른 의료 기관의 손실을 보전받기 위해 의료보험수가를 인상할 뿐만 아니라, 1977년 의료보험 실시 이후 그동안 너무 낮다고 주장해온 의료보험수가를 이 기회에 현실화하도록 하자는 것이다.

　의료계가 이처럼 강경하게 투쟁하며 의약분업 실시까지 반대하는 배경에는 우리나라 의료 체계 속에서 누리고 있는 의사 집단의 이해관계와 권위 관계가 이 정책의 실시로 변화할 수 있다는 우려감과 의료 체계에 대한 국가의 개입 정책에 대한 불만 등이 깔려 있었다. 의약분업을 실시할 경우 환자의 진료를 위한 의약품 선택·사용이라고 하는 의사의 전문적 지배 관계에 손상을 입을 것이라고 보는 박탈감, 의약품의 사용에 따른 소득의 상실 등 경제적 불이익이 올 것이라고 보는 우려감, 의료보험제도 실시 이후 저수가 정책에 대한 불만 등이 모두 이러한 정서와 관련되는 것이다.

　그러나 이와 같은 의료계의 투쟁과 요구에 대하여 정부에서는 원칙을 가지고 대응하였다. 우선 기본 원칙으로서 국민 의료 서비스의 향상과 의약분업의 실시를 위해 의료인의 역할이 중요하다는 점을 인정하고 끝까지 대화를 통하여 문제를 해결하며 의약분업의 실시로 의료계에 불이익이 없도록 한다는 방침을 확실히 하였다.

　의료계의 입장 중에서 의약분업의 반대나 연기 주장에 대해서는 수용할 수 없다는 원칙을 견지하였다. 그동안 수많은 정치적 결정 과정을 거쳐 실시 원칙을 법률로 제정하였고, 그 시행 방안에 대하여 사회적으로 합의한 것이기 때문이다. 특히 5·10 합의는 의료계 대표가 공식적으로 서명까지 한 사회적 합의이다. 이러한 당위적 개혁 과제에 대하여 집행 책임을 지고 있는 정부가 이를 되돌린다는 것은 불가능한 일이고, 정치적 결단을 통하여 국회에서 다시 법률로 의약분업을 하지 않도록 정하지 않는 이상 정부는 이를 시행하는 것이 당연하다고 생각하였다. 그리고 정부에서도 의약분업 정책이 국민 건강에 크게 기여할 것이라는 대의명분을 지지하였고 이것은 역사적 과제라고 생각하였다. 또 이러한 상황에서 실시하지 않으면 의약분업은 앞으로도 영원히 실시하기 어려울 것이라고 판단하였다.

의료계가 주장하는 임의조제 금지와 의약품 재분류에 대하여는 의약분업의 원칙에 따라 찬성하고 수용하는 입장을 취했다. 대체조제 금지 주장에 대해서는 원칙적으로 찬성하나 5·10 합의 당사자의 재합의가 전제되어야 한다는 입장이었다. 왜냐하면 5·10 합의를 깰 경우 의약분업의 시행 방안 전체에 대한 합의가 깨질 우려가 있었기 때문이다.

의료보험수가 인상 요구에 대하여는 의약분업 실시에 따른 손실 보전과 의료보험수가의 현실화를 위해 합리적인 선에서 수용하는 입장이었다. 그래서 수가 인상은 여러 차례 약속하였고 단계적으로 인상 조치를 단행하여 의료계에 대한 약속을 모두 지켰다.

이와 같은 입장을 견지하며 정부에서는 의료계와 대화를 통하여 사태를 해결하고자 노력하였다. 그러나 문제는 쉽게 해결되지 않았다.

마지막으로 2000년 6월 18일 의약분업 실시에 따른 의료 기관 및 약국의 손실을 보전하기 위하여 처방료와 조제료를 조정하여 의료보험수가를 9.2% 인상하는 방침을 발표하였다. 그럼에도 불구하고 의료계는 의약분업의 실시를 열흘 앞둔 마지막 고비에서 6월 20일부터 무기한 폐업을 선언하고 투쟁에 들어갔다.

전국의 개업의뿐만 아니라 병원, 종합병원도 폐업에 가세하였으며, 종합병원의 교수, 전문의까지 가담하고 의과대학생까지 동맹휴학을 결의하는 등 우리나라 보건의료 체계가 마비되기 직전의 사태로까지 발전하였다.

3. 의료계의 투쟁에 대한 관련 당사자들의 입장

이와 같은 의료계의 투쟁과 보건의료 체계의 비상사태에 대하여 의약분업의 관련 당사자들도 민감하게 움직였다.

우선 행정부에서는 여러 부처가 보건복지부와 협조하여 이 사태를 해결하는 데 총력을 기울였다. 재정경제부, 행정자치부, 법무부, 공정거래위원회, 기획예산처 등 관련 부처가 모두 참여하였다. 청와대가 주관하는 대책회의, 국무총리가 주관하는 대책회의도 여러 번 개최되었다. 정부에서는 의약분업의 실시 원칙을 지키면서 의료계의 요구 사항에 대하여 적극적으로 검토하고 수용할 수 있는 것은 수용한다는 입장을 밝혔다. 의료보험 수가의 조정, 의료 체계의 개선을 위한 특별위원회의 구성·운영 등을 약속하였다. 진료 공백 사태에 대하여는 비상 진료 체계를 구축하였다. 의료계의 불법적인 행동에 대하여는 법에 따라 처리한다는 원칙도 세웠다.

의약분업의 당사자인 약계는 의약분업의 모형이 변경되어 불이익을 초래하는 것에 대하여 극도로 경계하고, 시행 방안을 재협의할 때마다 민감하게 반응하였다. 그러나 의약분업의 실시 자체가 무산되는 것에 대해서는 강력하게 반대하는 행동을 보였다. 한편 의약분업을 준비하면서도 실시 상황이 유동적이었으므로 필요한 약 준비 등 구체적인 행동을 하는 데는 주저하는 태도를 취하였다.

5·10 합의를 이끌어낸 시민·사회단체는 의료계의 집단행동을 규탄하는 성명을 발표하고, 시위 등으로 대응하였으나 그 규모가 그렇게 큰 수준은 아니었다.

정치권도 민감하게 반응하였다. 우선 여당은 의료계의 집단행동과 이에 따라 국민들이 겪는 진료 공백과 혼란 때문에 민심이 동요되는 것을 크게 우려하였다. 행정부로 하여금 의료계와의 대화를 통해 사태를 해결하도록 독려하는 입장이었다. 여당과 정부 간의 당정 대책회의도 여러 번 개최하였다. 야당도 의약분업의 정책을 지지하고 여당과 함께 법률을 제정하였기 때문에 의약분업 실시의 원칙을 지키면서 분업의 모형 변경 등 의료계 사태를 해결하는 데 함께 참여하였다. 국회는 주로 보건복지위원회에서 관련 이해 집단의 요구를 접수하고 분업의 모형 변경 등에 대하여 보건복지부와 협의하는 입장이었다.

이와 같은 상황에서 의료계의 무기한 폐업이 계속되자 2000년 6월 2일 김대중 대통령과 이회창 야당 총대의 여·야 영수회담이 개최되었다. 이 정치적 회담이 의료계 사태를 해결하는 실마리를 마련해주었다. 이 여·야 영수회담에서 의약분업을 예정대로 실시한다는 원칙에 대해 합의하였다. 다만 의료계의 다른 요구 사항에 대하여는 약사법을 개정하여 이를 반영한다는 원칙에도 합의하였다. 이 회담 결과에 따라 그다음 날 의료계는 폐업을 중단하고 정상적인 진료에 임함으로써 2000년 상반기 의료계 사태는 일단락되었다.

혼란 속의 의약분업 실시

정부에서는 2000년 6월 24일 여·야 영수회담의 합의에 따라 2000년 7월 1일부터 의약분업을 실시하되 1개월간의 계도 기간을 설정하기로 하였다. 약사법을 새로이 개정하고 약국에서 약을 준비하는 데 시간이 필요했기 때문에 계도 기간을 정한 것이다.

6개월에 걸친 전례 없는 의료계의 강경 투쟁으로 의약분업 실시 준비에 큰 차질을 초래하였다. 의료계에서는 의약분업 실시를 위하여 그동안 아무런 준비도 하지 않았다. 의료계에서 투쟁을 하니까 약계에서도 약을 제대로 준비하지 않았다. 약국이나 약도매상, 제약회사 모두가 약 준비에 관한 한 관망하는 태도를 가지고 있었다. 의약분업을 실시하지 않으면 준비한 약 때문에 큰 손해를 볼까 우려하고 있었기 때문이다. 그런 만큼 의약분업 실시 준비 단계에서 가장 어려웠던 일은 약의 준비가 제대로 안 되는 것이었다. 정부에서 온갖 방법을 다 동원해보았지만 현실적 이해관계 때문에 당사자들이 잘 움직이지 않았다.

이러한 상황에서 정부는 7월 한 달 동안 약사법 개정을 위한 협의를 재차 진행하였다. 임의조제 금지와 대체조제 금지에 대하여 의약계 간의 어려운 협의 과정을 거쳐 7월 말에 국회에서 약사법 개정안을 의결하였다.

이와 같은 과정을 거치는 동안 5·10 합의 사항 중 중요한 내용도 많이 변하였다. 약국의 임의조제를 금지하는 내용이 크게 보강되었고, 의약 당사자 간에 가장 치열하게 대립하였던 대체조제 문제에 대해서도 원칙적으로 금지하는 쪽으로 변화되었으며, 주사제에 대한 예외 사항도 크게 확대되었다. 의약품 분류, 의약협력체 구성 등의 내용에도 변화가 있었다.

이렇게 해서 의약분업은 2000년 8월 1일 시작되었다. 의료계도 의약분업에 참여하였다.

의약분업은 시작되었지만 혼란은 그치지 않았다. 이번에는 종합병원의 전공의들이 파업하기 시작하였다. 한편에서는 약국의 약 준비가 제대로 되지 않아 환자들이 약을 찾아 이 약국 저 약국 돌아다니는 사태가 계속되었다.

정부에서는 종합병원의 전공의 파업이 계속되는 등 의료계의 투쟁이 계속되자 9월부터 26차례의 의료계·정부 대화, 7차례의 약계·정부 대화, 10월 말부터 6차례의 의료계·약계·정부 대화를 진행하였다. 이와 같은 연속적인 대화를 통하여 2000년 11월 11일 의료계와 약계가 의약분업에 적극 참여하기로 합의하고, 2000년 12월 12일 의약분업의 제도 보완을 위한 약사법 개정안을 건의하면서 의료계 사태가 진정 국면으로 접어들었다. 의약분업의 시행도 그때부터 본궤도에 오르게 되었다. 이때의 마지막 합의 사항은 "대체조제는 의사의 사전 동의를 원칙으로 하되 생물학적 동등성이 입증된 품목에 대해서는 대체조제 후 의사에게 사후에 통보하는 것" 등이 주요 내용이었다.

대화의 과제

2000년 8월 처방약의 조제를 위해 이 약국 저 약국 찾아다니며 불편을 겪었던 환자들도 이제는 거의 첫 번째 방문 약국에서 약을 지을 수 있게 되었다.

의약분업 전에 연간 약 1억 7천만 건으로 추산되던 약국의 임의조제가 금지되었다. 약국에서 마음대로 약을 사 먹던 일이 이제 어렵게 된 것이다. 의사의 처방 없이 조제 혹은 판매되던 전문 의약품의 오·남용을 예방하는 큰 기틀이 마련되었다.

2003년 10월 보건복지부의 발표에 의하면 항생제와 스테로이드 등 대표적인 오·남용 의약품의 사용이 줄어들고 있으며, 주사제 사용도 줄어들고 있다.

그러나 의약분업 정책이 목표로 하고 있는 약 사용의 안전성 확보와 오·남용 방지로 국민 건강이 향상된 정도를 측정하는 것은 아직도 이르다. 국민 건강에 기여하는 의약분업의 성과는 서서히 나타나는 것이기 때문에 올바른 평가는 몇십 년 후에나 가능할 것이다.

2000년 7월 1일 실시된 우리나라 의약분업은 그 당위성을 지니고 있었다. 의약분업이 국민 건강을 위해 좋은 제도라는 대의명분에 대해서는 아무도 이의를 제기하는 사람이 없었으며 모두가 찬성하였다. 그리고 1963년 이후 근 40년 동안 전후 8차례에 걸쳐 의약분업 실시를 시도한 바 있고, 그때마다 실시 여부, 시행 방안에 대한 정치적 토론과 정책적 협의 과정을 거쳤으며, 3년간의 시범 사업도 실시해보았다. 1999년 5월에는 의료계와 약계, 시민·사회단체가 참여하여 공동으로 사회적 합의까지 만들어냈다. 1993년 이후부터 2000년 7월까지 의약분업을 실시하기 위한 약사법 개정안을 국회에서 전후 5차례나 심의하였고 그때마다 법률안을 의결하였다. 대의명분이 분명하고 정책 결정을 위한 거의 모든 과정을 거친 셈이다.

그러므로 이제부터는 어렵게 시행된 의약분업을 정착시켜 원래 추구하였던 정책 목표를 달성하기 위해 노력하여야 한다. 의약분업은 의료 체계의 핵심을 바꾸는 정책이고 오랜 국민의 관행을 바꾸는 개혁이기 때문에 하루아침에 자리 잡기는 어려운 일이다. 그러므로 지금부터 장기적인 안목을 가지고 미비점을 보완하면서 제도를 발전시켜나가야 한다.

2000년 의약분업을 준비하는 단계에서 정부는 의약분업을 통하여 국민과 의사·약사 등 당사자에게 모두 도움이 되는 '윈윈'의 정책 목표를 추구하고자 하였다. 국민의 건강에 이바지하고 의료 공급자가 손실을 보지 않는 정책을 목표로 한 것이다.

이와 같은 정책 목표의 달성을 위해서는 정부와 의약계 간의 신뢰 관계, 의사·약사 상호 간의 신뢰와 협조 관계, 그리고 국민의 이해와 참여가 필수적이라고 생각하였다. 그런데 정책을 집행하는 단계에서 의료계의 투쟁이 계기가 되어 정부와 의료계 사이의 갈등 관계가 조성되었고 신뢰 관계가 크게 손상되었다. 대화마저 부족해졌다.

그러나 앞으로 의약분업을 제대로 실시하기 위해서는 지금 이 순간에도 정부와 의료계·약계 간의 상호 신뢰를 회복하는 일이 매우 긴요하다. 그러기 위해서는 당사자들이 충분한 대화를 해야 한다. 의약분업을 왜 추진하였는가? 의약분업을 추진하는 과정에서 무엇이 문제점이었는가? 의약분업을 정착시키기 위해서는 무엇을 어떻게 해야 하는가? 국민 건강의 증진과 의료 체계의 발전이라는 큰 목표를 염두에 두면서 이런 질문들에 대하여 흉금을 터놓고 대화를 하고 해답을 구해야 한다. 그리고 그 과정을 국민에게 공개하여 국민의 이해와 협조를 얻어야 한다. 정책은 국민의 이해가 있어야 성공할 수 있기 때문이다.

참고 문헌

건강연대, 「모의 환자를 이용한 의약분업 이후 의원 및 약국의 행태 조사 발표」 (기자회견 자료), 2001.10.
국민건강보험공단, 「건강보험 재정 전망 및 요양급여 변화 추이」(기자단 세미나 자료), 2001.3.
김용익, 「의약분업의 향후 개혁과 아젠다」, 서울대 사회발전연구소 학술회의 자료집, 2003.2.
김한중, 「의약분업 정책의 평가와 대안 모색」, 서울대 사회발전연구소 학술회의 자료집, 2003.2
보건복지부
 · 「의약분업추진협의회 회의 자료」(내부 자료), 1998.8.
 · 「의약분업실행위원회 회의 자료」(내부 자료), 1999.9.
 · 「의약분업 관련 주요 일지(1998~1999)」(내부 자료), 2000.
 · 『의약분업종합편람』 2000.6.
 · 「의약분업 실시에 따른 영향 분석 설명 자료」(내부 자료), 2000.6.
 · 「건강보험 재정 전망 및 안정 대책」, 2001.3.
 · 「국민건강보험 재정안정 및 의약분업정착 종합대책」(내부 자료), 2001.5.
 · 「의약분업 관련 5차 수가인상 설명 자료」(내부 자료) 2000.6.
 · 「의약분업 현황과 과제」(내부 자료), 2001.11.
 · 「의약분업 및 건강보험 재정안정 대책 추진 성과」, 2002. 새정치국민회의정책위원회, 『보건의료 선진화정책 보고서』, 1998.12.
서울대사회발전연구소, 「의약분업에 대한 국민의식 조사 연구」, 2001.
송호근, 「의사들도 할 말 있었다」, 삼성경제연구소, 2001.
안종주, 『한국 의사들이 사는 법』, 한울, 2002.
이종찬, 「의사 대란 이후 무엇을 할 것인가」, 『몸과 마음』, 2001.
한국보건사회연구원
 · 「보건복지 3대 현안에 관한 국민의식 조사 결과」(내부 자료), 2000.3.
 · 「의약분업 전후의 의약품 오남용 실태 분석」(내부 자료), 2001.
 · 「의약분업의 성과 평가와 개선 방안」, 『보건복지포럼』 통권 64호, 2002.2.

4부

삶의 정치와 일상

지방자치와 지방분권의 현주소와 진로

이기우

인하대학교 법학전문대학원 교수. 저서로『지방분권과 시민참여』(역사넷, 2003),『지방자치법』(대영문화사, 2007),『분권적 국가개조론: 스위스에서 정치를 묻다』(한국학술정보, 2014),『모든 권력은 국민에게 속한다. 이제는 직접민주주의다』(미래를소유한사람들, 2016) 등이 있다.

지방자치란 무엇인가?

1. 지방자치는 곧 주민자치다

지방자치에 대한 구체적인 얘기를 하기 전에 먼저 지방자치란 무엇인가를 묻지 않을 수 없다. 많은 학자들이 지방자치를 주민자치와 단체자치로 구분하여 설명을 하지만 잘 이해가 되지 않기 때문이다. 더구나 1999년 동주민자치센터가 시범 실시되고 그 후 읍·면으로 확대되면서 '주민자치'라는 말이 전혀 다른 의미로 사용되기 시작하여 지방자치가 무엇인지 이해하기가 어렵게 되었다.

먼저 지방자치를 단체자치와 주민자치로 구분하여 논의하는 것에 대해서 살펴본다. 이 논쟁은 독일에서 비롯된다. 독일에서 1808년 지방자치제도(도시법)가 시행된 이후, 19세기 중엽에 와서야 지방자치법에 자치 개념이 등장한다. 독일에서 자치 개념이 널리 사용되면서 자치 개념에 대한 논쟁이 100년 넘게 지속되었다. 정치적 의미의 자치 개념(주민자치)과 법적인 의미의 자치 개념(단체자치) 간의 논쟁이 있었지만 지방자치의 이해를 돕기는커녕 지방자치를 이해하기 어렵게 만들고, 경우에 따라서는 오해하도록 오도하기도 했다. 오늘날 독일에서는 이러한 개념으로 지방자치를 설명하는 견해는 없다.(자세한 것은 이기우, 1996 참조) 우리나라에서는 아직도 지방자치를 100년 전의 독일 이론을 답습하여 지방정부와 국가의 관계(외부 관계)에서 지방자치는 단체자치이고, 지방정부와 주민과의 관계(대내 관

계)에서 주민자치라고 설명하는 것이 일반적이다.(최창호·강형기, 2016. 82쪽)

  필자는 지방자치를 주민자치와 단체자치로 구분하는 것이 무의미하다는 입장이다. 오히려 지방자치를 그 개념 요소에 따라 이해하는 것이 바람직하다고 본다. 먼저 지방자치는 누구의 자치인가 하는 문제이다. 즉, 지방자치의 주체 문제이다. 다음으로 지방자치는 무엇에 대한 자치인가 하는 문제이다. 즉, 자치의 대상 문제이다. 셋째로, 지방자치는 어떻게 하는 것인가의 문제이다. 즉, 지방자치의 방법에 대한 문제이다.

  먼저 지방자치는 지방정부의 자치이고 지방정부는 주민의 단체이다. 즉, 지방정부는 공법상의 지역사단(地域社團)이다. 사단은 사람의 단체이다. 지역사단은 각 지방정부의 자치구역에 사는 사람(즉, 주민)의 모임을 실체로 한다. 즉 지방정부는 주민의 단체이고, 주민을 그 구성원으로 한다. 지방정부의 자치로서 지방자치는 결국 주민의 자치를 의미한다. 지방자치는 궁극적으로 지방정부를 구성하는 주민의 자치, 즉 주민자치이다. 다른 말로 지방자치는 집합체로서 주민의 자치라고 할 수 있다. 지방자치권은 결국 주민의 집합적 권리라고 할 수 있다.

  다음으로 지방자치를 이해함에 있어서는 무엇에 대한 자치인가가 전제되어야 한다. 즉, 자치의 대상이 문제된다. 이는 결국 헌법과 법률에 의해 정해진다. 우리 헌법은 주민의 복리에 관한 사무라고 규정하고 있다. 주민은 지역에 거주하는 사람이므로 주민복리 사무는 결국 지역적 사무를 의미한다. 지방자치의 대상은 법률에 열기한 것에 한정되는 것이 아니고, 반대로 법률에 달리 정하지 않는 한 모든 주민복리에 관한 사무를 의미한다. 이를 전권한성의 원칙이라고 부른다. 하지만 이는 기초지방정부에 해당하는 것이고 광역지방정부는 법률에 규정된 사무에 한한다고 할 것이다. 국가 사무도 광역지방정부의 사무처럼 법률에 명기된 것에 한한다.

셋째로, 지방자치를 이해함에 있어서는 자치란 무엇인가 하는 문제에 대한 설명이 있어야 한다. 자치란 자치 주체의 자기 결정을 의미한다. 사적 자치가 개인의 자기 결정을 의미하듯이 지방자치란 결국 지방자치의 주체인 주민의 자기 결정을 의미한다. 주민이 자기 결정으로 스스로를 지배하는 것이 된다. 이 점에서 지방자치는 결국 지방 차원에서 '치자와 피치자의 자동성'을 의미하게 된다. 이는 결국 지방 차원의 민주주의를 의미한다.

그런데 읍·면·동의 주민자치센터 혹은 주민자치위원회, 주민자치회 등의 개념이 도입되면서 자치 개념의 혼란을 가져오고 있다. 개념의 혼란은 사고의 혼란을 의미하며 사고 기능의 마비를 가져온다. 의사소통을 불가능하게 만든다. 그래서 조지 오웰은 『1984』에서 전체주의 국가가 국민들의 비판적 사고 기능을 마비시키기 위하여 왜곡된 개념의 신어(新語)를 국가 사업으로 보급하는 모습을 보여주고 있다.

먼저 지금 읍·면·동에서 실시하고 있는 '주민자치'가 과연 자치가 맞는지 의문을 제기하지 않을 수 없다. 주민자치란 본질적으로 주민들의 자기 결정 내지 자기 지배이다. 자치 대상인 자치 사무에 대해 자치 주체인 주민이 스스로 결정할 수 있어야 한다. 그런데 현재 읍·면·동에는 주민들이 자기 결정을 할 사무도 보장되어 있지 않고, 주민들이 스스로 결정할 권한도 없다. 주민들의 결정을 실현하는 데 필요한 비용을 징수할 수도 없다. 현재 실시되고 있는 읍·면·동의 '주민자치'는 주민자치가 아니다. "전쟁은 평화, 자유는 예속, 무지는 힘"을 강변하는 조지 오웰의 오세아니아 같은 발상이다.(Orwell, p.10) 만약 이를 바로잡지 않으면 지방자치가 아닌 것이 지방자치로 둔갑할 우려가 있다. 현재의 읍·면·동 '주민자치'가 일반화되면 시·군·자치구와 시·도의 지방자치도 지방자치가 아닌 것으로 변질될 위험이 있다. 이에 현재의 읍·면·동 주민참여 형태를 주민자치라고 불러서는 안 되며, 현상에 부합하는 적절한 개념으로 대체해서 불러야 한다. 예컨대 읍·면·동 주민자치는 '읍·면·동 주민참여', 주민자치회는 '주민협의회' 등으로 바꾸어 부를 것을 제안한다.

물론 필자는 읍·면·동에 진정한 지방자치, 즉 주민자치를 실시해야 한다고 본다. 한국 지방자치사에 있어서 치명적인 실수는 읍·면 자치를 폐지하고 군 자치를 실시한 데 있다고 본다. 읍·면 자치를 폐지함으로써 풀뿌리 자치는 실종되었고, 주민들은 자치적 행동 규범과 책임, 효과를 익히고 체험할 기회를 빼앗겼다. 주민 생활이 주민의 결정에 의해 좌우된다는 자치 체험과 자치 책임을 학습하지 못하고 있는 것이다. 시·군·구 자치하에서 주민은 실명으로 구체적인 생활 정치의 주체가 되지 못하고 익명과 통계 숫자로 참여하는 추상적인 정치 내지 권력 정치의 객체가 되어버린 것이다. 능동적이고 적극적이고 책임성 있는 시민으로 성장하고 지방의 주인이 되어야 할 주민은 거대 규모의 시·군·구 자치제하에서 수동적이고 무책임한 관리 대상으로 전락한다. 필자는 지금이라도 읍·면·동을 기초지방정부로 환원하여 진정한 주민자치가 풀뿌리에서 실현되기를 주장한다. 그때 비로소 읍면동 주민자치라고 할 수 있을 것이다.

2. 지방자치단체인가, 지방정부인가?

헌법과 법률에 지방자치기관을 지금처럼 지방자치단체라고 규정할 것인지, 아니면 지방정부라고 개정할 것인지를 두고 심각한 다툼이 있다. 지방자치에 관계하는 사람들은 지방자치단체라고 부르면 친목 단체나 경제 단체와 같은 인상을 주어 공적 신뢰가 떨어진다고 분개한다.

이러한 논쟁은 김영삼 정부로 거슬러 올라간다. 지방자치가 실시된 직후 학계와 언론에서 시·도나 시·군 등의 자치기관을 지방정부라고 부르기 시작하자 김영삼 대통령은 불편한 심기를 드러내면서 지방정부라는 말을 하지 말라고 주문했다. 그 후 지방정부라는 명칭이 오히려 급속하게 확산되어 오늘날은 일반 사람들까지 일상적으로 사용하고 있다.

우리 헌법에서는 '지방자치단체'라 표현하고 일본 헌법은 '지방공공단체'라고 한다. 우리는 지방의 자치를, 일본에서는 지방의 공공성을 강조하지만 '단체'라고 부르는 것은 공통적이다. 지방의 자치기관을 단체라는 명칭으로 부르는 것은 한국과 일본을 제외한 다른 나라에서는 찾아보기 어렵다. 독일에서는 지방의 법적 지위를 '지방지역단체(kommunale Gebietskörperschaft)'라는 어려운 말로 설명한다. 당해 지방의 주민으로 구성되는 단체라는 의미다. 하지만 헌법이나 법률에서 지방자치기관을 단체라는 명칭으로 부르지는 않는다. 영어권에서는 지방자치기관을 지방정부(local government)라고 부르는 것이 일반적이다.

국가도 그 법적 성질을 설명한다면 전국 지역의 국민으로 구성되는 단체라는 의미에서 '전국지역단체'라고 할 수 있다. 하지만 아무도 국가를 그렇게 부르지는 않는다. 국가나 지방이나 같은 성질의 공공단체지만 유독 지방에 대해서만 단체라고 부르는 것은 지방을 폄하하고 경시하는 의미로 들릴 수 있다. 지방자치단체라는 명칭으로 인하여 지방자치기관의 공공성과 권위가 손상되고 지방에 관계하는 사람들의 자긍심에 상처를 준다면 구태여 법률 전문가나 그 의미를 이해할 수 있는 이런 명칭을 고집할 필요는 없다.

국가의 공공기관을 총칭하여 일반적으로 중앙정부라고 부르듯이 지방자치기관도 지방정부라고 부르는 것이 자연스럽다. 중앙정부가 전국적인 일을 처리하는 기관임에 대응하여 지방정부는 한 지방의 일을 처리하는 기관이라는 것을 누구나 이해할 수 있다. 지방자치 주체를 총칭하는 개념으로 지방정부라고 부르고 도정부, 시정부, 군정부, 구정부라고 부르는 것이 자연스럽다. 지방정부는 지방의 집행기관뿐만 아니라 지방정부의 최고 기관인 주민과 그 대표 기관인 지방의회를 포함하는 지방자치의 주체를 의미하는 것으로 볼 수 있다.

3. 선거만 하면 지방자치인가?

많은 사람들이 지방자치란 시장·군수·구청장과 시·도지사와 지방의원을 주민들이 선출해서 지방의 일을 맡기는 것이라고 생각한다. 하지만 주민이 뽑은 지방정치인이 주민의 뜻과 다른 결정을 할 때 지방자치, 즉 주민자치라고 할 수 있는지가 문제된다. 적지 않은 경우에 시장이나 도지사, 군수나 구청장, 지방의회의 결정이 주민의 의사와 일치하지 않는다. 관심사가 다르기 때문이다. 주민들은 선출된 지방정치인이 주민을 위해 활동해줄 것을 기대하면서 선거를 하지만 지방정치인의 최대 관심사는 재선이거나 상급정치인으로 진출하여 정치적 생명을 유지하는 데 있다. 선거만으로는 주민의 자기 지배가 지방 차원에서 보장되지 못한다는 것을 우리는 경험으로 알고 있다. 선거를 통한 지방정치인 통제 메커니즘이 잘 작동하지 않는다.

오늘날 대의제도가 일반화된 상황에서 대부분의 지방 현안 문제는 주민의 대표기관인 지방의회를 통해 이루어지는 경우가 일반적이다. 주민대표기관인 지방의회의 결정이 주민의 의사에 합치되지 않는 경우에는 언제든지 주민들이 최종적으로 이를 시정할 수 있어야 한다. 주민 대표 기관인 지방의회가 주민의 의사에 반하는 의사 결정을 할 경우에 주민들은 이를 거부(veto)할 수 있어야 하며, 만약 주민이 원하는 것을 지방의회가 결정하지 않고 방치한다면 주민들이 스스로 이를 결정할 수 있어야 비로소 주민자치라고 할 수 있다. 전자가 주민투표이고 후자가 주민발안이다. 주민들이 주민투표나 주민발안을 제기하지 않아 지방의회의 결정이 확정되는 경우는 주민들이 이를 묵시적으로 동의한 것이라고 볼 수 있다.

지방자치하에서 주민 역할은 선거에서 지방정치인을 선거해 놓고 맡기는 데 그쳐서는 안 된다. 주민이 직접 지방정치인의 결성이 자신의 의사에 부합하는지를 점검하고, 그렇지 않은 경우에는 이를 거부하거나 주민이 스스로 안건을 발안해 결정할 수 있어야 한다. 이를 위하여 2004년 주민투표제도를 도입하였다. 하지만 지난 13년간 전국 243개 지방자치단체에서 실시된 주민투표는 모두 합쳐도 8건에 불과하다. 스위스에서 한 개의 지방정부안에서 1년에 실시하는 주민투표의 건수에도 미치지 못한다. 주민의 자치권을 실현하기 위해 도입한 주민투표제도는 법전상의 장식품으로 전락하였다. 주민투표법이 주민투표를 실시하기 어렵도록 주민의 손발을 묶어놓고 있기 때문이다.(자세한 것은 이기우, 2016, 328쪽 이하 참조)

주민투표법은 주민에게 가장 큰 영향을 미치는 중요 문제인 예산과 계약, 지방세 등 재정에 관한 사항을 주민투표 대상에서 제외하고 있다. 재정 사항을 주민투표에 맡기면 재정 낭비가 발생하여 지방 재정이 고갈될 것이라는 우려 때문이라고 한다. 하지만 선진국에서는 재정 문제에 대한 주민투표로 예산 낭비를 방지하는 데 기여하고 있다. 예컨대 스위스의 취리히 정부에서는 지하철을 설치하기로 결정하였지만 주민들은 1973년에 주민투표를 통해 이를 거부하였다. 예산 낭비와 세금 인상을 우려했기 때문이다. 이에 취리히 정부는 계획을 바꾸어 지하철 대신 노면 전차(트램)를 설치하였다. 설치 비용은 지하철의 1/3밖에 들지 않았고 시민 접근성은 높아졌다.

주민투표법은 최소 투표율이 1/3에 미달하는 경우에 개표를 못하도록 하고 있다. 예컨대, 서울시의 무상급식 투표는 투표율이 저조하여 개표조차 하지 못했다. 일반 선거에서는 최소 투표율을 설정하지 않으면서 유독 주민투표에 대해서만 이를 요구하는 것은 합리적이지 않다. 또한 주민투표법은 주민투표를 청구하기 위한 서명 요건을 까다롭게 하여 주민투표를 실시하기 어렵게 만들고 있다. 진입 장벽을 높여 주민의 접근을 막고 있다. 주민투표 대상과 최소 투표율의 제한을 폐지하고 서명 요건을 완화하고 신임투표로 남용되지 않도록 제도 개선이 필요하다. 그래야 지방정치인끼리만 지방 문제를 좌지우지하는 '그들의 자치'가 주민의 자치로 거듭날 수 있을 것이다. 지방정부에 대한 신뢰도 높아질 것이다.

지방 문제를 주민이 직접 결정하거나 지방정부의 기관이 주민의 의사에 따라 결정을 하는 경우에만 지방자치의 본질인 주민자치가 실현된다고 할 수 있다. 지방정부의 기관의 결정이 주민의 의사와 일치하지 않는 경우에 주민은 이를 시정할 수 있는 수단을 가져야 한다.

4. 지방분권의 본질

지방자치를 강화하기 위해서 지방분권을 해야 한다면 많은 사람들이 시장·군수·구청장이나 시·도지사는 믿을 수 있을까, 지방의회를 어떻게 믿나, 그래도 국회나 대통령이나 중앙부

처에서 결정하는 것이 낫지 않을까, 하는 반론을 제기한다. 즉, 지방분권을 대통령이나 각부 장관의 권한을 시장, 군수나 도지사에게 이양하고, 국회의 권한을 지방의회에 넘기는 것으로 이해한다. 지방분권을 잘못 이해하는 데서 오는 편견이다.

지방분권은 중앙권력기관과 지방권력기관 간의 권력 나누기에 그 본질이 있는 것이 아니다. 지방 문제를 결정하고 해결하는 데 국민 전체가 나서서 결정할 것이냐(중앙집권), 아니면 지방 문제의 당사자인 지역 주민이 결정할 것인가(지방분권)의 역할 배분 문제이다. 전체로서 국민과 부분 국민인 주민 간의 역할 배분 문제이다. 비유적으로 말하면, 예컨대 분가하여 딴살림을 사는 가정의 살림살이 문제를 부부가 그 자식들과 함께 의논해서 결정할 것인지, 아니면 부모형제는 물론 4촌, 8촌의 모든 친족이 모인 친족회나 나아가서 종친회에서 결정하도록 맡기고 그 결정에 따를 것인가의 문제와 유사하다. 대부분의 가정 문제를 그 가족의 구성원들이 결정하듯이 지방 문제를 해당 지방정부의 구성원인 지역 주민이 스스로 결정하고 책임지도록 하는 것이 지방분권이고, 반대로 친족회나 종친회가 개별 가정 문제까지를 결정하듯이 국민 전체가 지역 문제를 결정하는 경우가 중앙집권이다. 지방분권을 그렇게 이해한다면 지방분권에 대한 우려와 오해가 상당히 해소될 것으로 본다.

지방자치의 명암, 그래도 지방이 희망이다

지방자치가 부활한 지 20여 년이 지났다. 풀뿌리 민주주의를 통하여 지방의 다양성과 정체성을 살리고, 지역 실정에 맞는 결정을 통해 정책의 효과성을 높이고, 지방 간의 경쟁과 협력을 통해 아래로부터 혁신을 유발하여 효율성을 높이는 것을 목적으로 했다. 중앙의 획일적이고 관료적인 지배로부터 벗어나 자유롭고 창의적인 지역 발전을 도모하고자 했다.

지방정부 중에는 지역 발전에 크게 기여한 곳도 있고, 그렇지 못한 곳도 있다. 혹자는 지방자치 이후의 긍정적인 면을 강조하기도 하고, 어떤 이는 잘못된 점을 부각시켜 지방자치를 폄훼하기도 한다. 한 가지 분명한 것은 희망적인 미래를 꿈꾸는 사람은 성공 사례를 찾고 성공 사례를 확대 재생산하려고 한다는 점이다. 중앙정부가 해도 못했던 일을 지방자치를 실시한 이후 지방정부가 나서서 성공시켰던 몇 가지 사례를 들어본다. 이러한 사례는 중앙정부 주도하에서는 실패했으나 지방자치가 실시됨으로써 아래로부터 혁신이 일어나 전국적으로 확산되고, 나아가서 다른 나라에도 영향을 미친 사례이다.

사례 1. 화장실 혁명

요즘 드물지 않게 "대한민국 참 좋아졌네!" 하는 말을 듣는다. 화장실에서 손을 씻고 나오면서 무심결에 던지는 말이다. 우리의 화장실이 완전히 달라지기 시작한 것은 2002년 월드컵 개최를 앞두고 수원시에서였다. 중앙정부에서 아무리 개선하려고 해도 성공하지 못했던 일이다. 관광 진흥을 위해 중앙정부에서 구상했던 화장실 개선은 '깨끗한 화장실'을 만드는 정도였다. 깨끗이 청소한다는 수준을 넘지 못했다. 외국의 관광 책자에는 "한국의 공중화장실은 더러우니 관광지를 방문하기 전에 반드시 호텔에서 용변을 보고 가라"는 안내가 나올 정도였다.

수원에서는 생각이 달랐다. 당시 심재덕 수원시장은 화장실의 개념을 바꾸었다. "단순히 용변을 보는 곳이 아니라 휴식하는 곳"으로 생각했다. 이렇게 개선된 화장실은 전국적인 벤치마킹의 대상이 되었고, 전국의 화장실을 바꾸어냈다. 이는 국경을 넘어 국제적인 벤치마킹의 대상이 되었다. 30여 개국에서 화장실 시찰을 왔다. 중국의 화장실을 개선하는 데 모델이 되었다. 한 지방이 바뀌어 나라를 바꾸고 세계적으로 영향을 미친 일대 사건이 되었다.(자세한 것은 이기우, 2006, 57~95)

사례 2. 도심 하천의 공원화

산업화와 도시화로 도심 하천은 악취와 불결함의 대명사가 되었다. 이를 덮기 위해 복개하여 주차장으로 쓰는 것이 풍조가 되었다. 그런데 서울 강남구의 권문용 구청장은 다른 생각을 실천에 옮겼다. 양재천을 시민의 휴식 공간으로 바꾼 것이다. 이어서 여러 지방정부가 하천을 정비하여 시민의 산책로와 휴식 공간으로 공원화하였다. 중앙정부에서는 생각지도 못했던 생활의 변화가 일어난 것이다. 특히 울산의 태화강 정비는 기념비적인 사업이었다. 시커먼 기름물이 흐르던 죽은 하천이 시정부와 시민들의 노력으로 전국체전에서 수영 대회를 개최할 정도로 깨끗해졌고, 시민들이 가장 즐겨 찾는 휴식 공간으로 변신하였다.(자세한 것은 안성민, 2006, 179쪽 이하)

사례 3. 정보 공개

 국민의 알 권리를 보장하기 위해 행정 정보를 공개해야 한다는 주장이 일찍부터 학계에서 나왔고 판례도 나왔다. 하지만 현실에서 일반 시민은 정부의 정보를 얻기가 힘들었다. 지방자치가 부활되자 1991년에 청주시의회에서는 정보 공개 조례를 제정했다. 시민에게 정보를 공개함으로써 시민의 역량을 신장하고, 투명한 행정을 통해 부패를 줄인다는 취지였다. 당시 중앙정부의 내무부에서는 못마땅해했다. 지방정부가 법에도 없는 일을 했다는 것이다. 내무부는 청주시장으로 하여금 시의회에 재의요구를 하도록 지시를 했다. 청주시의회는 이 조례안을 재의결했다. 이에 다시 내무부는 청주시장으로 하여금 대법원에 제소하게 했다. 이에 대법원은 조례가 적법하다는 판결을 내렸다. 1년 만에 180여 개의 지방정부들이 이를 본받아 정보 공개 조례를 제정했다. 중앙정부도 이에 자극을 받아 1996년 정보 공개에 관한 법률을 제정하였다. 한 지방에서 시작하여 다른 지방을 변화시키고 국가를 변화시킨 사례이다. 즉, 아래서 위로 혁신이 확산된 것이다. 개혁과 혁신은 항상 중앙정부에서 지방정부로 지시하는 것이라는 고정관념을 깬 일대 사건이다.

 그 외에도 지방정부가 앞장서서 아래로부터의 혁신을 이루고, 이를 다른 지방정부에게 영향을 주어 전국적인 변화를 가져오는 사례들이 일일이 거론하기 힘들 정도로 축적되어가고 있다. 그중에는 중앙정부의 정책에 영향을 주는 경우도 드물지 않게 나타나고 있다. 물론 지방의 실패 사례도 나타났다. 인천의 은하철도건설, 제3섹터 사업의 실패, 각종 민자 유치로 인한 부채 증가 등이 이에 속한다. 지방은 성공한 사례와 실패한 사례를 비교할 수 있게 되었고, 실패한 사례는 반면교사로, 성공한 사례는 학습하여 확산시킬 모델로 삼을 수 있게 된 것이다.

한국행정연구원의 최근 조사 결과에 의하면 한국의 전반적인 정부 신뢰도는 낮기는 하지만 지방정부에 대한 신뢰가 중앙정부에 비해서는 상대적으로 높다는 점에서 지방자치 발전을 위해 희망적이라고 할 수 있다. 청렴도에 있어서도 마찬가지 결과를 보여주고 있다. 그동안 많은 문헌이나 언론에서 구체적인 입증 없이 막연하게 지방정부에 대한 신뢰도가 중앙정부에 비해 낮다는 것을 전제로 하여 논의해왔으나 조사 결과는 아래와 같이 반대로 나타났다.

표1_ 기관별 신뢰 정도

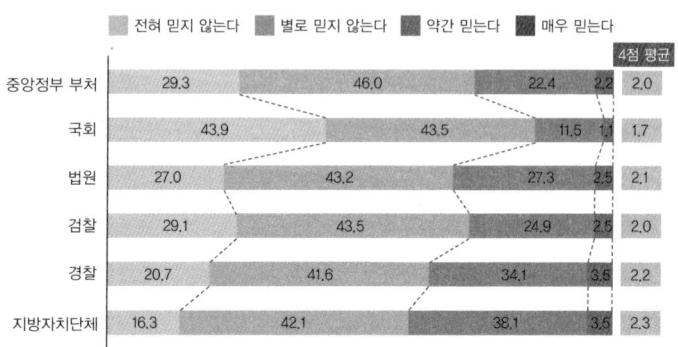

출처: 한국행정연구원, 2016사회통합실태조사, http://survey.kipa.re.kr/database/skin/doc.html?fn=FILE_0000000000045650&rs=/database/convert/result/201512/, 122

지방자치의 현주소

　지방정부는 헌법 제117조에 따라 법령의 범위 내에서 자치입법권이 인정된다. 국가는 아무런 제한 없이 법령으로 자치사무에 대해 세세하게 규정하고 있기 때문에 자치입법을 통하여 결정할 지방정책은 거의 없게 된다(법률우위의 원칙).
　지방정부가 처리하는 위임사무에 대해서는 물론이고 자치사무에 대해서도 중앙정부가 법령으로 상세한 지침을 정하고 있기 때문에 지방정부에게 독자적인 지방 정책을 추진할 수 있는 여지가 거의 없다. 자치사무도 그 지침이 중앙정부에 의해 법령의 형식으로 이미 다 정해진 경우가 대부분이므로 지방정부는 독자적인 정책 구상에 의해서 이를 수행할 수 있는 자치주체가 아니라 사실상 중앙정부의 하급 집행기관이 된다. 즉, 지방의 실패는 중앙정부가 법령의 형식으로 입력한 정책의 실패에 기인하는 경우가 많다. 지방정부는 국가의 법령에서 시키는 대로만 해야 한다. 지방정부는 국가의 법령을 지방에서 베껴내는 복사기에 불과한 것이 된다.
　주민의 권리 제한이나 의무 부과에 관한 자치입법권은 법령에 위임이 있어야 행사할 수 있다(법률유보의 원칙). 중앙정부가 규율하지 않은 영역이 있어도 이러한 제약 때문에 자치입법권은 또다시 무력화되고, 그만큼 지방의 정책적인 활동 범위는 축소된다. 독일의 경우에는 주법도 여기에서 말하는 법률에 해당되기 때문에 지방정부의 입법권은 그만큼 폭넓게 보장되지만, 법률제정권을 중앙정부에 독점된 것으로 보는 우리의 현실에서는 지방의 자치입법권 내지 정책자율권이 무력화된다. 더구나 헌법재판소가 독일 판례를 수입하여 적용하고 있는 의회유보설 내지 중요사항유보설에 의하면 지방정부의 모든 중요한 결정은 법률로 결정해야 한다. 이에 의하면 모든 중요한 사항은 국회가 정해야 하며 지방정부는 중요하지 않은 사항만 결정할 수 있다는 결론이 나온다. 이는 지방자치를 보장하여 지방의 다양성을 보장하고, 아래로부터의 혁신을 통해서 지역 발전과 국가 발전을 꾀하려는 지방자치의 취지에 걸맞지 않다는 것은 자명하다. 국가가 시키는 대로만 해야 하고, 시키지 않는 일을 해서는 안 되는 지방정부가 혁신적인 정책을 구사해서 지역을 발전시키는 것은 기대하기 어렵다.

 헌법 제118조는 의회와 지방자치단체장의 선임 방식을 비롯하여 지방자치단체의 조직과 운영 방식 등을 법률로 정하도록 하고 있다(조직법정주의). 지방정부의 조직은 지역에 따라 다양한 특성이 반영될 필요가 있고, 행정 혁신은 대체로 조직 혁신을 통해서 일어난다. 지방조직을 기관의존형으로 할 것인지, 기관독립형으로 할 것인지, 합의제 기관으로 할 것인지, 지방의 집행 기관과 지방의회의 관계를 어떻게 설정할 것인지, 지방선거를 어떤 방식으로 할 것인지를 일일이 국가가 법률로 규정하도록 하고 있는 것이다. 이는 독립하여 분가한 자식 집의 가구 배치까지를 부모가 결정하고, 그 결정에 자식들이 따라야 한다고 강요하는 것과 같다.

 지방분권이 잘된 스위스에서는 지방정부 조직 중에서 잘 운영되는 것을 본받아 중앙정부 조직을 혁신하는 경우가 적지 않다. 중앙정부를 합의제 기관으로 운영하는 것, 직접민주제의 도입, 복식부기제도의 도입 등이 이에 해당한다. 아래로부터의 정부 혁신은 지방의 조직 자율성을 보장함으로써 큰 위험 없이 검증된 제도를 채택할 수 있게 하는 것이다. 지방정부의 조직법 정주의를 통하여 우리는 아래로부터의 혁신 효과를 원천적으로 봉쇄하고 있으며, 지방이 필요에 따라 조직을 변용할 수 있는 가능성을 배제하고 있다. 예컨대, 부시장을 몇 명으로 할 것인지, 의회와 집행기관의 관계를 어떻게 설정할 것인지, 집행기관을 독임제로 할 것인지 합의제로 할 것인지, 다양한 실험과 지역 특성의 반영이 요구되는 분야이다. 이를 전국적으로 획일적으로 법률로 규정하는 것 자체가 반분권적인 발상이다.

한마디로 헌법 제117조와 제118조가 지방의 손발을 묶어놓고 있다. 헌법이 지방자치의 디딤돌이 되지 못하고 걸림돌이 된다. 지방이 아래로부터 창조적인 혁신을 하려고 해도 할 수 없도록 가로막고 있다. 지방정부는 손발을 묶어서 기능을 마비시키고, 국가는 과부하를 시켜서 기능을 마비시키고 있다. 국가 전체의 작동 불능 사태를 헌법이 초래하고 있다.

지방자치 활성화를 위한 중요 과제

1. 지방입법권의 강화

지방자치를 활성화하기 위한 핵심적인 과제는 헌법을 개정하여 지방정부의 손발을 풀어서 지방 문제를 지방정부와 주민이 함께 스스로 해결할 수 있도록 하는 데 있다. 지방의 손발을 풀기 위해서는 지방정부가 스스로 법률을 제정하여 지방의 정책을 결정하여 실현하고, 그 책임을 지도록 지방정부의 입법권을 확대하여야 한다.

1.1. 지방정부의 법률제정권 보장

국가가 법령으로 위임하지 않는 일을 지방정부가 할 수 없다면 지방정부는 수동적이고 피동적인 역할을 하는 데 그칠 수밖에 없다. 이는 지방정부가 주민 복리를 실현하기 위해 적극적인 조치가 필요함에도 불구하고 법령의 위임이 없으면 손발을 묶어놓는다는 것을 의미한다. 예컨대, 어린이 놀이터에서 동네 청년들이 술을 마시고 병을 깨뜨려도 법률의 위임이 없는 한 지방정부는 속수무책이 된다. 이를 극복하기 위해서는 지방의회의 법률제정권을 헌법에 보장하여야 한다. 지방의회는 국회와 마찬가지로 민주적인 정당성을 가진 기관이므로 지방의회가 법률을 제정하지 못할 이유가 없다. 스위스에서는 지방정부(Gemeinde)가 제정한 법규범(Reglement)을 형식적 의미의 법률로 보고 있다. 지방의회가 스스로 법률제정권을 갖도록 헌법에 보장한다면 권리 제한이나 의무 부과, 지방세의 부과나 벌칙을 법률의 위임을 받을 필요 없이 지방정부가 직접 제정할 수 있어서 지방정부는 비로소 자치 주체가 된다.

1.2. 지방정부의 변형입법권 보장

지방의회가 법률을 제정하도록 한다면 국회가 제정한 법률과의 관계를 어떻게 설정할 것인지가 문제된다. 현행 헌법은 무조건 국회의 법률과 중앙정부의 법령이 지방입법에 우선하도록 규정하고 있다. 국가법령우월주의를 채택하고 있어서 지방정부를 중앙정부의 하급 기관으로 만들고 있다. 이는 정책의 전국적 획일화를 가져오고, 아래로부터의 혁신을 불가능하게 만든다.

지방자치를 통해서 실현하려는 지역 특성에 따른 다양성의 보장과 아래로부터의 혁신이 가능하도록 하려면 국가법령과 지방법령의 관계를 재설정할 필요가 있다. 경우에 따라서는 지방법령의 국가법령에 대한 우선성을 보장할 필요가 있다. 전국적으로 획일화된 국가법령이 지역 실정에 맞지 않거나 지방정부가 중앙정부보다 더 나은 입법을 할 수 있는 경우에는 국가의 법령에도 불구하고 지방에서 달리 규정할 수 있도록 하는 것이다(변형입법권, "불구하고" 조항). 국가법령에 대해 지방법령의 우월적인 효력을 보장함으로써 법령의 다양성, 즉 지방 간의 정책 다양성을 보장하고, 지방 간의 정책 경쟁을 가능하게 한다. 또한 중앙정부와 지방정부 간에도 정책 경쟁을 가능하게 한다. 국가는 지역에 관련된 법률이나 명령 등을 규정함에 있어서 지방정부에 의해 다른 규율이 이루어질 수 있다는 것을 의식하며 입법에 신중을 기하고 보다 높은 수준의 정책을 입법화할 수 있도록 노력하게 된다.(자세한 것은 이기우, 2014 참조) 또한 지방정부도 국가의 법령에 반하는 입법을 하기 위해서는 주민을 납득시킬 수 있어야 한다. 주민이 납득하지 못하는 지방입법은 지속성을 갖기 어렵다. 이를 통하여 지방정부와 국가는 보다 나은 입법을 하기 위해 서로 경쟁하게 된다. 이러한 입법 경쟁을 통하여 입법의 품질이 높아질 수 있다.

2. 지방 재정의 헌법적 보장

지방자치는 지방 재정의 뒷받침이 없으면 공허한 장식에 불과하다. 지방 재정은 지방자치를 물질적으로 뒷받침하는 디딤돌이 된다. 하지만 최고 규범인 헌법에는 지방 재정에 대해서 아무런 지침을 설정하지 않고 있다. 전적으로 법령에 위임되어 있다. 이는 재정 배분에 있어 지방정부와 경쟁 관계 또는 긴장 관계에 있는 국가 기관에게 지방의 운명을 맡기고 있는 것이다. 지방의 운명을 지방 스스로 결정하는 지방자치를 위해서는 지방 재정에 관하여 다음과 같은 헌법 규정이 필요하다.

2.1. 지방과세권의 헌법적 보장

지방자치의 본질은 각자 자신의 돈으로 스스로 살림을 꾸리도록 하는 데 있다. 스스로 결정한 업무를 수행하는 데 소요되는 비용을 자기 책임으로 받아들이고 이를 주민들이 조세로 부담하도록 연결하는 것이 필요하다. 이를 위하여 지방세를 어떻게 부과하고 징수하고, 이를 쓸 것인지를 가능한 한 지방이 스스로 정하도록 하는 것이 바람직하다. 현행헌법은 지방의 과세권을 인정하지 않고 있다. 세목과 세율이 모두 국회가 정한 국가의 법률로 결정되기 때문이다. 지방정부에게 세목과 세율을 스스로 결정할 수 있는 과세권을 부여하는 것이 지방 재정의 자율성과 책임성을 보장하기 위하여 필요하다.

지방정부를 중앙 의존에서 해방하여 자율의 주체로 설 수 있도록 하기 위해서는 지방의 과세권을 보장하고 소득세나 법인세, 부가가치세 등 중요 세원을 지방정부에서도 필요에 따라 과세할 수 있도록 헌법에서 보장해주어야 한다. 이에 개인이나 법인의 소득세에 대해서 지방정부도 부과할 수 있는 세원공유제도를 도입할 필요가 있다. 중앙과 지방 간에 수직적인 이중과세 내지 중복과세를 허용해야 한다. 국세와 상관없이 지방에서도 소득세나 법인세 등 현재 국세로 분류되어 있는 세금을 부과할 수 있도록 하는 것이 필요하다. 독일이나 스위스 등과 같이 선진국에서는 국세와 지방세의 세목이 중복되도록 하고 있어도 큰 문제가 없다.

2.2. 위임사무의 비용 부담은 위임한 정부가 부담하도록 헌법에 보장

복지 지출의 급증으로 지방정부들이 몸살을 앓고 있다. 국가가 결정한 복지 정책 수행 비용의 상당한 부분을 지방정부로 전가하고 있다. 중앙정부는 선심만 쓰고 비용은 지방정부가 상당한 부분을 부담하도록 하는 왜곡된 구조 속에서 도덕적 해이가 발생한다. 지방정부는 국가 사무인 복지 사무를 수행하는 손발에 불과하다. 국가 사무인 복지 사무의 소요 비용은 당연히 국가가 부담해야 한다. 국가의 복지 사무를 수행하는 지방정부는 복지의 배달 책임을 맡고 있다. 그럼에도 불구하고 지방정부에게 복지 비용을 부담하게 하는 것은 배달부에게 물건 값도 내라고 하는 것처럼 부당하다.

중앙정부가 결정한 복지 비용은 중앙정부가, 지방정부가 결정한 복지 정책은 지방정부가 그 비용의 전액을 부담하도록 해야 한다. 중앙정부가 결정한 복지를 일반 재원인 지방교부세로 비용을 충당하도록 해서는 안 된다. 이는 결국 중앙의 비용을 지방으로 전가하는 결과를 초래하기 때문이다.

2.3. 재정조정제도에 관한 헌법적 보장

지역 간의 재정 격차 문제를 해결하기 위한 헌법적인 규정이 필요하다. 지방정부의 과세 자율성 보장은 자칫하면 지방 간에 빈익빈 부익부를 고착화할 수 있으며, 재정이 빈약한 지역에서는 재정에 관한 지방 자율 대신에 중앙정부의 개입을 선호하는 경향이 나타날 수 있다. 지역 간 연대 차원에서 재정이 풍부한 지역의 세금 중에서 일부를 재정이 빈약한 지역에 이전하는 수평적인 재정조정제도를 통해서 재정 격차는 해소하고, 중앙의 간섭은 배제하는 방법이 바람직하다. 가능하면 재원이 풍부한 서울과 경기도, 울산 등에서 먼저 이를 제안하면서 다른 지방과 함께 세원 공유와 함께 지방과세권의 요구에 지방이 한목소리를 내도록 하는 것이 필요하다.

또한 중앙정부는 지역 간 재정 격차를 조정하는 역할을 수행하여야 한다. 즉, 수직적인 재정조정제도도 존치하도록 한다. 하지만 그 규모 면에서는 수평적인 재정 조정을 일차적으로 고려하고 수직적인 재정 조정은 보충적으로 보장하는 것이 바람직하다. 헌법에서는 자세하게 규정하기 어렵기 때문에 "지역 간 재정 격차를 완화하기 위하여 법률이 정하는 바에 따라 지방과 지방 간의 수평적인 재정 조정과 국가와 지방 간의 수직적인 재정 조정을 한다"는 규정이라도 하는 것이 바람직하다. 또한 재정 조정의 기준도 단순하고 객관적으로 명확하게 규정하여야 중앙정부의 간섭을 배제할 수 있게 된다.

3. 양원제의 도입

 연방제도를 포함하여 지방분권적인 권력 구조를 가진 국가에서는 대체로 양원제도를 취하고 있다. 국가 전체의 이익을 대표하는 하원과 지방의 이익을 대변하는 상원이 상호 견제하도록 함으로써 중앙정부가 지방정부의 자치권을 일방적으로 침해하는 것을 방지하고, 지방의 자치권을 방어하는 것을 가능하게 한다. 양원제는 의회 내의 권력 분립을 의미한다. 동시에 국가 전체의 의사 결정 과정에서 지방의 참여를 의미한다. 이 점에서 양원제는 국가와 지방 간의 수직적인 권력 분립을 구체화한 것이라 볼 수 있다.
 양원을 구성함에 있어서 하원은 인구 비례로 구성하지만(민주주의 원리) 지역을 대표하는 상원은 지역 간에 동등한 참여를 보장하거나 인구가 작은 지역에게 인구가 많은 지역보다도 상대적으로 많은 대표성을 인정함으로써 대규모 지방과 소규모 지방 간의 균형을 이루도록 하고 있다(지역주의 원리). 이에 대규모 지방과 소규모 지역 간의 권력 분립이 이루어지고 있다.

4. 기타 몇 가지 지방분권의 과제

4.1. 지방선거 정당 공천의 배제

지방정치는 정당 공천에 의해 발목이 잡혀 있다. 지방선거는 전국 선거가 되고, 공천을 받아 당선된 지방정치인은 다음 선거의 공천을 받기 위해 지역구 국회의원에 종속된다. 지역구 국회의원은 전국 정치를 하는 대신에 정당 공천을 매개로 지방 정치를 하고 있다. 이로 인하여 지방 정치도 실종되고, 전국 정치도 실종된다. 지방선거에서 정당 공천 배제에 대해서는 지방자치가 부활한 이래 치열한 논쟁을 거쳐서 이미 결론이 나 있는 것이나 다름없다. 지방 정치를 복원하고 지방선거 정당 공천으로 인한 국회의원의 특권적 월권을 방지하기 위해서는 적어도 기초지방선거에서는 정당 공천을 배제하여야 한다.

4.2. 지방 교육 자치의 실질화

· 교육 정책의 지방분권화

역대 모든 정부가 교육 문제를 해결하겠다고 갖가지 방안을 내놓았지만 교육 문제는 가장 심각한 사회문제가 되고 있다. 사교육 문제, 학교 폭력 문제, 교과서 문제, 교육감 선거 문제 등 교육을 둘러싼 문제는 해결의 기미를 보이지 않는다. 특히 사교육 문제는 중앙정부가 더 이상 해결 방안이 없다는 것을 충분히 입증했다고 할 수 있다. 수십 년간 온갖 방안을 다 시도해봐도 사교육비는 줄어들기는커녕 점점 늘어만 가고 있다. 교육부가 주도하는 획일적인 교육 정책에 더 이상 기대할 것이 없다. 중앙정부는 교육 문제에 대해서 해결 방안이 없다는 것을 솔직하게 인정하고 지방정부마다 다양한 교육 방안을 도입해서 각각 교육 문제를 해결하도록 열어주는 길밖에 없다.

창의적인 교육은 교육의 다양성을 요구한다. 교육부를 중심으로 하는 중앙집권적인 획일적 교육으로 창조적인 교육을 하겠다는 것은 그 자체가 모순이다. 창의적인 교육은 교육 주체들이 다양한 상상력을 발휘할 수 있도록 자유가 주어질 때 가능하다. 지방마다 다양한 교육적 상상력을 발휘할 수 있도록 권한을 주어야 한다.

대부분의 선진국에서는 교육 정책에 관한 한 지방정부가 주도권을 가지고 있다. 심지어는 미국과 독일, 스위스 등에서는 교육에 대한 중앙정부의 입법권을 인정하지 않고 지방정부가 입법권을 비롯한 교육 정책을 주도하도록 하고 있다. 교육 정책을 지방마다 다양하게 실현할 수 있도록 교육 문제는 지방에게 맡기는 것이 바람직하다.

· 시·군·자치구 중심의 교육 자치가 되어야

시·도가 교육 사무를 처리하다 보니 지역이 너무 광범위하여 지역적인 특성을 살리는 데 지장을 초래하고 있다. 교육 사무를 모두 광역 사무로 한다는 것은 지방자치의 이념인 '주민에 가까운 행정'의 이상에 반한다. 주민들의 입장에서 본다면 자신과 멀리 떨어진 시·도 전체의 교육 문제보다는 매일 접하는 지역 내에서의 교육 문제에 대한 관심이 훨씬 높다. 그럼에도 불구하고 교육 사무를 모두 광역 사무로 규정하는 것은 교육 문제를 주민으로부터 격리시키는 결과를 초래한다.

또한 교육 권한을 광역 단위에 집중시킴으로써 시·도 교육감의 권한이 지나치게 비대하여 권력의 남용과 부패의 위험이 상존한다. 교육청 직원과 교사에 대한 방대한 인사권, 시·도 예산에 버금가는 예산, 각종 학교 건축과 학원 단속에 관한 권한 등이 교육감 한 사람에게 집중되어 갖가지 문제를 일으키는 온상이 되고 있다. 교육에 대한 주민 결정과 교육의 다양성과 창의성, 혁신을 강화하기 위해서는 시·도 단위의 교육 행정은 물론이고 기초단위의 지방교육자치를 하루빨리 복원시켜야 한다.

· 교육행정기관의 구성도 지방마다 다양화해야

지방교육행정의 기관 구성 방식을 두고 60년 이상 논쟁해왔지만 해결의 기미를 찾지 못하고 있다. 지방교육행정기관을 지방행정과 통합할 것인지(일원론), 아니면 분리하여 독립시킬 것인지(이원론)의 논쟁은 오늘날에도 계속되고 있다.

지방교육행정기관의 구성 방식을 전국적으로, 통일적으로 획일화시킬 필요는 없다. 오히려 지방자치의 원리인 위험의 분산과 정책 경쟁의 원리에서 보면 지방교육행정기관의 구성 방식을 지방의 자율에 맡김으로써 불필요한 탁상 논쟁에 종지부를 찍고 지역마다 자기 결정으로 그 지방에 맞는 제도를 선택할 수 있도록 하여야 한다. 즉, 지방교육행정기관을 어떻게 설치할 것인지의 여부를 지방정부의 자치 법률로 정하도록 함으로써 지역 간의 정책 경쟁과 위험 분산, 혁신을 통한 교육의 다양성과

제도 발전을 가능하도록 물꼬를 터주는 것이 현실적인 해결 방안이라고 본다.

참고 문헌

안성민, 『자연과 역사가 살아 숨 쉬는 태화강 만들기, 지방의 신화 창조』, 정부혁신지방분권위원회, 2006, 179~211쪽.

이기우, 『모든 권력은 국민에게 속한다. 이제는 직접민주주의다』, 미래를 소유한 사람들, 2016.

이기우, 「지방정부의 예외입법권과 정책 경쟁—독일지방정부의 예외입법권을 중심으로」, 『법학논총』 제26권 제3호, 2014, 251~282쪽.

이기우, 『화장실 혁명의 메카: 수원시, 지방의 신화 창조』, 정부혁신지방분권위원회, 2006, 55~95쪽.

이기우, 『지방자치이론』, 학현사, 1996.

최창호·강형기, 『지방자치학』, 제3판, 상영사, 2016.

한국행정연구원, 2016사회통합실태조사, http://survey.kipa.re.kr/database/skin/doc.html?fn=FILE_0000000000045650&rs=/database/convert/result/201512/

조지 오웰, 『1984』, 김병익 옮김, 문예출판사, 1999.

모든 변화의 첫 단추, 선거제도 개혁

하승수

비례민주주의연대 공동대표, 녹색당 전 공동운영위원장. 저서로 『지역 지방자치 그리고 민주주의』(후마니타스, 2007), 『착한 전기는 가능하다』(한티재, 2015), 『나는 국가로부터 배당받을 권리가 있다』(한티재, 2015), 『삶을 위한 정치혁명』(한티재, 2016)이 있고, 공저로 『정보사냥: 시민의 힘으로 공공기관의 정보 캐내기』(도요새, 2009), 『행복하려면 녹색』(이매진, 2014), 『껍데기 민주주의』(포도밭출판사, 2016), 『말이 되는 소리 하네』(명랑한지성, 2017) 등이 있다.

들어가며

2017년 6월 8일 220여 개 노동·시민사회단체로 구성된 '정치개혁 공동행동'이 발족하고, 지역별로도 울산행동, 강원행동, 광주행동, 대구시민행동 등이 잇따라 발족할 예정이다. 서울에서도 '정치개혁 서울행동'이 준비 중에 있고, 자치구별로도 공동행동이 만들어지고 있다. 대선 이후에 근본적인 정치 개혁을 위해서는 선거제도 개혁이 선행되어야 한다는 문제의식 때문이다.

그리고 문재인 대통령도 당선 직후에 '개헌과 함께 선거제도 개편이 논의되어야 한다'는 입장을 얘기했다. 대선 당시에 안철수, 심상정 후보도 연동형 비례대표제 도입, 만 18세 선거권, 대통령 결선투표제 도입에 찬성한다는 입장을 밝혔다. 이처럼 선거제도 개혁을 위한 논의는 이제 무르익어가고 있다.

사실 선거제도 개혁은 오랫동안 논의되어온 주제이다. 그러나 최근 들어서는 시민사회나 학계뿐만 아니라, 주요 정당과 정치인들, 그리고 중앙선거관리위원회도 선거제도 개혁을 얘기하고 있다는 것이 다른 점이다.

가장 핵심이 되는 것은 유권자들이 던진 투표를 의석으로 전환하는 방식과 관련된 것이다. 이와 관련해서 2015년 2월 중앙선거관리위원회는 '연동형 비례대표제'로 국회의원 선거제도를 전환하는 방안을 발표했다.

그리고 현재 국회에는 '연동형 비례대표제' 법안만 해도 4건이 발의되어 있다. 소병훈, 박주현, 김상희, 박주민 의원이 각각 대표발의를 한 4건의 법률안은 세부적인 차이는 있지만, 정당득표율과 의석비율을 일치시키는 '연동형' 개념을 도입한다는 점에서 유사하다.

이처럼 선거제도 개혁 논의는 막연한 수준이 아니라, 구체적인 법안을 놓고 논의하는 단계로 들어가고 있다. 그리고 지난 6월 26일 국회는 본회의를 통해 '입법권을 갖는 정치개혁특위' 구성결의안을 통과시켰다. 그래서 2017년 하반기에는 선거제도 개혁 논의가 본격화될 것이다.

국가 차원의 선거제도만 문제가 많은 것도 아니다. 지방선거제도도 문제가 많기는 마찬가지다. 그래서 국회 정치개혁특위에서는 지방선거제도 개선 방안도 함께 논의될 예정이다.

이 글에서는 지금 필요한 선거제도 개혁은 어떤 것인지에 대해 설명하고자 한다. 그리고 비례성이 보장되는 선거제도로 전환하는 것은 지방의회 선거에서도 마찬가지로 필요하므로, 지방선거제도 개선 방안에 대해서도 제안하고자 한다. 한국의 광역의회, 기초의회 선거에서도 '비례대표'가 있지만, 지금의 비례대표제는 거대 정당에게 보너스 의석을 제공하는 제도에 불과하다. 2018년 6월로 예정된 지방선거를 앞두고 비례성을 높이는 방향으로 선거제도를 개혁해야 할 필요가 있다. 또한 지방자치단체장 결선투표제 도입, 지역 차원의 정치결사체(local party) 인정 문제에 대해서도 살펴보고자 한다.

현행 선거제도의 문제점

의회 선거제도는 유권자들의 투표를 의회 의석으로 전환해주는 시스템이다. 그리고 대통령이나 지방자치단체장을 직선으로 뽑는 경우에는 결선투표제를 도입하느냐 마느냐의 문제가 있다. 또한 선거권/피선거권, 선거운동 방식 등도 선거 결과에 영향을 미치므로 넓은 의미의 선거제도에 포함된다고 할 수 있다. 이런 모든 면에서 대한민국의 선거제도는 세계 최악이라고 해도 지나치지 않다.

1. 높은 선거권, 피선거권 연령

우선 선거권 연령을 만 19세로 규정하고 있다. 이번 조기대선 이전에 만 18세로 낮춰야 한다는 여론이 강력히 존재했지만, 결국 국회에선 이 방안이 통과되지 못했다. 그러나 전 세계적으로 보면 만 18세 이하로 선거권 연령을 규정하는 것이 대세이다.

중앙선거관리위원회는 2016년 8월에 선거법 개정 의견을 제시하면서, "OECD 34개 회원국 중 우리나라만 선거권 연령하한이 19세(다른 국가는 모두 18세 이하)이며, 세계 147개국의 선거 연령도 18세"라고 지적했다. 만 18세로 선거권 연령을 낮추는 것은 파격적인 것도 아니고, 정말 최소한의 것이다. 오스트리아 같은 국가는 2007년에 만 16세로 선거권을 낮추기도 했고, 독일의 일부 지방이나 스코틀랜드에서는 지방선거 투표권 연령을 만 16세로 낮추고 있다.

한국의 청소년들이 만 18세 선거권 연령을 택하고 있는 다른 국가의 청소년들에 비해 정치적 판단 능력이 떨어진다고 말할 수 없다. 여전히 만 19세 연령을 고집하는 것은 청소년들의 참정권에 대한 침해일 뿐만 아니라 국가적인 수치이다.

또한 대한민국은 피선거권 연령도 만 25세로 너무 높다. 민주주의가 잘되는 많은 국가들은 만 18세부터 피선거권도 보장하고 있다. 피선거권 연령도 만 18세로 낮춰야 한다.

그리고 청소년들의 정치 활동도 보장해야 한다. 정치 선진국의 경우 청소년들의 정당 가입, 선거운동 등이 자유롭다. 청소년 시기부터 정치를 자연스럽게 접하는 것이 최고의 민주시민 교육이다.

2. 민의를 왜곡하는 의회 선거제도 : 정당득표율과 의석비율 간의 불일치

대통령을 잘못 뽑았다고 하더라도, 국회가 대통령을 견제·감시할 수 있었다면, 지금과 같은 상황까지는 오지 않았을 것이다. 그런데 이명박-박근혜 전 대통령이 집권하던 대부분의 기간 동안 국회는 아무런 견제 역할을 못했다. 대통령과 같은 정당에 소속된 국회의원들이 국회 과반수를 차지하고 있었기 때문이다. 2016년 4월 총선에서 유권자들이 여소야대 구도를 만들어주기 전까지는 그랬다.

그렇다면 대한민국 유권자들 절반이 한나라당 또는 새누리당을 총선에서 지지했을까? 그렇지 않다. 한나라당 또는 새누리당이 국회 과반수를 차지할 수 있었던 것은 표심(민심)을 왜곡하는 선거제도 덕분이었다. 2008년 총선에서 한나라당은 37.5%의 지지를 받았는데 국회에서는 300석 중 153석을 차지했다. 그래서 4대강 사업 예산을 강행 처리할 수 있었다.

2012년 총선에서 새누리당은 42.8%의 지지를 받았는데 과반수가 넘는 152석을 차지했다. 당시에 자유선진당까지 합쳐도, 새누리당+자유선진당의 정당득표율은 50%에 미치지 못했고, 야당들이 더 많은 표를 받았다. 만약 정당득표율대로 의석을 배분하는 선거제도였다면, 2012년 총선 때 이미 여소야대가 되었어야 맞다. 그랬다면 박근혜 전 대통령이 이렇게까지 국정을 농단하고 비리를 저지르지는 못했을 것이다.

결국 이명박-박근혜 정권이 만든 온갖 적폐의 원인은 바로 표심을 왜곡하는 선거제도에도 있었다. 지역구에서 30%를 얻든 40%를 얻든, 1등만 하면 당선되는 선거제도로 300명 중 253명을 뽑으면, 표심 왜곡 현상이 생길 수밖에 없다. 그래서 '연동형 비례대표제'로 국회의원 선거제도를 전환하는 것이 필요하다. 정당이 얻은 표심 그대로, 그 정당에게 의석을 배분하자는 얘기이다.

표1_ 역대 총선의 1당 득표율과 의석

	2004년	2008년	2012년
1등 한 정당의 득표율	38.3% (열린우리당)	37.5% (한나라당)	42.8% (새누리당)
1등 한 정당의 의석	152석	153석	152석

대한민국에도 '비례대표'란 단어는 존재한다. 전체 300명의 국회의원 중에 47명을 비례대표로 뽑기 때문이다. 그러나 이것은 사이비 비례대표제라고 할 수 있다.

비례대표제는 정당득표율에 따라 전체 의회 의석을 배분하기 위해 발명된 제도이다. 300명 전체를 정당득표율대로 배분해야 제대로 된 비례대표제인 것이다. 그런데 대한민국이 하고 있는 비례대표제는 300명 중에 겨우 47명만을 정당득표율에 따라 배분하기 때문에 그런 효과를 전혀 얻지 못한다.

한편 현재의 국회의원 선거제도는 표심을 왜곡할 뿐만 아니라, 국회 구성에서 세대 대표성, 계급·계층 대표성 등이 완전히 깨지게 만드는 결과를 초래하고 있다.

통계를 뽑아보면, 대한민국 국회의 구성은 매우 왜곡된 상태이다. 국민들의 평균적인 모습과는 거리가 먼 국회가 되었다. 국회의원 평균 재산이 40억 원이 넘는다. 여성 국회의원 비율은 17%로, 세계 평균인 23.0%보다도 더 낮다(2016년 기준).

20대 국회의원 당선자의 평균연령은 55.5세였다. 국회의원 평균연령이 45세 이하인 핀란드 같은 나라보다는 평균연령이 10세 이상 높다. 게다가 2030세대 국회의원이 3명뿐이다. 세계 평균인 13.52%와는 비교할 수 없을 정도로 낮다. 반면 50대, 60대 비중은 훨씬 높다.

민의가 제대로 반영되지 않는 것은 지방의회 선거도 마찬가지이다. 특히 한국의 광역지방의회 선거의 불비례성은 세계 최악이다.

표2_ 연령대별 국회의원 분포

국회의원 연령대	대한민국	세계 평균
20~29세	0.33%	1.65%
30~39세	0.67%	11.87%
40~49세	16.67%	25.22%
50~59세	53.67%	33.12%
60~69세	27%	21.67%
70세 이상	1.67%	6.47%

*세계 평균은 IPU(국제의원연맹)가 2012년에 발간한 *Global Parliamentary Report*를 참고

선거의 불비례성을 보여주는 지수인 갤러거 지수(Gallagher Index)[1]로 한국의 광역지방의회 선거결과를 평가해보면, 가장 낮은 제주특별자치도가 9.35 수준이고, 부산은 33.60에 달한다. 광주광역시의 경우에도 19.37에 달한다. 참고로 갤러거 지수는 0에 가까울수록 비례성이 보장되는 것이고, 숫자가 높을수록 선거의 불비례성이 심하다는 것을 의미한다. 국가단위 국회선거의 불비례성이 최악인 경우가 24.07 수준(세인트키츠네비스)인 것과 비교하더라도, 대한민국 광역지방의회의 불비례성은 세계 최악이라고 할 수 있다.[2]

---

[1] 갤러거 지수는 선거제도의 불비례성을 측정하는 지수로 개발된 것이다.
[2] 데이비드 파렐, 『선거제도의 이해』, 전용주 옮김, 한울, 2017, 314쪽.

표3_ 광역지방의회 선거 결과의 불비례성(2014년 지방선거 기준)

지역	갤러거 지수	지역	갤러거 지수
서울	23.39	부산	33.60
대구	23.97	인천	12.18
광주	19.37	대전	22.39
울산	32.81	경기	14.00
강원	22.58	충북	11.56
충남	18.17	전북	21.74
전남	19.13	경북	12.70
경남	29.09	제주	9.35
세종	11.99		

*신나희, 비례민주주의연대 세미나 발제문, 2017에서 인용

3. 대표성 확보가 미흡한 대통령 · 지방자치단체장 선거제도

대통령을 직선으로 뽑는 국가 중 대다수는 결선투표제를 도입하고 있다. 그런데 대한민국의 경우에는 결선투표제를 도입하지 않고 있다.

대통령이나 지방자치단체장처럼 1인을 선출해서 많은 권한을 위임하는 경우에는, 최소한 유권자 과반수의 지지를 얻어 선출하는 것이 민주적 정당성을 확보하는 길이다. 그리고 유권자들이 최소한 1차 투표 때에는 사표 걱정 없이 지지하는 정당의 후보를 선택할 수 있도록 하려고 해도 결선투표제가 필요하다. 그래야 소수정당도 선거 때에 후보를 내고 경쟁을 하는 것이 가능하다.

또한 결선투표제는 극단적 입장에 치우친 후보가 적은 득표율로 당선되는 것을 방지하는 효과도 있다. 실제로 프랑스나 오스트리아에서는 극우정당의 후보가 1차 투표 때에는 1위를 한 사례가 있지만, 2차 투표에서는 극우정당을 견제하려는 유권자들의 심리 때문에 낙선했던 사례들이 있었다.

4. 유권자 표현의 자유, 교사·공무원 등의 참정권 보장 등

현행 공직선거법하에서는 시민들의 의견 표현조차도 단속의 대상이 되고 형사 처벌 대상이 될 수 있다. 이는 유권자들의 최소한의 정치적 권리를 침해하는 것이다. 따라서 선거 180일 전부터 선거와 관련된 유권자의 표현의 자유를 포괄적으로 제약하는 공직선거법 93조 1항 등의 독소 조항을 폐지 또는 개정해야 한다.

또한 교사·공무원들의 정치적 권리(정당 가입, 정치적 표현의 자유)도 보장해야 한다. 공공기관 노동자들의 후보 출마를 제한하는 지방공기업법, 농협 등에서 근무하는 노동자들까지 선거운동에 참여하지 못하게 하는 공직선거법의 개정도 필요하다.

대통령 3억 원, 광역지방자치단체장 5천만 원, 국회의원 1천5백만 원이라는 고액 기탁금 제도도 문제이다. 기탁금은 대폭 낮추거나 폐지해야 한다.

'연동형 비례대표제'의 중요성

특히 강조하고 싶은 것은 의회 선거에서 '연동형 비례대표제'가 갖는 중요성이다. 의회를 선출하는 선거제도는 정말 다양하지만, 큰 흐름을 형성하고 있는 것은 두 가지이다.

하나는 미국, 영국, 캐나다 등이 택하고 있는 상대다수 소선거구제(FPTP, first-past-the-post)이다. 득표율에 관계없이 지역구에서 1등을 하면 당선되는 이 제도에서는 득표율과 의석비율 간의 불일치(불비례성)가 발생하고, 자연스럽게 거대 정당 중심의 양당제 구조가 형성되기 쉽다. 지역구에서 1등을 하려면 거대 정당의 공천을 받아야 하기 때문에 돈, 권력, 인맥 등에서 유리한 사람들로 국회가 채워지기 쉽다.

다른 하나는 정당득표율과 의석을 최대한 일치시키는 제도이다. 이런 방식의 선거제도도 세부적으로 들어가면 다양한 방식이 있다. 지역구 선거를 하지 않고 정당이 얻은 득표율로만 정당별 의석을 배분하는 방식을 택하는 경우도 있다. 정당명부식 비례대표제(party list propotional representation)라고 불리며 네덜란드, 덴마크, 스웨덴 오스트리아, 스위스 등이 대표적이다. 다른 한편으로는, 지역구 선거를 하면서도 전체 의석은 정당득표율에 따라 배분하는 방식도 있다. 독일, 뉴질랜드 등이 택하고 있는 방식으로 혼합형 비례대표제(Mixed-member propotional representation)라고 불린다.

최근 우리나라에서는 정당명부식 비례대표제와 혼합형 비례대표제를 합쳐서 '연동형 비례대표제'라고 부르기도 한다. 우리나라에서 '연동형'이라는 말을 쓰는 이유는 현재의 선거제도가 '병립형'이기 때문이다. 현재의 선거제도는 300명 국회의원 중에서 253명은 지역구에서 1등을 한 사람이 되고, 겨우 47명의 비례대표만 정당득표율대로 배분하는 '병립형' 방식이다. 지역구 따로 비례대표 따로인 것이다.

그런데 '연동형'은 전체 300명 의석을 정당득표율대로(정당득표율에 연동해서) 배분한다는 것을 의미한다. 지역구 선거를 하든 하지 않든 이렇게 전체 의석을 정당득표율대로 배분하는 것이 중요하다. 대부분의 복지선진국들은 이런 식의 선거제도를 갖고 있다.

이렇게 비례성이 보장되는 선거제도를 택하고 있는 경우에는 자연스럽게 다양한 정당들이 경쟁하고, 어느 한 정당이 과반수를 차지하기 어려운 '다당제' 구조가 정착된다. 그리고 여러 정당들이 연립정부를 구성하는 것이 불가피해진다. 이를 '합의제 민주주의'라고 부르기도 한다.

표4_ 다수제 민주주의와 합의제 민주주의 비교

	다수제 민주주의의 전형	합의제 민주주의의 전형
국회의원 선거제도	1위 대표제 등의 다수대표제	비례성이 보장되는 선거제도
정당 체계	양당제	다당제
행정부 형태	단일정당 정부	연립정부

*최태욱, 『한국형 합의제 민주주의를 말하다』, 책세상, 2014, 68쪽에서 수정·인용

선거제도를 통해 형성되는 정치 구조는 그 사회의 행복 수준에 큰 영향을 미친다. 민주주의가 잘되는 나라 10개 국가를 뽑아보면 노르웨이, 아이슬란드, 스웨덴, 뉴질랜드, 덴마크, 스위스, 캐나다, 핀란드, 호주, 네덜란드 같은 나라가 있다.(2015년 EIU 발표 민주주의 지수) 이 10개 나라는 '삶의 질'이나 행복지수에 관한 조사에서도 세계 최고 수준을 보인다.

그런데 이 국가들 대부분은 앞서 언급한 것처럼, 정당득표율에 따라 의석이 배분되는 선거제도(이하 '연동형 비례대표제'라 한다)를 택하고 있다. 그래서 다당제 정치 구조를 갖고 있다. 대표적으로 UN세계행복보고서에서 행복 1등 국가로 나오는 덴마크의 경우에는 175석의 국회의석이 정당득표율에 따라 배분되는 선거제도를 갖고 있다(페로 제도와 그린란드에 배정되는 4석은 별도).

또한 국제투명성기구가 발표하는 2015년 부패인식지수 조사에서 1~7등까지 한 국가를 보면 덴마크(1위), 핀란드(2위), 스웨덴(3위), 뉴질랜드(4위), 네덜란드(5위), 노르웨이(공동 5위), 스위스(7위) 등이다. 이 나라들의 공통점도 연동형 비례대표제를 택하고 있다는 것이다.

연동형 비례대표제를 택한 국가에서는 어느 한 정당이 독주할 수가 없기 때문에, 자연스럽게 정당 간에 견제와 감시가 이뤄질 수밖에 없다. 최고 권력자인 총리라 하더라도 다른 정당들의 협력이 없으면 정권을 유지할 수 없다. 최순실의 숙주가 되는 '박근혜'가 원천적으로 불가능한 것이다. 그래서 '박근혜-최

표5_ 민주주의 지수 상위 10개 국가의 정치 시스템과 선거제도

순위	국가	정치 시스템	선거제도
1	노르웨이	다당제	연동형 비례대표제
2	아이슬란드	다당제	연동형 비례대표제
3	스웨덴	다당제	연동형 비례대표제
4	뉴질랜드	다당제	연동형 비례대표제
5	덴마크	다당제	연동형 비례대표제
6	스위스	다당제	연동형 비례대표제
7	캐나다	분류하기 애매함	상대다수 소선거구제
8	핀란드	다당제	연동형 비례대표제
9	호주	양당제	소선거구 선호투표제 (상원은 단기이양식)
10	네덜란드	다당제	연동형 비례대표제

*출처: EIU 발표 2015년 민주주의 지수(Democracy Index)

순실 예방법'은 선거제도 개혁일 수밖에 없다.

흔히 다당제하에서는 정치가 불안정하다고 생각하기 쉽지만, 정치안정성에 대한 조사 결과는 그렇지 않다는 것을 보여준다. 세계은행에서 발표하는 정치안정지수(Political Stability Index)에서 다당제 국가들은 오히려 정치안정성이 높은 국가들이 많은 반면, 오히려 양당제 국가들이 불안하게 나타났다. 2014년 발표된 순위에서 양당제 국가인 대한민국은 191개국 중에 84위, 미국은 60위에 그쳤다.

선거제도 개혁의 방향

앞서 언급한 내용에서 선거제도 개혁의 방향도 이미 나왔다. 간추려서 정리하면 아래와 같다.

첫째, 선거권 연령은 만 18세로 낮추고, 더 나아가서 만 16세까지 낮추는 것도 추진해야 한다. 피선거권도 선거권이 부여되는 나이부터 보장되어야 한다.

둘째, 국회의원과 지방의원 선거제도는 정당득표율과 의석 비율을 일치시키는 방향으로 개혁해야 한다. 이미 구체적인 제안들이 나와 있다.

우선 2015년 2월 중앙선거관리위원회는 독일식에 가까운 권역별 '연동형 비례대표제'를 제안했다(전국을 6개 권역으로 쪼개는).

지금처럼 지역구 후보에게 1표, 정당에게 1표를 던지는 '1인 2표' 투표 방식을 유지하되, 전체 의석은 정당투표에 따라 배분하는 방식이다. 유권자들이 투표하는 방식은 그대로이기 때문에 아무런 혼란이 없다. 지역구 선거를 아예 없애는 것도 아니기 때문에 지역대표성도 확보할 수 있다.

그러나 국회의 구성은 정당 투표에 의해 좌우된다. 정당 투표를 얻은 만큼 의석을 배분받기 때문이다. 예를 들어 어떤 권역에서 100석의 국회의석이 있고, A당이 20% 득표를 하면 A당은 그 권역에서 20% 의석인 20석을 배정받는다. 그리고 A당이 그 권역에서 당선된 지역구 당선자가 15명이 있다면, 15명은 우선 국회의원이 되고 모자라는 5명은 비례대표로 채우는 것이다.

이 제도에서는 어디까지나 정당 투표가 중요하다. 지역구 당선자는 그 지역의 대표자를 정하는 의미일 뿐, 국회의석은 정당 투표로 배분되기 때문이다. 만약 앞의 예에서 A당이 지역구 당선자가 아예 없다면 A당은 20석 전체를 비례대표로 채우게 된다. 간혹 A당이 배정받은 의석 20석보다 더 많은 지역구 당선자를 내는 경우도 있을 수 있다. 그런 경우를 초과의석이라고 하는데, 그 숫자가 아주 많지 않도록 제도를 설계하면 대세에는 큰 지장이 없다. 초과의석의 발생을 억제하려면 지역구 : 비례대표 비율이 최소한 2:1이 되는 것이 바람직하다. 특히 연동형 비례대표제를 전국 단위가 아니라 권역별로 도입할 경우에는 비례대표 비율을 확보하는 것이 더욱 중요하다.

가장 관건이 되는 것은 국회의원 정수를 어느 정도로 정하느냐 하는 것이다. 지역구 2 : 비례 1의 비율을 유지할 수 있으려면 360명 정도로 국회의석을 늘리는 것이 필요하다. 지금 253개인 국회의원 지역구를 많이 줄이는 것은 현실적으로 어렵기 때문이다. 그러지 않아도 농촌 지역에는 선거구 크기가 커서 3~4개 시·군을 합쳐서 1명의 국회의원을 뽑는 경우가 많다. 이런 상황에서 지역구를 더 줄이는 것은 농촌 지역 유권자들 입장에서도 받아들이기가 쉽지 않다. 그래서 비례대표 국회의원 숫자를 100명 이상으로 늘려서 지역구 2 : 비례 1의 비율을 맞출 필요가 있다.

국회의원 숫자를 늘리는 것에 대해서는 시민들의 반감이 존재한다. 그러나 객관적으로 한번 따져볼 필요가 있다. 대한민국의 국회의원 숫자는 외국에 비해 적은 편이다. OECD 국가 평균

국회의원 1인당 인구수는 99,469명인데, 한국은 17만 명에 육박한다. 독일은 인구가 8천만 명이 조금 넘는데, 지금 국회의원 숫자는 630명에 달한다. 대한민국은 독일에 비해서도 국회의원 숫자가 많이 적은 편이다. 이렇게 국회의원 1명이 대표하는 국민 숫자가 많은 것은 바람직하지 않다. 그래서 국회의원 정수는 늘리는 것이 필요하다.

그리고 특권은 없애고 의석을 늘린다면, 주권자인 국민들 입장에서는 이득이 되는 일이다. 5,744억 원으로 300명의 국회의원을 쓰면서 제 역할을 하지 못하는 국회를 보며 답답해하는 것보다, 360명으로 구성된 제대로 된 국회를 쓰는 것이 국민들 입장에서는 훨씬 더 나은 일이다. 국회에 존재하는 예산 낭비나 특권을 없애고 의원 세비, 의원 보좌진 숫자를 적정 수준으로 조정하면 현재의 국회 예산으로도 360명의 국회의원을 두는 것은 충분히 가능하다.

표6_ 주요 국가의 의원 1인당 국민수

국가	총 인구수 (2014년 기준)	직접 선출 의원수	의원 1인당 국민수
이탈리아	61,680,122명	945명	65,270명
스페인	47,734,941명	558명	85,546명
영국	63,742,977명	650명	98,066명
프랑스	66,259,012명	577명	114,834명
독일	80,996,685명	630명	128,567명
한국(2015)	50,617,045명	300명	168,723명

* 박근용, 「국민 대표성과 민주적 정당성 확보에 미흡한 국회의원 선거제도 개혁」, 『20대 국회에서 개정해야 할 선거법 과제』 토론회 자료집, 2016.7.7. 61쪽에서 인용하면서 일부 수정.

또한 정당의 공천 개혁도 병행되어야 한다. 참고로 독일은 연방선거법에서 당원들(또는 당원들이 뽑은 대의원들)의 비밀투표로 선출된 후보자가 아니면 후보 등록을 받지 않도록 되어 있다. 대한민국도 민주적 공천을 강제할 수 있는 장치를 공직선거법에 도입하는 방법을 검토할 필요가 있다. 그럼으로써 선거제도 개혁과 함께 정당의 공천 개혁을 이뤄내는 것이 필요하다.

셋째, 대통령과 지방자치단체장에 대해서는 결선투표제를 도입해야 한다. 지방자치단체장 결선투표제와 관련해서는 뒤에서 현실적인 도입 방안을 제시할 것이다.

넷째, 앞서 언급한 것처럼, 유권자들의 정치적 표현의 자유를 가로막는 공직선거법 제90조 제1항, 제93조 제1항 등의 독소 조항은 폐지되어야 한다. 그리고 교사·공무원들의 정당 가입, 정치적 표현의 자유도 보장해야 한다. 고액 기탁금, 과도한 선거운동 제한 등도 개선되어야 한다.

개헌과 선거제도 개혁의 상관관계

국회에서 개헌특위가 구성되어 개헌 논의가 진행되고 있지만, 선거제도 개혁이 전제되지 않은 상태에서 권력 구조만 개편하는 것은 '개혁'이 아니라 '개악'으로 귀결될 가능성이 높다.

지금의 '제왕적 대통령제'가 문제이므로, 의원내각제나 분권형 대통령제를 택해야 한다는 주장은 정치 시스템에 대한 오해에 기반한 얘기다. 의원내각제 국가인 영국과 일본의 총리는 막강한 권력을 갖는다. 영국의 마거릿 대처, 일본의 아베 총리는 대통령 못지않은 권력을 행사했다. 오히려 의원내각제에서는 임기 제한도 없이 장기 집권을 할 수 있기 때문에 더 많은 권력의 집중 현상을 불러일으킬 수도 있다.

의원내각제(아래에서는 소위 '분권형 대통령제'까지 포함해서 얘기한다)가 갖는 긍정적 기능이 나타나려면, 그 전제가 되어야 하는 것이 비례성이 보장되는 선거제도로의 개혁이다. 독일식 의원내각제를 택하겠다면, 그 이전에 독일의 '연동형 비례대표제' 선거제도를 택해야 한다. 그것이 순서이다.

일본 경우에는 한국처럼 지역구 소선거구제에 일정 의석의 비례대표 의원을 덧붙이는 방식의 '병립형 비례대표제'를 택하고 있다. 중의원의 경우 475석 중에 295석이 지역구이고, 180석이 비례대표이다. 대한민국의 253(지역구):47(비례대표)보다는 비례대표 숫자가 훨씬 많다. 그러나 일본의 선거 결과를 보면, 정당득표율과 의석비율이 전혀 일치하지 않는다. 그래서 '병립형 비례대표제'는 '사이비 비례대표제'라고 볼 수 있다. 비례대표제를 실시하는 목적 자체가, 정당득표율과 국회의석비율을 일치시키기 위한 것인데, 전혀 그런 효과를 얻지 못하기 때문이다.

2014년 일본 중의원 선거 결과는 '병립형 비례대표제'가 사이비 비례대표제라는 것을 잘 보여준다. 2014년 중의원선거에서 아베 총리가 소속된 연립여당은 불과 46.82%의 득표를 했을 뿐인데, 전체 의석의 68% 이상을 차지했다. 그 이유는 지역구 선거를 거의 싹쓸이했기 때문이다. 그 결과 아베 총리가 지금처럼 독단적인 정책을 펴는 것이 가능해졌다.

표8_2014년 일본 중의원 총선 결과

정당	득표율	의석수
자민당-공명당	46.82%	68.63%
원내야당	52.46%	31.37%

다시 한번 강조하지만, 의원내각제 자체가 권력을 분산시키는 것은 아니다. 오히려 특정 정당이 장기적으로 과반수를 차지하면, 대통령제보다 더 위험한 권력을 낳을 수도 있다. 입법부가 행정부를 구성하는 의원내각제의 원리상 입법부와 행정부가 통째로 특정 정당에 의해 장악되고 좌지우지될 수 있는 것이다. '제왕적 대통령'보다 임기도 없는 '제왕적 총리'는 더 위험할 수 있다.

따라서 권력 구조 개편을 얘기하기 전에 선행되어야 하는 것이 바로 선거제도 개혁이다. 정당득표율에 따라 의석이 배분되는 연동형 비례대표제로 바뀌어야 다당제-연립정부 구조가 되면서 의원내각제의 장점이 발휘될 수 있다.

지방선거제도의 실태와 개선 방안

1. 실태

현재의 지방의회 선거제도는 국회의원 선거와 마찬가지로, 정당득표율과 의석비율이 일치하지 않고, 대량의 사표가 발생하는 문제점을 안고 있다. 광역의회(17개 시·도의회)는 90% 가량의 의원을 지역구에서 1등 하면 당선되는 소선거구제로 뽑고 10% 정도의 비례대표 의원을 덧붙이는 '병립형' 방식이다. 그래서 광역의회는 국회보다도 더 표의 등가성이 깨어지고, 특정 정당이 의회 내에서 90% 이상을 차지하는 사례까지 발생시켜왔다.

실제로 2014년 지방선거만 하더라도 새누리당이 50%대의 득표율로 울산광역시의회와 경상남도의회에서 90% 이상의 의석을 차지하기도 했다. 반대로 전라남도의회의 경우에는 새정치민주연합이 67.14%의 득표율로 89%가 넘는 의석을 차지해서 득표율에 비해 과다한 의석을 획득했다. 광주광역시의회에서도 새정치민주연합이 71.34%의 득표율로 95.45%의 의석을 차지했다. 이런 식으로 특정한 정당이 의회 내에서 90% 이상의 의석을 차지하면, 의회 기능이 정상적으로 발휘될 수 없다.

기초의회(226개 시·군·자치구의회)의 경우에는 지역구 1개 선거구에서 2~4인을 뽑고, 10% 정도의 비례대표 의원을 덧붙이는 방식이다. 그러나 4인선거구는 거의 없고, 3인선거구도 부

표9_ 2014년 울산광역시의회 선거 결과

정당	득표율	의석수	의석 비율
새누리당	55.46%	21석 (지역구 19석 +비례 2석)	95.45%
새정치민주연합	23.76%	1석(비례 1석)	4.54%
통합진보당	12.10%	-	
정의당	3.67%	-	
노동당	4.98%		
무소속	-		
합계		22석	

표10_ 2014년 전라남도의회 선거 결과

정당	득표율	의석수	의석 비율
새누리당	10.36%	1석(비례 1석)	1.72%
새정치민주연합	67.14%	52석(지역구 48석, 비례 4석)	89.6%
통합진보당	12.31%	1석(비례 1석)	1.72%
정의당	5.27%		
노동당	3.06%		
녹색당	1.82%		
무소속		4석	6.89%
합계		58석	

족하며, 전체 선거구의 59.2%가 2인선거구로 되어 있어서 거대 두 정당이 의석을 독점하거나 과점하는 양상이 반복되고 있다.

그에 따라 기초의회의 경우에도 광역의회보다는 덜하나, 사표가 많이 발생하고 다양한 소수정당의 의회 진출이 봉쇄되어 있으며, 득표율과 의석비율의 불일치 현상이 발생하고 있는 상황이다. 또한 일부 지역의 경우에는 기초의원 비례대표가 무투표 당선되는 상황도 발생하고 있다(기초의원 비례대표가 1석인 경우 다른 정당들이 아예 입후보 자체를 포기하기 때문이다).

또한 이런 지역구 중심의 선거제도는 다양한 주체들의 지방의회 진출을 어렵게 한다. 지방의원 중에 청년 당선자 비율은 2~3%대에 불과한 실정이다.

표11_ 2014년 지방선거 당시 청년 당선자 비율

제6회 (당선자)	전체 당선자 수	당선자 연령		청년 당선자 비율(%)
		30세 미만	40세 미만	
시·도의회 지역구	705	1	16	2
시·도의회 비례	84	0	3	4
시·군·구의회 지역구	2,519	6	82	3
시·군·구의회 비례	379	2	17	5

*비례민주주의연대 내부 세미나 자료

여성 당선자 비율도 시·도의회(광역의회)의 경우에 14.43%, 시·군·구의회(기초의회)의 경우에 25.43% 수준에 머물고 있는 실정이다.

그러나 정치 선진국의 경우에는 지방의회 선거에서도 '표의 등가성'을 높이기 위해 노력하고 있고, 이를 위한 선거제도를 도입하고 있다. 예를 들면 독일의 경우에는 지방의회 선거에서도 득표율과 의석비율을 일치시키는 비례성이 보장되는 선거제도를 택하고 있다. 국회의원 선거처럼 지역구 후보에게 1표, 정당에게 1표를 행사하는 1인 2표제를 하되 정당득표율에 따라 전체 의석을 배분하는 방식을 택한 주도 있고, 지역구 투표 없이 정당 투표 1표에 따라 전체 의석을 정당별로 배분하는 순수 정당명부식 비례대표제를 택한 주도 있다.

한편 대한민국의 경우 지방자치단체장 선거에서도 결선투표제가 도입되어 있지 않아서, 심지어 20~30%대의 득표율로도 당선되는 사례가 발생하고 있다. 막강한 권한을 갖는 지방자치단체장의 경우에는 주민 과반수의 지지를 받아 당선되는 것이 바람직하지만, 지금의 선거제도는 그것을 전혀 보장하지 못하고 있다.

한편 전국 정당의 공천 과정에서의 문제점이 불거지면서 '공천제 폐지'가 지방선거 때마다 논의되어왔다. 다른 한편 독일처럼 지방선거에만 후보를 내는 정치결사체(유권자 단체)를 인정하자는 주장도 제기되어왔다. 그러나 논의만 되었을 뿐, 결론이 나지 않은 상태에서 지방선거를 치러왔다.

2. 지방선거제도 개혁의 기본 방향

첫째, 지방의회 선거도 비례성을 높이는 선거제도로 전환하는 것이 합당하다. 광역지방의회의 경우에는 국회의원처럼 연동형 비례대표제를 도입하는 것이 필요하다. 지역구 선거와 정당 투표를 1인 2표 방식으로 지금처럼 하되, 지방의회 전체 의석을 정당(아래에서 언급한 지역 정당 포함)별로 할당하고, 각 정당들은 할당받은 의석 내에서 지역구 당선자부터 채우고 모자라는 부분을 비례대표로 채우는 것이다.

영국 런던 시의회 선거가 좋은 사례를 보여주고 있다. 영국의 경우에 국회의원 선거제도를 비례성이 보장되는 선거제도로 전환하자는 것이 오래전부터 논의되고 있는데 기득권 세력의 저항 때문에 바뀌지 않고 있다. 그러나 스코틀랜드 자치의회, 웨일즈 자치의회, 런던 시의회 등은 '연동형 비례대표제'로 선거를 하고 있다.

런던 시의회는 2000년부터 이 방식으로 선거를 하고 있는데, 총 25석의 의원을 뽑는다. 그중 14명은 지역구 선거로 뽑고, 11명은 비례대표이다. 그런데 전체 의석인 25석을 정당득표율에 따라 일단 각 정당별로 할당을 하고, 각 정당은 자기가 할당받은 의석 내에서 지역구 당선자부터 인정하고, 나머지를 비례대표로 채우는 방식이다.

2016년에 있었던 런던 광역의회 결과를 보면, 이 방식을 적용하는 방법에 대해 쉽게 이해할 수 있다. 아래의 표에서 보는 것처럼, 각 정당은 정당득표율에 따라 의석을 할당받고, 할당받은 의석 범위 내에서 지역구 당선자부터 채우고 남는 부분을 비례대표로 채운다. 예를 들면 노동당은 40.3%를 얻어 25석 중에 12석을 할당받았는데, 노동당의 지역구 당선자가 9명이었으므로,

모자라는 3명을 비례대표로 채우는 것이다. 녹색당의 경우에는 8.0%를 얻어 2석을 할당받았는데 지역구 당선자가 없으므로 비례대표로만 2석을 채우는 것이다.[3]

표12_ 2016년 런던 광역의회 선거

정당	정당 득표율	할당 의석 (A)	지역구 당선자 (B)	비례대표 당선자 (A-B)
노동당	40.3%	12	9	3
보수당	29.2%	8	5	3
녹색당	8.0%	2		2
영국독립당	6.5%	2		2
자유민주당	6.3%	1		1
기타 정당**	9.7%			
합계	100%	25	14	11

**5% 이상 득표한 정당만 의석 배분

현재 한국의 지방의회 선거에서도 비례대표가 있지만, 본래의 비례대표제와는 상반되는 개념의 '엉터리 비례대표'이다. 지역구에서 충분한 의석을 차지한 정당에게 '비례대표'라는 이름

---

3 '연동형 비례대표제'에서는 특정한 정당이 할당받은 의석보다 지역구 당선자가 많은 경우가 간혹 발생할 수 있다. 그런 경우를 초과의석이라고 하는데, 비례대표 의석 숫자가 30% 정도 되면 초과의석이 많이 발생하지는 않는다. 그래서 큰 흐름에는 지장이 없기 때문에, 그냥 초과의석이 발생한 부분을 인정해주는 방법도 쓰고 있다. 그럴 경우 다른 정당이 본래 할당받은 의석보다 의석이 줄어들면서 약간의 불이익을 받는다고 생각하면 된다.

으로 또다시 의석을 추가 배정해주는 것(보너스 의석을 주는 것)에 불과하기 때문이다. 따라서 광역지방의회 선거는 국회의원 선거와 동일하게 '연동형 비례대표제'로 전환해야 한다.

기초의회의 경우에도 비례성이 보장되는 선거제도로 전환해야 하는 것은 분명하다. 다만, 방법과 관련해서는 지역구 선거를 하지 않는 비례대표제까지 포함해서 여러 방안을 검토할 필요가 있다. 의회 규모가 다양하고, 지역별 특성이 있기 때문이다.[4] 법률에서는 몇 가지 유형을 제시하고, 각 지역에서 선택하게 하는 방안도 있을 것이다.

어떤 방법을 택하든 간에 가장 중요한 원칙은 광역의회 선거, 기초의회 선거 모두 득표율에 따른 의석 배분이 이뤄짐으로써 표의 등가성을 높이고, 득표율에 따른 의석 배분이 이뤄지도록 해야 한다는 것이다.

둘째, 지방자치단체장 선거에서도 결선투표제 도입이 필요하다. 만약 2차례에 걸쳐서 투표를 하는 것이 부담된다면 한 번에 결선투표의 효과를 얻는 제도도 있다. 런던 시장 선거는 결선투표제와 유사하지만, 1차투표와 2차투표를 한 번에 치르는 방식으로 한다. 보완투표제(Supplementary Vote)라고 하는 방식이다. 이것 역시 2000년에 도입한 새로운 제도이다. 보완투표제에서는 유권자가 제1선호와 제2선호를 표시하는 방식으로 투

---

[4] 현행 기초의회 의원 정수는 최대 43인(경남 창원시)부터 최소 7인까지 다양하다. 최소 7인의 의회로는 지역구 투표와 정당 투표를 하는 1인 2표 방식의 연동형 비례대표제를 도입하기에는 어려움이 있다.

표를 한다. 그리고 첫 번째 계산에서 제1선호로 표시된 표의 과반수를 획득한 후보가 없다면, 1, 2위 후보만 남겨두고 나머지 후보들은 제거한다. 그리고 제거된 후보가 얻은 투표용지를 그 용지에 2순위로 표시된 후보에게 각각 이양한다. 이것은 같은 날에 1차투표와 2차투표를 한꺼번에 실시하는 것과 동일한 효과를 낳는다. 이와 같은 투표 방식을 도입하는 것도 검토할 필요가 있다.

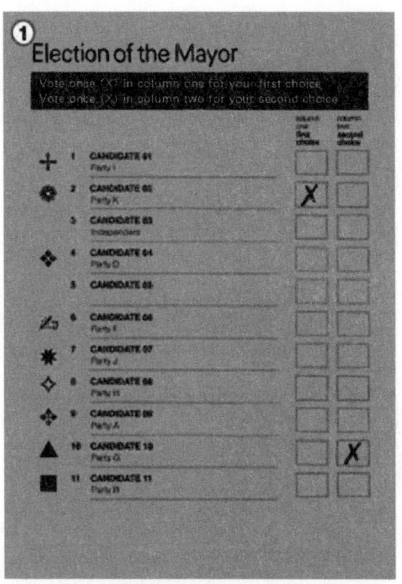

영국 런던 시장 투표용지

셋째, 정당 설립 요건의 완화와 지역정당 인정이 논의되어야 한다. 지금의 정당법은 정당의 설립 요건에 대해 너무 엄격하게 규정해서 문제가 되어왔다. 5개 이상 시·도에서 각각 1,000명

이상의 당원을 모집해야 정당을 설립할 수 있다는 요건은 지나친 것이다. 그래서 정당 설립 요건의 완화가 필요하다.

한편 그동안 지방선거에서 '정당공천제 폐지'가 쟁점이 되어 왔지만, 그보다 더 보편적으로 택할 수 있는 방법은 지역 차원의 정치결사체(local party)를 인정하는 것이다. 독일의 경우 유권자단체(선거인단체)가 지방선거에서는 후보를 낼 수 있도록 되어 있다. 지역 차원의 정치결사체가 전국 정당과 나란히 후보를 내고 경쟁하게 되면, 지역 차원의 정책 경쟁이 치열해질 수밖에 없고, '고여 있는 물'처럼 되어 있는 지역 정치에도 새로운 활력이 생길 것이다. 그래서 앞으로는 '정당공천제 폐지'보다는 지역 차원의 정치결사체 인정 쪽으로 논의를 해나갈 필요가 있다.

독일의 생태·환경도시로 유명한 프라이부르크 시의회에는 아래에서 보는 것처럼 무려 14개나 되는 전국정당/지역정당이 진출해 있다. 이런 다양한 정치 세력이 정책으로 경쟁하는 정치를 하기 때문에 오늘의 프라이부르크가 만들어진 것이다.

넷째, 2018년 지방선거를 앞두고 선거권, 피선거권 연령 하향 조정 등 참정권 확대를 위한 조치가 시급하다. 만약 지금처럼 만 19세 선거권 연령이 유지된다면, 2018년 2월에 고등학교를 졸업하는 청년들 중에서 생일이 6월 13일 이후인 사람들은 내년 지방선거에서도 투표권을 행사할 수 없는 사태가 벌어진다. 또한 지방의원 선거에 출마하려고 해도 만 25세까지 기다려야 한다는 현행 피선거권 연령 조항은 너무나 문제가 많다. 유권자들의 표현의 자유를 침해하는 독소 조항들도 문제이다. 내년 지방선거 때까지 참정권 확대 문제도 반드시 풀어야 한다.

여성할당제 강화도 당연히 이뤄져야 한다. 지금의 여성할당제 조항들은 실효성이 약하다는 문제가 있다.

정당별로 일률적으로 부여하는 기호부여제도도 폐지해야 한다. 특히 기초의회 선거에서 1-가, 1-나 이렇게 부여되는 기호부여제도는 세계적으로 예를 찾을 수 없는 방식이다. 거대 정당에게 유리하게 부여되는 기호도 없애고, 투표용지에 기재되는 순서도 순환시키는 방식을 채택할 필요가 있다. 그래서 투표용지 위쪽에 기재됨으로써 얻는 '순서 효과'를 없애는 것이 공정한 방식이다.

글을 맺으며

지금 필요한 것은 시스템의 교체이다. 사람의 교체만으로 정치가 크게 바뀌지 않는다는 것은 그동안의 경험으로 충분히 알고 있는 사실이다. 지금도 대통령은 바뀌었지만 국회는 전혀 바뀌지 않았고, 지역정치도 마찬가지이다.

진정으로 대한민국의 민주주의가 한걸음 더 나아가고 삶의 문제들이 풀리기 위해서는 시스템의 교체가 필요하다.

그 핵심에 선거제도 개혁이 있다. 대의제민주주의를 택하면서 공정한 선거제도를 갖지 못하고 있다면 그것만큼 최악인 경우는 없다. 표심을 왜곡하는 불공정한 선거제도는 정치를 특권계급의 전유물로 만들고, 시민들의 삶을 악화시킨다. 이 점은 세계 민주주의의 역사가 증명하고 있는 사실이다.

그래서 대표자를 뽑는 규칙인 선거제도를 바꾸는 것이 모든 변화를 위한 첫 단추이다. 2017년 하반기에 선거제도를 개혁하자. 그것이 촛불시민혁명을 진정으로 완성하는 길일 것이다.

에코 페미니즘과 여성정치세력화 [1]

문순홍

2005년 작고할 때까지 대화문화아카데미 바람과물연구소의 소장으로 있으면서 녹색국가와 녹색정치에 대한 연구를 이끌었다. 저서로는 『생태위기와 녹색의 대안』(나라사랑, 1992)이 있으며, 유고 선집으로 『생태학의 담론』(아르케, 2006)과 『정치생태학과 녹색국가』(아르케, 2006), 공저로 『한국에서의 녹색정치, 녹색국가』(당대, 2002) 등이 있다.

우리의 목표는 여성에 대한 박해, 지배, 폭력
그리고 역할의 확정이 없는 사회를 건설하는 것이다.
― 1987년 서독 녹색당 연방의회 선거 정강정책 '여성편'에서

'환경'과 '여성'의 결합

'환경' 관련 의제와 '여성' 관련 의제는 언제 어떻게 접합되었는가.

이에 대한 이야기는 구구하다. 어떤 이들은 운동 과정에서 먼저 접합되었다고 하고, 또 다른 이들은 이론적 시도로 먼저 나타났다고도 한다. 어떤 이들은 생태사상에서 먼저 시도되었다고 하고, 또 어떤 이들은 여성주의에서 결합되었다고도 한다. 여하튼 생태 사상과 여성주의의 결합인 에코 페미니즘(eco-feminism)은 이론과 운동에서 각기 개별적 뿌리를 가지고 있다.

사회운동 차원에서 여성운동과 환경운동은 반핵·반군국주의 운동에서 자연스럽게 결합되었다. 이러한 결합의 예들은 각국에서 쉽게 발견할 수 있다. 1973년 프랑스 라작 지방의 군사훈련장 건설 반대 운동, 1975년 독일 비일 핵발전소 건설 반대 운동, 1980년 영국 그린햄콤몬 핵발전소 건설 반대 운동, 1980~1981년 미국 여성 펜타곤 행동 집단이 그 대표적 사례이

---

1 이 글은 『삶의 정치: 통치에서 자치로』(정문길 외 15인 지음, 대화출판사, 1998, 79~97쪽)에 실린 글을 재수록한 것이다.(편집자주)

다. 이들 운동에 대한 여성 참여가 공통으로 갖고 있는 결론은 여성의 자연 및 사회에 대한 시각이 남성과 상이하고, 결과적으로 여성의 자연 및 사회 문제에 대한 해결 방식이 친자연적이고 평화지향적이란 점이다.

이론적 측변에서 여성주의와 생태 사상 간의 접합은 여성주의 저작들이 그려낸 여성해방의 유토피아적 대안사회에 그 뿌리를 두고 있다. 왜냐하면 이 대안사회의 윤곽이 생태론자들의 생태공동체 이미지와 동일하였기 때문이다. 이러한 유사성에 대한 인식이 자연스레 에코 페미니즘의 맹아를 만들어주었다. 생태 사상과 여성주의가 그린 대안사회의 자화상은 분권화, 비위계질서, 직접민주주의적 구조, 지역 의존적 경제, 가부장제적 지배로부터의 해방 등을 특징으로 하고 있었다.

에코 페미니즘이란 용어가 처음으로 등장한 것은 프랑스의 프랑수아 드본느(Francoise DÉaubonne)의 저서 『여성해방인가 아니면 죽음인가(*Feminism or Death*)』에서였다. 그녀는 자연 파괴와 여성 억압적 남성 중심 사회를 연결하여, "우리의 삶에 직접적 위협을 가하는 두 가지는 인구 과잉과 지구 자원의 파괴"라고 지적하면서 이는 "남성 중심적 체제"로 인한 것이라고 지적하였다. 그녀에 따르면 이로부터 탈출할 수 있는 유일한 길은 "여성이 남성적 권력을 파괴하는 것"으로, "생태 위기 해결에서 여성이 가지고 있는 잠재력만이 유일하게 지구 상의 인류 생존을 보장해줄 수 있다." 이후 제2의 여성해방 물결이 최전성기에 달했던 1970년대 말경 에코 페미니즘은 이론적 논의를 출발시켰다. 당시 마리 델리(Mary Daly)의 『여성과 생태학(*Gyn/*

Ecology: The Metaethics of Radical Feminism), 1978』, 수잔 그리핀 (Susan Griffin)의 『여성과 자연(*Woman and Nature: The Roaring Inside Her*), 1978』, 캐롤 머찬트(Carolyn Merchant)의 『자연의 죽음(*The Death of Nature: Women, Ecology and Scientific Revolution*)1980』 등이 출판되었는데, 이 책들은 후기 에코 페미니즘의 발전에 지대한 영향을 주었다. 특히 마리 델리의 "에코 페미니즘은 여성으로 하여금 자신의 성적 재생산적 생물적 속성 또는 자연으로부터 단절하길 요구하지 않는 것"이란 정의는 여성해방 이론 내의 본질주의 대 유물론이란 뿌리 깊은 논쟁을 다시 한번 부활시켰고, 이 논쟁은 이후 에코 페미니즘 논의의 발전을 촉진시키는 계기가 되었다. 현재 에코 페미니즘은 제3의 여성해방 운동이라 일컬어질 정도로 장밋빛 기대를 받고 있다.

에코 페미니즘의 공통된 합의점

하나의 사상이 형성되기 위해선 적어도 1세기를 필요로 한다. 자유주의는 약 3세기를 지속해왔고, 사회주의는 약 2세기를 발전해왔다. 그러나 에코 페미니즘은 등장한 지 불과 10여 년밖에 되지 않았다. 사상 체계로서의 이 역사는 시작에 불과한 것이다. 따라서 에코 페미니즘은 하나의 사상으로 굳어진 것은 아니고 현재 형성 중에 있으며, 이론적 치밀성과 통합성보다는 분화성, 다양성, 과정성 등을 자신의 특성으로 가지고 있다.

그럼에도 불구하고 에코 페미니즘에는 몇 가지 공통의 합의가 있다. 그 첫 번째는 자연과 여성이 가지고 있는 이미지가 동일하다는 합의이다. 즉, 일반적으로 자연과 여성은 '생명 출산', '가계를 돌봄' 등의 속성을 가진 존재로 생각한다는 것이다. 그러나 이 이미지는 본질적으로 주어진 것(마리 델리)일 수도 있고, 사회적으로 구성된 것(자넷 빌, 워렌)일 수도 있다.

두 번째로 생태학이란 개념은 그리스어인 오이코스(Oikos)에서 나온 개념으로, 생태학과 여성주의를 결합한 에코 페미니스트들은 여성적 일의 영역을 오이코스에서 도출시켜 가정으로 설정한다는 점이다. 그런데 오이코스는 생태학의 어원이면서 동시에 경제학의 어원이기도 하고 정치적 영역인 폴리스(Polis) 등장의 모체이기도 해서, 가계인 오이코스를 여성의 영역으로만 설정하기에 무리가 있을 수 있다.

세 번째는 자연이 인간에 의해 취급되는 방식과 여성이 남성에 의해 취급되는 방식이 유사하다는 것이다. 이 방식은 여러 가지 형태로 지적된다. 혹자는 여성과 자연은 자체에 내재적 가치를 가지고 있는데, 현재 이 양자는 모두 자신의 가치를 박탈당하고 유용성이란 측면에서만 취급되고 있다고 주장하고(반다나 쉬바), 혹자는 경제적 논리가 깔려 있는 식민화 방식에 의해 자유재, 원료, 상품 등으로 취급받고 있음이 강조되기도 하며(마릴린 워링, 마리아 미스), 또는 여성과 자연이 지배적인 그 어떤 주체에 대해 주체성이 상실된 '타자'의 위치에 놓여 있다(바바라 홀란드 쿤즈)고 지적되기도 한다.

네 번째는 이 상관성이 가부장제적 개념 구조와 밀접한 연관성을 가지고 있다는 점이다. 가부장제적 개념 구조는 이원론적 세계관, 차별적이고 차등적이며 도구주의적인 가치관을 자신의 내용으로 한다.

따라서 다섯 번째 합의는 대안적 세계와 관련된 것인데, 이 세계는 물론 이원론, 가치 차등주의, 도구주의 등이 극복된 세계를 의미한다. 이를 위해선 여성운동과 환경운동 모두 지배 구조를 심화시키는, 이 잘못된 세계관과 가치관을 변화시키고 이를 새로운 세계관과 가치관으로 대체하고자 노력해야 한다. 그러나 새로운 세계관은 자연=여성이란 공식을 유지함으로써 여성주의적이고 생물중심주의적인 세계 구성을 강조할 수도 있고, 자연=여성이란 공식을 깨고 자연 속에 새로이 남성 또는 남성적 영역도 포함시켜 자연=인간이란 공식으로 대체될 수도 있다. 전자의 세계는 이원적 영역을 한 영역으로 축소시켜 획일화하는 우를 범할 수 있으나, 후자의 세계는 이원적 세계를 인정하되 이를 상극적 경쟁관계로 파악하기보다는 상보적 협력 관계로 파악하고 다만 '다름'을 이유로 한 사회적 차별의 원인을 밝혀 이를 극복하는 데 역점을 둔다.

에코 페미니즘의 다양성

자연과 여성 간의 연관성은 어떻게 등장하는가라는 질문에 답한다는 것은 간단한 일이 아니다. 더욱이 여성 억압과 자연 파괴를 어떻게 동시적으로 풀 수 있을 것인가는 쉽지 않다. 위에서 잠깐 지적한 내적 불일치라는 에코 페미니즘의 현재적 특성은 이러한 문제들을 설명하기 위한 시도들로부터 파생된 것이다.

이러한 불일치를 분류하는 방법은 학자마다 다르다. 그 예로 빌과 같은 학자는 심리생물적 에코페미니즘과 사회구성적 에코 페미니즘으로, 멜러는 본질주의적 에코 페미니즘과 유물론적 에코 페미니즘으로, 쿤즈는 급진적 에코 페미니즘, 사회주의적 에코 페미니즘, 제3세계적 에코 페미니즘으로 나누고 있다. 그런데 이러한 분화는 하나의 이론으로 굳어졌다기보다는 사실 경향성으로만 존재한다. 필자는 이러한 경향을 급진적 여성해방론과 생태론을 구성하는 근본생태론과 사회생태론 간의 결합 속에서 찾아보고자 한다.

근본생태론과 급진적 여성해방론의 결합

이러한 결합은 생태 사상과 여성주의가 결합한 초기적 유형으로, 70년대라는 시기적 상황에서 가능하였다. 60년대 말부터 70년대 초에 등장하기 시작한 자연 파괴와 새로운 형태로 제기된 여성에 대한 물음은 생태 사상과 급진적 여성해방론으로부터 답을 구하고 있었다. 당시 생태 사상의 문을 연 것은 근본생태론이었다. 근본생태론과 급진 여성해방론이 결합되던 초기에는 여성과 자연이 본래적으로 동일하다는 생물주의적이고 본질주의적인 경향이 주도적이었으나, 차츰 이러한 동질성 테제는 본래부터 주어진 것이 아니라 문화적으로 구성된 것이라는 주장으로 대체되었다.

본질주의적 경향의 에코 페미니즘은 여성과 비인간적 자연이 '연결되어 있다'는 주장을 넘어서 '여성은 자연과 동일하다'고 주장한다. 이러한 동일성에 대한 주장은 여성과 남성은 서로 다른 속성으로 인하여 구분되고, 인간과 자연도 각기 다른 속성으로 인하여 구분될 수밖에 없는 실체라는 생각에 근거하고 있다. 이로부터 자연과 여성은 '돌보고' '양육하는' 존재 방식, 모성, 감성 그리고 직관적 능력을 자신의 속성으로 하는데, 이 속성은 특히 여성에겐 생물적 결정 요인에 의해 본래적으로 주어진 것이라고 생각한다. 이들은 그 근거를 역사적 신화 속에서 찾고 있다. 그 예로 고대 지중해 문화권에서는 지구를 이른바 '어머니 지구'로 불렀음을 상기시키고, 그 이유로 지구가 가지고 있는 농경적 비옥도와 계절적 순환성을 지적한다.

그런데 이들은 이러한 동질성이 서구 문명에 의해 억압과 종속을 영구화하는 방식으로 이용되어왔음에 주목한다. 자연은 인간의 경제적 원료 저장고로 대가 없이 고갈·파괴되었고, 여성들은 어린이를 양육하고 가계를 돌보는 열등한 가사 영역에 희생되었다. 따라서 이들의 눈에 이러한 자연 파괴와 여성 파괴는 오늘날 현대적 생태 위기의 동일한 뿌리인 것이다.

이렇게 에코 페미니즘이 출산이나 보육, 또는 직관적 능력 등의 속성을 여성의 생물적 특성에 기인한 내재적 속성으로 받아들이게 되자, 이것은 여성과 자연의 상관성에 관심을 가지고 있던 다른 여성주의자들에 의해 이견과 반발을 일으키는 계기가 되었다. 왜냐하면 이러한 여성=자연이란 동일성 주장은 사실상 오랫동안 보수주의에 의해 여성을 가정으로 묶고 억압하는 데 사용된 여성의 본성론을 받아들인 것이기 때문이다. 따라서 이러한 여성들의 속성은 사실상 본질적으로 주어졌다기보다는 오히려 남성이 창조한 여성에 대한 이미지를 받아들인 것이라고 비판하는 집단이 일부에서 서서히 등장하였다.

이들은 문화구성적 에코 페미니스트들로, 여성들이 가지고 있는 '보육' 등의 속성이 생물학적 특성임을 포기한다. 이들은 여성과 자연이 동일하다는 생각이 사회적 구성물, 즉 남성이 만들어낸 이데올로기임을 주장한다. 이들에 따르면, 자연은 그 자체로서 역동적인 것이고, 이 역동성은 음과 양의 조화에 의해 나타난다. 음 또는 연성적(여성) 속성은 협력, 감성, 전일적 사유, 감동 그리고 직관을 의미하고, 주로 여성과 연관시켜 여성적 원리라 불린다. 양 또는 강성적 속성은 경쟁적 독단성, 합리주의, 공격성 그리고 유물론적 사고와 유사한데, 이는 남성적 원리라 불렸다. 그러나 이러한 속성은 성(性)에 한정된 것이 아니라(인간을 포함한) 자연의 보편적 속성이다. 이상적으로 말하자면 개개 인간은 음과 양이 상대적 평형을 이룬 존재이며, 여성적 원리와 남성적 원리가 나름대로 어우러진 존재이다.

그러나 고대 이후의 세계에서 이러한 평형은 두 개의 '분열된 문화' 속에서 양극단으로 치닫게 되었다. 따라서 양적인 가치와 원리를 존중하는 문화가 사회 전면에 관철되면서 이러한 가치는 인간과, 특히 남성에게만 한정되었다. 이 분열된 세계에서 여성을 지배해야 할 대상으로 국한시킬 때, 곧잘 여성=자연이란 등식이 사용되곤 한다. 따라서 문화구성적 에코 페미니즘의 관심은 '보육자'로서의 여성, '여성적 요소가 풍요로운 것'으로서의 자연이란 은유를 해부해보는 것이다. 이러한 은유의 열쇠는 이원론과 도구주의에 있다.

근대를 비판하는 많은 철학자들은 이 세계가 이원론, 즉 "두 개의 독립된, 상대방에게로 환원될 수 없는 실재"로 구성되어 있다고 비판한다. 문화구성적 에코 페미니즘은 이로부터 더 나아가 사회적 위계 체제 내에 서열화된 두 개의 실체, 그리고 이 실체가 우리 의식(개체적 의식, 집단적 문화)에서 차지하고 있는 위계적 위치에 더 관심을 가지고 있다. 이 분열된 의식에서 두 개의 실체는 공통분모를 거의 가지고 있지 않다. 이 불연속적으로 이원화된 세계에서 두 개의 쌍 중 한쪽은 목적을 위한 수단의 영역으로 전락한다. 이러한 구분은 존재물들에 내재된 가치를 중심으로 한 것이 아니라 타자에 대한 유용성을 중심으로 한 것이다. 수단, 즉 도구로 다루어진다는 것은 수동적이고, 그 자신의 목적을 결여하고 있음을 의미한다. 따라서 이러한 이원성을 극복하기 위해 이들이 택한 것은 가치 변형과 문화적 변형이었다.

그러나 문화구성적 에코 페미니즘의 궁극적 한계는 사회 현실에서 해방적 잠재력을 갖지 못하였다는 것이다. 그 첫 번째 원인은 이들이 자연과 여성의 상관성을 생물학적 근거가 아닌 은유나 주관적 요소로 국한시킴으로써 왜 여성해방이 자연 해방과 관련을 맺어야 하는지를 설명하기 어렵게 만들었다는 데 있다. 때문에 자연을 유기적으로 다시 살려내는 작업에 여성을 동원할 수 있었던 본질주의적 생물중심적 경향의 초기 에코 페미니스트들의 열정을 감소시켰다. 두 번째로 이들은 자연과 인간 사회를 연결시키면서 역사 사회적 기반을 놓쳐버렸고, 인간 사회의 분화 과정을 분석하지 못하였다. 이로써 이들은 사회의 다른 영역들, 즉 경제 영역과 정치 영역에서의 여성 억압 및 해방을 고려할 수 없었다. 세 번째로 이들은 자신이 추구하는 가치의 원형이 선사 시대와 고대에 있다고 보기 때문에, 이 시대로의 낭만주의적 복귀 과정만을 꿈꾸고 현실 사회의 제도적 변수를 간과하였다.

사회생태론과 여성주의의 결합: 여성들의 새로운 정치세력화

사회생태론과 결합된 에코 페미니즘, 즉 사회적 에코 페미니즘은 여성과 남성이 각기 다른 생물적 속성이 있음을, 그리고 인간이 자연과 다른 독특성을 가지고 있음을 인정한다. 동시에 여성이 남성에 대해 '타자화'되어 있으며, 열등한 것 또는 도구로 취급되며, 비인간적 자연이 인간에 대해 타자화되고 열등한 것 또는 도구로 취급됨을 받아들인다. 그러나 이들은 위에서 지적한 주류 에코 페미니즘의 한계를 보완하고 이에 또 다른 대안을 제공하고자 한다.

이를 위해 사회적 에코 페미니즘은 사회생태학의 지배와 위계 질서에 대한 문제 제기를 받아들이고, 여성억압과 자연 억압의 근원을 인간 사회의 진화 과정에서 찾고 있다. 즉, 인간 사회는 서로 다른 속성을 가진 것들 간의 '더불어 사는 삶의 방식'을 깨뜨리는 방향으로 진화하면서 억압이 발생하였다. 따라서 억압으로부터의 해방은 '더불어 사는 삶의 방식'을 회복하는 것이고, 이는 더불어 사는 윤리와 사회 구성 원리를 회복하는 것이다.

이러한 윤리와 원리의 회복은 자연에 대한 해석에 근거한다. 사회적 에코 페미니즘에게 자연은 공간적 의미에서 생태학적 먹이사슬 구조이고 시간적 의미에선 진화하는 세계이다. 이러한 자연의 모습에 인간 사회는 먹이사슬의 한 단계로, 그리고 공진화의 형태로 연결되어 있다. 초기 진화 과정에서 인간은 자연과 동일한 생물적 속성(본능이란 측면)을 보다 많이 가지고 있었지만, 진화 과정을 통해 자연과는 다른 인간다운 속성(이성)을 더 많이 갖게 된다. 이것이 왜 인간이 자연에 속하면서도 다른 속성을 갖는지를 설명해주는 대목이다. 그러나 오늘의 사회에서 인간은 오히려 하나의 물체로서의 대상에 불과하다. 마찬가지로 초기 진화 과정에서 여성과 남성은 자연적 속성인 생물적 특성에 의해 규정되었으나, 진화 과정은 여성과 남성으로 하여금 각각의 생물적 속성을 인간의 보편적 속성인 이성에 의해 극복하도록 한다. 그러나 현대사회는 오히려 여성적 속성을 강조하고 이를 불평등의 근거로 삼고 있다.

그러나 자연의 모든 구성 부분들은 자기 독특성을 기반으로 경쟁적이면서 협력적으로 연결되어 있고, 여성과 남성도 이러한 자연적 상관관계의 틀 속에 놓여 있다. 따라서 에코 페미니즘의 더불어 사는 사회가 바탕을 두려는 윤리는 여성적 속성으로 특화되기보다는 인류 보편적인 자기 결정력과 상보성에 기반한다. 이 상보적 자기 결정 개념은 본질주의적 에코 페미니즘의 자연=여성 동일성 테제가 보여준 환원주의적 무역사적 경향을 극복하고, 신비와 경향을 억제하도록 해준다.

다른 측면에서 사회적 에코 페미니즘은 자연에서 사회적 원리를 이끌어내고자 한다. 이러한 시도는 자연으로부터 인간 사회의 진화 과정을 분석함으로써, 자연인 생태계〔(생태학의 어원인 오이코스(Oikos)〕에서 사적 영역인 경제 영역이, 이로부터 공적 영역인 정치공동체〔폴리스(Polis)〕가 등장하였음을 밝히고, 이 정치공동체는 초기 민주주의적 정치 과정이 주된 실체였으나 이후 국가 관료적 행정 기구가 등장함으로써 이원화되었음을 보여준다. 더구나 이 모든 진화의 근원으로서의 오이코스는 가정 또는 가계의 의미로 여성들의 영역일 뿐만 아니라 남성들의 영역이기도 하였다. 그 근거는 오이코스가 현재 남성들의 주 활동 무대인 경제학의 어원이기도 하다는 것에 있다. 그러나 오늘날 경제는 남성들의 영역이 아닌가. 따라서 가족 또는 가계 관리로 해석되는 오이코스는 가정적 영역만을 포괄하는 것이라 경제 영역을 포함하고 정치 영역을 포함한다. 그래서 사적 영역은 공적 영역과 분할할 수도 없다. 궁극적으로 자연은 여성과 남성의 공존 영역인 것이다.

그런데 기존의 에코 페미니즘은 오이코스 그 자체를 사적 영역으로만 해석함으로써 공동체 회복을 단순한 가정 영역의 확대로 귀결시켰다. 따라서 정치공동체인 폴리스의 문제를 무시하였으며, 더 나아가 폴리스의 역사적 분화 과정을 놓침으로써 서구 민주주의적 전통을 소홀히 하였다. 이로써 기존의 에코 페

미니즘은 여성해방을 위한 민주주의적 과정에 비전을 갖지 못
하였다. 오히려 민주주의 정치 과정을 국가와 동일화시키고 이
를 남성의 영역으로 설정하여 '여성적·유기적' 공동체에 역행
하는 것으로 경멸하기까지 하였다. 궁극적으로 이것은 기존의
보수주의적 남성 중심 사회에서 의도하였던 것처럼 여성들을
정치의 영역에서 배제하는 결과를 가져왔다.

  그러나 사회적 에코 페미니즘은 여성운동이 급진적 사회 변
혁을 위해 제기한 운동 영역, 즉 사적 영역을 넘어서 공적이고
정치적 영역으로 나아가야 할 필요성을 정당화시켜준다. 이로
써 에코 페미니즘을 정치화시키는 데 결정적으로 기여함으로써
문화구성적 에코 페미니즘의 무정치적 보수성이란 한계를 보완
하였다. 그래서 여성해방은 사회적 민주화 과정의 통합된 한 부
분으로 해석된다. 사실 생태 사상과 이에 의거한 생태운동은 전
체로서의 인류에 해당하는 보편적 일반 이익을 대변해야 하는
운동이고, 여성해방은 이른바 남성 문제를 동시에 풀어야 한다
는 의미에서 서로에 대한 억압과 구속을 풀어주는 인간 해방 운
동의 한 영역이다.

  이러한 에코 페미니즘의 정치화는 여성들로 하여금 스스로를
새로이 정의하도록 한다. 이 새로이 정의된 여성상은 세계에 변
화를 가져올 수 있는 권력을 가지고 있는 주체로서의 상이다.
그러나 에코 페미니즘의 권력과 정치화 개념은 이미 기존 개념
을 넘어서는 것임에 유의하여야 한다. 여기서의 권력 개념은 기
존의 부정적 개념, 즉 '타인에게 무엇을 하지 못하도록 통제하
는 힘'이 아니라 긍정적인 개념으로 '무엇을 하도록 하는 힘'이

다. 또한 정치 개념도 기존의 부정적 개념인 '나의 이익을 위해 타인에게 영향을 가하는 행위로서의 통치'가 아니라 긍정적인 개념으로 '공동 문제에 관한 의사결정 과정에 참여하여 의견을 조정하는 행위' 그 자체이다.

따라서 정치화 과정은 자신이 속한 사회에 대한 앎을 요구하는 것이고, 기존 사회의 모든 원칙과 의제들에 물음을 제기하는 것이며, 활동적으로 참여하는 것이고, 나아가 동일한 생각을 가진 사람들을 모으고 이를 집단화하는 것이다.

사회적 에코 페미니스트들에게 대안사회는 역사적 진화 과정 속에서 존재하는 것이다. 예로써 대안사회가 유기적 공동체의 회복일 수만은 없다. 왜냐하면 공동체적 에토스에 기반한 역사 속의 사회들이 억압성과 편협성(국지주의)의 예들을 드러냈기 때문이다. 따라서 새로이 건설될 공동체는 자본주의가 파괴하였던 봉건제적 위계질서를 또다시 포함할 수는 없다. 이로부터 벗어나기 위해 에코 페미니스트들에게는 공동체를 어떻게 재건할 것인가가 더 중요한 물음으로 자리 잡았다. 이의 유일한 방법은 사람들이 전체로서의 공동체적 삶을 보편적으로 결정할 수 있도록 하는 것이다. 더구나 이러한 공동체적 삶이 여성들에게도 해방적이라면, 여성을 포함한 모든 구성원들이 민주적으로 이 기본 물음을 던질 수 있는 장(場)을 공유하여야 한다. 따라서 대안공동체는 '생태적 분권화'와 지역자치제에 의거한 민주주의적 과정, 그리고 작은 공동체들 간의 유기적 연방제의 설정으로 구체화되어야 하며, 이러한 상은 이에 도달하는 과정에도 이미 투영되어 있어야 한다. 대안공동체의 건설은, "비록 계몽이 개개인을 지나치게 강조함으로써 개인 존중을 자기중심적인 자아 존중으로 왜곡시켰다 할지라고, 이 계몽이 남긴 유산(개인의 중요성을 강조한 것)에 의존하기 때문이다."

우리는 가정에 한정된 활동이 아니라 여성 정치를 수행할 것이다. 인간으로서의 여성은 우리 정치적 활동의 핵심에 위치하고 있다. (…) 자결에 의한 삶의 전제 조건은 성에 따라 주어진 노동 분업이 우선 철폐되는 것이다. 성에 따른 남녀의 역할 분담 확정은 개인의 발전가능성을 방해하는 것이다. (…) 우리는 기본적인 사회 개혁을 갈구한다. ─서독 녹색당 강령

에코 페미니즘과 한국 여성·환경운동[2]

90년대 말이라는 현재의 시점에서 볼 때 한국의 사회운동은 80년대 말, 90년대 초와는 다른 의미에서 새로운 전환기를 맞이하고 있다. 그간 '시민운동'이 의회 및 행정부를 대상으로 한 대안 정책의 제시란 측면에 역점을 두었다면, 이제 사회운동은 엘리트 전문 운동가로부터 대중화를 시도하고, 이의 일환으로 지역사회에 뿌리내리려 한다. 지역에 뿌리내리기와 관련하여 '여

---

[2] 본문에 나와 있듯이 이 글은 1990년대 말에 쓰였다. 따라서 한국 현실에 관한 사례들은 2017년 현재 시점에서는 시의성이 떨어진다. 그러나 고인(故人)의 글을 수정하는 일이 쉽지 않거니와 90년대 말, 저자의 성찰과 판단을 엿볼 수 있다는 점에서 수정하지 않고 싣는다.(편집자주)

성'과 '환경'은 높은 친화성을 보여주고 있다. 환경은 지역에서 가장 적극적 호응을 얻을 수 있는 일상생활상의 주제인 반면, 여성은 일상적 생활공간에 가장 많은 시간을 할애하고 수적으로도 다수인 까닭에 지역사회의 가능성 있는 일꾼으로 주목받을 수 있기 때문이다. 특히 일꾼으로서의 여성에 대한 주목은 정치적 역할에 대한 기대까지도 나아갈 수 있는데, 이는 전통적으로 여성이 지역사회의 정보 순환 루트에 얼마나 깊이 관여하고 있는가를 살펴본다면 자명해진다. 여성들은 작은 지역사회의 의견 수집 및 공유의 방법인 골목·마당·장터의 수다판이나 '입에서 입으로 소문 전달하기'의 주역이었고 공적 영역과 지역의 사적 영역을 엮어주는 통로로서의 '반상회'에 한 가계를 대표하는 핵심적 참여자이기도 하다(물론 부정적 측면을 부인하진 않는다).

사회적 이슈에 사회 구성의 가장 하위 단위인 지역사회를 동원하자는 과제와 관련하여 지금까지 살펴본 에코 페미니즘의 초기적 형태를 한국 환경운동과 여성운동에 적용할 때 상반된 의미를 가지고 있다. 우선 환경운동과 관련하여 살펴보자. 서구에서 보여주었듯이, 여성적 속성을 자연적 속성과 동일화한 본질주의적 에코 페미니즘은 기존 사회의 이분법적 틀을 그대로 유지함으로써 환경을 다시 살려내자는 캠페인에 여성들을 적극적으로 동원해낼 수 있었다. 이러한 서구적 경험은 우리나라에서도 현실로 나타나고 있다. 그러나 우리의 환경운동이 쓰레기 줄이기 운동, 재활용 운동, 일회용품·합성세제 안 쓰기 운동, 지역 내 위해 시설 설치 반대 운동 등 주로 상품 순환 주기의 마지막 단계인 최종 소비와 폐기 과정에만 제한적으로 초점을 두고 있어, 환경운동에 대한 여성 및 여성 단체의 참여는 자연 파괴의 원인이나 여성 억압의 궁극적 원인에 대한 숙고가 빠진 상태에서 활기를 띠고 있다. 따라서 환경운동은 오염 정화 수준에서 활성화되고, 전업주부들을 가정 내 소비 통제에 주로 동원해냄으로써 본질주의적 에코 페미니즘은 기형화된 호소력을 행사한다. 이런 기형성은 에코 페미니즘에 입각한 여성운동의 주요 영역들이 우리 사회에선 찾아보기 힘들다는 사실로부터 확인할 수 있다. 에코 페미니즘에 입각한 여성운동은 자신의 주요 과제를 이론적 측면에선 여성주의적 합리성과 여성주의적 과학의 추구에서, 현실적으로는 반전·반핵·반군국주의 운동에서 찾는다.

이렇게 기형화된 환경과 여성의 접목 방식은 환경운동과 여성운동 모두의 미래적 지평에 한계를 부여할 뿐이다. 우선 환경운동이란 측면에서 주체로서의 여성 및 현재란 시점에서 상대적으로 여성이 집중되어 있는 공간의 강조는 실질적으로 현 사회에서 생태 위기, 즉 자연으로서의 지구 위기와 인간성 위기의 원인적 영역들―원료 채취 및 생산이 이루어지는 경제 영역, 과학 및 기술 정치 영역, 일상적 삶과 괴리된 문화가 생산되는 영역―을 소홀히 하도록 만든다. 그런데 이 영역은 바로 남성이 수적으로 다수이고 이른바 왜곡된 남성중심주의가 지배적으로 나타나는 공간이다. 따라서 환경운동은 변화의 대상으로서의 왜곡된 남성중심주의와 그런 한에서의 인간중심주의, 이의 구체적 발현태들에 주목할 수 없다. 나아가 지역적 이슈인 환경 문제 해결을 위해 여성들이 지역 경제와 지역 정치 과정에 영향력을 행사해야 하는 근거를 상실하도록 만든다.

다음으로 여성운동의 지역 뿌리내리기와 관련하여 살펴보자. 현재 여성의 경제 활동 참여 비율이 증가하고 있는 추세로 미루어볼 때, 이런 자연적 속성=여성적 속성을 강조하는 주장의 기형적 적용은 특히 여성운동의 발전이란 측면에서 본의 아니게 '또 하나의 여성 억압'을 첨가할 수도 있다. 오늘날 한국 사회에서 전체 여성 중 약 절반가량(92년 현재 47.3%)이 경제 활동에 참여하고 있고, 더욱이 기혼 여성들의 경제 참여는 점진적으로 증가 추세에 놓여 있다. 그렇다고 한국 사회에서 남녀 성별에 따른 전통적 노동 분업 형태가 사라진 것은 아니다. 남성들이 전통적으로 여성 영역이라고 규정된 가사노동에서 여성과 공동분담 및 공동책임을 지진 않는다. 따라서 경제 활동에 참여하고 있는 여성들이 가사노동과 직업노동이란 이중부담을 지고 있는 현 상황에서 자연=여성=가사노동의 등식에 근거한 환경운동의 여성 주도 주장은 이중부담에 눌려 있는 여성들에게 또 하나의 부담을 가중시킬 뿐이다. 더구나 어렵게 사회적 성차별 장벽을 넘어선 여성들을 또다시 가정으로 복귀시키는 부정적 결과를 초래할 수도 있다. 또한 비인간적 특성의 소유자로서의 자연에 대한 강조가 대안사회에서 인간을 놓쳐버렸듯이, 비록 공유영역을 전혀 가질 수 없는 여성만의 강조는 미래적 대안사회에서의 남성의 이른바 인간적 본성 중 한 부분인 남성성의 설 자리를 부인해버린다.

에코 페미니즘과 한국 여성의 정치세력화

정치세력화란 측면에서 전통적으로 한국 여성들의 정치 영역으로의 진출은 서구뿐만 아니라 다른 아시아 국가들에 비해서도 저조한 편이다. 예로 지난 13대 국회의원 선거에서는 전국구를 포함하여 여성 의원 수는 약 2%에 불과하였고, 91년 선거에선 기초의원 40명(0.9%)과 광역의원 7명(0.8%)만을 배출하였다. 이러한 수치는 정당, 이익집단, 행정부 그리고 사법부의 고위직에도 거의 그대로 반영되어 있다.

이런 배경 속에서 지방자치 국면에서의 여성 정치세력화가 다시 한번 가시화되고 있다. 특히 여성 정치세력화와 관련하여 이번에는 여성운동 단체들만이 아니라 정치권과 기타 다른 제도권 조직들도 모두 이에 가세하고 있다. 지난 지방자치단체 선거에서 '여성단체연합'은 내년 지자체를 지향하여 지방의회 의원에서 차지하는 여성 의원의 수를 20%까지 올리겠다고 발표하였고, 민자당 여성국은 15대 총선의 전국구 의원과 지방의회 후보들 중 20%를 여성으로 공천할 것을 건의하고 있으며, 민주당 여성위원회는 이보다 이른 작년 10월 전국구 의원의 20%를 결정하였고, 내년 지방선거에는 100명의 여성 후보를 출마시킬 예정이라고 발표하였다.

그런데 '환경'운동의 초기적 형태와 '여성'운동의 생활상의 주제 확장에 기여한 본질주의적 에코 페미니즘은 이 현안에선 자신의 한계를 보다 분명히 드러낼 것으로 전망된다. 이 한계성은 본질주의적 에코 페미니즘의 무정치적 성향과 보수주의적 견해의 강화가 예상되기 때문이다. 따라서 여성 정치세력화의 한국적 상황에서 본질주의적 에코 페미니즘은 극복되거나 최소한 보완될 필요성이 있다.

본질주의적 에코 페미니즘과 달리 여성 문제 및 환경 문제의 피해 당사자로서의 여성=자연 중심에 초점을 맞추고 이로부터 두 문제의 동시적 해결을 위해 문화적 측면과 정치적 측면을 강조하는 에코 페미니즘은 의미를 가질 수 있다. 의미가 있다 함은 지역 뿌리내리기에 에코 페미니즘이 정치의 새로운 장을 열기 때문이고, 새로운 장을 연다는 것은 기존 정치권에서 제외된 구체적 일상생활이 정치화되고 문화가 신·구 정치 간 갈등의 새로운 영역으로 부각되기 때문이다.

이제 물음을 진정한 의미의 여성의 정치세력화는 무엇인가, 할당제로 상징되는 한국 여성의 정치세력화는 과연 성공할 것인가로 옮겨가보자.

사회생태론에 따르면 여성 억압의 해결 과정은 일면을 민주화 과정으로 하고, 타면을 여성해방 과정으로 한다. 이 두 과정은 동전의 양면과 같은 성격을 가지고 있다. 즉, 일면에서 여성들은 지배와 억압으로부터 벗어나 자기결정권을 스스로 회복하는 과정을 창출하여야 한다. 그런데 이 과정은 동시에 비정치적 영역이었던 생활 영역을 정치화하고, 소극적으로는 제도 정치권에 영향력 행사 또는 진입을 동반할 수 있으며, 적극적으로는 기존 정치권의 구조와 관행을 변화시킬 수 있다. 엄밀히 말하자면 제도권으로의 진입 작업도 중요한 것으로 간주하지만, 이보다는 더불어 사는 방식의 문제를 구체적 생활에서 풀어내는 것에 역점을 두고 있다.

그 이유는 이들이 지향하는 대안사회의 정치는 개념 정의에서나 유형 및 공간에서 현재 통념화된 정치와는 다른 '새로운 것'이기 때문이다. 대안사회에서 무엇을 결정할 힘으로서의 권력은 직업 정치인에게 있는 것이 아니라 나에게 있기 때문이다. 제도권 정치에 영향력을 행사할 수 있는 힘의 배양이란 측면에서 비제도권에서의 정치화 과정, 즉 여성들도 주인 의식을 회복하고 이로부터 공적 결정에 대한 문제의식을 갖고 참여, 토론, 감시, 비판하는 능력을 배양하는 것은 결정적 의미를 갖는다. 이것이 진정한 의미에서의 여성 정치세력화의 주제이고 공간이다.

이제 우리 여성운동의 정치화 현실을 살펴보자. 여성권의 정치세력화 방식으로서의 할당제는 과연 어떠한 의미를 갖는가? 전통적으로 소수 세력이 의회정치 과정에 참여할 수 있는 방안에는 할당제와 비례대표제가 있다. 이 중 가장 적극적인 소수의 세력화 방안은 의회 의석의 일정수를 분할해주는 의석할당제이다. 지방자치 선거에서 여성권이 할당제 방안을 택한 근거는 여성을 지방정치 과정에 참여시킴으로써 민주적이고 보다 인간적인 새로운 여성 정치 리더십을 배양하고 여성 관련 정책 개정 작업을 주도해내며 지역사회를 변화, 발전시킨다는 것이다.

그러나 이러한 전략은 일상적 생활 속에서 새로운 정치의 기반을 만들어내지 못하는 한, 자유주의적 여성운동으로 회귀할 위험성을 가지고 있다. 왜냐하면 중앙집중화되어 있고, 관료주의가 팽배해 있는 현 정치제도에 환경 문제와 여성 문제의 한 원인을 귀속시키는 에코 페미니즘에게 이런 유의 정치세력화는 19세기 말, 20세기 초의 자유주의적 페미니즘의 발상에 불과할 뿐이다. 그리고 나아가 변화·대체해야 할 정치제도, 즉 차별과 지배가 만연되어 있고 인간과 여성과 자연을 소외시키는 현 체제를 정당화하고 강화시킬 뿐이다. 남성이 주류를 이루는 영역에 몇 자리를 스스로의 힘에 의해서가 아니라 남성들의 배려에 의해 배당받을 수 있는 기회는 사실 엘리트 여성들에게로 한정될 뿐이고, 설혹 소신을 갖고 있는 여성이라 할지라도 제도로 체화될 가능성이 높으며, 궁극적으로는 현 사회를 그대로 유지하려는 알리바이 성립적 기능—현 사회의 이념인 자유와 평등은 모든 구성원들에게 적용되며, 이를 남성들만이 전횡하지 않는다는 알리바이를 만들어주는 기능—만을 담당할 가능성이 높다.

　물론 우리의 여성운동은 대중화 전략도 가지고 있다. 이를 뒷받침하는 운동 형태가 아마도 생협운동과 탁아소운동일 것이다. 이 중 생협운동은 에코 페미니즘과 관련해서 주목해볼 필요가 있다. 그러나 아쉽게도 생협운동은 소비협동조합운동으로 전락해가고 있으며, 자신의 궁극적 목적인 소비자 주권의 회복, 시장경제의 익명성 극복, 그리고 공동체성의 회복과는 거리가 멀어져가고 있다.

에코 페미니즘의 적소[3]

결론적으로 에코 페미니즘은 자연과의 관계에서 자연과 인간을 재발견해내는 운동이며, 인간으로서의 여성과 남성을 재발견해내는 운동이다. 에코 페미니즘의 정치세력화는 삼중 고리를 동시적으로 풀어야 한다. 남성의 영역으로 간주된 제도화된 공적 공간에의 참여, 남성 영역으로 간주된 경제 공간에서의 여성 참여 및 압력 행사, 지역사회에서 서로 다른 사람들이 더불어 살아가는 문화의 회복과 스스로 결정하고 다스리는 자치 능력의 배양, 에코 페미니즘은 이 세 가지 고리들 중 어느 것도 소홀히 할 수 없다. 그럼에도 불구하고 에코 페미니즘의 적소는 더불어 살아가는 문화의 회복과 스스로 다스릴 수 있는 능력의 회복에 있다.

---

[3] '적소'의 뜻을 저자가 『생태학의 담론』(문순홍 지음, 2006, 아르케, 406쪽)에서 설명한 부분을 인용한다. "적소란 용어는 생태학에서 필자가 차용한 용어다. 특정 생태계 속에서 살아가는 종들 중 가장 번식력이 강한 종에 대해 그 생태계의 적소라 칭한다. 필자는 이 용어를 특정한 집단행동이 자생적으로 등장하고 가장 번식력이 강한 사회 영역을 지칭하는 개념으로 사용하였다. 예로 특정 지역을 저항 공간으로 설정할 경우 이 지역을 구성하는 인구 구성 틀, 사회경제적 구성 그리고 지역 문화에 비추어서 어떤 특정 문제가 그 지역 주민들에게 가장 파급력이 컸다면 이 문제를 중심으로 한 저항이 그 지역을 자신의 적소라고 칭할 수 있을 것이다."(편집자주)

생명 가치에 기반한 지역운동

정성헌

민주화운동기념사업회 이사장 역임, 현재 한국DMZ평화생명동산 이사장. 저서로 『현장에서: 평화·생명·통일이야기』(리북, 2014), 공저로 『교사 인문학』(세종서적, 2017)이 있다.

'생명 가치에 기반한 지역운동'과 관련하여 제가 수십 년째 하고 있는 일에 대해 이야기하겠습니다. 평범한 이야기입니다. 저는 강원도 인제군 서화면에 있는 한국DMZ평화생명동산에서 일하고 있습니다. 또 DMZ 일원에서 조직운동도 하고 현장 활동, 교육운동도 합니다.

우선, 가뭄 이야기부터 해보지요. 지금 당장 가뭄이 어마어마합니다. 전국이 폭염입니다. 여기저기 물이 없어 난리가 났습니다. 생명 가치는 추상적인 문제가 아니라, 이렇듯 물이 없어 사람들이 고통을 받는 구체적인 문제입니다. 물이 없어서 사람이, 생명이 죽는 문제입니다. 이 문제는 앞으로 더 심각해질 것입니다.

그럼 지금 왜 이렇게 가뭄이 심각해진 걸까요? 제가 알기로는 주기적인 가뭄과 지구온난화형 가뭄이 겹쳐서 그렇습니다. 주기적인 가뭄에는 평가뭄과 중가뭄이 있는데, 평가뭄은 대개 6~7년마다 오지요. 그리고 중가뭄은 12~13년마다 옵니다. 이런 가뭄은 주기적으로 늘 겪던 것이라 괜찮습니다. 하지만 지금 우리가 겪는 가뭄은 주기적으로 오는 대가뭄이면서, 동시에 지구온난화형 가뭄이 겹쳐진 것입니다. 지구온난화형 가뭄에 대해 잠시 말씀드리자면, 부자 나라와 가난한 나라 할 것 없이 계속 화석 연료를 때다 보니 지구가 뜨거워졌고, 그래서 북극과 시베리아 동토 지대의 얼음이 녹아서 찬 기류가 생기고, 이 기류가 장마전선을 밀어내니까 아래로 후퇴해서 한반도에 비가 오지 않는 것입니다. 몇 년 전까지는 남해안과 제주도에 비가 꽤 왔습니다. 장마전선이 여기까지 내려간 것이죠. 지금은 규

수 정도까지 후퇴했습니다. 이런 식이면 언젠가는 오키나와 선으로 후퇴하겠지요. 따라서 2030년대가 되면 사막화가 진행되어 한반도 중북부 이북은 강수량이 줄어서 준사막이 될 가능성이 높습니다.

이처럼 수기적인 가뭄과 지구온난화형 가뭄이 겹쳐 있기 때문에 과거에 하던 방식으로 대처하면 안 됩니다. 생명 위기에 대처해야 합니다. 사실, 방법은 명백하죠. 전 지구적인 노력과 더불어 우리 각자의 노력도 필요합니다. 우리나라의 이산화탄소 배출량은 세계 7위〔국제에너지기구(IEA)의 발표에 따르면, 2013년 기준으로 OECD 국가 중 7위〕입니다. '한강의 기적'을 이룰 수 있었던 것은 사실 수십 년간 불을 많이 땠기 때문이죠. 그러니까 지금 우리가 겪는 문제는 그동안 쌓여온 것들이 드러난 것일 뿐입니다. 결국 물 문제를 해결하려면 화석 연료를 덜 때는 수밖에 없습니다. 그런데 아직도 대부분의 논의는 '어떻게 하면 불을 많이 때면서 성장할 것인가?'에 머물고 있습니다. 그럴수록 물 문제는 해결되지 않습니다. '불을 덜 때고 어떻게 행복할 것인가?' 이렇게 질문이 바뀌어야 합니다. 이러한 대전환의 과제는 일찍부터 제기되었지만, 우리가 그동안 실천하지 않고 있었던 거죠. 재작년에 파리기후변화협약을 맺었고, 작년부터는 신기후 체제가 발동되었습니다. 아시듯이 트럼프 대통령은 이 협약에서 탈퇴했고요. 기후 변화를 줄이는 길로 가긴 갈 텐데, 우리가 제대로 실천하느냐 못하느냐에 따라서 생명 위기가 완화될 것인지 심화될 것인지가 결정될 것입니다. 이 문제는 전 지구적인 인류의 문제이자 우리나라의 문제이면서 나의 문제이기도 합니다. 이처럼 모든 층위가 합쳐진 문제이지요. 우리는 생명 가치를 중심에 놓고 죽음과 죽임으로 치닫는 현대의 거대 문명을 생명, 살림의 문명으로 바꾸기 위해 노력해야 합니다.

사회 구조에 관한 문제도 마찬가지입니다. 자본의 세계화가 빨라지면서 사회 문제가 많아지니 지금은 조금 주춤하지만 결국 자본의 세계화는 꾸준히 진행될 것입니다. 자본의 지배력, 독점력이 강화되고 있습니다. 이러한 독점적인 사회 구조로 인해 우리 사회는 물론 전 세계적으로 차단의 세계가 늘어나고 있습니다. 돈과 정보의 독점 여부에 따라 없는 사람은 더 못 갖게 되고, 있는 사람은 더 많이 소유합니다. 불과 20년 전만 해도 20대 80의 사회라고 했지만 이제는 1 대 99의 사회라고 하지 않습니까. 독점이 되니까 차단이 되는 겁니다. 그래서 저는 '독점 구조'라고만 하지 않고 '독점과 차단의 구조'라고 해야 옳다고 봅니다. 아무튼 이런 문제에 대한 각성이 일어나니까 '자본 공유', '사회적 경제', '협동조합'에 대한 이야기가 나옵니다. 공존과 순환 구조를 만들자는 것이죠. 하지만 워낙 독점과 차단의 구조가 강하니까 아직까지는 의미 있는 변화를 만들어나가기가 어렵습니다.

문명과 사회 구조를 바꿔나가는 동시에 나 자신의 생활도 바꿔나가야 하지요. 왜냐하면 나도 거기에 지배당하고 있으니까요. 그래서 덜 소유하면서 행복을 추구해야 하는데요. 사실 덜 소유하는 것은 사람들이 힘들어하니까 저는 알맞게 소유하라고 합니다. 하지만 많은 사람들이 더 많이 소유하고, 더 많이 누리려고 합니다.

몇 가지 이야기를 해보죠. 제가 현장에서 평화생명통일교육을 하다 보면 초등학생들을 많이 만납니다. 그런데 요새 아이들이 스마트폰을 많이 하잖아요. 그러다 보니 운동량도 부족하고 집중력도 약해집니다. '디지털 근시 사회'에 일찍 들어가는 셈이지요. 그래서 제가 아이들에게 스마트폰 사용을 줄이라고 하면서 이런 이야기를 합니다.

2009년부터 2010년 사이에 우리나라 토종벌의 97%가 죽었습니다. 이를 군집 붕괴 혹은 떼죽음이라고 합니다. 올해 2월 미국 캘리포니아에서도 벌 50%가 떼죽음을 당했다고 하네요. 이런 일이 생기니까 아인슈타인의 말이 다시 회자되고 있습니다. 아인슈타인이 지구상의 벌이 전멸하면 인류도 4~5년 안에 멸망한다고 했거든요. 그러면 왜 떼죽음을 당하는가? 미국 사람들이 분석해보니까 두 가지 원인이 나왔어요. 바로 농약 살충제와 휴대전화 전자파입니다. 우리나라의 2009~2010년이 벌들이 견디기 힘들 정도로 전화기 사용량이 늘었을 때입니다. 휴대전화가 4,000만 대를 넘었을 때죠. 지금은 6,100만 대라고 합니다. 어느 선을 넘어서니 벌들이 더 이상 못 견뎠던 것입니다. 이걸 아이들에게 설명하면서 휴대전화를 적게 쓰자, 전자파가 많이 나오지 않아야 꿀벌이 살 수 있다고 하면 아이들은 잘 받아들입니다. 휴대전화 사용을 줄이겠다고 결심하는 아이도 많이 나옵니다. 하지만 어른들은 이런 변화가 어렵습니다.

통일운동이나 노동운동에 대해서 이야기해봅시다. 생명 위기는 삶의 문제입니다. 우리가 살아남느냐 마느냐 정도의 절박성으로 이 사안을 접해야 합니다. 우리는 물 부족 국가이고 곧 물 스트레스 국가로 바뀝니다. 그런데 만약 통일이 된다고 하더라도 우리 국토의 2/3 이상이 사람 살기가 어려운 준사막이 된다면 어떻게 되겠습니까? 사실 '사회운동'이라는 것은 늘 바뀌어야 합니다. 시대마다 가장 절실한 문제를 해결하기 위한 인간의 조직적 실천이 사회운동입니다. 그 절실한 문제가 지금은 생명 문제입니다. 따라서 생명운동을 바탕에 둔 상태에서 통일운동, 노동운동, 교육운동과 같은 다른 운동을 해야 합니다. 한반도 생명공동체로서의 통일운동, 지구상 생명체가 잘 사는 생명운동에 바탕을 둔 교육운동, 이렇게 말입니다. 노동운동도 마찬가지입니다. 노동운동은 좋은 일자리를 급선무로 이야기하는데요, 제가 노동운동을 하는 분들께 반문합니다. 일자리를 구했는데 사는 곳이 먹고살기 힘든 고장이 되면 무슨 의미가 있냐고요. 며칠 전 금속노조가 비정규직의 일자리를 위해서 2,500억 원을 기금으로 내겠다는 뉴스를 봤습니다. 잘된 일입니다. 그런데요, 생각해볼 문제가 있습니다. 자동차 회사를 예로 들자면 자동차에서 나오는 배기가스 문제가 심각합니다. 그러니 노조가 자신들의 임금 인상률이 5%라고 하면 그 중에 2%를 도로 내면서 모든 생명에 해가 되지 않는 엔진을 개발하는 데에 써달라고 하면 어떻겠습니까? 낸 돈의 절반은 비정규직을 위해서도 쓰고 말이죠. 그래서 생명을 살리는 사회로 가자는 것입니다. 비정규직의 일자리 문제를 가볍게 봐서 그런 것이 아닙니다. 더 근본적이고 절실한 것을 운동의 바탕으로 두지 않으면 안 되기 때문입니다.

초미세먼지 이야기를 해봅시다. 초미세먼지에 대해서 우리나라의 15개 주요 매체의 보도 횟수를 조사한 결과를 보았습니다. 20년 전에는 관련 기사가 15개 매체를 통틀어 딱 2건이었습니다. 그런데 지금은요, 3만 2천 건의 기사가 났습니다. 공기의 질이 정말 나빠진 것이죠. 특히 요 몇 년 사이 더 심각해졌는데 작년에 열린 세계경제포럼에서 한국의 공기 질이 참가한 180개국 중 173등이었습니다. 그런데 실내 공기 질은 23등입니다. 이게 뭘 뜻합니까. 자기가 살고, 근무하는 곳에만 공기청정 시설을 갖춘다는 뜻이죠. 이렇게 되면 전체 사회의 공기 질은 더 빨리 나빠집니다.

이처럼 생명 위기가 공기, 물, 불 문제로 우리 삶에 다가와 있습니다. 앞으로 올 문제가 아니라 지금 와 있습니다. 결국 생각을 바꿔야 하는데, 생각이 잘 안 바뀝니다. 먼저 깨달은 사람이 스스로 잘하고 이 문제를 절실히 느끼는 사람과 함께 노력하는 수밖에 없습니다. 이런 변화를 이끌기 위해서는 정치 혁명과 교육 개벽이 일어나야 합니다. 정치 혁명이 필요한 이유는 법과 제도를 통한 개선이 가장 빠르기 때문이고요. 교육 개혁은 나의 변화로부터 지역의 변화를 이끌어낼 수 있기 때문입니다.

인제 생명사회 실천운동

지금부터는 제가 주로 활동하고 있는 '인제' 이야기를 해보겠습니다.

작년에 인제군의 8·15 광복절 행사를 저희 한국DMZ평화생명동산이 주관해서 치렀습니다. 3·1절은 많이들 기념하는데 광복절은 잘 안 한다며 지역 주민들이 저희더러 하라고 했습니다. 그 요청이 온 게 벌써 8월 초예요. 그래서 우리 사무국장과 운동가들이 문자도 보내고 해서 150명에게 연락을 했습니다. 준비한 시간은 열흘 정도뿐인데, 이 행사가 제가 경험한 행사 중 제일 의미가 있었습니다. 우선, 참가자는 100명 정도였고요. 그 외에 공연팀이 40명이었습니다. 그리고 현수막을 제작하는 대신에 신남고등학교의 선생님과 학생이 직접 그려 온 태극기를 설치했습니다. 여기에 참가자들이 자기 소망을 썼고요. 기념사는 인제군의 초대 군수와 제가 했는데 서로 약속이나 한 듯이 초대 군수는 인제 군민 입장에서, 저는 민족의 입장에서 광복절의 의미를 말씀드렸습니다. 그리고 민이 스스로 하는 것이니까 내빈석이 없었습니다. 군수, 군회장도 내빈석이 아니라 참가자들과 같이 앉으셨고요.

행사 내용에 대해 알려드리자면 초등학생 5명이 선두에서 만세 삼창을 했고, 고등학생 두 명이 항일독립운동에 관한 이육사 시인의 시를 낭송했습니다. 그리고 공연을 했습니다. 이 공연패는 이제 4년 정도 활동했는데 처음에는 서너 명 정도의 주민과 군인들이 시작했습니다. 그런데 지금은 공연팀원이 140명이나 되었습니다. 연주는 주로 전통 소리와 북인데요. 이 연주팀에 군인도 20명가량 포함되어 있습니다. 그런데요, 병사와 주민이 같이 공연하면 분위기가 좋아집니다. 군인에 대한 선입견이 없어지니까요. 같이 평화 노래도 부르고요. 그리고 이 행사에 월항1리 사람들이 옥수수를 200개 쪄 와서 같이 나눠 먹었습니다. 이러니 경비가 들 일이 없었죠. 단지 공연팀에 속한 군인들이 부대에 복귀하기 전에 그들에게 밥을 사주느라 쓴 23만 원이 행사 치르는 데 쓴 돈의 전부입니다.

제가 이 행사를 왜 강조하냐면요, 운동은 스스로 하는 것이라는 점을 말씀드리기 위해서입니다. 결국 운동이라는 것은 자기가 주인이 되는 것이고, 주인이 되어야만 운동이 됩니다. 인제군에서는 지금까지 많이 노력해서 주민들이 스스로 할 수 있는 바탕이 마련되었습니다. 우리 고장은 우리가 바꾸자고 자각하는 사람들이 수십 명쯤 됩니다. 이렇게 되기까지 오래 걸렸습니다. 1998년에 시작했고, 2008년부터 본격적인 활동을 했습니다. 그때 저희가 '인제 생명사회 실천운동'이라는 이름으로 시작했습니다. 그런데 이제는 주민들이 중심을 이루고 있습니다. 이름도 바꾼다고 합니다. '인제 생명사회 실천본부'로요.

저희가 처음에는 1년 단위로 교육을 시작했습니다. 그리고 그 전에는 모든 교육이 공짜였어요. 그런데 공짜 교육은 부실해지기 쉽습니다. 그래서 그때 30~40명 정도의 인제 사람들이 1년에 20만 원을 내고 교육을 받기 시작했습니다. 지금 보면 그 사람들이 상당히 중요한 역할을 하게 되었습니다. 그분들이 중심이 되어서 스스로, 그리고 함께, 또 꾸준히 운동을 해왔기 때문이죠. 운동은 스스로 함께 꾸준히 해야 합니다. 그런데 이게 쉽지 않죠. 왜 어려워졌는지 생각해보면 정치가 잘못된 탓도 있습니다. 과거 신군부 정권도 그랬지만 1997년 IMF 직속 관리 이후에 지역에 자꾸만 뭘 주겠다고 합니다. 선심성 예산이지요. 선거 때도 그런 이야기만 합니다. 복지 명목의 선심성 공약이 넘칩니다.

이렇게 시혜형 정책이 많다 보니 구체적으로는 이런 문제가 생깁니다. 마을 발전 기금을 스스로 안 세우는 거예요. 마을 발전 계획을 세울 때 보통 군에서 약 2천만 원 정도의 용역을 발주합니다. 그런데 이 용역은 마을 현장을 잘 모르는 연구원이 담당합니다. 이렇게 되니 마을 발전 계획이 외부에서 세워지고요, 돈도 거의 외부에서 들어옵니다. 마을회관을 짓는다고 하면 건축 자재도 외부에서 옵니다. 마을 차원에서, 즉 내부에서 하는 일은 고작 허드렛일을 하는 노동력을 파는 것이나 밥 파는 것밖에 없습니다. 마을 스스로 하는 일이 없는 셈이죠. 이런 일이 전국적으로 20년 이상 지속되다 보니 돈이 안 생기는 것은 안 하는 관행이 생겼습니다.

하지만 꾸준히 교육 대화를 하면 변하는 지역이 생깁니다. 인제읍 가2리 마을의 예를 들겠습니다. 지금부터 3년 전에 저희가 각 마을에 알리기를, 스스로 마을 발전 계획을 세우면 우리 단체가 돕겠다고 했습니다. 그랬더니 유일하게 가2리 마을이 신청을 했습니다. 다른 마을은 이장들이 마을 총회에 올리지도 않았고, 올린 마을도 부결되기 마련입니다. 그런데 이 마을은 지원 신청을 했어요. 그래서 우리가 교육 프로그램을 지원했습니다. 마을에 여섯 번을 방문하고 열댓 번 교육을 진행했습니다. 교육은 주로 주민들에게 묻고 답하는 방식으로 진행됩니다. "마을 발전 계획의 목표가 뭡니까?" 그러면 "행복"이라고 답합니다. 그러면 "행복한 마을이 되려면 뭐가 필요합니까?" 묻습니다. 그러면 "1번이 건강이고, 2번이 가족 간 화목이고, 3번이 이웃과 친하게 지내는 일이고, 4번이 돈"이라고 답합니다. 우선은 아픈 사람이 많으니 건강해야겠고, 단독 가구도 많지만 불화 가족이 많으니 가족이 화목해야 합니다. 세 번째로는 이웃과 친하게 지내고 싶고, 마지막 네 번째로 중요한 게 돈입니다. 일단 돈은 있어야 하니까요. 그래서 서로 이야기하기를, 다른 마을은 돈이 1번으로 중요한데 우리는 이야기해보니 돈은 네 번째라고들 했습니다. 이런 대화를 나눈 다음에 사업을 하기 위해서 마을 발전 기금을 세우자고 했습니다.

그런데 기금을 마련하려면 마을을 잘 알아야 합니다. 그러기 위해서는 마을에 대한 조사를 해야 하는데요, 마을을 조사하는 방법을 주민들에게 교육했습니다. 그들이 주체니까 조사도 직접 해야 합니다. 결국 그분들이 무슨 계획을 세웠냐면 마을에 약초를 심자고 했습니다. 약초 꽃이 피는 아름다운 마을로 만들자고 합니다. 그래서 이번에는 저희가 약초 교육을 해드렸습니다. 약초를 잘 아는 한의사를 모셔다가 교육한 것이죠. 이런 식으로 3년 동안 교육을 지원하고 있는데, 이제 몇 년만 더하면 주민 스스로 모든 일을 하게 될 겁니다. 이렇게 마을 사업을 지원할 때는 그분들이 스스로 하기 어려울 때, 그러니까 한계에 부덮힐 때 그걸 넘어서도록 조금만 도와줍니다. 그렇게 해서 만약 한 마을이 성공하면 그 옆 마을이 또 따라 합니다. 이 방법이 가장 확실합니다.

인제는 지리적으로 북쪽이다 보니 6·25 전쟁 전에는 이북에 속한 지역이 대부분이었고, 이남에 속한 지역은 얼마 안 되었습니다. 그래서 전쟁 발발 60주년을 맞는 2010년에 몇몇 사람들이 의논하기를, 전쟁 발발 60주년인데 그간은 늘 관(官)에서 행사를 진행해왔지만 이번에는 민(民)이 스스로 해보자고 했습니다. 그런데 당장 드는 고민이 '그게 될까? 돈이 드는데' 하는 걱정입니다. 그런 고민을 하길래 제가 일단 모금을 해서 모금액에 맞춰서 행사를 하자고 제안했습니다. 만약 100만 원만 모이면 그에 맞는 행사를 하면 된다고요. 돈에 매이지 말고 뜻을 살리자고 했습니다. 그래서 '6·25전쟁 60년 행사추진위'가 발족하고, 이 행사의 키워드를 '평화와 생명'으로 하여 모금을 시작했습니다. 그런데 놀랍게도 5천만 원이 모였습니다. 제일 적게 낸 사람이 7천 원이었고요. 3만 원, 10만 원씩 낸 사람이 많았습니다. 그래서 그 행사를 다 마치고도 약 천만 원이 남아서 그 돈을 인제 생명사회 실천본부 기금으로 썼습니다. 이 일을 마치고 나니 인제군 지역사회가 스스로 놀랐습니다.

2010년에 있었던 일입니다. 한국DMZ평화생명동산에 서화2리에 사는 주민 두 분이 와서 자기 마을에 도서관을 만들어달라고 합니다. 그래서 답하길, "우리가 만들면 우리가 주인이 된다. 당신들이 하면 스스로 주인이 된다"고 했습니다. 그랬더니 스스로 하겠다고 합니다. 그래서 '서화도서관추진위'를 세우고는 두 달 안에 2천5백만 원을 모금을 했어요. 그 돈으로 책 7천 권을 모았습니다. 서화면에서 마을 사업으로 거의 처음 성공한 사업입니다. 그래서 추진위 사람들이 기분이 좋았어요. 지금은 책이 1만 권이 넘습니다. 도서관을 설립한 지 1년 뒤에 추진위 사람들을 만나서 제가 물어봤습니다. 도서관이 생기고 나서 마을에 무슨 변화가 있었냐고요. 그랬더니 그분들 대답이, 형수님들이 바뀌기 시작했다는 겁니다. 도서관은 인제읍에만 있어서 책을 보고 싶어도 살림에 쪼들려서 빌리러 못 갔는데 마을 도서관이 생기니까 형수님들이 책을 빌려다 보기 시작했다는 겁니다. 그리고 마을회의 때 말을 하기 시작했다고 합니다. 그래서 제가 "야! 큰 변화다." 그랬습니다. 이처럼 바닥을 튼튼히 하는 것이 중요합니다.

생명사회를 만들려면 자기 실천이 대전제가 되어야 합니다. 그중에서 제일 중요한 게 먹고사는 산업을 바꿔야 합니다. 그렇지 않으면 추상적이 될 가능성이 큽니다. 그렇다면 생산 활동을 어떻게 생명 산업으로 바꿀까요? 예컨대 농민은 농사를 생명농업, 유기농업으로 바꿉니다. 물론 유기농업으로 바꾸면 한 5년은 수확량이 줄기 때문에 힘부로 강조하지는 못하고 자기 상황에 알맞게 생명농업을 실천해가야겠습니다. 사실 제일 빠른 방법은 농림부가 나서는 건데요. 농림부 예산이 19조 정도입니다. 우리나라 모든 농가에 가구당 평균 600만 원 정도를 지원한다고 가정하면 6조가 조금 넘게 듭니다. 농림부 예산의 1/3 정도 들지요. 이런 식으로 7년만 지속하면 전국이 다 유기농으로 바뀔 겁니다. 성과 없이 분란만 일으키는 돈이 많은데, 이런 돈을 아껴서 이렇게 투자하면 전국이 생명 터전으로 바뀝니다.

에너지도 연차 계획을 세워서 2045년까지 화석 연료에서 완전히 해방될 수 있습니다. 보통 전기를 많이 쓰는 집이 한 달에 전기료가 4~5만 원 정도이고, 조금 쓰는 집은 몇천 원입니다. 그런데 태양광 발전 설비를 설치하는 비용을 군에서 보조해주니까 주민들이 이제 서로 하려고 합니다. 월평균 4~5만 원 내던 집이 1,500원 정도밖에 안 내게 되거든요. 이처럼 민이 스스로 하려고 하고 관이 촉진하면 됩니다. 그러면 여러 산업이 생명 산업으로 바뀝니다. 이런 취지로 교육을 하다 보면 질문을 받는데요. 예를 들어 여관을 운영하는 사람이 자기는 어떻게 해야 생명산업이 되냐고 묻습니다. 그러면 저는 우선 방을 황토방으로 바꾸고 벽지도 생명에 이로운 벽지를 쓰라고 합니다. 그리고 새로 건물을 지을 때는 시멘트 안 쓰고 우리 지역에서 나는 돌과 나무로 지으라고 합니다. 그게 생명에 이로운 여관입니다. 이처럼 관광업도 생명산업으로 바꿀 수 있습니다.

생산을 생명산업으로 바꾸는 일이 첫째라면, 둘째 원칙은 소비를 최대한 줄이고 재활용을 하라는 것입니다. 셋째는 특히 에너지가 중요하니까 절약을 하면서 점차 대안 에너지의 비중을 늘려가자는 것이고요. 넷째, 이 모든 걸 하려면 어떤 일이 생명 중심인지 알아야 하니까 생명친화형 지식 문화 풍토를 마련해가자고 합니다. 이상의 네 가지가, 저희가 하는 교육의 핵심 기조입니다.

아무리 급해도 모든 운동은 자기 실력과 수준에 맞게 해야 합니다. 어느 모임은 공부로 시작하기도 하고 다른 모임은 활동을 펴나갈 수도 있습니다. 모두 자기 수준에 맞게 하는 것인데요. 제대로 알지 못하면 안 합니다. 아는 만큼 변화합니다. 지금 인제는 생명에 관한 공부 모임이 꽤 많습니다. 어제만 해도 '꿈할머니'라는 모임 분들을 만났는데요. 이분들은 환경과 인권을 주제로 유치원에 가서 책을 읽어주는 활동을 하십니다. 이렇게 작은 모임들, 작은 포럼들이 있는데 앞으로 힘을 더 발휘하려면 서로 큰 틀에서 협조를 해야 할 것입니다.

지역에서 운동을 하면 어려운 점도 있습니다. 지도자가 있는 마을은 확실히 빨리 변합니다. 그런데 지역에서는 좋은 인재가 다 대도시로 가버려서 인재가 너무 부족합니다. 그런데 비단 지역만은 아니고 우리나라 전체가 대체로 그래요. 고소·고발이 너무 많습니다. 일본에 비해서 주민 10만 명당 고소·고발 비율을 비교해보면 무려 50배 이상 많다고 합니다. 불만이 가득 찬 분쟁 사회죠. 서로 거짓말도 많이 하고 헐뜯는 경우가 많습니다. 이렇게 된 이유 중에는 지도자, 인재가 부족해서 분쟁 사회가 된 측면도 있습니다. 이러한 문제를 극복하기 위해서는 보통 정도의 노력을 넘어야 합니다.

관련된 사례입니다. 인제 군수가 임기 중반에 선거법 위반으로 해임되면서 보궐선거를 치르게 되었습니다. 그런데 지금껏 인제 군수 선거 후에 고소·고발이 없었던 적이 한 번도 없습니다. 그래서 인제군의 50~60대 시민들이 모여서 이번 선거만큼은 깨끗하고 공정하게 하자고 뜻을 모았습니다. 그래서 군수 입후보자들을 모두 불러서 고소·고발을 하지 않기로 약속받았습니다. 정책 경쟁을 하고 서로 헐뜯지 않기로요. 그래서 그해에 최초로 고소·고발이 없었습니다. 이 일을 보면서 주민들이 느꼈습니다. '아, 우리가 움직이니 되는구나.' 우리 사회는 분쟁 사회가 되고 나쁜 점은 늘었지만 좀 더 근본에 집중해서 노력하면 변화하긴 합니다. 이런 변화가 여러 곳에서 일어나면 좋겠습니다. 지역 주민들의 실정을 객관적으로 이해하고 올바른 목표와 내용을 주민 스스로 주체가 되어서 정립하도록 도우면 느리긴 하지만 변화가 가능합니다.

삼척 원전유치 찬반 주민투표

이런 가능성을 2013년 삼척에서 봤습니다. '삼척 원전유치 찬반 주민투표 관리위원회'에서 제게 전화를 해서 투표관리위원회 위원장을 맡아달라고 했습니다. 삼척 사람이 하면 편파적이 되니까 외부에서 객관적으로, 공정하게 투표를 치르려고 저를 부른 것입니다. 종교인들이나 시민단체, 시의회, 시장이 의논을 해서 저에게 맡긴다고 하니까 저도 좋은 일로 생각하고 승낙했습니다. 가서 한 달간 봉사했습니다.

그런데 가보니까 주민투표 관리위원회 명단이 내정되어 있는데 전부 원전을 반대하는 사람들이에요. 그래서 제가 "이렇게 하면 안 된다. 져도 승복을 안 한다. 찬성, 반대, 중도 다 있어야 한다." 이렇게 말했습니다. 그래서 위원회가 균형 있게 재구성되었습니다. 그리고 주민투표를 치르는데 자원봉사자가 720명이 필요했습니다. 왜 이렇게 많이 필요했냐면 투표인 명부를 작성하는 일에 품이 많이 듭니다. 개인정보보호법이 그해 발효되었는데요. 예전 같으면 한 집에 가서 가족 중 한 사람이 부모 자식 모두 명부를 작성할 수 있는데 법이 제정되면서 이제 모든 사람에게 직접 명부를 받아야 합니다.

위원회를 시작하면서 제가 위원장으로서 취임인사를 했습니다. 그러면서 세 가지를 당부했습니다.

"첫째, 우리는 관리위원이니까 속으로 찬성하든 반대하든 겉으로 자기 의견을 발설하면 안 됩니다. 둘째, 대개 실언을 통해서 실수를 하는데, 이런 실언은 보통 술 먹는 자리에서 생깁니다. 그러니 개표 끝날 때까지 술은 안 됩니다. 반주도 가능한 하지 맙시다. 셋째, 만 5천 원보다 비싼 식사는 하지 맙시다. 사람들이 볼 때 투표 관리를 한다면서 좋은 밥 먹는다고 안 좋게 봅니다."

사람이 하는 실수는 작은 데서, 밥 먹고 술 먹는 데서 옵니다. 투표 관리 중에 다행히 한 점 실언이 없었습니다. 투표 관리를 하기 위해 자원봉사자 720명이고, 진행비로 8,100만 원을 걷어서 투표를 치렀는데, 이 일을 선관위가 하면 3억 5천만 원 내지 4억 5천만 원이 들 거라고 했던 일입니다. 놀라운 일이죠.

투표 전에 지방 신문에서 여론조사를 하면 72퍼센트 반대로 예상했는데 개표하고 보니 84.9% 반대가 나왔습니다. 이렇게 된 결정적인 이유가 후쿠시마 원전 사고입니다. 불과 3년 전 기억이니까 사람들이 기억을 하는 거예요. 개표가 끝나고 이처럼 결과를 발표하고, 폐회 인사를 하면서 다음과 같은 취지로 간곡히 말씀드렸습니다.

"여러분 모두 대단히 애썼습니다. 여러분은 이제 행정구역 상 삼척 시민에서 정치사회적 시민이 되었습니다. 내가 생각하는 시민은 '예'와 '아니요'를 분명히 이야기할 수 있는 사람입니다. 긍정의 정신과 비판의 자세와 대안을 찾는 실천이 통합된 것이 시민입니다. 여러분이 그런 시민으로 가는 첫발을 내딛었습니다. 이제 여러분께 세 가지를 부탁드립니다. 첫째, 삼척 시민이 앞장서서 전기를 20% 절약합시다. 그래서 대한민국 많은 시군의 모범이 됩시다. 절약은 안하면서 원전을 반대했다고 하면 우리 동네에 원전이 들어오는 것만 반대하는 이기적인 사람들로 보입니다. 둘째, 여기 바람과 햇빛이 좋으니 자연 에너지를 대안 에너지로 바꿔가는 일을 꾸준히 해주십시오. 셋째, 찬성을 한 사람이 14% 이상입니다. 그러니 술자리에서라도 그 사람들 구박하지 마세요. 의견이 다른 것뿐입니다. 절대 구박하지 마세요."

개표 결과를 보느라 그 자리에 수백 명이 있었는데 모두 뜨거운 박수로 폐회를 했습니다. 이 일을 치르면서 저도 느낀 것이 있는데, 자원봉사를 제일 헌신한 사람이 퇴직한 일반 공무원들이었습니다. 지식인들이 아니고요. 보통 시민들이 열심히 했습니다. 이게 중요합니다.

그런데 투표 관리를 하는 기간 중에 서울에서 환경운동 하는 사람들이 전화를 해서 도울 일이 없냐고 물어봤습니다. 그래서 저는 여기 사람들이 알아서 잘하니까 정히 돕고 싶으면 후원을 하라고 했습니다. 여기 와서 반대 운동 하고 그런 거 하지 말라고요. 오고 싶으면 와서 조용히 보고만 가라고 했습니다. 그랬더니 정말로 후원금을 보내왔는데요. 그 일이 법 위반이라며 기소를 당했습니다. 삼척시장은 직권남용으로 기소되었고요. 자치행정국장, 과장, 계장, 그리고 저는 기부금 모집에 관한 법을 위반해서 기소되었습니다. 1심에서 시장하고 공무원 둘은 무죄 판결을 받았고, 저는 벌금 70만 원이 나왔습니다.

재판을 받을 때 제가 진술문을 다음 내용으로 썼습니다.

"박정희 대통령 때 한일회담 반대를 해서 당시 제가 열아홉 살 때에 내란죄로 재판을 받았습니다. 그런데 이번에는 따님 때 불구속 상태로 재판을 받습니다. 박씨 집안과 제가 52년째 인연입니다."

벌금이 70만 원인데 하루에 10만 원씩 쳐준다니까 감옥 가서 1주일 있다가 나오겠다고 혼자서 생각했는데, 마누라가 제게 이제 일흔 살이 넘었으니 벌금 내고 말자며 말렸습니다. 하지만 저는 부당하니까 낼 수 없다고 버텼지요. 그런데 삼척의 시민단체에서 연락이 와서 자기들이 대납했다고 했습니다. 이렇게 마무리되었습니다.

지역에서 주민발안, 주민소환, 주민투표를 통해서 직접민주주의를 실천하는데요, 이런 일이 더 잘 일어나게 하려면 우리 현실에 맞게 주민투표법을 개정해야 합니다. 공론 마당을 잘 만들면 이야기가 되긴 됩니다. 물론 진행 측이 올바른 마음으로 준비를 잘해야 하지요. 조금이라도 편들면 안 됩니다. 대의민주주의의 한계를 개혁하고 직접민주주의를 보강하면 우리나라 민주주의는 발전할 겁니다. 그런 게 안 되면 현재의 대의민주주의로는 생명사회를 이루기 힘듭니다. 투표만으로는 생명 가치를 실현하기 어렵다고 느낍니다.

  이만 줄입니다. 감사합니다.

'삶의 정치, 대화의 정치' 관련 모임 목록

- 분권과 자치 관련 모임(1994. 02~2002. 07 / 16회 모임)
- 정치란 무엇인가(1996. 05~1997. 10 / 6회 모임)
- 삶의 정치 콜로키움(1998. 03~2012. 10 / 42회 모임)
- 삶의 정치, 정치의 녹색화(2003. 09~2005. 08 / 14회 모임)
- 대화의 방법과 실제(2007. 05~2009. 10 / 13회 모임)

분권과 자치 관련 모임(1994.02 ~ 2002.07 / 16회 모임)

1. 1994.2.4~5 '변화의 새 물결과 민의 대응'
   발제: 김지하(시인), 오재식(전 세계교회협의회 제3국장)
2. 1994.3.18~19 '변화의 새물결과 민의대응: 대전지역을 중심으로'
   발제: 김지하(시인), 오재식(전 세계교회협의회 제3국장)
3. 1994.8.17 '전북지역 주민자치운동을 위한 대화모임'
   발제(1): '변화의 새물결과 주민자치운동' 김지하(시인)
   발제(2): '백제문화에 복원을 위한 제언' 이호관(전주국립박물관장)
   발제(3): '문화의 가능성으로서의 지방' 지명관(한림대 일본문화연구소장)
   사례 발표(1) 농촌: 유희영(군산YMCA 총무)
   사례 발표(2) 도시: 정지강(대전 빈들감리교회 목사)
   사례 발표(3) 교육운동: 최교진(전교조 충남지부장)
4. 1994.10.7 "수도권 주민자치 연구모임'
   발제: '민회의 조직과 새로운 권력' 이신행(연세대 교수·정치학)
   사례 발표(1) 성남 지역: 이용원(성남YMCA), 김은희(수원YWCA)
   사례 발표(2) 과천 지역: 전재경(과민연)
   사례 발표(3) 교육운동 : 정유성(교육민회)
5. 1995.1.23~24 '의정참여와 시민운동의 과제와 전망'
   발제: '의정 참여 시민운동의 장기적 전망과 실천 과제' 김병준(국민대 교수·행정학)
   사례 발표(1): '지역운동과 여성정치 참여의 관점에서' 신경혜(한국여성민우회 노원·도봉지회 대표)
   사례 발표(2): '의정 참여 운동의 확산방안 : 발전 계획을 중심으로' 이강인(부천YMCA 간사)
   사례 발표(3): '정책 분석과 대안제시의 사례를 중심으로' 이충재

(대전 올바른 지방자치 실현을 위한 시민모임 사무국장)
6. 1995.7.13~14 '주민자치운동의 전망과 과제'
   발제(1): '6.27 지방선거를 보고 : 주민자치 운동의 관점에서' 이영자(가톨릭대 교수·사회학)
   논평(1): 오재식(한국 사회교육원 원장)
   발제(2): '주민자치와 민의 활동 내용 채우기'
   　-문순홍(생태사회연구소·정치학)
   　-김기섭(소비자 생활협동조합 중앙회·경제학)
   　-윤택림(인류학)
   논평(2): 김지하(시인)
   발제(3): '지역자치 운동과 민회운동의 전략' 이신행(연세대 교수·정치학)
7. 1995.11.10 "민주주의와 주민자치'
   발제: '민주주의와 지방분권 —일본의 경험과 교훈을 중심으로' 스기하라 야스오(일본 토우카이 대학 명예교수·헌법학)
8. 1997.5.16 '지역문화 활성화를 위한 민의 대응'
   발제(1): '전북 문화의 현황과 향후 과제' 원도연(전 문화저널 편집장)
   발제(2): '민의 입장에서 보는 지역문화' 김지하(시인)
9. 1997.11.28~29 '생명과 자치의 연대를 위한 전북지역 모임'
   발제(1): '생명운동의 방향과 전략에 대한 몇 가지 생각' 주요섭(생명가치를 생각하는 민초들의 모임 사무국장)
   발제(2): '전북지역 생명과 자치 연대 운동의 현황과 과제' 유희영(군산YMCA 사무총장)
10. 2000.7.21 '자치네트워크 실천을 위한 시민연대'(발제 없음)
11. 2000.9.1~2 '자치네트워크 형성을 위한 지역활동가 워크숍'

발제(1): '시민사회의 도약과 주민자치운동' 황한식(부산대 교수·경제학)

발제(2): '생활정치의 실현과 자치 네트워크' 문순홍(정치학)

12. 2001.5.3 '주민자치연구모임 1차 ―교육자치 네트워크 형성을 위한 모색'

발제(1): '한국 교육문제의 본질과 오늘의 학교' 김재웅(방송대 교수)

발제(2): '지역교육운동의 현황과 과제' 김정희(이화여대 한국여성 연구원)

13. 2001.6.1 '주민자치연구모임 2차 ―교육자치 네트워크 형성을 위한 모색'

발제(1): '주민자치 운동으로서의 교육자치: 일본의 사례' 김기성(연세대·정치학)

발제(2): '교육자치운동의 법제적 과제' 이기우(인하대 교수)

14. 2001.5.3 '주민자치연구모임 3차 ―교육자치 네트워크 형성을 위한 모색'

발제(1): '대안학교 사례 : 볍씨학교' 이영이(광명YWCA 총무)

발제(2): '지역 청소년 프로그램의 과제' 김정대(강북청소년수련관 관장)

15. 2001.9.19~24 '시민사회운동과 정치참여 ―2002 지자체 선거참여를 중심으로'

발제: '시민단체의 선거 참여 어떻게 볼 것인가?' 김광식(21세기한국연구소 소장)

토론(1): '시민운동과 정치참여' 김기현(한국YMCA연맹 정책기획부 부장)

토론(2): '원칙이란 무엇인가?' 박진섭(환경운동연합 녹색자치위원

회 사무국장)

　토론(3): '지역사회의 결정이 가장 중요합니다' 임삼진(녹색연합 사무처장)

16. 2002.7.16 '지방선거를 통해본 한국 사회의 풀뿌리민주주의'

　주제 발표: '풀뿌리 민주주의 어디까지 왔나' 전재경(수도권주민자치연구모임 운영위원장)

　논평: 정성헌(DMZ평화생명마을 공동대표)

　사례 발표(1): '녹색자치위원회의 활동경험과 평가' 박진섭(환경운동연합 녹색자치위원회 사무국장)

　사례 발표(2): '녹색평화당의 활동경험과 평가' 차명제(지속가능발전위원회 전문위원)

　사례 발표(3): '여성단체의 활동경험과 평가' 박동순(안양YWCA 부장)

　사례 발표(4): '자치연대의 활동경험과 평가' 심상용(서울YMCA 시민사회개발부 시민사업팀장)

정치란 무엇인가(1996.05 ~ 1997.10 / 6회 모임)

1. 1996.5.10~11 '정치란 무엇인가: 변화의 새 물결과 한국 정치'

　발제(1): '삶의 정치: 하나의 대안' 정문길(고려대 교수·정치학)

　발제(2): '연방주의 국가 모델과 가치창출의 정치' 성경륭(한림대 교수·사회학)

2. 1997.4.12 '정치란 무엇인가 제1회 연구포럼'

　발제(1): '정치란 무엇인가?' 김홍우(서울대 교수·정치학)

　발제(2): '정치와 반정치' 김성국(부산대 교수·사회학)

3. 1997.6.14 '정치란 무엇인가 제2회 연구포럼'

　발제(1): '신문명 시대의 정치 패러다임' 성경륭(한림대 교수·사

회학)

발제(2): '공공 영역과 생활세계의 정치화' 이기호(크리스챤아카데미 연구위원)

4. 1997.9.6 '정치란 무엇인가 제3회 연구포럼'

발제(1): '빅맨과 추장과 민주사회의 정치가: 시민사회의 정치적 경쟁과 이해관계를 생각한다' 한경구(강원대 교수·인류학)

발제(2): '민주국가, 산업사회로의 전환기 영국에서 Enlightened Self-interest 개념의 정치적, 경제적 응용의 역사' 서지문(고려대 교수·영문학)

5. 1997.10.11 '정치란 무엇인가 제4회 연구포럼'

발제: '한국의 정치전통에서 본 갈등과 타협 —18세기 탕평책의 타결 논리를 중심으로' 김준석(연세대 교수·사회학)

6. 1997.12.6 '정치란 무엇인가 제5회 연구포럼'

발제: '한국 보수주의의 이념적 위상' 강정인(서강대 교수·정치외교학)

삶의 정치 콜로키움(1998.03 ~ 2012.10 / 42회 모임)

1. 1998.3.21 '『세계화의 덫』과 진정한 대안'
   발제: 강수돌(고려대 교수·경영학)

2. 1998.5.30 '공무원 충원의 정치사회학'
   발제: 정문길(고려대 교수·정치학)

3. 1998.7.1~2
   발제(1): '노동의 유연화와 노동법의 과제' 이원희(아주대 교수·법학)
   발제(2): '연대성의 윤리학과 차이의 정치학' 이상화(이화여대 교수·철학)

4. 1999.2.22 '제3의 길: 신자유주의에 대한 한국적 대안의 모색'
   발제: 윤선구(서울대 인문학연구소)
5. 1999.5.8 '한국 정치의 탈-사사화를 위한 제언'
   발제: 김홍우(서울대 교수·정치학)
6. 2000.3.21 '경험을 통해 바라본 정치개혁의 이상과 현실'
   발제: 임삼진(국민정치연구회)
7. 2000.10.6 '삶의 자리에서 바라보는 한국 사회의 대화문화'
   발제: '한국 사회의 대화문화 부진 원인' 윤선구(서울대 인문학연구소)
8. 2000.11.17~18 '대안정치 패러다임 모색을 위한 대화모임'
   발제(1): '닫힌 사회와 소통의 정치' 김홍우(서울대 교수·정치학)
   발제(2): '남북관계의 변화와 주민자치 연방제' 성경륭(한림대 교수·사회학)
9. 2001.1.29~30
   발제(1): '숙의 민주주의와 시민성의 의미' 박승관(서울대 교수·언론정보학)
   발제(2): '주민자치와 생활자치' 황주석(대한YMCA연맹 국장)
10. 2001.3.30~31
    발제(1): '문화와 소통' 한경구(국민대 교수·사회학)
    발제(2): '미국 법치주의의 이상과 현실: 배심제도를 중심으로' 김재원(동아대 교수·법학)
11. 2001.5.18 "미국의 '법의 지배'와 그 한국적 수용에 관하여'
    발제: 양건(한양대 교수·법학)
12. 2001.6.22 'Due Precess와 소통의 정치'
    발제(1): 'Due Process와 한국 정치의 재조명' 김홍우(서울대 교수·정치학)

발제(2): '김홍우 교수님의 소통정치론에 대하여' 윤선구(서울대 인문학연구소)

13. 2001.11.9~10 '삶의 위기와 새길 찾기'
발제(1): 'Due Process와 한국 정치의 재조명' 김홍우(서울대 교수·정치학)
패널(1): 이시재(가톨릭대 교수·사회학)
패널(2): 박성준(성공회대 교수·시민사회단체학과)

14. 2002.2.1~2
대화(1): '새만금사업의 의사결정과 적정과정(Due Process)'
발제: 이시재(가톨릭대 교수·사회학)
논평: 정진승(KDI 국제정책대학원장)
대화(2): "Due Process 이야기"
발제: 박성준(성공회대 교수·시민사회단체학)

15. 2002.4.12~13
대화(1): '미국의 common law에 대한 이해'
발제: 김재원(동아대 교수·법학)
대화(2): '의약분업의 정책결정 및 추진과정과 대화의 과제'
발제: 차흥봉(한림대 교수·전 보건복지부 장관)
논평: 신종원(서울YMCA 시민중계실 실장)

16. 2002.10.25 '노사정위원회 운영을 통해 본 Due Process'
발제: '노사정위원회의 활동과 평가 ―노동법제를 중심으로' 이철수(이화여대 교수·법학)
논평: 유범상(한국노동연구원 연구원)

17. 2002.12.7~8 '교육 개혁 사례를 통해 본 Due Process의 문제'
발제: '듀 프로세스에 비추어 본 교육정책 과정' 김재웅(서강대 교수·교육학)

논평: 문용린(서울대 교수·전 교육부 장관)
18. 2003.1.29 '2002년 제16대 대통령선거를 돌아보며'
발제: 손봉숙(한국여성정치연구소 이사장)
19. 2003.10.24 '한국 사회와 근대성'
발제: 윤선구(서울대 철학사상연구소)
20. 2004.3.15 '탄핵정국과 대응'(발제 없음)
21. 2004.10.22 '헌법 정신에 비춰본 민주와 공화의 개념'
발제: 이국운(한동대 교수·법학)
22. 2005.3.23 '여론과 정론'
발제: 박승관(서울대 교수·언론정보학)
23. 2005.6.18 '여론과 정론 2'
발제(1): '민주주의와 정론 정치' 윤선구(서울대 철학사상연구소)
발제(2): 'Heardability, 공론장 그리고 한국 사회' 박승관(서울대 교수·언론정보학)
24. 2005.12.14 '올바른 토론문화를 위한 TV토론의 역할과 과제'
발제: 김현주(광운대 교수·커뮤니케이션학)
25. 2006.3.10 '세대간 소통'
발제(1): '정치사회적 관점에서' 김왕배(연세대 교수·사회학)
발제(2): '문화적 관점에서' 김찬호(한양대 교수·문화인류학)
26. 2006.5.12 '변화하는 사회와 가족 가치'
발제(1): '한국인의 '가족피로': 압축적 근대성과 탈가족화 추세' 장경섭(서울대 교수·사회학)
발제(2): '관련 지표에 반영된 한국 가족 현실과 대안: 1960~2000' 김미숙(청주대 교수·사회학)
27. 2006.12.13 '삶의 정치와 한국의 정당정치'
발제(1): '정당과 분권·자치' 이기우(인하대 교수·법학)

발제(2): '소통의 관점에서 본 정당정치: 1990~2000년대, 이부영의 개인사를 중심으로' 이부영(동북아평화연대 대표·전 국회의원)

28. 2007. 5. 4 "한국 정당정치, 돌아보고 내다보며"
발제: '한국의 정당정치: 위기와 통합' 심지연(경남대 교수·정치학)

29. 2007. 8. 21 '성찰하는 개인, 대화하는 사회 —『한국인의 문화적 문법』을 중심으로"
발제: 정수복(프랑스 빠리 사회과학고등연구원(EHESS) 초청연구원)

30. 2007. 11. 23 '풀뿌리 여성정치와 초록리더십의 가능성'
발제: 김정희(이화여대 한국여성연구원)
논평(1): 정규호(한양대 제3섹터연구원)
논평(2): 장이정수(동북여성환경연대 초록상상 사무국장)

31. 2008. 2. 1 '이영희 교수의 삶, 죽음, 의식'
발제: 이영희(인하대 교수·법학)

32. 2008. 7. 7 '촛불정국, 어떻게 볼 것인가'
발제: '현재의 위기의 본질과 대안의 모색을 위한 고려 지점과 요인들' 박명림(연세대 교수·정치학)

33. 2008. 8. 29 '정문길 교수의 니벨룽의 보물'
발제: 정문길(고려대 교수·정치학)
논평(1): 김홍우(서울대 교수·정치학)
논평(2): 김세균(서울대 교수·정치학)

34. 2008. 12. 11 '한국 사회의 위기와 중요 과제 —생명운동의 관점에서'
[특강]: '경제 위기의 실체와 전환의 항로, 그리고 한국 사회의 과제' 김종인(전 민주당 의원)

〔진단과 과제 설정〕 한국 사회의 위기와 중요 과제
발제(1): 이부영(화해상생마당 운영위원장)
발제(2): 정성헌(한국DMZ평화생명동산 이사장)
35. 2009.1.2~3 '삶의 위기와 민회운동'
특강: '국제 정치/경제 질서의 변화와 民의 대응' 박명림(연세대 교수·정치학)
발제 '삶/생명의 위기와 전환의 기획' 주요섭(대화문화아카데미 연구위원)
36. 2009.3.6 '삶의 정치와 공화(共和)의 정신'
발제: '민주화 이후 한국, 정말 대안은 없는가 ―민주공화주의로 부터의 모색' 박명림(연세대 교수·정치학)
37. 2010.2.11
발제(1): '세계화 시대의 삶과 한국 정치' 이삼열(전 숭실대 교수·철학)
발제(2): '한국 민주주의의 과제 ―사회 경제적 문제와 참여의 위기' 최장집(고려대 교수·정치학)
38. 2010.11.19 '삶의 정치와 헌법 개정'
발제: '대화문화아카데미가 제시하는 새 헌법안의 민주주의적 함의' 박찬욱(서울대 교수·정치학)
39. 2011.2.23 '녹색성장과 삶의 정치 - 글로벌 비전: 4대강 사업과 아젠다21'
발제: 이시재(가톨릭대 교수·사회학)
논평: 차윤정(4대강살리기추진본부 환경부본부장·산림자원학)
40. 2011.6.3 '삶의 정치, 녹색 정치'
발제: 오수길(고려사이버대 교수·행정학)
41. 2012.2.1 '청년의 정치참여와 사회민주주의:독일 및 유럽의 경

험과 도전'

　　발제(1): Dr. Christian Krell(에버트재단 사회민주주의아카데미
　　　원장)

　　발제(2): Jan N. Engels(에버트재단 사회민주주의 모니터 담당)

　　발제(3): 조용술(청년연합36.5 대표)

42. 2012.10.11 '사회 대타협'

　　발제: 김영호(단국대 석좌교수·경제학)

삶의 정치, 정치의 녹색화(2003.09 ~ 2005.08 / 14회 모임)

1. 2003.9.16 '녹색세력화의 가능성과 전망: '생명'이라는 화두와 탈근대 정치에 대한 몇 가지 생각'

　　발제: 주요섭(정읍 생명문화교육연대)

2. 2003.11.27

　　발제(1): '삶의 정치, 녹색자치 ―일본 가나가와 네트워크 사례를 중심으로' 이기호(평화포럼 사무총장)

　　발제(2): '우리는 누구인가? ―경제적 접근에서의 탐색' 박승현(추계디지털문화콘텐츠교육원 원장)

3. 2003.12.29 '정보화 사회와 새로운 정치 주체"

　　발제: 박승현(추계디지털문화콘텐츠교육원 원장)

4. 2004.2.11 '지역으로부터 새로운 전망을'

　　발제: 황한식(부산대 교수·경제학)

5. 2004.3.5 '일본의 혁신자치체 경험'

　　발제: 이시재(가톨릭대 교수·사회학)

6. 2004.4.9 '지방의제 21을 통한 녹색 거버넌스 실험과 대안 정치의 필요성'

　　발제: 정규호(바람과물연구소 연구위원)

7. 2004.7.7 '탈근대적 정치, 주체의 문제'
   발제: 박승현(추계디지털문화콘텐츠교육원 원장)
8. 2004.8.11 '풀뿌리 정치연대, 기획과 전망'
   발제: 이대수(경기시민사회포럼)
9. 2004.9.10 '녹색정치의 주체, 조직, 내용, 전략'에 관한 집담회
10. 2004.10.1 '한국녹색정치에 대한 전망 토의, 녹색정치 가이드북 발간 기획'
11. 2004.11.5 '지역운동과 새로운 정치에 대한 논의, 제3회 녹색정치 대화모임 기획'
12. 2005.4.12 '탈근대 사회운동과 삶 정치 —노동 정치에서 삶 정치로'
    발제: 조정환(다중네트워크 '왐')
13. 2005.7.4 "오래된 새길 연구모임의 점검 및 향후 운영 방안에 관한 모임"
14. 2005.8.24 '오래된 새길 포럼 워크샵'
    기조 발제: '대안적 시민정치의 장: 풀빛 민회를 제안하며' 정규호 (대화문화아카데미 연구위원)
    논평: 오문환(천도교 종학대학원 교수·정치학)
    발제(1): '여성은 무엇 때문에 괴로운가' 김정희(이화여대 한국여성연구원)
    발제(2): '지역에서 대면하는 구체적인 삶의 문제와 그 원인' 우석훈(초록정치연대)

대화의 방법과 실제(2007.05~2009.10 / 13회 모임)
1. 2007.5.16. '비폭력 대화'
   발제: 이영숙(한림대 교수·사회학)

2. 2007.6.27 '갈등 조정의 방법'
   발제: 강영진(성균관대 교수·갈등관리학)
3. 2007.7.19 "설득적 말하기 —대안제시토우피를 중심으로"
   발제: 유정아(KBS 아나운서·서울대 강사)
4. 2007.9.1 '대화의 방법과 실제, 몸으로 익히기'
   발제(1): 이영숙(한림대 교수·사회학)
   발제(2): 강영진(성균관대 교수·갈등관리학)
   발제(3): 유정아(KBS 아나운서·서울대 강사)
4. 2007.10.20 '소통능력 향상을 위한 교육 훈련의 실제'
   발제: 김은경(세종리더십개발원 원장)
5. 2007.12.1
   발제(1): '도스토예프스키의 문학에 나타난 Heardability' 박승관
   (서울대 교수·언론정보학)
   발제(2): '대화에서의 편견' 김혜숙(아주대 교수·심리학)
6. 2008.2.23~24
   발제(1): '세종이 보여주는 소통의 기술' 김은경(세종리더십개발원
   원장)
   발제(2): '합리적인 의사 소통' 윤선구(서울대 교수·철학)
7. 2008.3.22 '의사소통에 대한 대화 이론과 방법 : 수사학과 소통'
   발제: 이종오(한국외대 국학종합연구센터 전임연구원·언어학)
8. 2008.4.6 '세종대왕의 화법과 회의운영 방식'
   발제: 박현모(한국학중앙연구원 연구 교수·정치학)
9. 2008.4.27.
   발제(1): '현대 한국인들이 대화에 약한 이유 : 사회문화적 배경을
   중심으로' 최준식(이화여대 교수·한국학)
   발제(2) '존비어 체계와 사회 갈등' 최봉영(항공대 교수·한국학)

10. 2008.5.17 '건축과 소통'
  발제: 정기용(기용건축 대표)
11. 2009.4.26~27 '대화의 방법과 실제 워크숍'
  발제(1): '1898년 만민공동회와 공론정치의 실험' 박현모(한국학중앙연구원 연구교수·정치학)
  발제(2): '유교와 공동체주의' 이상익(영산대 교수·철학)
12. 2009.9.13 '299인 회의를 어떤 형식으로 진행할 것인가'
  발제(1): '대한민국 국회의 의사진행 절차: 특징, 문제점, 대안' 정명호(국회 의사국)
  발제(2): '민주적, 합리적, 효과적 회의 진행 절차' 송창석(국민권익위원회)
13. 2009.10.7 '299인 회의, 참가자 구성을 어떻게 할 것인가?'
  발제(1): 신창현(환경분쟁연구소 소장·전 의왕시장)
  발제(2): 강영진(성균관대 교수·갈등관리학)

대화문화아카데미의 책들

여해 강원용 아카이브북　강영숙 엮음

대화문화아카데미 2016 새헌법안　김문현·김선택·김재원·박명림·박은정·박찬욱·이기우 지음

프리드리히 실러의 미적 교육론　프리드리히 실러 지음 | 윤선구·이경희·조경식·하선규·한진이 옮기고 씀

그리스도교의 아주 큰 전환　프리초프 카프라 외 지음 | 김재희 옮김

지구의 꿈　토마스 베리 지음 | 맹영선 옮김

내가 믿는 부활 - 삶의 신학 콜로키움　서공석 외 8인 지음

여해 강원용, 그는 누구인가?　김경재 외 6인 지음

여해 강원용 ·사진집·　여해와 함께 편

사이,너머 between & beyond - 여해 강원용의 삶과 현대사의 발자취 ·사진집·　여해와 함께 편

새로운 헌법 무엇을 담아야 하나　대화문화아카데미 편

한국인의 웰다잉 가이드라인　한국죽음학회 지음

한국 교육의 난제, 그 해법을 묻는다　김영화 외 지음

사후생_죽음 이후의 삶의 이야기　엘리자베스 퀴블러 로스 지음 | 최준식 옮김

우주 이야기　토마스 베리·브라이언 스윔 지음 | 맹영선 옮김

위대한 과업　토마스 베리 지음 | 이영숙 옮김

새로운 헌법 필요한가　양건·박명림·박은정·김재원 외 지음

너는 특별하단다_꿈을 키우는 멘토링 이야기　삼성고른기회장학재단 엮음

풀뿌리 여성정치와 초록리더십의 가능성　김정희 지음

신인령 이화여대 제12대 총장 연설문집　신인령 지음

삶의 신학 콜로키움_생로병사 관혼상제　류승국 외 지음

라인홀드 니버의 생애와 사상　고범서 지음

녹색국가의 탐색　문순홍 엮음

개발국가의 녹색성찰　문순홍 엮음

우리집 아이들은 학교에 안 가요　김종우·유은희 지음

열린 종교와 평화 공동체　유동식 외 지음

생명목회 콜로키움　대화문화아카데미 엮음

시민이 열어가는 지식정보사회　크리스챤아카데미 시민사회정보포럼 엮음

삶의 정치, 소통의 정치　김홍우 외 8인 지음

삶의 정치_통치에서 자치로　정문길 외 15인 지음

서울의 찬가, 서울의 애가　지명관 지음

정보화 시대 교육의 선택　크리스챤아카데미 엮음

생명권정치학　제레미 리프킨 지음 | 이정배 옮김

주민자치 삶의 정치　크리스챤아카데미 엮음

성숙한 부모, 자유로운 학교, 건강한 아이　인간교육실현학부모연대 엮음